思想的・睿智的・獨見的

# 經典名著文庫



五南圖書出版公司 印行

# 經典名著文庫

## 學術評議者簡介（依姓氏筆畫排序）

- 丘為君　美國俄亥俄州立大學歷史研究所博士
- 吳惠林　美國芝加哥大學經濟系訪問研究、臺灣大學經濟系博士
- 宋鎮照　美國佛羅里達大學社會學博士
- 林玉体　美國愛荷華大學哲學博士
- 邱燮友　國立臺灣師範大學國文研究所文學碩士
- 洪漢鼎　德國杜塞爾多夫大學榮譽博士
- 孫效智　德國慕尼黑哲學院哲學博士
- 秦夢群　美國麥迪遜威斯康辛大學博士
- 高明士　日本東京大學歷史學博士
- 高宣揚　巴黎第一大學哲學系博士
- 張光宇　美國加州大學柏克萊校區語言學博士
- 張炳陽　國立臺灣大學哲學研究所博士
- 陳秀蓉　國立臺灣大學理學院心理學研究所臨床心理學組博士
- 陳思賢　美國約翰霍普金斯大學政治學博士
- 陳清秀　美國喬治城大學訪問研究、臺灣大學法學博士
- 陳鼓應　國立臺灣大學哲學研究所
- 曾永義　國家文學博士、中央研究院院士
- 黃光國　美國夏威夷大學社會心理學博士
- 黃光雄　國家教育學博士
- 黃昆輝　美國北科羅拉多州立大學博士
- 黃政傑　美國麥迪遜威斯康辛大學博士
- 楊維哲　美國普林斯頓大學數學博士
- 葉海煙　私立輔仁大學哲學研究所博士
- 葉國良　國立臺灣大學中文所博士
- 廖達琪　美國密西根大學政治學博士
- 劉滄龍　德國柏林洪堡大學哲學博士
- 黎建球　私立輔仁大學哲學研究所博士
- 盧美貴　國立臺灣師範大學教育學博士
- 薛化元　國立臺灣大學歷史學系博士
- 謝宗林　美國聖路易華盛頓大學經濟研究所博士候選人
- 簡成熙　國立高雄師範大學教育研究所博士
- 顏厥安　德國慕尼黑大學法學博士

經典名著文庫173

# 論美國的民主（下）

## De la démocratie en Amérique

亞歷西斯・德・托克維爾 著
（Alexis de Tocqueville）
董果良 譯

# 經典永恆・名著常在

## 五十週年的獻禮・「經典名著文庫」出版緣起

總策劃 楊榮川

五南，五十年了。半個世紀，人生旅程的一大半，我們走過來了。不敢說有多大成就，至少沒有凋零。

五南忝爲學術出版的一員，在大專教材、學術專著、知識讀本出版已逾壹萬參仟種之後，面對著當今圖書界媚俗的追逐、淺碟化的內容以及碎片化的資訊圖景當中，我們思索著：邁向百年的未來歷程裡，我們能爲知識界、文化學術界做些什麼？在速食文化的生態下，有什麼值得讓人雋永品味的？

歷代經典・當今名著，經過時間的洗禮，千錘百鍊，流傳至今，光芒耀人；不僅使我們能領悟前人的智慧，同時也增深加廣我們思考的深度與視野。十九世紀唯意志論開創者叔本華，在其〈論閱讀和書籍〉文中指出：「對任何時代所謂的暢銷書要持謹慎的態度。」他覺得讀書應該精挑細選，把時間用來閱讀那些「古今中外的偉大人物的著作」，閱讀那些「站在人類之巔的著作及享受不朽聲譽的人們的作品」。閱讀就要「讀原著」，是他的體悟。他甚至認爲，閱讀經典原著，勝過於親炙教誨。他說：

「一個人的著作是這個人的思想菁華。所以，儘管一個人具有偉大的思想能力，但閱讀這個人的著作總會比與這個人的交往獲得更多的內容。就最重要的方面而言，閱讀這些著作的確可以取代，甚至遠遠超過與這個人的近身交往。」

爲什麼？原因正在於這些著作正是他思想的完整呈現，是他所有的思考、研究和學習的結果；而與這個人的交往卻是片斷的、支離的、隨機的。何況，想與之交談，如今時空，只能徒呼負負，空留神往而已。

三十歲就當芝加哥大學校長、四十六歲榮任名譽校長的赫欽斯（Robert M. Hutchins, 1899-1977），是力倡人文教育的大師。「教育要教眞理」，是其名言，強調「經典就是人文教育最佳的方式」。他認爲：

「西方學術思想傳遞下來的永恆學識，即那些不因時代變遷而有所減損其價值的古代經典及現代名著，乃是眞正的文化菁華所在。」

這些經典在一定程度上代表西方文明發展的軌跡，故而他爲大學擬訂了從柏拉圖的《理想國》，以至愛因斯坦的《相對論》，構成著名的「大學百本經典名著課程」。成爲大學通識教育課程的典範。

歷代經典．當今名著，超越了時空，價值永恆。五南跟業界一樣，過去已偶有引進，但都未系統化的完整舖陳。我們決心投入巨資，有計劃的系統梳選，成立「經典名著文庫」，希望收入古今中外思想性的、充滿睿智與獨見的經典、名著，包括：

- 歷經千百年的時間洗禮，依然耀明的著作。遠溯二千三百年前，亞里斯多德的《尼各馬科倫理學》、柏拉圖的《理想國》，還有奧古斯丁的《懺悔錄》。
- 聲震寰宇、澤流遐裔的著作。西方哲學不用說，東方哲學中，我國的孔孟、老莊哲學，古印度毗耶娑（Vyāsa）的《薄伽梵歌》、日本鈴木大拙的《禪與心理分析》，都不缺漏。
- 成就一家之言，獨領風騷之名著。諸如伽森狄（Pierre Gassendi）與笛卡兒論戰的《對笛卡兒沉思錄的詰難》、達爾文（Darwin）的《物種起源》、米塞斯（Mises）的《人的行爲》，以至當今印度獲得諾貝爾經濟學獎阿馬蒂亞．

森（Amartya Sen）的《貧困與饑荒》，及法國當代的哲學家及漢學家余蓮（François Jullien）的《功效論》。

梳選的書目已超過七百種，初期計劃首為三百種。先從思想性的經典開始，漸次及於專業性的論著。「江山代有才人出，各領風騷數百年」，這是一項理想性的、永續性的巨大出版工程。不在意讀者的眾寡，只考慮它的學術價值，力求完整展現先哲思想的軌跡。雖然不符合商業經營模式的考量，但只要能為知識界開啓一片智慧之窗，營造一座百花綻放的世界文明公園，任君遨遊、取菁吸蜜、嘉惠學子，於願足矣！

最後，要感謝學界的支持與熱心參與。擔任「學術評議」的專家，義務的提供建言；各書「導讀」的撰寫者，不計代價地導引讀者進入堂奧；而著譯者日以繼夜，伏案疾書，更是辛苦，感謝你們。也期待熱心文化傳承的智者參與耕耘，共同經營這座「世界文明公園」。如能得到廣大讀者的共鳴與滋潤，那麼經典永恆，名著常在。就不是夢想了！

二〇一七年八月一日 於
五南圖書出版公司

# 導讀

## 一場偉大的民主革命正在我們中間進行——美國立國五十年後出現的最大讚美

作爲人類第一個民主共和國，美國的民主自然備受討論。與西方主要民主共和國比，它早於法國第三共和近一百年，而較德國威瑪共和之出現更是領先了約一個半世紀之久。它最早出現，但亦最爲穩定。每個人都想知道爲什麼？但是美國人自己看這問題，跟外國人可能不一樣。外國人通常是褒獎處多，這以法國人托克維爾《論美國的民主》（*Democracy in America*）一書爲代表；美國人自己則是不吝於自省，**Richard Hofstadter**所著的《美國的反智傳統》（*Anti-intellectualism in the American History*）可見一斑。前者出現於十九世紀中葉，而後者晚了一世紀多一點兒，當然這一百多年內美國也有發生變化，但是無害於有興趣者把這兩本書作爲對比，同時也可看出了只花一年多時間訪問美國的托克維爾頗佳的預言能力。

《論美國的民主》分爲上下卷，上卷以介紹制度爲主，下卷則是從文化、社會、經濟與心理等層面剖析美國社會。我們在此的討論將以下卷爲主。作爲一個國家/政治體，作爲一個社會/生活共同體，美國不但跟歐洲舊大陸不一樣，也幾乎跟世界其他地方都不一樣。因爲它太特別了，所以討論它別具意義，但其實又沒有意義——因爲無法複製，它即使再好，吾人又能如何？（雖然托克維爾說他寫此書的目的就是要「借鏡美國經驗」，但是我們於今已可看出，美國就是美國，法國就是法國……）美國特別處在於它的新，它的雜，與它的大。要說新，它與亞、非、拉丁美洲的新國家是不同的——美國不是時序上的新，而是性質上、品類上的新；要說雜，美國不僅是組成族裔的雜，而且是各自思想價值與文化傳統的雜；要說大，美國不只是地大，更是個人選擇空間與自由發展維度的大。任何國家要仿效美國都很不容易，但是指出美國社會的特色這項工作本身，就已是很有意義的事。

因此我們在閱讀《論美國的民主》時，最要注意的就是托克維爾所寫的〈緒論〉，因為這個部分乃是討論美國社會各項特色的源頭何在——什麼是「讓美國成為美國的最根本因素」？他發現「有一件大事」對美國社會的進展「發生重大影響」，這就是「身分平等」：「它賦予輿論以一定的方向，法律以一定的方針，執政者以新的箴言，被治者以特有的習慣。」因此，托克維爾自承，他把美國人的彼此平等，視為全書「整個考察的集中點」。

托克維爾雖在本書的下卷中談論到美國特殊的平等精神對於社會的影響，例如對智識活動、對道德意識、對民情與對政治社會的影響，但是他卻沒有放大處理美國人的平等精神是怎麼來的？而這個部分，卻是前面提到的《美國的反智傳統》一書做了很好的剖析。美國建國前後最重要的歷史特徵，就是它是一個「移民社會」，大部分的人來此，是謀求一個「嶄新的開始」！既然空手來到了一個新世界打拼，每個人都拋棄了舊世界的包袱與身分，價值與情緒，因此是平等地站在這塊大地之上！「生存」是唯一的目標，「成功」是心中最後的渴望。新大陸無數的移民者，就是在這樣一個狀態下彼此平等——擁有資源的機會平等，各種精神上的依靠也是平等。當然，在這基本的平等氛圍下，伴隨而來的心裡特質便是：獨立自主、強悍堅毅、合作互助與渴盼成功。這樣的一群人，發展出來的國家，群聚成的社會，會是什麼樣子呢？

對此，托克維爾提出了非常正確的觀察：那就是不尚抽象理論、玄虛哲學而求務實與成效的實用主義心態！在平等主義與實用主義的雙重基礎上，這個社會就傾向於以「多數決」的民主來解決一切事情——這是政治上，而崇尚「白手起家」、「辛勤致富」的人生哲學——這是經濟上。這樣的社會，說穿了就是「沒有階級」、「沒有傳統包袱」、「沒有高深文化底蘊」的小老百姓社會，時至今日，就成爲在世人心中以「牛仔褲」、「麥當勞」與「棒球觀眾席上喝可樂的人」爲標記的平民化社會。

托克維爾的觀察很細微，也對諸多美國社會現象多有稱讚。他實是帶著歐洲傳統階級社會的一分子之心態（他是不折不扣的法國貴族）來看這個令人好奇的新世界，在相信人類必然邁向民主的認知前提下，他興沖沖地描述這個走在最前面的「指標性社會」。基本上他是「七分稱讚，三分保留」。最保留之處當然是「缺乏精緻文化」與「多數決暴力」這兩個問題。這兩個問題都來自於美國沒有貴族，沒有菁英階層，它是由無數平等的移民所組成的國家，這是它的先天體質。而後天上，造成它日趨「平等化」與「平民化、平庸化」的重大關鍵乃是這部聯邦憲法。

我們都知道，美國在一七八七年開始的制憲辯論，由代表北方工商業勢力的「聯邦派」（Federalism）與基本上是南方「莊園」經濟的「邦聯派」（confederalism）。當然，「莊園」就代表了菁英與階級，維吉尼亞州的傑弗遜總統就是邦聯派的莊園主代表——這些莊園主「知書達禮」。如果當初邦聯派獲勝，則南方的社會階層化現象應該會減緩美國的「平等化」風格之建立。因此，十八世紀末美國的制憲，不但決定了這個國家的政制，也間接塑造了工商業社會下的「平等美國大眾」——至少加速其成形。

沒有精緻文化、也不重視精緻文化，以及「多數決暴力」這兩個問題，托克維爾身為訪客，只有客氣點到為止，但是霍芙茲達特作為自家人的美國知識分子，就繼續追擊這兩個問題了。他指出，這兩個問題形成了美國的「反智傳統」，它們是美國的特色，打造了美國社會的若干優點（實用主義與務實），但是也帶來了隱憂。這個隱憂就是常識與直觀代替了知識，經驗代替了專業。托克維爾在一八三〇年代時無法看見「知識」與「專業」被替代的重大影響，但是一百多年後的二十世紀，這會是越來越明顯的問題。也就是說，美國的民主有時候會流於把「知識」與「專業」也民主化，因此就給了煽動的政客、浮誇的牧師與吹牛的商人大好機會，造就出一個「表演型」的社會，公共生活、商業宣傳、娛樂事業與運動球賽，在精神上通通結合在一起。好萊塢成為美國的具體表徵，而演員雷根可以當八年總統。

而我們在讀《論美國的民主》時可能需要念茲在茲的一件事情是：托克維爾在〈緒論〉中明確表達了對於自由與平等的重視與堅持，認為它們是人之所以為人的條件，是歷史發展的最後目標。自由與平等之結合，就是民主，「企圖阻止民主就是抗拒上帝的意志」。而美國人在實現自由與維護平等上，起了什麼示範作用？我們覺得，他在全書漫長篇幅中所透露出來的，就是新大陸人民的自尊、自重、自立、自主的個人主義與個體意識。當然，這其中免不了夾雜有若干自我、自私與自傲，但是總的來說，這群移民者在美洲建立了一個良好的模型：一群自由而平等的人，他們之間互動的總成果，會是正面的與進步的。舊大陸的包袱太重，首先有貴族，然後是宗教，層層的桎梏讓改革綁手綁腳，讓人的心境與意圖複雜，造成社會改革的困難。

然而美洲究竟是美洲，它的諸多特殊性無法複製或仿效，托克維爾在二十年後出版的《舊制與法國大革命》（*The Old Regime and the Revolution*）就是對此差異的最好說明。那現在最重要的問題來了：《論美國的民主》作爲一個歷史文獻，當然包含重要的紀錄，但是在比較政治學上有何具體意義呢？美國是世界上第一個民主共和國，也是第一個總統制國家，亦是第一個聯邦制國家。它與一般的內閣制國家不同，其憲法提示了清楚的三權分立制衡制度，而聯邦政府與各州之間的權力也有了明確的分工合作。換句話說，雖然由於歷史與文化因素，美國的民主很難複製，但美國憲法與憲法下的總統制與聯邦制，可算是美國對於世界民主的重要「類型化」貢獻。美國的總統制，說明了這個國家期待與歡迎英雄，從第一位總統華盛頓到現任總統，每一位總統都是因其個人「光芒」而由公民們親自選出來「代表他們」的「政治英雄」，手握大權，動見觀瞻。這與西部拓荒時代某個小鎮的鎮長與警長一樣，他個人的能力決定了政府的成敗，他手上握的槍代表了榮耀、權力與正義；但他不是王室，不是貴族，而是「平民英雄」——眾多辛苦的移民者所作的政治判斷的結果，他們判斷誰最代表他們，誰最代表「美國精神」。這庶幾乎就是「美國的民主」兩百多年來背後精神所在，誰能夠詮釋「各時代」「各階段」的「美國人」，誰就是領袖。在政治上、在文化藝術上、甚至在運動娛樂上，率皆如此。「美國經驗」，不易複製，但是這些個人主義的美國人的「授權哲學」，卻值得參考。

國立臺灣大學政治學系教授　陳思賢

# 序　言

美國人之具有民主的社會情況，自然有賴於他們的某些法制和關心政治的民情。這種社會情況也使他們產生了許多為歐洲的舊貴族社會所不知道的思想和觀點。它破壞了或改變了昔日的各種關係，並由此建立起新的關係。市民社會面目的改變，絲毫也不亞於政界面貌的改變。

我在五年前出版的本書上卷裡，研究了美國民主的主要問題。本卷將討論它的次要問題。上下兩卷相輔相成，合成為一部著作的整體。

我應當立即敬告讀者，請不要產生可能嚴重歪曲我的原意的錯誤。

由於我把那麼多不同的結果都歸因於平等，所以讀者可能以為我把平等視為當今發生的一切事情的唯一原因。這種看法就是認定我的觀點太偏頗了。

在當代，人們的許多觀點、情感和本性，並不一定來自平等，或者完全與平等相悖。因此，如果以美國為例，我可以很容易證明這個國家的性質、居民的起源、早期定居者的宗教，以及他們的既有知識和已有習慣，過去曾經和現在仍在對這個國家的人民思想和感情的活動發生巨大的影響，而跟民主毫無關係。歐洲發生的許多事情有其各種原因，而這些原因也適用於美國發生的大部分事情，但均與平等無關。

這一切不同原因的存在和作用，我全知道，但這不是我要研究的對象。我不打算探討我們的一切傾向和一切思想的產生原因，而只想在某些章節談一談平等對一切傾向和思想改變發生的作用。

人們可能感到奇怪：既然你堅信我們目睹的民主革命是不可抗拒的，並認爲抗拒既無希望，又有失明智，那麼，你爲什麼在本書裡對這個革命所創造的民主社會又如此時時嚴加指責呢？

我的答覆很簡單：正是因爲我不反對民主，我才想認眞地對待民主。

人們絕不能從敵人那裡得到眞理，而朋友也很少提供眞理。這就是我爲什麼要那樣做的原因。我相信，很多人願意拋頭露面，報導平等許諾給人們的新的好處；而敢於指出平等會給人們帶來壞處的，卻爲數不多。因此，我的注意力主要面對這些壞處，而且在清楚的看到它們時，還不怕將它們揭露出來。

我希望讀者在本書的下卷，亦能發現他們在上卷似已發覺的我的立論不偏不倚。面對把我們國家分裂成許多派別的互相對立的意見，我力求將我對其中的任何一項意見所持的同情或反感暫時隱藏於內心。假如讀者發現書中有一字一語是在討好曾經把我們國家鬧得天翻地覆的大黨中的任何一個，或者是在阿諛目前正在擾亂國家和削弱國力的小派系中的任何一個，那就請他們對我不吝大聲譴責。

我所要探討的問題非常廣泛，因爲世界的新形勢所造成的觀念和思想，大部分都包括在其中。有些問題確實超過了我的能力，我雖然對它們做了研究，但我自己也感到不夠滿意。

但是，縱使我沒有達到預定的目的，讀者至少也會承認我基於拋磚引玉的精神來計畫和著手寫作這部書是正確的[1]。

## ◆本章注釋◆

【1】我們在本書上卷所作的注釋，大部分是對事實的解說或更正。在本書的下卷，托克維爾對他只看到初期情況的社會所作的描述，是事實少而釋義多。他自己也曾指出，一八四〇年時期的讀者會遇到一些不容易理解的地方。因此，他在一八四〇年十二月寫信給約・斯・穆勒說：「《論美國的民主》的下卷，在法國沒有像上卷那樣獲得成功。我不認為現代的輿論對書刊的評論有什麼不對。因此，我正在忙於檢查自己犯了什麼錯誤，結果發現一個重大失誤，那就是使讀者覺得似是而非。我認為，我找到的缺點在於：書中引用了一些為廣大讀者所不知道的不見經傳和尚有疑問的材料。當我只講美國的民主社會時，人們馬上就理解了。如果我按照實際情況來談法國的民主社會，讀者也會完全理解。但是，當我要敘述美國和法國的社會使我產生的認識時，我就得描述尚無完整的模式的民主社會的一般特徵（重點是編者加的）。……正是在這個地方，我沒有考慮一般讀者的要求。只有習慣於鑽研一般真理和思辨真理的人，才喜歡與我走一條道路。我認為，我沒有使本書產生應有的效果，主要的責任在我，特別是在於我敘述各部分所採用的方法。」

今天，「民主社會的一般特徵」已經達到了全面的發展。因此，現代的讀者來閱讀本書的下卷將不會有什麼困難，這是毫不足為奇的。在一八四〇年可能把本書視為釋義性著作的人，今天會完全認為它是專門的研究性著作了。

托克維爾的著作，在世界的名著中占有顯著的地位，可以與亞里斯多德的《政治學》、博丹的《國家論六卷集》、孟德斯鳩的《論法的精神》並列齊名，但本書的預見性使它能永遠確保特殊的地位。

托克維爾認為下卷的價值高於五年前出版的上卷。他在一八四〇年寫信給本書的英譯者亨利・里夫說：「我希望您能覺得下卷好於上卷。這是我自己的判斷。」後人也確認了作者的判斷。

在這裡介紹幾本研究美國的文化和特點的現代著作，可能對讀者有好處：查理斯・比爾德夫婦：《美國精神：對美國的文明思想的研究》（紐約，一九四二年），第一七〇頁及以後幾頁引用了托克維爾的論述；M・米德：《美國特點》（倫敦，一九四四年）；G・戈勒：《美國人》（倫敦，一九四八年；法譯本，巴黎，一九四九年）；M・J・波恩：《美國文化》（柏林，一九三〇年）；E・A・

莫勒：《美國世界》（倫敦，一九二八年）；J・D・帕索斯：《民族國家》（倫敦，一九四五年）；D・W・布肯：《美國特點》；H・S・康馬傑：《美國人的智慧》（倫敦，一九五〇年）（這是一本大部頭著作）。——法文版編者

（法文版編者的這段話，原在卷末編者注之首，因中文版將編者注移於所在頁的下面，故將這段話移於此。——譯者）

# 總目錄

## 【上卷】

### 第一部分

第一章　北美的外貌
第二章　英裔美國人的來源及其對他們未來的重大影響
第三章　英裔美國人的社會情況
第四章　美國的人民主權原則
第五章　在敘述聯邦政府之前必須先研究各州的過去
第六章　美國的司法權及其對政治社會的影響
第七章　美國的政治審判
第八章　聯邦憲法

### 第二部分

第一章　爲什麼可以嚴格地說美國是由人民統治的
第二章　合衆國的政黨

第三章　美國的出版自由
第四章　美國的政治社團
第五章　美國的民主政府
第六章　美國社會從民主政府獲得的眞正好處
第七章　多數在美國的無限權威及其後果
第八章　美國怎樣削弱多數的暴政
第九章　有助於美國維護民主共和制度的主要原因
第十章　概述美國境內的三個種族的現況及其可能出現的未來
結論
原著者注
托克維爾生平和著作年表
譯名對照表

【下卷】

第一部分　民主在美國對智力活動的影響
第一章　關於美國人的哲學方法
第二章　關於民主國家的信仰的主要源泉

第三章　爲什麼美國人比其祖先英國人更傾向和更喜好一般觀念
第四章　爲什麼美國人從來沒有像法國人那樣熱烈追求政治方面的一般觀念
第五章　在美國宗教是怎樣得以利用民主的本能的
第六章　關於天主教在美國的發展
第七章　民主國家人民的思想傾向於泛神論的原因
第八章　平等是怎樣喚起美國人產生人可無限完善的觀念的
第九章　美國人的例子爲什麼不能證明民主國家不會愛好和不會致力於科學、文學與藝術
第十章　爲什麼美國人在科學方面偏重實踐而不關心理論
第十一章　美國人以什麼精神對待藝術
第十二章　爲什麼美國人既建造一些那麼平凡的建築物又建造一些那麼宏偉的建築物
第十三章　民主時代文學的特徵
第十四章　關於文學的商業性
第十五章　爲什麼在民主社會裡研究希臘和拉丁文學特別有用
第十六章　美國的民主怎樣改變了英語
第十七章　論民主國家的詩的某些源泉
第十八章　爲什麼美國的作家和演說家總愛誇張

第十九章　略論民主國家的戲劇
第二十章　論民主時代歷史學家的某些特有傾向
第二十一章　關於美國的議會辯才

## 第二部分　民主對美國人情感的影響

第一章　爲什麼民主國家愛平等比愛自由更熱烈和更持久
第二章　關於民主國家中的個人主義
第三章　個人主義爲什麼在民主革命完成後比在其他時期強烈
第四章　美國人是怎樣以自由制度對抗個人主義的
第五章　關於美國人在市民生活中對結社的運用
第六章　關於結社與報刊的關係
第七章　一般結社與政治結社的關係
第八章　美國人是怎樣以「正確理解的利益」的原則與個人主義進行鬥爭的
第九章　美國人怎樣在宗教上應用「正確理解的利益」的原則
第十章　關於美國人對物質福利的愛好
第十一章　物質生活享樂在民主時代產生的特殊效果
第十二章　爲什麼有些美國人那樣醉心於唯靈主義
第十三章　爲什麼美國人身在幸福之中還心神不安

第十四章　美國人是怎樣把對物質生活享樂的愛好與對自由的熱愛和對公共事務的關心結合起來的
第十五章　宗教信仰是怎樣時時使美國人的心靈轉向非物質享樂的
第十六章　過分熱愛福利爲什麼可能損害福利
第十七章　爲什麼在平等和懷疑盛行時期應當把人的行動目標放長遠一些
第十八章　爲什麼美國人認爲一切正當的職業都是高尚的
第十九章　什麼東西在使幾乎所有的美國人喜歡從事實業
第二十章　實業爲什麼可能產生貴族制度

## 第三部分　民主對我所說的民情的影響

第一章　民情怎樣隨著身分平等而日趨溫和了
第二章　民主怎樣使美國人之間的日常關係簡易化了
第三章　美國人爲什麼在本國不太愛激動而在我們歐洲又表現得過於激動
第四章　前三章的總結
第五章　民主怎樣改變著主僕關係
第六章　民主的制度和民情爲什麼傾向於提高租金和縮短租期
第七章　民主對工資的影響
第八章　民主對家庭的影響

第九章　美國年輕女性的教育
第十章　年輕女性怎樣習得爲妻之道
第十一章　身分平等在美國怎樣有助於維護良好的民情
第十二章　美國人怎樣理解男女平等
第十三章　平等怎樣自然而然地將美國人分成許多私人小團體
第十四章　對美國人的儀表的若干考察
第十五章　論美國人的嚴謹精神和這種精神爲什麼未能防止美國人往往做出考慮欠周的事情
第十六章　美國人的民族自負心爲什麼比英國人的輕浮和喜歡沽名釣譽
第十七章　美國的社會面貌爲什麼既千變萬化又單調一致
第十八章　關於美國和民主社會中的榮譽
第十九章　爲什麼美國人多懷奮進之心而少有大志
第二十章　關於某些民主國家裡的求官謀祿問題
第二十一章　爲什麼大規模的革命越來越少
第二十二章　爲什麼民主國家的人民自然希望和平而民主，國家的軍隊自然希望戰爭
第二十三章　民主國家的軍隊裡哪些人是最好戰和最革命的階級

第二十四章　關於民主國家軍隊為什麼在戰爭初期比其他國家軍隊軟弱，而在戰爭持續下去時則比其他國家軍隊強勁
第二十五章　關於民主國家軍隊的紀律
第二十六章　略述民主社會裡的戰爭

## 第四部分　關於民主的思想和感情對政治社會的影響

第一章　平等自然使人愛好自由制度
第二章　民主國家關於政府的觀點自然有利於中央集權
第三章　民主國家人民的感情和思想一致引導他們走向中央集權
第四章　導致民主國家走上中央集權或避免中央集權的若干特殊和偶然的原因
第五章　當今的歐洲國家儘管統治者的地位不如以前穩定但最高權力卻日益加強
第六章　民主國家害怕哪種專制
第七章　以上各章的延續
第八章　主題的總括
原著者注
附錄
拉斯基為《托克維爾全集》中之《論美國的民主》所作的導言
研究《論美國的民主》的參考文獻

關於版本的說明

托克維爾生平和著作年表

譯名對照表

# 目錄

導讀 …… 9
序言 …… 15

## 第一部分　民主在美國對智力活動的影響

第一章　關於美國人的哲學方法 …… 35
第二章　關於民主國家的信仰的主要源泉 …… 41
第三章　爲什麼美國人比其祖先英國人更傾向和更喜好一般觀念 …… 47
第四章　爲什麼美國人從來沒有像法國人那樣熱烈追求政治方面的一般觀念 …… 53
第五章　在美國，宗教是怎樣得以利用民主的本能的 …… 55
第六章　關於天主教在美國的發展 …… 65
第七章　民主國家人民的思想傾向於泛神論的原因 …… 67
第八章　平等是怎樣喚起美國人產生人可無限完善的觀念的 …… 69
第九章　美國人的例子爲什麼不能證明民主國家不會愛好和不會致力於科學、文學與藝術 …… 71
第十章　爲什麼美國人在科學方面偏重實踐而不關心理論 …… 77

第十一章　美國人以什麼精神對待藝術……85
第十二章　爲什麼美國人既建造一些那麼平凡的建築物又建造一些那麼宏偉的建築物……91
第十三章　民主時代文學的特徵……93
第十四章　關於文學的商業性……101
第十五章　爲什麼在民主社會裡研究希臘和拉丁文學特別有用……103
第十六章　美國的民主怎樣改變了英語……107
第十七章　論民主國家的詩的某些源泉……115
第十八章　爲什麼美國的作家和演說家總愛誇張……123
第十九章　略論民主國家的戲劇……125
第二十章　論民主時代歷史學家的某些特有傾向……133
第二十一章　關於美國的議會辯才……139

## 第二部分　民主對美國人情感的影響

第一章　爲什麼民主國家愛平等比愛自由更熱烈和更持久……147
第二章　關於民主國家中的個人主義……153
第三章　個人主義爲什麼在民主革命完成後比在其他時期強烈……157
第四章　美國人是怎樣以自由制度對抗個人主義的……159

第五章　關於美國人在市民生活中對結社的運用……165
第六章　關於結社與報刊的關係……171
第七章　一般結社與政治結社的關係……175
第八章　美國人是怎樣以「正確理解的利益」的原則與個人主義進行鬥爭的……181
第九章　美國人怎樣在宗教上應用「正確理解的利益」的原則……187
第十章　關於美國人對物質福利的愛好……191
第十一章　物質生活享樂在民主時代產生的特殊效果……195
第十二章　爲什麼有些美國人那樣醉心於唯靈主義……199
第十三章　爲什麼美國人身在幸福之中還心神不安……201
第十四章　美國人是怎樣把對物質生活享樂的愛好與對自由的熱愛和對公共事務的關心結合起來的……207
第十五章　宗教信仰是怎樣時時使美國人的心靈轉向非物質享樂的……211
第十六章　過分熱愛福利爲什麼可能損害福利……217
第十七章　爲什麼在平等和懷疑盛行時期應當把人的行動目標放長遠一些……219
第十八章　爲什麼美國人認爲一切正當的職業都是高尚的……223
第十九章　什麼東西在使幾乎所有的美國人喜歡從事實業……225
第二十章　實業爲什麼可能產生貴族制度……231

## 第三部分　民主對我所說的民情的影響

第一章　民情怎樣隨著身分平等而日趨溫和了……239
第二章　民主怎樣使美國人之間的日常關係簡易化了……245
第三章　美國人爲什麼在本國不太愛激動而在我們歐洲又表現得過於激動……249
第四章　前三章的總結……253
第五章　民主怎樣改變著主僕關係……255
第六章　民主的制度和民情爲什麼傾向於提高租金和縮短租期……267
第七章　民主對工資的影響……271
第八章　民主對家庭的影響……275
第九章　美國年輕女性的教育……283
第十章　年輕女性怎樣習得爲妻之道……287
第十一章　身分平等在美國怎樣有助於維護良好的民情……291
第十二章　美國人怎樣理解男女平等……299
第十三章　平等怎樣自然而然地將美國人分成許多私人小團體……303
第十四章　對美國人的儀表的若干考察……305
第十五章　論美國人的嚴謹精神和這種精神爲什麼未能防止美國人往往做出考慮欠周的事情……311
第十六章　美國人的民族自負心爲什麼比英國人的輕浮和喜歡沽名釣譽……317

第十七章　美國的社會面貌爲什麼既千變萬化又單調一致 …… 321
第十八章　關於美國和民主社會中的榮譽 …… 325
第十九章　爲什麼美國人多懷奮進之心而少有大志 …… 339
第二十章　關於某些民主國家裡的求官謀祿問題 …… 347
第二十一章　爲什麼大規模的革命越來越少 …… 349
第二十二章　爲什麼民主國家的人民自然希望和平而民主，國家的軍隊自然希望戰爭 …… 365
第二十三章　民主國家的軍隊裡哪些人是最好戰和最革命的階級 …… 373
第二十四章　關於民主國家軍隊爲什麼在戰爭初期比其他國家軍隊軟弱，而在戰爭持續下去時則比其他國家軍隊強勁 …… 377
第二十五章　關於民主國家軍隊的紀律 …… 383
第二十六章　略述民主社會裡的戰爭 …… 385

## 第四部分　關於民主的思想和感情對政治社會的影響

第一章　平等自然使人愛好自由制度 …… 393
第二章　民主國家關於政府的觀點自然有利於中央集權 …… 395
第三章　民主國家人民的感情和思想一致引導他們走向中央集權 …… 399

第四章　導致民主國家走上中央集權或避免中央集權的若干特殊和偶然的原因……403
第五章　當今的歐洲國家儘管統治者的地位不如以前穩定但最高權力卻日益加強……409
第六章　民主國家害怕哪種專制……423
第七章　以上各章的延續……431
第八章　主題的總括……441
原著者注……447
附錄……457
拉斯基爲《托克維爾全集》中之《論美國的民主》所作的導言……489
研究《論美國的民主》的參考文獻……521
關於版本的說明……537
托克維爾生平和著作年表……539
譯名對照表……543

# 第一部分　民主在美國對智力活動的影響

# 第一章　關於美國人的哲學方法

我認爲，在文明世界裡沒有一個國家像美國那樣最不注重哲學了。

美國人沒有自己的哲學學派，對歐洲的互相對立的一切學派也漠不關心，甚至連它們的名稱都幾乎一無所知[1]。

但是，我們又不難發現，幾乎所有的美國居民，都在用同樣的方法指導他們的頭腦，根據同樣的準則運用他們的頭腦。也就是說，美國人雖然從未下過工夫界說他們的準則，但他們卻有一個大家共通的確定的哲學方法。

擺脫一統的思想、習慣的束縛、家庭的清規、階級的觀點，甚至在一定程度上擺脫民族的偏見；只把傳統視爲一種習得的知識，把現存的事實視爲創新和改進的有用學習材料；依靠自己的力量並全憑自己的實踐去探索事物的原因；不拘手段去獲得結果；不管形式去深入本質——這一切就是我以下將要稱之爲美國人的哲學方法的主要特徵。

如果想再深入一步，從這些特徵中找出一個足以概括其餘一切特徵的最主要特徵，那就會發現每個人在運用他們的頭腦時，大部分只依靠一己的理性努力。

因此，美國是世界上研究笛卡兒的學說最少，但卻實行得最好的一個國家。這並沒有什麼值得驚奇的。

美國人不讀笛卡兒的著作，是因爲他們的社會情況不需要進行思辨的研究；而他們之所以要按照笛卡兒的名言行事，則是因爲這個同一社會情況自然地使他們的思想接受他的名言。

在民主社會裡盛行的接連不斷運動中，上一代和下一代的聯繫逐漸鬆弛或斷絕，每個人容易忘卻祖先的觀點或並不因此而感到不安。

生活在這種社會的人，將不再信守其所屬階級的見解，因爲可以說階級將不復存在，而仍然存在的階級也是由一些遊移不定的分子所構成，以致他們的團體本身根本不會有可以控制其成員的眞正能力。

至於一個人的智力對另一個人智力的影響，在公民們的素質差不多完全一樣的國家裡，必定極其有限，因爲大家的能力非常接近，誰也不承認別人一定比自己強大和優越，大家都時時以自己的理性進行判斷，認爲它才是眞理的最明顯和最方便的源泉。這不僅表明不相信某一特定的人，而且也表示沒有興趣相信任何人的什麼話。

因此，每個人都自我封閉起來，試圖從封閉的小圈子裡判斷世界。

美國人的這種只依靠本身確立判斷準則的習慣，使他們的頭腦產生了另一種思維習性。

由於他們認爲現實生活中遇到的一切小困難不經他人幫助完全可以解決，所以他們容易由此斷言，世界上的一切事情都是可以解釋的，世界上沒有什麼事情爲人的智力所不逮。

因此，他們不願意承認有他們不能理解的事物，以致很少相信反常的離奇事物，而對於超自然的東西幾乎達到了表示厭惡的地步。

由於他們習慣於相信自己找到的證據，所以喜歡把自己研究的事物弄得一清二楚。因此，他們要儘量揭去事物的層層外皮，排除使他們與事物隔開的一切東西，推倒妨礙他們觀察的一切東西，以便在最近距離內和光天化日之下觀察事物。他們這種觀察事物的方式，很快又導致他們輕視形式。在他們看來，形式是放在他們與眞理之間無用而令人討厭的屏障。

因此，美國人用不著到書本裡去汲取哲學方法，他們是從自己身上找到這個方法的。其實，我認爲歐洲也曾有過同樣的情況。

在歐洲，隨著身分日趨平等，人們之間越來越無差別，這種方法就已建立起來和普及了。

現在，我們來談一談歐洲發生的事件的時間聯繫。

在十六世紀，宗教改革家們開始用個人的理性去論證古老的信仰的某些教義，但對其餘的一切教義仍避而不作公開討論。到了十七世紀，培根在自然科學方面，笛卡兒在狹義的哲學方面，放棄了一直被人們公認的公式，打破了傳統在學術界的統治，推翻了巨擘們的權威。

十八世紀的哲學家們，接著又把上述的原則推廣，試圖用每個人的個人體會去論證他們所信仰的一切東西。

路德、笛卡兒和伏爾泰採用的是同樣方法，只是在運用上有或多或少的不同，這是大家有目共睹的。

但是，宗教改革家們爲什麼要那樣只在狹窄的宗教觀念的圈子裡打轉呢？笛卡兒本來能夠把他的方法應用於一切事物，可是他爲什麼只想把它用於某些特定的問題上，並且認定人們應當自行判斷的只是哲學的事物而不是政治的事物呢？爲什麼到了十八世紀，這個同一方法突然得到笛卡兒及其先驅者們未曾想到或拒絕推廣的普遍應用呢？再者，爲什麼在這個時期，我們所說的方法突然走出學術界，滲入到社會，成爲智力活動的共同準則，並在法國得到推廣之後，而被歐洲的一切國家公開採用或暗中遵行呢？

我們所說的哲學方法雖然得以在十六世紀產生，在十七世紀達到精確化和一般化，但在這兩個世紀均未能得到普遍的應用，是因爲當時的政治法令、社會情況和這些主要原因所造成的思維習慣，都在阻止它的推廣。

這種方法出現於人們開始趨於平等和彼此相差無幾的時期，只是到了身分幾乎完全平等和人們差不多完全一樣的時代，才得以被普遍遵行。

因此，十八世紀的哲學方法並非法國人所專有，而是具有廣泛民主性的，這說明它爲什麼能在全歐盛行，並使全歐的面貌爲之一新。法國人之所以能使世界天翻地覆，並不是因爲他們改變了自己的古老信仰，革新了自己的古老民情，而是因爲他們首先提出了一種能夠使人容易攻擊一切舊的東西，並爲一切新的東西鋪平道路的哲學方法，以及普遍推行了這種方法。

如果現在有人問我：爲什麼法國人現在能比平等已經相當完備而且更爲源遠流長的美國人，更嚴格地遵行和更經常地應用這個同一方法呢？我的答覆是：這有一半來源於下述兩種情況。這一點我們必須首先認識清楚。

我們絕不要忘記，使英裔美國人的社會得以建立的，正是宗教。因此，在美國，宗教是與整個民族習慣和它在這個國土上產生的全部情感交織在一起的。這就使宗教獲得一種特殊的力量。

除了這個強而有力的原因之外，還有一個作用也不小的原因。這就是在美國，宗教只管宗教方面的事情，宗教事務與政治事務完全分離，所以人們可以容易改變舊的法制而不觸動舊的信仰。

因此，基督教依然對美國人的思想保有巨大的控制力量。其次，我還想特別指出，基督教不只是作為一門經過論證而被接受的哲學在發生支配作用，而且是作為一種無須論證就被信仰的宗教在發生支配作用。

在美國，基督教的各派林立，並不斷改變其組織，但基督教本身卻是一個基礎鞏固和不可抗拒的存在，既沒有人想去攻擊它，又沒有人想去保衛它。

美國人在不經論證而接受基督教的基本教義後，也就承擔起接受基督教所提出和支持的大量道德眞理的義務。因此，個人的分析活動被限制在狹小的範圍之內，使人們的主要觀點多數不受個人的分析。

我前面所說的兩種情況中的另一個情況如下：

美國人有民主的社會情況和民主的憲法，但他們沒有經歷過民主的革命。他們當年到達這片土地的時候，其情況仍跟我們今天在這片土地上看到的差不多一樣。這一點非常重要。

任何革命都要動搖舊的信仰，削弱當局的權威，貶低原來的常規思想。因此，所有的革命都要或多或少地產生一種使人自主，和為每個人的精神開闢幾乎無限的活動空間的效果。

當舊社會的各階級間的長期鬥爭結束而使人們身分平等的時候，對他人的嫉妒、憎恨和輕蔑感，以及自己的高傲和過分自信感，可以說會立即湧上人們的心頭，而且會在一段時間內對人起支配作用。這種與平等背道而馳的現象，對在人們之間創造隔閡，使人們互不相信對方的判斷而只依靠自己去獲得知識，起了很大的作用。

於是，每個人都力圖自立自理，並以凡事自有主見為榮。人們之間的聯繫只是出於利害關係，而不再依靠思想。而且可以說，人們的見解已經不過是一堆智力塵埃，飄散四方，再無法收攏和集結在一起。

因此，隨著平等而來的精神的獨立感，從來沒有像在平等開始建立的時候和爲鞏固平等而努力奮鬥期間那樣強烈，和表現得那樣過分。因此，必須細心地把平等可以提供的那種智力活動自由，與革命所造成的無政府狀態區分開來。應當對兩者分別進行研究，以免對未來期望過高或恐懼過甚。

我相信生活在新社會的人會經常應用他們的個人理性，但我絕不認爲他們應當經常濫用自己的個人理性。

我這樣說，是基於一個最能廣泛地適用於民主國家的原因。久而久之，這個原因一定會把個人的思想獨立性限制在固定的、有時甚至是狹小的範圍之內。

我將在下一章敘述這個原因。

## ◆本章注釋◆

【1】參看施奈德：《美國哲學史》（紐約，一九四六年）；安德森、菲什：《美國哲學：從清教徒開始到詹姆斯》（紐約，一九三九年）；柯蒂：《美國思想的發展》（紐約，一九四三年）。——法文版編者

# 第二章　關於民主國家的信仰的主要源泉

教條性信仰，因時代不同而有多有少。這種信仰的產生方式不盡相同，而且它們的形式和對象也可能改變。但是，教條性信仰，即人們不加論證而接受的某種信念，是人們無法使其不存在的。如果每個人都力圖各自形成自己的觀點，並獨自沿著自己開闢的道路去尋求眞理，則絕不會有很多人肯於團結在一個共同的信仰之下。

因此，不難理解，一個社會要是沒有這樣的信仰，就不會欣欣向榮；甚至可以說，一個沒有共同信仰的社會，就根本無法存在，因爲沒有共同的思想，就不會有共同的行動，這時雖然有人存在，但構不成社會。因此，爲了使社會成立，尤其是爲了使社會欣欣向榮，就必須用某種主要的思想把全體公民的精神經常集中起來，並保持其整體性。但是，除非每個公民時時從同一根源去汲取自己的觀點，同意接受既有的信仰當中一定數量的信仰，那是做不到這一點的。

現在，我們就單獨的一個人而論，也可以發現：他無論爲了單獨一個人生活，還是爲了與他人共同行動，都不能不有教條性信仰。

假如每個人都要親自去證明他們每天利用的眞理，則他們的求證工作將永遠沒完沒了，或因求證先遇到的眞理累得筋疲力竭，而無法繼續去求證後遇到的眞理。人生非常短促，一個人不但沒有時間去那樣做，而且由於人的智力有限，也沒有能力去那樣做。因此，他還是要相信許多他沒有時間和能力親自考察和驗證，但早已被高明人士發現或被大眾接受的事實與眞理。他只能在這個初始的基礎上，去構築自己思想的大廈。這並不是他自願如此去受人指揮，而是限於他本身的條件不得不如此。世界上沒有一個偉大的哲學家不是透過相信別人的論斷而認識許多事物，並接受非他本人所發現的大量眞理的。

這不僅是必然的，而且也是他所想望的。凡事只靠自己去認識的人，用於每件事上的時間和精力只能有限。這樣的辦法將使他的精神處於永無休止的忙亂狀態，從而妨礙他深入研究任何一項眞理和堅定不移地信守任何一項確定的事實。他的智力活動雖然是完全獨立了，但卻是軟弱無力的。因此，必須先對人們議論的各種事物進行一次篩選，並不加論證地接受大多數早已存在的信仰，然後再擇優地深入研究留待考察的少數問題。

不錯，凡基於聽信他人的言論而接受某一觀點的人，都要使自己的精神受到奴役，但這是一種能夠使他正確利用自由的有益的奴役。

因此，不管到什麼時候，在智力和道德世界都要有某種權威存在。權威的所在處可能變化不定，但它必須有其所在處。個人的獨立性可能有大有小，但它並不是漫無限制的。因此，問題不在於了解民主時代是不是有智力權威，而只在於知道這個權威的所在處和它有多大力量。

我在上一章說過，身分平等使人們對超自然的東西開始採取一種出自本能的不相信態度，而對人的理性卻做出非常高的而且往往是過分的評價。

因此，生活在這個平等時代的人，不會把他們所信服的智力權威置於超人的位置，或到人類以外的地方去尋找這個權威。他們通常是從自己身上或從自己的同類那裡汲取眞理的源泉。這便足以證明，在這樣的時代，不可能建立新的宗教，而建立新宗教的一切企圖，不但要被人視爲是邪惡的，而且要被人視爲是荒謬和不合理的。我們可以預言，民主國家的人民不會輕易相信神的使者，敢於嘲笑新冒出來的先知，並要從人類本身當中而不是到人類之外去尋找自己信仰的主宰。

當身分不平等和人們之間有差別時，就會出現一些非常有見識、非常有學問和因智力高超而非常有能力的個人，而同時也會出現一大批非常無知和能力極其有限的人。因此，生活在貴族制度時代的人，自然要以某一個人或某一階級的高超理性作爲自己的思想指南，同時會不太願意承認群眾是永遠正確的。

在平等的時代，情形就與此相反。

隨著公民們日益平等和日益無差別，使人人都盲目相信某一特定的人或特定的階級的傾向，將會減弱。於是，相信群眾的趨勢將會增強，並逐漸變成支配社會的觀點。

在民主國家，公眾的意見不僅是個人理性的唯一嚮導，而且擁有比在任何其他國家都大的無限權力。在民主時代，由於彼此都相同，所以誰也不必信賴他人。但是，這種相同性卻能使人人對於公眾的判斷懷有幾乎無限的信任，因爲在他們看來，如果公眾的判斷不與他們大家擁有的相同認識接近，絕大多數人是不會承認它是眞理的。

當生活在民主國家的人以個人與周圍的所有人比較時，他會自負地覺得自己與每個人都一樣平等；而當他環顧周圍的同胞全體，拿自己與這個大整體比較時，他又會立即慚愧地覺得自己並沒有什麼了不起，而是力量微不足道。

這種原來使他覺得自己在每一個同胞面前都能自主的同一平等，現在把他孤立起來，不能反抗絕大多數人的行動。

因此，在民主國家，公眾擁有貴族制國家的人民無法想像的強大力量。公眾不是用說服，而是以全體精神大力壓服個人智力的辦法，將公眾的意見強加於和滲入於人們的頭腦。

在美國，多數擁有向個人提供大量的現成見解和減輕個人構思己見的負擔義務。在哲學、道德和政治方面，還有一大套關於每個人應不加論證而接受公眾的信念的理論。如果再仔細觀察一下，還會發現宗教本身在美國主要是作爲一種共同的見解，而不是作爲一種神啓的教條發生統治作用的。

我知道，美國人認爲政治法令就是能讓多數對社會實行絕對統治的法律。這就使多數對智力活動自然發生的支配力量大爲增加，因爲人們總是慣於認爲壓迫他們的人在智慧上高於自己。

多數在美國的這種無限政治權威，確實在加強輿論原來就對每個人的精神發生的影響，但它並非這種影響的基礎。應當到平等當中，而不是到平等的人們可能建立的或多或少得到人們擁護的制度當中去尋找這種影響的根源。一般可以認爲，在由一個國王統治的民主國家裡，絕大多數對智力的控制作用，也許不如在一個純粹的民主國家裡那樣絕對，但畢竟是非常絕對的；而在平等時代，不管是什麼政治法令統治人民，都可以預言人民對輿論的信賴將成爲一種以多數爲先知的宗教。

因此，智力的權威雖然可能有所不同，但它絕不會式微。我絕不以爲它會消失，反而預計它會容易強大起來，能把個人的理性限制在與人類的偉大和幸福很不相稱的極小範圍內。我清楚的看到平等有兩個趨勢：一個是使每個人的精神趨向新的思想；另一個是使人容易不去思想。我也看得出來，在某些法制的治理下，民主的社會情況促成的智力活動自由，也會被民主制度所取消，所以智力活動自由在打碎某個階級或某些人以前加於它的羈絆之後，又將被大多數人的普遍意志緊緊地束縛起來。

假如民主國家把曾經過分妨礙或推遲個人理性飛速發展的各種強權推翻，而只受一個多數的專制權力的統治，那麼這只是換上了一個性質不同的邪惡而已。人們仍然沒有找到獨立自由生活的辦法，而只會發現自己在做一椿蠢事，即又淪入新的奴役狀態。因此，我不免要在這裡再次強調，凡是認爲智力活動自由爲神聖事業的人，凡是不僅憎恨專制君主而且憎恨專制制度的人，都應當三思而行。至於我，當我感到權力的手在我面前揮舞的時候，我不必管這是誰要壓迫我，而是最好去欣然聽命，將自己的腦袋伸進枷鎖，因爲有千萬隻手在我面前舉著枷鎖。

# 第三章　爲什麼美國人比其祖先英國人更傾向和更喜好一般觀念

上帝絕不一般地觀察人類。它一瞥人類，就能分清人性中包括的一切東西，從每個人身上看到使人人互相接近的相似點，和使人人互相疏遠的差異處。

因此，上帝並不需要一般觀念。這就是說，上帝從來沒有感到有必要將大量的類似東西置於同一形式之下，以便於對它們進行更爲細緻的思考。

人就與上帝不同了。人的頭腦如欲對映入腦際的一切個別的東西獨自進行考察和判斷，馬上就會陷入五里霧中，對這些東西的一切細節茫無所知。在這樣的窘迫處境下，他只有求助於一種不夠完善但又必要的辦法。這種辦法既暴露了人的缺點，又補救了人的缺點。

人對一些事物進行表面的觀察，並看出它們的相似處後，就給它們冠上一個共同的名稱，然後把它們放置一邊而去考察其餘事物。

一般觀念的建立並不證明人智強大，反而證明其軟弱無力，因爲自然界中絕沒有兩個完全相同的東西，絕沒有兩個一模一樣的事實，絕沒有可以不加區別地運用的規章，也絕沒有可以同時用於許多事物的同一方法。

一般觀念也有其值得稱讚之處，即它可以使人同時對大量的事物做出迅速的判斷。但是另一方面，它所提供的向來只是不完整的概念，它使人理解到的東西經常不夠準確。

社會一方面在老化，另一方面又在產生新的事物，幾乎每天都在不知不覺之中獲得某些個別的眞理。

人知道的這種眞理越多，他得到的一般觀念自然也越多。人要是不從無數的個別事實中找出它們的共同紐帶，就無法分別地觀察它們。幾個個體可以形成「種概念」，而幾個「種概念」則可以引出「類概念」。因此，一個民族的文化越是悠久和廣博，它對一般觀念的習慣和愛好也越大。

但是，還有另外一些原因使人們能把或不能把他們的觀念一般化。

美國人比英國人更經常使用一般觀念，並且喜歡更持久地使用。如果注意到這兩個民族是同文同種，在同樣的法則下生活了好多個世紀，至今還在思想和民情方面沒有中斷往來，那麼，乍一看到這種情況，就會感到非常奇怪。如果我們把視線轉向歐洲，並對比居住在這裡的兩個最開化民族，其鮮明的對照更會使人感到吃驚。

我們可以看到，英國人的思想只能極其勉強和極其惋惜地放棄對於個別事實的沉思，因爲他們要從這種沉思中去找因果關係；另外，英國人之接受一般觀念，也非出於自願。

我們法國人與此相反。我們對於一般觀念的愛好，達到了凡事都要滿足這種熱愛的地步。我每天一早起來，總是聽到人們又發現了我以前聞所未聞的某個一般的、永久的規律。即使是一個平庸的小作家，他也躍躍欲試，企圖發明一些可以治理大國的經綸；他要是不在一篇文章中把全人類都寫進去，他是絕不會心滿意足的。

這兩個最開化民族之間的這種差異，實在令我吃驚。如果我再把注意力轉向英國，並考察它五十年來發生的一切，我認爲自己可以證明，英國人對於一般觀念的愛好，也正隨著該國的古老制度的式微而加強。

因此，只根據文明的進步的大小，還不足以解釋人爲什麼喜歡或回避一般觀念。當人們的身分極不平等，而且不平等現象永久存在的時候，人與人之間將越來越不同，以致有多少種不同的人，就會有多少個階級。但是，人們從來只是同時注意其中的一個階級，而忽略了把這些階級集聚於廣大人群中的一般聯繫，即只看到了個別的人，而忽略了一般的人。

因此，生活在貴族制社會裡的人，從來不會產生有關本身的一般觀念，而這又足以使他們在習慣上不相信一般觀念，在本能上厭惡一般觀念。

反之，居住在民主國家的人，他們發現彼此都接近，沒有太大的差別，所以他們不會專注於人類的某一部分，他們的視野開闊，一直擴大到全人類。在他們看來，凡是可以用於本身的眞理，都可以同樣地或以同樣方式用於其每個同胞或同類。他們一旦在自己苦心從事的和最感興趣的研究工作中染上喜歡一般觀念的習慣，就會把這種習慣移用於其他工作中去。於是，找出所有事物的共同準則、把大量的事物總括在同一的形式之下、只用一個原因來解釋無數事實的需要，就變成人們思想的一種熱烈的而且往往是盲目的激情。

古代人對於奴隸的看法，最能證明我上述的一切是眞理。人是相似的，生下來就對自由擁有同等的權利，這本是一個極其一般而且同時又是極其簡單的道理。但是，羅馬和希臘的最精明最博學的天才，從未達到這樣的思想境界。他們試圖以種種辦法證明，奴隸制度是合乎自然的，並且將永遠存在下去。然而，所有的史料又在證明，古代有些名人在未獲解放以前曾是奴隸，其中還有許多人有名著傳世。他們雖然也曾目睹今天這樣的奴役現象，但他們當時依然認為奴隸制度是合乎自然的。

古代的所有大作家，不是身為奴隸主貴族的一分子，就是至少認為當時建立的貴族制度是無可非議的。他們的思想向四面八方擴展以後，仍一直沒有超出貴族的思想範疇。只是耶穌基督降世以後，他才教導人們說：人類的所有成員生下來都是一樣的，都是平等的。

在平等的時代，人人都是各自獨立的，但處於孤立和軟弱的狀態。他們認為，不應當有上級的意志來不斷指導大家的行動。因此，在這樣的時代，人類好像是在自行前進的。為了解釋世界上發生的一切現象，人們不得不去尋找某些對我們人類的每個成員都發生同樣作用，並使我們自願走上同一道路的重大原因。這樣地尋找工作，又自然而然地促使人的頭腦想出一般觀念，並導致人們喜愛使用一般觀念。

我在前面早已指出身分平等是怎樣導致每個人喜歡親自尋找眞理的。不難看出，這樣的方法也必然逐漸地使人的精神傾向於一般觀念。當我放棄階級、職業和家世的傳統，不受先例的左右而單憑自己理性的努力去尋找自己應走的道路時，我自然要傾向於到人的本性中去汲取自己觀點的原因。這樣，我就必然而且幾乎是在不知不覺之中得到大量的非常一般的概念。

上述的一切，足以說明英國人為什麼不如他們的後裔美國人和他們的鄰居法國人那樣，願意和喜歡把概念一般化，以及今天的英國人為什麼在這方面比他們的祖先走得遠了。

英國人長期以來一直是個既非常開明又很固守貴族制度的民族。他們的開明文化，使他們不斷地追求非常一般的觀念；而他們的貴族習慣，又使他們囿於非常個別的觀念。因此，英國人的哲學是既大膽而又怯懦的，是既豁達而又狹隘的。直到今天，這種哲學仍在控制著英國，使人們的思想受到限制和停滯不前。

幾乎所有的民主國家都喜愛一般觀念，而且往往是熱烈追求一般觀念。它們之所以如此，除了我上面講述的原因以外，還有其他一些不大明顯但並非無力的原因。

必須對這些一般觀念加以區分。有些一般觀念是長期的、細緻的、精心的智力勞動的結果，而人的認識的擴大靠的正是這類觀念。

而另一些一般觀念，則是精神的一觸即發的結果，產生得比較容易。它們只能導致人們形成非常膚淺和很不確切的概念。

生活在平等時代的人，都是好奇心多而悠閒心少。他們的生活務實、複雜、緊張和活躍，以致沒有太多的時間去進行思維活動。民主時代的人都喜愛一般觀念，因爲這樣的時代使他們不必操心去研究個別的事物。我甚至可以這樣說：民主時代可以用小小的容器收藏大量的東西，在短短的時間裡得到巨大的收穫。因此，這個時代的人做了一次粗心而簡短的考察之後，便會認爲發現了某些事物之間的共同關係，不再進一步深入研究這些事物，也不詳細考察這些紛紜的事物在哪些方面相似或有別，而是匆匆忙忙把它們歸類，隨後便不去做深入考察。

民主時代的顯著特徵之一，就是人人都喜歡輕易地獲得成功，貪圖眼前的享樂。知識界如此，其他人也是如此。生活在平等時代的人，大部分都雄心勃勃，但失敗了會立即頹靡，而成功時則會更加活躍。他們希望馬到成功，大獲勝利，但懶於多花費精力。這種有害的本性，使他們直接去追求一般觀念，並且大誇海口，說什麼利用一般觀念可以不費工夫就繪出大千世界的圖景，可以輕而易舉地引起公眾的注意。

但是，我不敢肯定他們的這種想法就是錯誤的，因爲他們的讀者也跟他們一樣，害怕進行他們本來可以進行的深入研究，懶於進行正常的思維活動，而是希望不經努力就獲得知識和痛痛快快地享樂。

如果說貴族制國家沒有充分運用一般觀念，而且往往輕率地蔑視一般觀念，那麼，民主國家的人民則與此相反，他們時時都在準備濫用這種觀念，準備積極地應用這種觀念。

# 第四章　爲什麼美國人從來沒有像法國人那樣熱烈追求政治方面的一般觀念

我在前面說過，美國人不像法國人那樣熱愛一般觀念。這種情況在政治方面尤其顯著。雖然美國人在立法方面採用的一般觀念比英國人多得無限，在用人們的實踐武裝理論方面比英國人做得多，但美國沒有一個政治機構曾像法國的制憲會議和國民公會那樣喜愛一般觀念；整個美利堅民族，從來沒有像十八世紀法國人那樣熱烈追求一般觀念，而且也不盲目相信任何理論的絕對善和絕對眞。

美國人與法國人的這種差異來自數個原因，但其主要者如下：

美國人是一個一直由自己來管理公共事務的民主的民族；而我們法國人，雖然也是一個民主的民族，但長期以來，只限於在口頭上議論如何更好地管理公共事務。

我們的社會情況，早已使我們想出了一些有關政府工作的非常一般的觀念，但我們的政治制度，卻仍在妨礙我們透過實踐來矯正一般觀念，使我們只能慢慢地去發現原有一般觀念的欠缺。但是，在美國人那裡，這兩件事情，即一般觀念和政治制度，卻經常處於相互適應的狀態，從而可以自然互相修正。

乍一看來，這裡所講的，跟我以前所講的民主國家能從其實際生活的緊張活動中汲取熱愛理論的力量的說法，大相徑庭。但是，只要仔細考察一下，就會發現其間並不矛盾。

生活在民主國家的人都渴望一般觀念，因爲他們的空暇不多，而有了一般觀念，他們就不必浪費時間去考察個別的問題了。這固然是事實，但只應限於不是他們所常想的或必想的問題。比如，商人是渴望了解他們本來應當密切注視的有關哲學、政治、科學和藝術的一般觀念，並希望別人能夠提供，但只有透過商業方面的考驗，他們才能接受這些一般觀念，或者只是有保留地接受。

政治家當涉及有關政治的一般觀念時，情形也是如此。

因此，當民主國家的人民在一個特別有危險的問題上，盲目地和過分地追求一般觀念時，他們可以採用的最好解救辦法，就是每天在實踐中考察這個問題。這樣一來，他們就不得不深入到問題的細節，而問題的細節將會使他們發現理論的缺點所在。

這種解救辦法經常是使人苦惱的，但它的效果卻是肯定的。

因此，強迫每一個公民實際參加政府管理工作的民主制度，可以節制人們對於平等所造成的政治方面的一般理論的過分愛好。

# 第五章　在美國，宗教是怎樣得以利用民主的本能的

我在前面的一章裡已經證明，人要是沒有教條性信仰是無法生活下去的，而且也非常希望有這樣的信仰。我在這裡再補充一句：在一切教條性信仰之中，我認爲宗教方面的教條性信仰是人們最希望的。即使你只想重視現世的利益，也顯然會得出這個結論。

人的任何行動，不管人認爲它有什麼特殊性，幾乎都來源於他對上帝、對他與人類的關係、對自己靈魂的本性、對自己的同類應負的義務所持的非常一般的觀念。誰也不能不讓這種一般觀念成爲其餘一切事物所由產生的共同源泉。

因此，人對上帝、對自己的靈魂、對造物主和自己同類應負的各種一般義務，都渴望形成一種確定不移的觀念，因爲如對這些基本問題持有懷疑態度，就將使自己的行動聽憑偶然因素的支配，也可以說是任其混亂和無力。

可見，我們每個人都應當有確定不移的觀念，乃是一個非常重要的問題；但遺憾的是，我們每個人都是單槍匹馬，只靠自己的理性努力去取得這種觀念，因而又使這個問題很難解決了。

只有完全擺脫日常的生活瑣事、洞察入微、工作細緻和訓練有素的人，經過長期和精心思考之後，才能發現這些如此不可缺少的眞理。

我們還可以看到，這樣的哲學家本身也幾乎總是滿腹疑團，他們每前進一步，啓示他們的智慧的

自然之光便會黯淡一些，甚至有熄滅的危險；儘管他們盡了一切努力，他們所發現的仍可能是爲數不多而且是互相矛盾的概念。千百年來，人們的思想就是在這些互相矛盾的概念當中盪來盪去，未能牢固地掌握眞理，甚至未能發現新的錯誤。這樣的研究遠非一般人的能力之所及，即使一部分人有能力去做這種研究，他們顯然也沒有這種閒心和餘暇。

有關上帝和人性的確定不移觀念，雖然是人的日常生活實踐所不可缺少的，但這個生活實踐卻在妨礙人去掌握這種觀念。

我認爲，這是一個絕無僅有的問題。在一切科學當中，有些知識是對人人都有用的，而且憑他們自己的能力也能學到；但另一些知識只有少數人能夠理解，而非多數人能夠研究的。對於大多數人來說，應用後一種知識是極其間接的。雖然他們無力進行研究這種知識，但這種知識對於他們的生活實踐又是不可缺少的。

因此，有關上帝和人性的一般觀念，是一切觀念中最適於使個人理性避免習慣性影響的觀念。對於個人理性來說，承認一個權威的存在，是得之者多，而失之者少。

宗教的首要目的及其主要好處之一，就是對這些重要問題中的每個問題，能夠提供一項清楚的、確切的、人人都可以理解的和永久性的解決方案。

有些宗教是非常可疑和荒謬的，但是可以認爲，凡是屬於我所指出的範圍之內的宗教，只要它不脫離這個範圍，並且不像若干宗教那樣試圖從各方面壓制人們思想的自由翱翔，就能使智力活動得到有益的規範。也應當承認，即使宗教不能使人在來世得報，那至少它對人在今世的幸福和高尚化還是極其有用的。

這對生活在自由國家的人民來說，尤其是眞理。

當宗教在一個國家遭到破壞的時候，智力高的那部分人將陷入遲疑，不知所措，而其餘的人多半要處於麻木不仁狀態。每個人對於與自己和同胞最有利害關係的事物，只能習以爲常地抱有混亂和變化不定的概念。他們不是保衛不住自己的正確觀點，就是把它放棄。於是，他們因爲無力自己解決人生提出的一些重大問題而陷入絕望狀態，以致自暴自棄，乾脆不去想它們。

這樣的狀態只能使人的精神頹靡不振，鬆弛意志的彈力，培養準備接受奴役的公民。

一個民族淪於這種狀態後，不僅會任憑自己的自由被人奪走，而且往往會自願獻出自由。

一旦在宗教方面也像在政治方面那樣不復存在權威，人們立刻會對由此而產生的無限獨立的情景感到驚恐。一切事物的這種經常動盪狀態，將使人們心神不安和筋疲力竭。因爲在精神世界一切已經發生動搖，所以人們想力爭在物質世界建立鞏固的秩序。但是，他們已不能再恢復昔日的信仰，而把自己交給一個人去統治。

至於我，我懷疑人們能夠永遠既保持宗教的完全獨立，又保持政治的充分自由。我一向認爲，人要是沒有信仰，就必然受人奴役；而要想有自由，就必須信奉宗教。

因此，宗教的這種巨大功用，在身分平等的國家比在任何其他國家都明顯。

應當承認，平等雖然給世界上的人帶來了很大好處，但使人養成了一些我以後將要指明的非常危險的稟性。平等使人們彼此獨立，使每個人自顧自己。

平等還爲人心敞開了喜歡物質享受的大門。

宗教的最大功用，就是煥發與此相反的稟性。

沒有一個宗教不是把人的追求目標置於現世幸福之外和之上，而讓人的靈魂順勢升到比感覺世界高得多的天國。也沒有一個宗教不是叫每個人要對人類承擔某些義務或與他人共同承擔義務，要求每個人分出一定的時間去照顧他人，而不要完全只顧自己。即使是最虛僞和最危險的宗教，也莫不如此。

因此，篤信宗教的國家的長處，自然正是民主國家的短處。這清楚的表明，人們在達到平等的同時又維護宗教，該有多麼重要。

上帝利用超自然的手段將宗教信仰注入人心。我對這種手段既無權考察，也不想考察。我現在是純粹從人的觀點來考察宗教的。我想探討宗教在我們即將進入的民主時代，用什麼辦法才能輕而易舉地保持其影響力。

我已經講過，在文明和平等的時代，教條性信仰只有經過一番努力才能深入人的精神，而使人的精神感到迫切需要這種信仰的，則正是宗教。這首先說明，宗教在這樣的時代要比在其他任何時代都更加愼重自持，不要越出本身固有的範圍，因爲宗教要想把自己的權力擴展到宗教事務以外，就有在一切事務方面失信的危險。因此，宗教應當注意規定自己的活動範圍，只在這個範圍內對人的精神施加影響，而在這個範圍之外則任其完全自由。

穆罕默德自稱從天而降，他不僅把宗教的教義，而且把政治的原則、民法、刑法和科學理論都放進了《古蘭經》。反之，基督教的《福音書》只談人與上帝和人與人的一般關係。除此之外，它什麼也沒有教導，也沒有要求人們必須信什麼。拋開其他許多理由不談，光是這一點就足以證明這兩種宗教中的前者，不能在文明和民主的時代長期發生統治作用，而後者不管在這樣的時代還是在其他時代，都註定會發生支配作用。

如果我們進一步進行這項研究，則可以發現：從人的立場來說，宗教要想在民主時代維持下去，只是小心翼翼地將自己的活動局限於宗教事務的範圍之內，也還是不夠的；宗教的力量，在許多方面還取決於它所遵奉的信仰的性質、它所採取的外在形式以及它爲信徒規定的義務。

我在前面所述的平等使人們產生非常一般和非常廣泛的觀念的問題，主要應當從宗教方面來理解。彼此相同和平等的人，容易產生關於單一神的概念，認爲這個神爲每個人規定了同樣的準則，授予每個人在來世以價值相等的幸福。關於人類的這個一致性的觀念，不斷地引導人們產生認爲造物主也是一致的觀念。反之，在人們彼此隔絕和相互差別極大時，有多少個民族、等級、階級和宗族，就會隨意創造出多少個神，並爲各自繪出通向天國的無數條道路。

毋庸諱言，基督教本身也在某些方面受到社會和政治情況對宗教信仰發生的這種影響。

當基督教問世的時候，上帝無疑已爲它的出世做好了準備，即把人類的大部分已經集結在一起，使他們像一支龐大的部隊活動於羅馬皇帝的麾下。這一大群人雖然彼此之間有很多不同，但他們之間有一點是相同的，即都遵守同樣的法制。每個人各自與皇帝的偉大比較，他們是軟弱和微不足道的；而從他們全體與皇帝的關係來說，他們又全是平等的。

應當承認，人類處於這種新的和特殊的情況，當然會使人去接受基督教宣講的一般眞理，而基督教之所以在當時能夠順利和迅速地深入人心，也正是來源於此。

羅馬帝國崩潰後，就出現了與此相反的情景。

這時，羅馬帝國垮臺了，也可以說是四分五裂了，原先受它統治的每個民族又恢復了昔日的獨立。不久以後，在這些民族的內部，一些階層無限地壯大，出現了種族差別，而等級又使每個民族分成若干集團。各民族共有的這個動向，好像在盡其所想和所能，要把人類社會分成無數小塊。在這種條件下，基督教也沒有放棄它向人們宣揚的主要一般觀念，而是要儘量準備適應人類分裂後出現的新趨勢。人們繼續崇拜創造和庇護萬物的唯一的上帝。但是，每個民族、每個城市，甚至每個人，又相信自己能夠得到某些特權，使至高無上的上帝成爲自己的保護者。由於不能把一個神分成許多個，所以他們只好增加神的使者的人數，過分地提高使者的權力。於是，大多數基督徒把對天使和聖徒的崇敬，幾乎變成了一種偶像崇拜，以致人們一時不無理由擔心：基督教是不是也要蛻化爲早被它戰敗的那幾種宗教。

顯而易見，隨著把人類中的各民族隔離開的障壁，和把每個民族內部的公民隔離開的障壁的消除，人們自然會接受關於單一而且萬能的存在的觀念，認爲這個存在能夠平等地和以同樣方式將法律施於每個人。因此，到了這樣的民主時代，最重要的事情是不准把人對神的使者的崇敬和只應對造物主的崇拜混淆。

在我看來，另一個眞理也很清楚：即在民主時代，應使宗教的表面儀式給信徒帶來的負擔輕於其他任何時代。

我在論述美國人的哲學方法時說過，在平等的時代，人的精神最厭惡的，是使自己的觀念服從於形式。生活在這個時代的人，反對以圖像渲染事物，認爲象徵的手法是一種兒戲，其目的是掩蓋或粉碎眞相，不讓眞相赤裸裸地暴露於光天化日之下。他們對宗教儀式表示冷淡，認爲禮拜的細節只有次要的意義。

在民主時代負責規定宗教外在形式的人，必須審愼考慮人們智力的這種自然本性，以免與其發生不必要的衝突。

我堅決地認爲形式是必要的。我知道，形式可使人的精神沉於抽象眞理的思考，助其堅定地追求眞理，令其熱烈地相信眞理。我絕不認爲一種宗教能夠無外在的儀式而維持下去。但是，另一方面，我又覺得：在我們正在踏入的時代，過分地講究宗教的外在儀式是極其危險的；當然要有一定的儀式，但必須以延續教義本身所絕對需要者爲限，因爲教義才是宗教的本質[1]，而禮拜只是它的形式。在人們越來越平等的時代，拘泥於細節、死板不化、迫使信徒遵守清規戒律的宗教，很快就會只剩下一群狂熱的信徒，而大多數人將放棄對它的信仰。

我知道一定會有人反駁我說：宗教都以一般的和永恆的眞理爲其追求的目標，所以它不能隨波逐流，跟著每個時代的特點的變化而改變其目標，從而不會在人們面前失去其可信性。我對此的回答仍然是：必須把一種信仰得以成立，和神學家們所說的信條得以建立的那些主要觀點，和由這些觀點派生出來的從屬概念嚴格區分開來。不管時代有什麼特點，宗教都必須經常堅持前者；但在萬事都在改變其位置，人們的思想已經習慣於人間事物的千變萬化而不願意死守陳規的時候，宗教也愼重地注意自己與後者的經常聯繫。我認爲，表面的和次要的事物的不變性，只有在市民社會本身停滯不前的時候，才能有機會持續下去。在其他任何場合，我都認爲這種不變性是一種危險。

我們可以看到，在平等所造成的或促成的一切激情當中，有一種特別強烈並同時振奮人人之心的激情，這就是人人都有的喜歡安樂的感情。愛好安樂，是民主時代突出的和不可消失的特徵。

可以認爲，試圖消滅這個主要的激情的宗教，最後會被這個激情所消滅。如果宗教想讓人們完全放棄現世的幸福，而叫人們專門去追求來世的幸福，那麼，我們可以預言，人們在精神上最後將擺脫宗教的束縛，並爲了專門去追求眼前的物質享受，而離開宗教遠遠的。

宗教的主要任務，在於淨化、調整和節制人們在平等時代過於熱烈和過於排他地喜愛安樂的情感。因此我認爲，如果宗教要試圖完全壓制和破壞人們的這種情感，那將大錯而特錯。宗教絕對無法使人放棄愛財之心，但它還是可以說服人們只用正當的手段去致富的。

現在，我來進行最後一項考察。這項考察從某種意義上來說也是概括上述各項的考察。隨著人們日益相似和平等，與每日都在變化的塵事愼重地保持一定距離的宗教，越加需要不與一般人都接受的觀念和在群眾中起著支配作用的利益，進行沒有必要的對抗，因爲公眾的意見越來越成爲最主要的和最無法抵抗的力量，而除了這種力量以外，宗教是無法得到足以長期頂住其所受到的攻擊的強大支持的。無論在被一個專制君主者統治的民主國家，還是在共和制的民主國家，基本上都是如此。在平等的時代，君主雖然常能使人服從，但能使人們信服的卻是人民中的多數。因此，凡是不違背自己信仰的人，都要傾向多數的意見。

我在本書的上卷說過，美國的神職人員是如何不問政治的。這是他們謹愼自制的明顯例子，但還不是唯一的例子。在美國，宗教是一個專由神職人員統治的獨立天地，而且神職人員從來不想走出這個天地；他們在這個天地內指導人們的精神，而在這個天地外，任憑人們自主和獨立，讓他們根據自己的本性和時代的要求去發揮他們固有的好動精神。我從來沒有見過哪個國家的基督教像在美國那樣不講究形式和不重視繁文縟節，但對人的精神卻有著最清晰、最簡明和最一般的了解。儘管美國的基督徒分成許多宗派，但他們對各宗派都一視同仁。無論是對天主教，還是對其他教派，都可以這樣說。任何地方的天主教神職人員，都沒有像美國的天主教神職人員那樣不過問信徒的禮拜瑣事，不採取格外的和特殊的禮拜方法，不拘泥於教義的文句而重視教義的精神。天主教的只對天主禮拜而禁止對聖徒禮拜的教義，在美國宣講得最爲清晰和遵行得最好。然而，美國的天主教徒卻是最順服和最虔誠的。

可以適用於美國各教派神職人員的另一個特點是：美國的神職人員絕不把人的視線引向和固定於來世，而是讓人心更多地注意現世。在他們看來，現世的幸福在宗教上雖屬次要，但仍不失其重要性。他們雖不從事實業活動，但對實業的進步至少還是關心和讚揚的。他們在不斷向信徒講述來世才是人們應當害怕和希望的偉大目標的同時，並不禁止信徒以正當的方法去追求現世的榮華。他們並不怎麼多講來世和現世的差別和不同，而是仔細地研究用什麼方法使兩者結合和聯繫起來。

美國的全體神職人員都承認多數對人們思想的支配作用，並尊重這種作用。除非必要，他們絕不反對多數。他們不參加黨派的鬥爭，但隨時接受全國和當代的共同意見，跟著振奮周圍所有人的感情和思想的潮流前進，而不加抵制。他們致力於引導同時代人向善，而絕不與同時代人對立。因此，輿論從來不以他們爲敵，反而支持和庇護他們。他們傳講的信仰，透過他們本身的努力和借助多數的力量而同時發揮作用。

因此，宗教透過尊重不與它對立的一切民主本能，並利用其中的一部分，便可以順利地抵制它最危險的敵人即個人的獨立意向。

## ◆本章注釋◆

[1] 在任何宗教中，儀式都與信仰的本質本身有密切聯繫，而且最好不加以任何改變。在形式與內容永遠密切聯繫得像一個整體的天主教中，尤其是如此。

# 第六章　關於天主教在美國的發展

美國是世界上最民主的國家，而根據一些可信的報告，它同時又是天主教最發達的國家。乍一看來，人們可能覺得奇怪。

有兩個問題應予明確區別：平等一方面使人人願意自行判斷，而另一方面又使人人喜歡和嚮往社會有一個統一的、單一的和對大家都一律相待的權力。因此，生活在民主時代的人，都力圖不受一切宗教權威的制約。但是，如果他們想服從某一宗教權威，那麼，他們得讓這個權威是單一的，而且只能有一個。凡非指向同一中心的宗教權力，自然會使他們的精神感到不快，而且會幾乎輕易地認爲，與其有好幾個宗教，不如沒有宗教。

在我們這個時代，我們發現天主教徒比以前任何時代都更加不虔誠了，但基督教新教的教徒卻紛紛改信了天主教。如果從天主教的內部來看，它好像是衰退了；而如果從它的外部去看，它又好像是前進了。這個現象是不難理解的。

我們這個時代的人，當然很少有虔誠的信仰，但他們一旦決定信教，很快就會覺得自身有一種內在的本能在不知不覺地把他們推向天主教。羅馬教會的若干教義和教規使他們吃驚，但他們的內心卻對它的紀律表示欽佩，而它的牢固團結也在吸引他們。

如果天主教最後能夠將它所引起的政治恩怨置之度外，那麼，我幾乎毫不懷疑，這個似乎與它牴觸的時代精神，不僅不會對它極爲不利，反而會使它立即獲得巨大的成就。

這是人們的智力活動最常見的弱點之一，即願意調和互相對立的原則，不惜犧牲邏輯而求和解。因此，過去和現在總是有人在使自己的某一宗教信仰服從一個權威之後，又想放棄這個權威而另找其他權威，任憑自己的精神在服從和自由之間隨意盪來盪去。但是，我還是相信這樣的人在民主時代不會多於其他時代，而我們的後代將來必然日益分化，但最後只能分成兩大類：一類完全脫離基督教，另一類皈依羅馬教會。

# 第七章　民主國家人民的思想傾向於泛神論的原因

我雖然準備以後來談民主國家對最一般觀念的突出愛好是如何表現在政治方面的，但我現在就要指出這種愛好對哲學發生的主要影響。

不容否認，泛神論在我們這個時代得到很大發展。歐洲一些國家的著作，就帶有明顯的泛神論色彩。德國人把它帶進哲學，法國人把它帶進文學。法國出版的一些虛構作品，大部分包含著由泛神論借來的某些觀點或論調，或使人感到它們的作者有一種趨於泛神論的傾向。我認爲這並非偶然，而有其久遠的原因。

隨著身分日趨平等，每個人與他人越來越無差別，個人變得日益渺小和無力，人們便習慣於不再重視每個公民而只重視全體人民，忘記了個體而只考慮人類整體。

在這樣的時代，人的精神喜歡同時包羅萬象，希望把無數的不同結果歸結於一個單一的原因。統一的觀念糾纏著人的精神，人的精神到處去尋找統一的觀念。當人們找到這一觀念的時候，就自願地把它存於內心，高枕無憂地躺在它的身上。這樣一來，人們不僅認爲世界包括天地萬物，而且相信只有一個造物主。但是，對萬物進行的這種初步分類還沒有使他們滿意，於是他們又去設法拔高和簡化自己的想法，即把神和宇宙匯成爲一個單一的整體。假如我遇到一個哲學體系能把世界上的萬物，不管是物質的還是非物質的，不管是可見的還是不可見的，均視爲一個巨大存在的不同組成部分，而只有這個巨大存在能在其組成部分不斷變化和連續改觀當中，永遠存在下去，那麼，我可以毫不費力地斷定：這個哲學體系，雖然它破壞了人的個性，但對生活在民主制度下的人具有神祕的魅力，而這種魅力的產生也許正是由於它破壞了人的個性。人們的一切智力活動習慣都在引導人們去理解這一哲學體系，把人們領上接受這一體系的道路。這一哲學體系自然會引起和加強人們的想像力，並提高人的精神自豪感和滿足人的精神愉快感。

在幫助哲學尋找方法解釋世界的各種體系當中，我認爲泛神論是適於籠絡民主時代人心的體系之一。凡是堅信人類眞正偉大的人，應當團結起來反對泛神論。

# 第八章　平等是怎樣喚起美國人產生人可無限完善的觀念的

平等在喚起人的思想產生幾個只有它才能引來的觀念，並在改變幾乎所有早已存在的觀念。我現在以人可完善這個觀念爲例，因爲它是人的智力所能想出的主要觀念之一，而且它本身就是每時每刻都在實際生活中驗證自己的論據的一大哲學理論。

人與動物雖然有些地方相似，但有一個特點是人所獨有的。這就是人能自我完善，而動物則不能自我完善。自有人類以來，人類就發現自己與動物有這種差別。因此，人可完善的觀念，和世界本身一樣古老。平等本身並沒有創造這個觀念，但它使這個觀念具有了新的特點。

當公民按等級、職業和出身而分類，每個人都不得不沿著全憑偶然而步入的道路前進時，人人都會認爲人力的最高界限就在自己身上，誰也不想去對抗不可抗拒的命運。貴族制國家的人民，並非絕對沒有自我完善能力，只是沒有認識到這種完善是可以無限的。他們只想改進，而不想變革。他們希望社會地位逐漸變好，除此別無他求。他們雖然承認人類至今已經取得了很大進步，而且今後還會有所進步，但又事先把人類置於一定的不可逾越的界限之內。

因此，他們並不認爲自己已經達到至善和已經獲得絕對眞理（其實，哪個人或哪個民族何曾這樣妄想過呢？），但他們願意使自己相信，他們已經距離人類的不夠完善的本性所能達到的偉大和明智很近了。同時，由於他們看到周圍的一切好像仍然照舊，沒有變動，所以容易覺得一切均已各得其所。於是，立法者們喜歡制定永久性法律，人民和國王只願意建造耐久的建築物，現代的人爲後代的人操勞而先爲他們註定了命運。

隨著等級的消失、各階級的接近和人們的日益混合，習慣、儀禮和法律也在變化；隨著新事物的出現、新眞理的發現、舊觀點的消失和被新觀點取代，一個理想的但又總是不夠固定的完善的形象，就會出現在人們的腦際。

於是，轉瞬即逝的不斷變化，每時每刻都呈現在每個人的眼前。有些人的處境變壞了，於是他們開始清晰地認識到，一個民族或一個個人，不管怎麼有智慧，都不能永遠不犯錯誤。另一些人的命運得到了改進，於是他們由此斷言，一般說來，人是有能力無限完善自己的。受挫的人認爲，任何人都不能自吹可以找到絕對的善；成功的人在興奮之餘，繼續去追求新的成功。因此，人人都在不斷追求，跌倒後再爬起來，雖然時時感到失望，但又絕不絕望，而是不停止地沿著尙待跋涉的漫長人生道路，走向他們只能渺茫地看到終點的偉大目標。

這種認爲人可無限完善的哲學理論，曾使人們心甘情願地做出了多少事實，以及它對那些只在行動上與它有關而在思想上與它無涉，但在活動中又好像不知不覺地與它吻合的人發生了多麼大的奇妙影響，幾乎是令人難以置信的。

我遇到過一位美國船員，問他美國的船爲什麼造得不太耐用。他毫不遲疑地回答說：航海技術進步得一日千里，再好的船用上幾年之後也不堪再用了。

從這位大老粗就一個專門問題脫口而說出的答話中，我看到了一個偉大民族凡事都遵循的一般的和有體系的觀念。

貴族制國家自然要過分限制人可完善的範圍，而民主國家又有些擴大了這個範圍。

# 第九章　美國人的例子爲什麼不能證明民主國家不會愛好和不會致力於科學、文學與藝術

應當承認，在當代的文明國家中，美國在高級科學方面是進步不大的，而且它的大藝術家、出名詩人和卓越作家也寥寥無幾。

對這種情況表示驚異的一些歐洲人，認爲這是平等所自然造成的不可避免的結果。他們甚至認爲，要是民主的社會情況和制度馬上席捲全球，引導人類走向開化之光就將逐漸黯淡下去，而人類又將回到黑暗時代。

我認爲，做出這種推論的人，是把一些本應當分開並加以單獨考察的觀念混淆起來了。他們無意之中把民主的東西與美國人所獨有的東西混在一起了。

初期移民信奉的並傳給他們後代的宗教，在儀式上是簡單的，而在教義上卻是嚴肅的，甚至可以說是苛刻的。它反對外表的浮誇，反對繁文縟節。這樣的宗教，自然不利於美術的發展，只重視消遣性文學。

美國人是一個非常古老和開化，而後來又遷到一個使他們可以任意開發和容易豐產的廣袤的新國土的民族。這在世界上是史無前例的。因此，在美國，每個人都有其他地方所沒有的發財致富的便利條件。他們的貪欲總是十分強烈，時時都懷有幻想和進行理性活動的頭腦，完全爲追求財富的目的所

吸引。美國不但有其他國家那樣的工商業者階級，而且還有其他國家所沒有的一種現象，即全國人人都從事工商業。

但是，我敢肯定，假如全世界只剩下了美國人，而且他們仍然保留著祖傳的自由和知識，不改變他們固有的激情，那麼，他們很快就會發現：不研究理論，科學的實用是無法長足進展的，而一切藝術也應當相輔相成地去完善。不管美國人怎樣絞盡腦汁為達到其所追求的主要目標而努力，他們不久終究要承認，為了順利地達到目標，有時還得離目標遠一點兒。

何況喜歡精神上的享受，是文明人的自然心理，所以高度文明的民族都不會不迷戀這種愛好，而且還有一批人在專門研究它。這種精神上的需要一旦出現，很快就會得到滿足。

然而，當美國人只顧科學的實際運用和只顧尋找使生活舒適的方法時，重視學術和文藝的歐洲已在致力於探索眞理的共同源泉，並在同時完善人們可以享得的一切享樂，和人們應當得到滿足的需要。

美國的居民認為，在舊大陸的一切開化民族中，有一個民族最為突出，居於榜首。他們跟這個民族同源同俗，因而兩者之間的關係極為密切。他們看到這個民族有著名的科學家、有才華煥發的藝術家和偉大的作家；他們也能從這個民族那裡汲取知識財富，而不必為了積累這種財富付出勞動。

儘管美洲與歐洲遠隔重洋，但我認為兩者是不可分的。我把美國人民視為英國人民的一部分，這一部分以開發新大陸的深山叢林為己任，而留在英國的那一部分，則清閒自在，很少為謀取生活資料而操勞，所以能把精力用於深化思想方面，並從各方面發展人的精神。

因此，美國人的際遇完全是一個例外，我相信今後不會再有一個民主的民族能逢這樣的際遇。他們原來都是清教徒，他們有專門從事商業的習慣，他們居住的國土好像在不讓他們使用智力去研究科學，他們的歐洲鄰居使他們不研究科學也不會重返野蠻狀態。我只能就其主要者而列舉出來的這一大堆獨特原因，必然使美國人的精神特別注重於純物質方面的事物。人們的激情、需要、教育和環境，實際上好像都在驅使美國的居民去面對現世。宗教只能使他們偶爾抬起頭來，漫不經心地望一望天堂。

因此，我們不應根據美國人民的外在表現去推論一切民主的民族，而要根據每個民族的特點去研究它們。

我們可以設想有這樣一個民族，其內部沒有門第、等級和階級之分，它的法律不承認任何特權而規定遺產由繼承人平分，但它沒有使人民享有知識和自由。這不是一個沒有根據的設想，因爲一個暴君可以將其恩澤平等地施於臣民，但讓臣民們愚昧無知，以便於更容易奴役他們。

這樣的民主的民族不但不能在科學、文學和藝術上表現其才華和愛好，而且可以使人相信它永遠不會有這種表現。

它的繼承法本身就是以一代接著一代地將財產化小分散爲己任，民族的成員誰也不去創造新的財富。沒有知識和自由的窮人，連致富的想法都不會有；而富人則聽任自己淪於貧困的境地，根本不知道如何去自救。這樣的民族很快就會在它的這兩類公民之間建立起完全的和無法克服的平等。這樣一來，誰也沒有時間和興趣去從事勞動和智力活動。但是，所有的人都將麻木不仁，淪於同樣的愚昧無知和同等的受奴役狀態。

我一想到這樣的民主社會，立刻覺得自己好像被拋進一所低矮、昏暗和沉悶的小房子裡，雖然外面有時射進一道一道光線，但很快又變得微弱而終於消失。我突然覺得心情沉重，悶得喘不過氣來；我在黑暗中四下摸索，希望找到一個出口，好到外面吸點兒空氣和見到陽光。但是，這裡所作的一切假想，並不適用於開化已久、在廢除規定財產永久歸於某些個人或某些團體的特殊法令和繼承法以後仍然保有自由的民族。

當生活在一個民主社會裡的人民是個開化的民族時，他們不難明白沒有任何東西應當限制和強迫他們安於現狀。因此，他們每個人都要想方設法去改進現狀；而如果他們都是自由的，則每個人都將大顯身手，但不一定獲得同樣的成果。當然，立法機構不會再給予人們以特權，但天賦會給予人們以這種特權。天賦的不平等是很大的，所以財富也將因每個人運用其才智去致富的情況而出現不平等。繼承法依然阻止富裕之家世世代代富裕下去，但它並沒有不准富人存在。繼承法在不斷使公民們趨於相同的水準，但公民們也在不斷使自己避開這個水準。隨著公民的知識日益提高和他們的自由日益擴大，他們的財富也越加不平等。

在我們這個時代，有一派[1]因其才華和狂妄而出名的人士主張先將一切財富集中於一個中央當局之手，然後再由它按每個人的貢獻將財富分配給所有的人。他們認為，透過這個辦法，可以躲開那種似乎可以威脅民主社會完全的和永恆的平等。

還有一種比較簡單和危險性小的救治辦法，就是不讓任何人享有特權，給予每個人以同等的知識和同等的獨立，讓每個人自己去關心尋找本身應占的地位。但是，天賦的不平等馬上會顯示其作用，而財富也自然將落入最能幹者之手。

因此，在民主而自由的社會裡，經常會有一批富裕或殷實的人。這批富人之間的聯繫，不會像以前的貴族階級成員之間的聯繫那樣密切。他們將有不同於貴族階級的本性，沒有貴族階級那麼多充裕時間去享樂，但他們在人數上將比過去任何富有階級都多得多。這批人不會整天忙於物質生活，也會進行智力活動和享受精神生活的快樂，但程度不如以往的貴族。他們這樣去支配自己的時間是合理的，因爲人的精神一方面要有一個有限的目標，即物質的和實用的目標，另一方面還當然要有一個無限的目標，即非物質的和喜歡美的目標。物質的需要使人的精神傾向現世，但在物質的需要吸引不起人的精神時，人的精神就要自我崛起。

不僅能夠鑒賞精神產品的人數將要大大增加，而且對於智力活動的愛好也將逐步提高，達到貴族時代那些似乎沒有時間和能力從事這種活動的人們的水準。

當不再存在世襲的財產、階級的特權、門第的優越感，而每個人只靠自己的努力前進時，則財富方面的高下之分，顯然將取決於人的智力。凡是可以激勵、擴大和發揮智力的東西，都將立即身價倍增。

知識的功用將極其明顯地呈現在人們的眼前。即使沒有感到知識魅力的人，也將尊重知識的成果，並要爲享有這種成果而付出一定的努力。

在民主、開明而自由的時代，沒有任何力量可以把人與人分隔開來，或把人限制於其原來的位置不動。人人都可以突然發跡，也都可以很快變窮。各個階級每天相互見面，因爲他們相處得甚密。他們不斷互相往來和混合，彼此模仿，互相敬慕。於是，人民就產生了一些在等級森嚴和社會停滯的時代所不可能有的觀念、概念和思想。在這樣的民族那裡，僕人可以與主人共同享樂和勞動，窮人也可以與富人如此；鄉下人將會努力學習城裡人，地方將會努力學習首都。

這樣一來，誰也不會專注於生活的物質方面，最簡單的手藝人也會貪婪地或偷偷地看一看高級的智力活動世界。人們不會用貴族制國家採用的那種觀點和方法去讀書；但是，讀書人的範圍將不斷擴大，最後擴及全體公民。

當人們開始關心精神勞動以後，他們就會發現取得榮譽、權力和財富的主要手段，全在於自己在某些方面勝過他人。由平等造成的躍躍欲試的野心，立刻會從其他方面轉到這一方面來。研究科學、文學和藝術的人，將會劇增。一種不可思議的積極性，將會在知識界出現。每個人都要設法爲自己開闢一條道路，並努力吸引他人跟著自己走。這種情況，和美國政治界發生的情況有些類似。美國人所做的工作雖然往往是不夠完美的，但是其數量卻是很大的。儘管個人努力的成果一般是很小的，但是合起來的總成果卻往往是巨大的。

因此，說生活在民主時代的人在天性上就不關心科學、文學與藝術，實與事實不符；而且應當承認，他們是以自己的方法來研究科學、文學和藝術的，他們在這方面有其固有的特點和不足之處。

◆本章注釋◆

[1] 毫無疑問，托克維爾指的是聖西門及其學派。參看曼紐爾：《聖西門的新世界》（麻塞諸塞州之劍橋，哈佛，一九五六年）；夏爾勒蒂：《聖西門主義史（一八二五—一八六四）》（巴黎，一九三一年）。

# 第十章　爲什麼美國人在科學方面偏重實踐而不關心理論

民主的社會情況和制度既然沒有抑制人的精神發展，則它們幾乎毫無疑問不是從這一方面就是從那一方面推動了人的精神發展。它們的作用雖然有一定的限度，但卻是十分強大的。請允許我暫停片刻，先來談一談它們的作用。

我們在講述美國人的哲學方法時提出的幾個論點，在這裡也一定有用。

平等使每個人產生凡事自行判斷的願望，對一切事物都懷有明顯的、切實的愛好，而輕視傳統和形式。民主的這些一般本性，就是本章單獨討論的主要內容。

在民主國家研究科學的人，總害怕自己陷入空想而迷失方向。他們敢於向已有的體系挑戰，喜歡緊緊地抓住事實和親自研究事實。他們既不會由於某一同行成名而輕易地加以相信，又不會盲從某一權威的論斷。而是與此相反，他們卻要不斷地去尋找名人或權威的理論的弱點。學術的傳統對他們的影響不大，他們向來不長期拘泥於一個學派的煩瑣議論，而且也很少受騙於某人的豪言壯語。他們要儘量深入到所研究對象的各主要部分，並喜歡用通俗的語言來表達它們。這樣，科學雖比以前自由和確切了，但不如以前高大了。

我認爲，按人的精神的追求，可把科學分爲三個部分。

第一部分，以現在還不知道如何應用，或在遙遠的將來才能應用的最純理論原則和最抽象概念爲內容。

第二部分，由雖然還屬於純理論範圍但透過直接而便捷的途徑可以應用的一般眞理構成。而應用的程序和執行的方式，則屬於第三部分。

對科學的這三個不同部分的每一部分，都可以單獨地進行研究，但人們的理性和經驗證明，其中之一如與其餘兩者完全隔離，它就不可能長期地繁榮下去。

在美國，人們潛心於科學的純應用部分的研究，而在科學的理論方面，只注意研究對應用有直接必要的那一部分，而在這方面他們也經常表現出求眞、自由、大膽和創新的精神。但是在美國，卻幾乎沒有一個人專心研究人類知識在本質上屬於理論和抽象的那一部分。在這方面，美國人把所有的民主國家都有的，但我以爲不如美國那樣強烈的一種傾向，表現得特別突出。

高級科學或科學的高級部分的研究，最需要沉思，而在民主社會內部，卻很少有什麼東西適於沉思。在民主社會，既沒有貴族制國家那種因爲自己有錢而可以高枕無憂的人數眾多的階級，又沒有貴族制國家那種因爲無望改善處境而不再進取的階級。每個人都在積極活動：有的是希望掌權，有的是希望致富。在這種熙熙攘攘、利害衝突頻仍、人們不斷追求財富的環境下，哪裡有必要的安靜供人們進行深刻構思呢？當你周圍的一切都在活動，而你本身已被裹進席捲萬物的激流，並且每天都漂浮在這個激流之上的時候，你怎麼能停下來思考高級科學呢？

必須把建立已久的平安無事的民主社會中發生的經常性運動，與幾乎是伴隨民主社會的誕生和發展而發生的騷亂性和革命性的運動，決然分開。

在一個高度文明的國家發生暴力革命時，人們的情感和思想不會不遭到突然的刺激。

在發生民主革命時，情況尤其如此，因爲這個革命把民族的所有階級一下子都發動起來了，而且會使每個公民的心中同時產生巨大的野心。

如果說法國人在橫掃舊封建社會的殘餘的同時，使精密科學一下子達到了驚人的進步，那麼，這個突然成果的原因並不在於民主，而應當把它歸功於從未見過如此迅速發展的革命。由此而來的成果是一個偶然現象，而如果把它視爲一般規律，那是欠妥的。

民主國家發生大革命的情況不會比其他國家多，我甚至認爲只會比其他國家少。但是，在民主國家裡，卻常有使人感到不快的、輕微的不和諧運動，即人們之間經常互相排斥。這只會擾亂和渙散人的精神，而不能激發和振奮人心。

生活在民主社會的人不僅難於沉思，而且對這種思維活動也當然不夠重視。民主的社會情況和制度，使大部分人經常處於動的狀態。但是，適於這種動態的習慣，並不總是適於思維活動。以這種習慣進行活動的人，往往滿足於不求甚解，因爲他們要想使每一細節都十全十美，則達不到他們預期的目的。他們要經常依靠他們無暇深入研究的思想，因爲不失時機地利用這個思想，比這個思想的嚴密正確性對他們更爲有用；而且總的說來，與其消耗時間去證明自己的一切原理的眞實性，不如冒點風險去利用某些錯誤的原理。何況整個世界也不是根據長期不變和確鑿無疑的論點運動的。世界上的一切事情，都是透過一瞥某一特殊現象，經常觀察群眾千變萬化的激情，隨時且機智地抓住所發生的事實，而被人們掌握的。

因此，在人人都處於活動狀態的時代，一般都過於重視智力的快速成果和膚淺論據，而對於深刻的與緩進的智力勞動則十分輕視。

這樣的輿論影響著從事科學研究的人們的判斷，並說服他們相信：不用沉思也能在研究當中獲得成果，或者不去研究那些需要沉思的科學。

研究科學有幾種方法。許多人對於智力活動得出的發明創造，有一種利己主義，即把它們用於工商業的愛好。不應當把這種愛好與少數人心中燃起的追求眞理的無私熱情混爲一談，前者是希望利用知識，而後者完全是希望求知。我毫不懷疑，隨著時間的推移，一些人會對眞理產生無限的熱愛。這種熱愛只靠自己成長和不斷壯大，而且絕不自我滿足。正是對眞理的這種無私而自豪的熱愛，才能使人們達到眞理的抽象源泉，從那裡汲取最根本的觀念。

假如巴斯卡的眼中只有某種名利，或者他只是爲了榮譽而活動的話[1]，那麼，我相信他絕不會那樣盡其全部智力去清晰地揭開造物主的奧祕。當我想到他爲了全神專注於這項研究，而且可以說是使精神擺脫了人生的一切雜念，以致過早地耗盡寓於身體的心力，未屆四十歲而離開人世時，不禁感佩不已。而且我認爲，絕不是一種通常的原因能使他付出如此非凡的努力。

在貴族制社會出現的如此罕見和如此豐產的求知熱情，將來也許出現於民主社會。至於我，我坦白承認，我還難以相信這一點。

在貴族制社會裡，指導輿論和政務的階級可以世世代代永遠居於群眾之上，所以它自然而然地會對本階級和人類抱有一種優越的觀念。這個階級喜歡想方設法使自身享有榮譽，並爲自己的設想定出宏偉的目標。貴族雖然常有極其殘暴和不人道的行爲，但鮮有低級下流的想法。他們對於一些小型娛樂雖然也很愛好，但卻抱有某種看不起的輕視心理。他們的這種表現，也間接地提高了一般人的心靈境界。在貴族時代，對於人的尊嚴、力量和偉大，一般都有非常高大的看法。這種看法無論對研究科學的人，還是對其他人，都發生著影響：促使人們的精神境界自然向更高層次發展，並使人們的心裡自然產生對眞理的崇高而且幾乎是神聖的熱愛。

因此，這個時代的學者都潛心於理論的研究，甚至對於理論的應用往往持有不屑一顧的輕視態度。普盧塔克說過：「阿基米德的治學精神，崇高到不肯自貶身價去撰寫一部製造兵器的著作的地步。在他看來，關於發明和組裝機器的一切科學，以及一般與應用有某種實利關係的一切技藝，都是沒有價値的、卑賤的和向錢看的。他把自己的精力和研究全部用於撰寫其美處和妙處跟實際需要毫無關係的著作[2]。」這就是貴族在科學上的追求。

在民主國家，就不會有這種情況。

民主國家的人民，大部分都強烈追求物質和眼前的享樂。由於他們總是不滿意自己的處境，並總有擺脫這個處境的自由，所以他們滿腦子只想如何改變處境和如何增加財富。對於持有這種思想的人來說，一切可以成爲發財致富捷徑的新方法，一切可以節省勞力的機器，一切可以降低生產成本的工具，一切便於享樂和增加享樂的新發明，才是人類智力的最優秀成果。民主國家的人民主要是從這個角度去鑽研、認識和尊重科學的。在貴族制度時代，人們要求於科學的，主要是精神上的享受；而在民主制度下，則主要是肉體上的享受。

可以設想，一個國家越是民主、開明和自由，對科學的天才進行這樣評價的人也越多，而能夠直接應用於工業的發明，也越能使發明人得名得利，甚至得權，因爲在民主制度下，從事勞動的階級參加政務，而爲政府服務的那些人，要從那裡獲得榮譽和金錢。

人們可以不難想像，在這樣組織起來的社會裡，人的精神不但會不知不覺地忽視理論，反而要以無比的精力去追求科學的應用，或者去追求對於應用不可缺少的那一部分理論。

即使本能的求知欲使人的精神上升到最高的智力活動領域，也將一無所成，因爲現實的利益在驅使人們甘居中等的智力活動領域。只有在這個中等的智力活動領域，人的精神才能發揮它的力量和持久的積極性，創造出最好的成果。連力學的一個普通定理都沒有發現的美國人，卻爲航運業推出了一部使世界的海運面貌爲之一變的新機器。

當然，我不是說當代的民主國家要坐待人的精神之光趨於熄滅，更不說它們不能再發出新的光芒。世界發展到了今天，有很多開化的國家都在兢兢業業發展工業，所以把科學的各個不同部門聯合起來的各種關係，便不能不引起人們的注意；甚至對於應用的愛好，當它是合理的時候，也一定促使人們重視理論。在如此眾多的試驗或實驗每日都在反覆進行的過程中，不可能不經常發現最一般的規律。因此，即使偉大的發明家不會出現太多，但偉大的發明必將層出不窮。

另外，我相信科學的崇高使命。民主制度不會引導人們爲了科學而研究科學，但是另一方面，它卻會使研究科學的人大量增加。不要以爲在如此大量的研究人員當中不會隨時出現專門熱愛眞理的天才從事理論研究。我們可以肯定，這樣的天才，不管他們的國家和時代受什麼精神所支配，都會努力去揭開大自然的深邃奧祕。他們不需要別人說明而自行前進，只要不給他們設置障礙，他們就知足了。我在這裡想要講的，無非是說：身分的恆久不平等，會使人們囿於抽象眞理的研究，並覺得這種研究高尚，但得不到實惠；而民主的社會情況和制度，則會使人們只追求科學的直接而有利的應用。

這種趨勢是自然的，而且是不可避免的。了解這種趨勢是很有意思的，而指明這種趨勢又可能是必要的。

負責領導現代國家的人如能清晰地、長遠地認識到這種終將不可抗拒的特性，就會知道生活在民主時代的人有了知識和自由之後，不會不去改進科學的工業應用部分，而政府當局的全部力量，今後是應當支持高級科學的研究和創造研究科學的高度激情。

在我們這個時代，應當讓人的精神重視理論，然後使其自然地轉向實踐，而不應當讓它總是追求次要效用的詳細研究。最好是讓人的精神暫時放棄這樣的研究，把它提高到沉思初始原因的地步。因爲羅馬的文明是隨蠻族的入侵而滅亡的，所以我們可能過於相信，只要不再發生這類事件，我們的文明就不會滅亡。

如果照耀我們前進之光萬一有一天熄滅，那也只能是逐漸地黯淡下去，而且是像自消自滅的。強制人的精神只注重應用，就會使人忽略原理；而一旦完全忘卻原理，由原理產生的方法也不會太多。結果，人們就不能發現新的方法，而只能無知地和不熟練地使用他們並不理解其原理的良好工作方法。

三百年前歐洲人初到中國時，他們看到中國幾乎一切工藝均已達到一定的完善階段，並爲此感到驚異，認爲再沒有別的國家比它先進。不久以後，他們才發現中國人的一些高級知識已經失傳，只留了一點兒殘跡。這個國家的實業發達，大部分科學方法還在那裡保留下來，但是科學本身已不復存在。這說明這個民族的精神已陷入罕見的停滯狀態。中國人只跟著祖先的足跡前進，而忘記了曾經引導他們祖先前進的原理。他們還沿用祖傳的科學公式，而不究其眞髓。他們還使用著過去的生產工具，而不再設法改進和改革這些工具。因此，中國人未能進行任何變革。他們也必然放棄維新的念頭。他們爲了一刻也不偏離祖先所走過的道路，免得陷入莫測的歧途，時時刻刻和在一切方面都竭力仿效祖先。人的知識源泉已經幾乎乾涸。因此，儘管河水仍在流動，但已不能卷起狂瀾或改變河道。

但是，中國還是安然無事地生存了許多世紀。征服中國的外族採用了它的習俗，那裡的秩序依然井然，一種物質的繁榮依然到處可見。在中國，革命極其罕見，戰爭可以說聞所未聞。

因此，絕不要以爲蠻族離我們尚遠而高枕無憂，因爲如果說有的民族曾任憑異族將文明的火把從自己的手中奪走，那麼，有的民族也曾用自己的腳踏滅過文明的火把。

◆本章注釋◆

[1] 在這裡，托克維爾大概是以《思想錄》的作者巴斯卡的範例自律。——法文版編者

[2] 參看普盧塔克：《名人傳》中之《克勞狄烏斯·瑪律塞魯斯傳》，博恩編，第二卷第四十七頁（倫敦，一八八七年）。

# 第十一章　美國人以什麼精神對待藝術

每個人的財富大致相等，誰也沒有過多的剩餘，人人都希望生活舒適，大家都不斷努力追求安樂，這將使人心處於愛好實用而不太愛美的狀態。我不想對於這一切再一一贅述，以免浪費讀者和我自己的時間。民主國家都有這種現象，所以它們首先所要發展的，是使生活可以舒適的藝術，而不是用來點綴生活的藝術。它們在習慣上以實用爲主，使美居於其次。它們希望美的東西同時也要是實用的。

但是，我還想更進一步，在指出這第一特點以後，便描述其他一些特點。

一般說來，在承認特權的時代，幾乎所有的藝術都是其從業者的特權，而每一種職業也都是不准其他行業涉足的獨立世界。甚至在各行各業已經自由的時候，貴族制國家的由來已久的停滯性，仍會使從事同一行業的那些人形成一個獨特的階級，而且這個階級的成員永遠是原來的那幾個家族。他們彼此之間非常熟悉，所以不久就產生了同業的公意和同行的自尊。在這樣的一個實業階級內部，每個手藝職人並不只是爲了賺錢而工作，而且要爲保持自己的榮譽而努力。他們的行爲準則既不是他們自身的利益，又不是他們雇主的利益，而是他們團體的利益。所謂團體的利益，就是每個手藝職人都要製造出傑出的作品。因此，在貴族制度時代，藝術追求的目標是儘量做出精美的製品，而不是加快製造速度，更不是降低造價。

反之，當每一種職業對所有人都開放，人人都可以隨時進入或離開某一行業，同一行業的成員彼此視為外人，互不關心和幾乎都不相識的時候，行業的社會聯繫便不復存在，而全靠自己努力的每個從業者，便只追求以最少的費用賺取盡可能多的錢。唯能抑制他們的消費者的意志是從。但是，消費者同時也會對他們採取相應的對策。

在財富也像權力那樣集中於少數人之手，並且永遠為他們所占有的國家裡，這個社會的財富大部分將永遠被同樣的一小撮人所享用；而其餘的一切人，則由於貧困、習俗和自我節制，而被排在這種享用之外。

這個貴族階級處於榮譽的頂點保持不動，而且既不擴大又不縮小，所以它感到自己的需求永遠是一樣，而且永遠以同樣方式享用。這個階級的成員，自然由於他們居於高人一等的世襲地位，而愛好最精緻和最耐用的物品。

這種情況對全國人民對待工藝品的態度發生了普遍影響。

在這樣的國家裡，甚至農民也經常喜歡購買最好的物品，否則寧肯不買。

因此，在貴族制社會裡，手藝職人只對人數有限的而且非常挑剔的顧客服務。他們之所以能夠賺錢，全靠他們手藝的高超。

一俟所有的特權均被取消，等級的界限消失，人人都可以在社會的階梯上時沉時浮，上述的情況就不復存在了。

人們經常可以看到，在一個民主國家裡，許多人的家產都是越來越分散和化小。他們在家業興旺時期染上的某些需求，在他們無力再滿足之後依然存在。於是，他們急切尋找某些可以找到的間接辦法來滿足這些需求。

另一方面，我們在民主國家裡也常見到一大批人的財產日益增加，但他們的欲望比財富增加得還快。他們在尚未得到財富之前，早就把貪婪的目光盯在他們預計可以得到的財富之上了。這些人對於即將到手的財富，也要千方百計去尋找捷徑，以期儘快享用。這兩種原因合在一起，便在民主國家產生了如下現象：一大批公民的需求雖然已非他們的能力所及，但他們寧願勉強地滿足自己的願望，也不肯放棄所期求的對象。

手藝職人容易理解這些人的感情，因爲他們本人也有這種感情。在貴族制社會，他們向少數人高價出售自己的製品；而現在，他們發現有更便利的辦法使自己發財，這就是向大眾廉價出售製品。

但是，要想降低商品的價格，只有兩種辦法。

第一種辦法是找出最好、最快和最妙的生產方法。第二種辦法是大量生產品質基本上一樣但價格較低的製品。在民主國家，從業者的智力幾乎全都用於這兩個方面。

他們努力去發明不僅可以把產品製作得更好，而且可以做得更快和造價更廉的工藝。如果做不到這一點，他們就設法降低其所出製品的原有品質，但又要使製品的規定用途毫不下降。在只有富人才能戴得起表的時代，表幾乎珍貴得了不起。現在，表已經不再是什麼稀罕物，而是每個人幾乎都有。因此，民主制度並沒有只使人的精神專注於實用工藝，它還使手藝職人們快速地大量製造不夠完美的製品，而消費者們也滿足於這樣的製品。

這並不是說，在民主制度下，在必要的時候不能製造出更好的製品。當買主肯於出錢使手藝職人的時間和勞動得到良好的報酬時，也會經常造出品質優秀的製品。在各行各業參加的這場鬥爭中，藉由廣泛的競爭和大量的實驗，自會出現一些手藝高超而達到本行高峰的工匠，但他們顯示其手藝的機會不多，而且對自己的手藝吝惜到了極點。他們審愼持重，不願意大顯身手。他們雖然有能力超過他們所承受的任務，但只滿足於完成任務而已。反之，在貴族制度下，手藝職人總是盡其才智而爲，必欲達到其本行的高峰才肯甘休。

當我到達一個國家，看到該國的工藝提供出一些令人讚美的作品時，這還不能使我理解該國的社會情況和政治制度。但是，只要我發現該國的工藝品一般說來不夠完美，但數量很多而且價格便宜，我就可以肯定：處於這種狀態的國家，特權正在消失，各階級正在混合，而且不久即將融合在一起。

生活在民主時代的匠人，不僅要使自己有實用價値的製品能夠售給全體公民，而且要設法使其全部製品具有它們本來並不具有的異彩。

在各階級互相混雜的社會裡，人人都想裝出一副並不代表自己的眞實情況的模樣，並爲裝得像樣而大費苦心。民主制度不是這種感情的成因，因爲這種感情完全出於人心的自然。但是，民主制度卻在使人把這種感情用於物質方面。道德方面的虛僞是任何時代都有的，但奢侈方面的虛僞則爲民主時代所特有。

爲了滿足人的虛榮心的這種新需要，便在工藝上進行種種欺騙，有時甚至做得過分，而使工藝本身受到損失。現在，已經出現了足以亂眞的假鑽石。等到發明出的製造方法達到十全十美，使人們難辨眞假鑽石的時候，人們就可能對兩者都不感興趣，把它們視爲一般的小石子了。

說到這裡，我想談一談藝術之中的被我們特稱爲「美術」的那種藝術。

我不認爲，民主的社會情況和制度必然產生使從事美術的人減少的效果。但是，這樣的社會情況和制度，將對美術工作者的造就方式產生巨大的影響。一方面，原來對美術深爲愛好的人，大部分將要變窮；另一方面，許多尚未富裕起來的人，將會附庸風雅，開始愛好美術。結果，美術品的顧客總的說來有所增加，但是，其中眞正識貨和特別有錢的人卻爲數不多。這樣，在美術方面也將發生我在前面對實用藝術講過的那類現象，即美術品的數量大大增加，但每件美術品的價値卻下降了。

人們不再追求偉大，而只注意優美和悅目，主要看外表而不重實質了。

在貴族制度下，產生了很多幅偉大的繪畫；而在民主國家，則出現了大量的平凡繪畫。在前者，建造了一些青銅像，而在後者，則塑造了一些石膏像。

當我從大西洋駛入伊斯特河而首次到達紐約的時候，遙望離市區不遠的地方，沿著河的兩岸建有一些白色大理石造的小型宮殿，其中有幾處還有點古色古香，使我感到吃驚。但是，第二天我到特別引起我注意的一處去就近仔細觀察，結果發現它的牆是磚砌的，只是表面塗上了一層白粉，而它的木質柱廊，則塗上了帶色的油漆。使我欽佩不已的那些偉大建築物，原來全是這樣的貨色。

民主的社會情況和制度，還能使一切模仿性藝術具有一種一眼便可看出的獨特傾向。這種傾向往往是使藝術只專注於描繪形象，而不重視刻畫靈魂，因而以動作和感觸的描寫代替了情感和思想的描寫，使現實占去了理想應當占據的地位。

我猜想，拉斐爾沒有像現代的畫家那樣細緻入微地研究過人體的結構。在這一點上，拉斐爾認爲不必要求得那樣嚴格，畫得分毫不差，因爲他所追求的是神似而不是貌似。他要把人畫得像人，而又有些地方超人。他要把美本身畫得更美。

反之，大衛[1]和他的學生們，不僅是著名的畫家，而且是著名的解剖學家。他們能夠極其眞實地再現他們面前的模特兒，但也只是如此，很少把想像的成分摻入其中。他們一絲不苟地按照自然寫生，而拉斐爾則追求比自然更美的東西。他們雖然給我們留下了精細入微的肖像畫，但拉斐爾能使我們從他的作品中窺到神韻。

以上我關於繪畫方法所述的一切，也可適用於題材的選擇。

文藝復興時期的畫家所選的偉大題材，一般都超越他們本身或他們所處的時代，並能使他們發揮巨大的想像力。而當代的畫家，則經常把自己的天才用於分毫不差地再現他們眼前不斷出現的私人生活細節，並只按照自然界到處可見的原物去複製平凡題材的一切方面。

◆本章注釋◆

〔1〕大衛（Jacques Louis David, 1748-1825），法國古典主義畫家，其著名作品有《馬拉之死》和歌頌拿破崙的《加冕式》等。——譯者

# 第十二章　爲什麼美國人既建造一些那麼平凡的建築物又建造一些那麼宏偉的建築物

我方才說過，在民主時代，藝術製品越來越多，但也越來越不偉大。我應當趕快指出，這方面也有例外。

在民主國家，每個個人都是非常軟弱的，但代表眾人並統治眾人的國家，卻是非常強大的。任何國家的公民都不會像民主國家的公民那樣看來渺小，任何一個國家都不會像民主國家那樣顯得強大，任何一個國家的精神都不會像民主國家的精神那樣具有廣闊的視野。在民主社會裡，人們一想到自己的時候，他們的想像力立即縮小；但他們想到國家的時候，想像力便無限擴大。因此，住在小屋子裡過慣平凡生活的人，一遇到要營造什麼公共建築物時，總想把它建造得宏偉一些。

美國人已在他們準備建都的地方規劃建設一座巨大的城市。這個地方現在的人口還不如法國的蓬圖瓦茲多，但按照他們的計畫，有一天要達到一百萬居民。他們已把方圓約十里以內的樹木連根伐光，以給這個擬議中的首都的未來居民創造便利條件。他們還在這個城市的中心建起一座供國會使用的宏偉大廈，並給它起了一個好聽的名字：國會大廈。

美國的各州本身每天也在籌建或正在建設一些巨大的專案，其工程之大，連一些歐洲大國的工程師也嘆爲觀止。

因此，民主制度不但引導人們去生產無數微不足道的製品，而且也促使他們去興建少數非常宏偉的建築物。但在這兩個極端之間，卻是一片空白。因此，散見於各地的幾座巨大建築物，還不能顯示建造這些建築物的民族的社會情況和制度。

我再說一句看來有點兒離題的話：這樣的建築物也不能使人更好地理解這個民族的偉大、文明和眞正繁榮。

在任何情況下，凡是一個政權，都能驅使全民去專門建設一項工程。即使科學水準不高，而且要用很多時間，它也要付出巨大的努力去從事某種宏偉的事業。但這種做法，並不足以斷定這個民族是最幸福、最文明的，甚至是最強大的。西班牙人當年到達墨西哥城時，那裡到處有宏偉的廟宇和巨大的宮殿。但這並沒有阻止西班牙只靠六百名步兵和十六匹馬，就征服了墨西哥帝國。

假如羅馬人稍微懂得一些水力學原理，就不會在今已變成廢墟的城市的周圍構築那麼多水道，而會更好地去利用他們的人力和物力。假如他們已經發明了蒸汽機，也許就不會修築伸向帝國四面八方的長長的石頭大道，即所謂的「羅馬道路」。

這些現已只供後人憑弔的宏偉工程，既在證明羅馬人的無知，又在證明他們的偉大。

一個除了在地下敷設幾條鉛管和在地上架起幾座鐵架之外，再沒有留下任何宏偉工程的民族，也許比羅馬人更能成爲征服自然的主人。

# 第十三章　民主時代文學的特徵

走進美國的書店，看一看書架上擺著的美國出版的圖書，使你覺得書籍的數量倒是很多，但知名作家的人數卻少得可憐。

你首先會看到一大堆介紹人們基本知識的初級讀物，而且其中大部分是先在歐洲出版，後由美國人翻印而出售的。其次，是多得幾乎無法計算的宗教書籍，比如，聖經、布道集、醒世故事集、教義辯論書和慈善團體報告等。最後，是數量也不少的政治小冊子。在美國，各黨各派並不出版互相論戰的專門著作，但卻以難以置信的速度印發小冊子，而出版以後當天就被人們遺忘了。

在這麼一大堆亂七八糟的人類精神產品當中，偶爾也會見到少數幾個為歐洲所知道的或值得稱為名家的作者的傑作。

儘管在當代的文明國家當中，美國可能是最不關心文學的國家，但那裡也有很多人注意精神方面的事物。他們雖非終生致力於這方面的研究，但至少把全部業餘時間都用於其上了。不過，這些人需要的書籍，大部分靠英國供應。英國的一些重要著作，幾乎全都被美國翻印。大不列顛的文學天才，還把他們的光輝射入到新大陸森林的深處。拓荒者的小木屋裡，幾乎都有幾本莎士比亞的作品。我記得，我第一次閱讀史劇《亨利五世》，就是在一間用圓木構築的小房子裡。

美國人不僅每天都從英國的文學寶藏中汲取精華，而且使我們可以確認他們還在自己的國土上發展了英國文學。在美國從事文學創作的人數不多，而其中的大部分原來就是英國人，並在表現手法上也往往是英國式的。因此，他們把奉為楷模的貴族制國家流行的文學思潮和風格，也移入自己的民主制度裡來。他們借用外來的情調來渲染自己的作品，因而幾乎無法再現自己所在國土的現實，以致很少受到人們的歡迎。

美國的公民本身也認為他們作家的作品不是為他們而寫的，通常只是在他們的某一作家在英國有了名聲以後，才開始高度評價這位作家。這就像迫使畫的原作者放棄判斷自己作品真偽的權利。

因此，嚴格說來，美國的居民還沒有文學[1]。在我看來，稱得上美國作家的，只有新聞記者而已。這些人雖然稱不上大作家，但他們說的是美國人民的語言，而且說出來的話是給美國人民聽的。至於其餘的一切作家，我都把他們看成是外國人。美國人對這類作家的看法，跟我們對文藝復興時期模仿希臘羅馬文學的作家的看法一樣，只對他們表示不可思議，而沒有引起普遍的共鳴。這些作家雖然快慰了人的精神，但沒有起到移風易俗的作用。

我已經說過，這種情況絕不能只歸因於民主，還要到與民主無關的某些獨特的環境條件中去找原因。

假如處於目前的社會情況和法制下的美國人是另有來源，並被移居到另一個國土，則我毫不懷疑，他們也將會有自己的文學。他們目前雖然如此，但我仍然相信他們總有一天會產生自己的文學。不過，這種文學在性質上將與當代美國書刊所表現的不同，而要具有自己的特點。預先給這個特點畫出一個輪廓，並不是不可能的。

假如有一個文學繁榮的貴族制國家的智力勞動跟政務工作一樣，全被一個統治階級所掌握；它的文學活動跟政治活動一樣，也幾乎全被集中於這個階級或與它最密切的幾個階級之手。這樣，我就足以得到解決其餘一切問題的鑰匙。

當少數幾個人，而且總是這幾個人，同時進行同樣工作的時候，容易彼此了解，共同定出每個人都必須遵守的若干準則。如果這幾人所從事的是文學，則這種精神勞動不久就會被他們置於一些明確規定的守則之下，誰也不得違背。

如果這些人在國內占有世襲的地位，那麼，他們自然要不僅為自己定出一定數量的固定規則，而且要遵守祖先給他們留下的規章。他們的規章制度既是嚴格的，又是世世代代相傳的。

由於他們不必為物質生活操勞，實際上也未曾為此操勞，而且他們的祖輩更是如此，所以他們能夠一連幾輩人都專注於精神勞動。他們向來理解文藝，他們始終為文藝而愛文藝，並看到自己適於文藝工作而感到博聞強識的快慰。

這還不是全部情況。因為我所說的這些人從出生到死亡，始終過著安逸富裕的生活，所以他們自然要從享樂中精選最好的享樂，愛好精美和高雅的消遣。

此外，在這種長期而平安無事地享用榮華富貴當中不斷形成的某種溫和精神與心理，又使他們不太愛好過於突然和過於激烈的享樂。他們要的是安樂，而不是激動。他們願意從享樂中生趣，但不會被享樂引致發狂。

假如你現在設想我方才所說的這些人寫了或他人為這些人寫了大量的文學著作，你就不難發現這種文學都是按照一個調子寫成的，而且不敢逾越前人的規範。即使其中的一部微不足道的作品，也要在最小的細節上努力著筆潤色。這種文學在一切方面都要顯示作者的技巧和功力。它的每種體裁都有其不得隨便逾越的獨特章法，而且不能與其他體裁混合。

在這種文學中，文體被認爲與思想幾乎同樣重要，形式被認爲與內容幾乎同樣重要，而筆調則必須洗練、文雅和高潔。寫作的態度永遠是紳士派頭，極少有輕狂的表現。作家所追求的，主要是完美，而不是豐產。

文藝界的人士完全生活在自己人的圈子裡，並且只是爲了自己人而寫作，所以有時完全忘掉外界的一切，而陷入過分考究和甚至荒謬的泥潭。他們囿於只有他們自己使用的煩瑣的寫作規則，因而不知不覺有違人們的常識，最後導致他們脫離現實。

他們力避使用通俗的語言，而去使用那種跟人民群眾所用的美麗語言相去甚遠的貴族慣用語。

這一切便是貴族制社會爲文學的發展自設的障礙。

凡是和人民群眾完全隔離的貴族，都必然是軟弱無力的：在政治方面是如此，在文學方面也是如此[2]。

現在，我們把圖翻過來，看一看背面。

也就是說，讓我們來考察一下民主社會。這個社會，無論是它的古老傳統，還是它的現代文明，都使人感到可以獲得精神方面的享樂。在這裡，各個等級混合在一起，形成一個整體；知識和權利均已無限分割，而讓我說的話，我敢說已經分散到各個角落。

在這裡，五行八作，三教九流，都要求在智力活動方面滿足他們的希望。這批愛好精神享樂的新人物，並沒有受過同等的教育；他們的文化水準不等；他們不但與父輩或祖輩不同，而且他們本身也時時刻刻在變化，因爲他們的住所、情感和財富都在不斷變動。因此，他們彼此之間在精神上並沒有被傳統和共同習慣聯繫起來，而且他們向來沒有彼此交換意見的耐性、願望和時間。

而作家就是從這群其貌不揚和容易激動的人們當中產生的，並且是依靠這些人而發跡和成名的。

我不必下工夫研究就可以知道，情況既然如此，要想在這樣的民族文學當中，去找貴族時代的讀者和作者都一致承認的那些嚴格規則，即使是其中的少數幾個，也是枉然。這樣的民族即使在某一時期同意採用這些規則當中的某幾個，這也不能證明以後仍會如此，因爲在民主國家裡，每一代新人形同一個新的民族。因此，在這樣的國家裡，很難使文學服從狹隘的規章，而且這樣的規章也不可能持久存在下去。

在民主制度下，並不是從事文學創作的人都受過文學教育，而且從事所謂純文學的人，也大部分兼涉獵政治或從事其他職業，只是偶爾抽暇去體驗精神上的享樂。因此，他們從未把這種享樂視爲生活中的主要妙趣，而看成是對終生勞碌的一種暫時的和必要的排遣。這樣的人對於文藝的理解，絕不會深刻到足以欣賞文藝之美的地步。他們體會不出文筆的微妙差別。他們用於寫作的時間很少，所以都想最大限度地利用寫作時間。他們喜歡價錢便宜、很快可以讀完和淺近易懂的書籍。他們所要求的美，是使他們一看就入迷和可以隨時欣賞的淺顯的美；他們特別需要的，是使他們感到新鮮和出乎他們意料的東西。由於他們已經習慣於既有衝突而又單調的現實生活，所以他們所要求的，是使人立即可以衝動起來的感情，是使人驚異的妙筆，是眞僞明顯、立即感動他們和好像有一股力量在驅使他們馬上動筆的故事情節。

我還需要贅述嗎？我不用解釋，誰都可以知道我以下將要說些什麼。

總之，民主時代的文學，不像貴族時代文學那樣喜歡描寫秩序、規律、科學和藝術，而它一般又不注重形式，有時甚至輕視形式。它的文體往往是雜亂無章的，冗長而囉唆的，但又幾乎總是熱情奔放的。它的作者們只求快速，而不願意細膩描寫。短小作品多於巨幅長篇，憑才氣而不靠實學，富於想像而缺乏深度。在這種文學中，有一種粗野的，甚至是蠻橫的力量在統治著思想，但作品卻又多種多樣，而且產量大得驚人。作家們追求的目的，與其說是使讀者快慰，不如說是使讀者驚奇。作家們的努力方向，與其說是使人感到美的享受，不如說是使人興奮激動。

當然，偶爾也會出現一些打算走另一條道路的作家，而如果他們才華橫溢，還會不管作品好壞而贏得一批讀者。但是，這樣的例外畢竟是不多的，而且從作品的總體來看是脫離了常規的這些作家，在細節方面又總是要回到常規上去的。

以上，我談了兩個極端的情況。但是，任何民族都不能立即由第一個極端轉入第二個極端，而只能經過無數的階段逐漸地過渡。在引導一個尚文的民族由一個極端向另一個極端轉移的過程中，幾乎總是要經過一段使民主的民族的文學天才與貴族的民族的文學天才相遇，和兩者一致表示願意去共同影響人的精神的時間。這段時間雖然是過渡性的，但會大放異彩：作品豐產而不濫竽充數，活動積極而不紊亂。十八世紀的法國文學就是如此。

我的意思絕不是說一個民族的文學要永遠取決於它的社會情況和政治制度。我知道，除了這兩個決定因素之外，還有其他一些使文學作品產生某種特點的原因。但我認爲，起決定作用的原因，是社會情況和政治制度。

一個國家的社會和政治情況，和它的作家們的天才有千絲萬縷的關係；只有了解前者，才會完全弄清後者。

## ◆本章注釋◆

[1] 關於美國人沒有文學的問題，塞斯特爾：《托克維爾是美國文學的證人與法官》第十三節《美國人的精神：智力活動》（載於《學術會議與報告集》，第一類，第三十五年度，第二八二頁及以下幾頁，巴黎，一九三四年）中有所敘述。再參看塞斯特爾：《美國文學》（巴黎，一九四八年）；曼茨：《法國人對一八五〇年以前美國文學的評論》（紐約，一九一七年），其第八十五頁及以下幾頁摘引了托克維爾的評語。——法文版編者

[2] 對於長期和百依百順服從於一個王權統治的貴族制國家來說，情況尤其如此。當自由在貴族社會占有統治地位的時候，上層階級將不斷加惠於下層階級，並透過為下層階級服務而與下層階級接近。這樣，民主精神的某些東西便不斷地進入上層階級中間。隨後，在負擔統治任務的特權集團當中，便養成進取的毅力和習慣以及對活動和熱鬧的愛好，而這又不能不影響整個文學活動。

# 第十四章　關於文學的商業性

民主制度不僅使實業階級染上了文學愛好，而且把商業精神引進了文學界。

在貴族制度下，讀者吹毛求疵，人數不多；而在民主制度下，卻不難迎合讀者的心意，但讀者的人數眾多。因此，在貴族制度的國家，文人要想獲得成功，就必須付出巨大的努力，這種努力可能使文人得到很高的榮譽，但絕不會使他們賺取大量的金錢；而在民主制度的國家，一個作家卻可以透過廉價推銷作品獲得大大的財富和小小的名氣。為了達到這個目的，他不需要人們的欽佩，而只要受到人們的歡迎就可以了。

由於讀者越來越多和需要日新月異，所以沒有什麼價值的書也能暢銷。

在民主時代，讀者大眾對待作家的態度，一般說來就像國王對待他的宮內侍臣。讀者大眾使作家發了財，但看不起他們。試問：對待出生於宮廷或蒙寵而在宮廷裡生活的御用文人，除了如此還應當如何呢？

民主國家的文學界，總有這樣的一批視文學為商業的作家，而且那裡出現的某些大作家，其個人的作用可以勝過幾千名思想小販。

# 第十五章　爲什麼在民主社會裡研究希臘和拉丁文學特別有用

一些古代的最民主的共和國所說的人民，和我們今天所說的人民不是一個含義。在雅典城邦，全體公民都參加公共事務的管理，但在它的三十五萬居民中只有兩萬人是公民。其餘的人全是奴隸，他們所做的工作大部分是我們今天所說的人民和中產階級所做的工作。

因此，儘管雅典人實行普選制度，但他們的城邦仍然是一個貴族共和國，只有全體貴族才有平等的參政權。

對古羅馬的貴族和庶民之間的鬥爭，也要用這種觀點進行分析，只能把這種鬥爭看成是同一家族的長輩與少輩之間的內訌。實際上，古羅馬的庶民也屬於貴族階級，並具有貴族階級的精神。

還應當指出，在整個古代，書籍是很少的，而且價格昂貴，不論是出版還是發行都有很大的困難。這種情況，便使對文學的愛好和享用集中於少數一些人身上，在一個大的貴族政治集團中形成一個小的貴族文學集團。因此，沒有任何證據表明古希臘人和古羅馬人曾把寫作視爲一種實業。

古希臘和古羅馬的人民，不僅是他們國家的貴族，而且還是最文明和最自由的民族，所以他們必然使他們的文學創作帶有貴族時代的文學所特有的缺點和優點。

實際上，我們只要瀏覽一下傳世的古代作品，就可以發現，它們的作者雖然在體裁上有時變化不大，在思想上有時不夠大膽、活躍和概括，但在情節的描寫上卻有令人佩服的技巧和匠心。他們的作品沒有匆忙或隨意下筆的痕跡，所有的作品都是寫給行家看的，字裡行間都是對於純美的追求。後來的任何文學都沒有像古代文學這樣突出地表現出這些特點，而民主時代的作家也自然不會有這些特點。因此，在民主時代如不好好地研究古代文學，就不會有眞正的文學。這種研究比任何研究都更能克服民主時代內在的文學缺點。至於文學的自然特點，則完全是自然產生的，用不著學就可以得到。

這是必須認識清楚的。

這項研究可能對一個民族的文學有用，而對它的社會和政治需要則不會有補。

在每個人都習慣於依靠暴力去增加或維護自己的財富的社會裡，如果堅持只對人民進行純文學的教育方針，則將造就出非常文雅但又非常危險的公民，因爲社會和政治情況在使他們不斷產生新的需要，而這些需要則是他們所受的教育無法滿足的。於是，他們將以希臘人和羅馬人的名義擾亂國家，使國家不能在實業方面得到發展。

顯而易見，在民主社會裡，個人的利益和社會的安全均要求對大多數人首先進行科學、商業和工業教育，其次才進行文學教育。

各級學校都不應當講授希臘文和拉丁文，但對那些由於出身或命運而註定要學習文學或對文學感到興趣的人，也應開設一些使他們能夠完全掌握古代文學或將精力完全投入古代文學的學校。爲了達到這個目的，辦幾所好的大學勝於一大批壞的專科學校，因爲在後者得到的品質不高的膚淺教育，反而會影響以後的必要深造。

在民主國家裡，凡想在文學方面有所成就的人，必須經常從古代作品中汲取營養。這是非常有益的辦法。

我的意思並不是說古代的作品都是沒有缺點的。我只是認爲古代的作品有一些可以有效地抵消我們所特有的缺點的特殊優點。古代的作品可把我們從歧途引上正路。

# 第十六章　美國的民主怎樣改變了英語

如果讀者已經完全了解我上面就整個文學所述的一切，那就不難明白民主的社會情況和制度可能對作爲思想的主要表達手段的語言本身發生哪些影響。

其實，可以說美國的作家主要是生活在英國的環境下，而沒有生活在他們自己的國土上，因爲他們在不斷研究英國作家的作品，並且天天以英國的作家爲楷模。但是，人民本身並非如此，因爲只能對美國發生作用的那些獨特原因，對人民最有直接影響。因此，我們要想了解貴族的慣用語在變成大眾的語言時可能發生的變化，必須注意口說語言，而不必注意書面語言。

一些有教養的英國人，和一些使我望塵莫及的能夠立即辨別出語言的這種細微差別的人，都一再叫我相信：美國的有教養階級，在語言上和大不列顛的有教養階級有顯著的差別。

他們不但指責美國人使用大量的新詞（英美兩國的差異和相距遙遠，是造成這種現象的原因），而且說這些新詞主要是從各政黨和各行業的用語以及業務術語借用來的。他們還說，英語中的一些舊詞，往往被美國人賦予新義而加以使用。他們最後說，美國的居民常在說話當中加進一些使你莫名其妙的詞語，有時把在他們的母國中不能混用的詞當作同義詞使用。

一些値得我相信的人多次向我說的這些話，促使我本人對這個問題進行了一番思考。我根據理論所得的思考結論，和他們根據實際所得的觀察結論是一致的。

在貴族制社會，語言與一切事物一樣，也處於停滯狀態。這種社會創造的新詞不多，因爲它的新事物不多。即使出現新的事物，也盡力用含義早已固定的通用詞來附會。

即使貴族制社會的人的精神終於自己振奮起來，或被外部射進的光芒刺醒，它所創造的新詞也要具有一種學究氣、辭藻色和哲學味，以表明它絕非來自民主社會。君士坦丁的陷落使科學和文學移向西方之後，法語當中立即出現一些全都可以在希臘語和拉丁語中找到根源的新詞。於是，在法國出現了流行新詞的風氣，但使用新詞的都是有教養階級，而且流行的效果並不顯著，只是經過很長時期才及於人民群眾。

歐洲的所有國家，都先後出現過同樣的現象。只是彌爾頓一個人，就給英語增添六百多個新詞，這些新詞幾乎全都來自拉丁語、希臘語或希伯來語。

反之，民主社會內部發生的連續運動，則不斷使其語言和事物改變面貌。在這種萬事都在變化和人們的思想互相競爭的過程中，許多新的觀念相繼出現，而一些舊的觀念則逐漸消失，或消失之後又重現，但更多的是發生極其微小的變化。

因此，常常是一些詞必然變成廢詞，而另一些詞又要被拿來使用。

而且，民主國家本身就喜歡變動。這種情況既見於語言，又見於政治。因此，民主國家即使無須改用新詞，有時也想要改用新詞。

民主國家人民的天才，不僅表現在他們大量使用新詞方面，而且表現在這些新詞所代表的觀念的性質上面。

在這樣的國家裡，一切法律均由多數制定，而語言方面的規則也自然要由多數規定。多數的意志，無論是在語言方面，還是在其他方面，都是起決定作用的。而且，多數從事實業和政務的人多於從事研究學問的人，重視政治和商業利益甚於重視哲學或純文學的思辨。多數所創造或採用的詞，大部分帶有由此所產生的習慣的色彩。這些詞主要是爲表達實業的需要、政黨的激情和公共行政的細節而服務的。這些方面的語言將來還要不斷發展，而形而上學和神學方面的語言則將逐漸被拋棄。

至於民主國家的新詞的來源和創造方法，都是不難解答的。

生活在民主國家的人，對於羅馬人和雅典人所用的語言一無所知。他們不必到古代語言中去找他們所缺乏的詞彙。即使他們有時也求助高深的詞源學，一般也是出於用以表示自己也能對已經死去的語言進行探微的虛榮心，而不是出於他們的頭腦天生就能如此博學多才。因此，最愛探求詞源的人，有時反而表現出最大的無知。總想拔高自己的民主願望，經常使他們喜歡用一個希臘或拉丁的名稱來顯耀自己並不高貴的職業。他們以爲，職業越是低下，表明自己越無學問，而名稱越是好聽，則可以顯示自己學識更淵博。比如，法國的走索演員，就用希臘語的 Acrobate 和拉丁文的 funambale 來稱謂自己。

民主國家的人民對已經死去的語言一無所知，但可以隨時到現在活著的語言中去借用新詞，因爲各國人民之間不斷往來，並在日益增加的互相接觸中彼此隨時仿效。

但是，民主國家的人民，主要還是從本國語言中去尋求革新的手段。他們有時將早被人們遺忘的用語再拿來使用，或對某個階級專有的用語加以引申而使它成爲普通話。許多原先只屬於某一派別或職業的專門用語，就這樣成爲一般的用語了。

民主國家改革語言文字的最常用辦法，是對流行已久的用語賦予新義。這種辦法非常簡便易行，不需要什麼學識就可以運用，甚至沒有學識的人更便於應用。但是，它卻會對語言帶來極大的危害。民主國家的人民在這樣增加一個詞的新義時，有時會使原來的詞義和新增的詞義混淆。一個作家先把一個通用的詞彙解釋得稍微離開原意，隨後就這樣修改詞義，以使那個詞彙更符合自己的目的。也會出現另一個作家，由另一個方面來理解這個詞彙的詞義。第三個作家可能對這個詞彙另作新解。結果，由於既無一個公斷人，又無一個常設的法庭能夠最後確定該詞的意義，而使詞義處於遊移不定的狀態。因此，作家們所表達的思想看來不止一個解釋，而好像有一大堆解釋，讓讀者去猜測作家的原意。

這是民主的一個令人遺憾的結果。我寧願讓我們的語言充滿中國語、韃靼語或休倫語的單詞，也不希望法語的單詞詞義混淆不清。諧聲和押韻，只是語言的次要美。在這類問題方面，一般都有許多規定，但可不必嚴格遵守。如果沒有明確的詞義，則不會是好的語言。

平等也必然使語言發生一些變化。

在貴族時代，各個民族都閉關自守，互不往來，喜歡保持自己的特點，所以幾個本來是同源的民族，卻往往彼此視爲外人，以致不能再團結一致。最後，它們的語言也不再相同了。

在這樣的時代，每個民族的內部又分爲若干階級，各個階級之間很少往來和混合。各個階級都養成並固定自己所特有的智力活動習慣，選用一定數量的單詞和用語像遺產那樣代代相傳下去。因此，在同一通行的語言當中，又有窮人用語和富人用語、文人用語和通俗用語。階級之間的界限越深，階級之間的壁壘就越嚴。在語言方面，也必然如此。我敢斷言，在印度的不同種姓之間，語言的差異大得令人不可思議，不可接觸者的語言和婆羅門的語言，差異大得與他們之間的服裝差異幾乎相當。

反之，當人們不再受等級的限制，而可以不斷相見和交往時，即在種姓制度消滅和階級界限取消而人們混合為一體時，語言的一切詞彙便可以通用了。凡是不能被大多數人所採用的詞彙，必然被淘汰；而保存下來的詞彙，則形成公用的詞彙總藏，每個人都可以隨便從中選取自己使用的詞彙。使歐洲出現幾種通行語的一切方言，幾乎都將明顯地趨於式微。在新大陸上，已經沒有方言土語。舊大陸上的方言土語，也將日趨消失。

社會情況的這種變化，不但影響了語言，而且影響了文體。

這樣，所有的人不僅都要使用同樣的詞彙，而且都要對每個單詞有同樣的理解。在文體方面所作的規定，將幾乎全部廢除。詞語將不會再有粗野和文雅之別。各行各業的人無論到什麼地方，都將使用大家共同的語言和詞彙。詞的來源和人的出身一樣，將完全被人們忘記。語言的渾然一體，將和社會的渾然一體同樣出現。

我知道，詞的好壞之別，並不取決於社會的形式，而是取決於另外的因素，但這個因素必定來源於事物的同一性。有些詞語和句子之所以粗野，是因為它們所表現的意思實在低級下流；而另些詞語和句子之所以文雅，是因為它們所描寫的對象具有高尚的品質。

在等級之間的界限日趨消失的過程中，並不能完全取消這種差異。但是，平等卻不能不破除思想方式方面的那些純屬任意和硬性規定的東西。我甚至認為民主國家將永遠不會像其他國家那樣重視我在上面所說的詞必然有好壞之別，因為在民主國家，沒有人能在教育、知識和時間方面使自己長期去研究語言的自然規律，沒有人能透過自己考察這些規律而使它們受到重視。

我不想不講民主國家的語言與其他國家的語言的最後一個不同特點，而就此停止。

我在前面已經說過，民主國家的人民愛好而且往往是熱愛一般觀念。這既來自他們固有的優點，又來自他們固有的缺點。對一般觀念的這種愛好，透過長期使用通用的詞語和抽象的觀念，以及如何運用這些詞語和觀念，而表現在民主國家的語言上面。這既是民主國家語言的一大優點，又是它的一大缺點。

民主國家的人民之所以熱愛通用的詞語和抽象的觀念，是因爲這樣來表達自己的思想可以提高思想，把大量的對象囊括在一個小小的範圍之內，並有助於智力活動。

一個民主的作家，只喜歡用「才幹」一詞抽象地說明有才能的人，而不深入到這種才幹的具體應用細節。他會用「現實」一詞一筆帶過目前發生的一切，用「偶然性」一詞去解釋世界上在他說話當時可能出現的一切。

民主的作家在不斷創造這類抽象名詞，或者使語言中的抽象名詞的含義越來越抽象。此外，爲了寫作簡潔，他們還把抽象名詞所代表的事物人格化，使它好像是一個眞人在活動。比如，他們說：物力喜歡人才支配它。

用我自己的例子來說明我的這個想法，是再好沒有了：

我往往從「平等」一詞的絕對意義來使用這個詞，我也在許多地方把「平等」一詞人格化。比如，我有時說平等可使某事如何，有時又說平等不會使某事如何。我們可以斷言，路易十四時期的人絕不會說這樣的話。由於他們沒有親身享用過平等，所以他們的頭腦裡也不會想到享用平等。與其說他們沒有使用這個詞，不如說他們沒有親自體驗過平等。

在民主國家的語言中，這類抽象名詞比比皆是，而且每個人在使用的時候不必跟特定的事實聯繫起來，所以它們一方面在擴大思想，另一方面又使思想模糊不清了。它們雖然使語言的表達簡潔了，但卻使含義不明確了。然而，從語言的實際運用來說，民主國家的人民更喜歡模糊不清，而不願意下功夫推敲。

我不知道這種模糊的語言對於用它講話和寫作的民主國家的人民，是不是具有某種隱祕的吸引力。

生活在民主國家的人，由於經常要靠個人的智力活動能力進行判斷，所以他們的活動總是處於遲疑狀態。而且，由於他們的環境在不斷變化，所以即使他們的財產沒有變動，他們的思想也不會永遠停止於一點。

因此，居住在民主國家的人，幾乎總有一種猶疑不定的思想，並需要用泛泛的詞語來概括這種思想。既然他們無法知道今天表達的思想能否適合明天遇到的新情況，所以自然要愛好抽象的詞句。抽象的名詞猶如一個兩層底的箱子，你願意往裡放什麼觀念就放什麼觀念，而把它取出來時又能不讓別人發覺。

籠統的和抽象的詞語，本是一切民族語言的基礎。因此，我並不認爲只有民主國家的語言才有這種詞語。我只是說，在民主時代，人們特別喜好創造這類詞語，經常孤立地使用最抽象的詞義，而且不管在什麼場合都拿來使用，即使在沒有必要使用抽象的字眼來交談時，也還是照樣使用。

# 第十七章　論民主國家的詩的某些源泉

人們對「詩」一詞下過若干非常不同的定義。如對這些不同的定義逐一進行講解，然後從中選一個最好的定義，那只能使讀者厭倦。因此，我寧願開宗明義，立即解釋我所選擇的定義。

在我看來，詩是對理想的探索和描繪。

凡是在描寫的過程中以剔除一部分現實的東西，加進一些想像的成分，融入若干並非巧奪天工的眞實存在的手法而壯麗自然的人，都是詩人。因此，詩的目的並不在於再現眞實，而在於美化眞實和爲人的精神提供一個最優美的形象。

我認爲，韻文雖是語言的理想美，而且從這個意義上來說還非常富有詩意；但是，文只有韻還不能稱其爲詩。

我要探討的是，在民主國家人民的行動、感情和觀念中，有哪些可以和應當成爲理想的想像對象，也就是說，有哪些可被視爲詩的自然源泉。

首先應當承認，民主國家人民對於理想的愛好和從玩味理想當中得到的快慰，絕不像貴族制國家人民那樣深刻和廣泛。

在貴族制國家，肉體的活動有時好像是出於自然，而精神的活動則離不開恬靜。貴族制國家的人民本身，經常有詩的愛好；他們的意境往往比四周的一切高遠。

但在民主國家，喜歡物質上的享樂，希望改善處境，彼此進行競爭，渴望馬到成功等心理，就像一根根錐子在刺激人們每邁一步都要面向自己所抱定的事業，而且不准他們須臾離開這一事業。人們的主要精力，都用到這方面了。想像力並未消滅，但它所能想像出來的東西幾乎全是實用的東西，而它所能再現的東西則幾乎全是現實的東西。

平等不僅使人們輕視理想的描寫，而且也縮小應當刻畫的這類對象的範圍。

貴族制度在維護靜止的社會過程中，既有助於正統宗教的安定和持久，又有助於政治體制的穩定。

它不僅能使人的精神堅信一種信仰，而且會使人的精神接受一種信仰之後不皈依另一種信仰。貴族制國家的人民總是願意在神和人之間設置一些中間權力。

可以說貴族制度也由此表明它非常有利詩的創作。當宇宙間的一切都是感官無法感知，而只有精神才能發現的超自然存在時，想像力可以自由翺翔，詩人描寫的對象將會數以千計，而能夠欣賞詩人創作的讀者則會無法計算。

反之，在民主時代，人們在信仰上有時像在法律上一樣猶豫不定。這樣，懷疑又把詩人的想像力引回到眼前世界，將詩人封閉在可見的現實世界。

平等雖然動搖不了宗教，但能使宗教簡化，使信徒的注意力從次要的崇拜對象離開，而主要去崇拜最高的上帝。

貴族制度自然要把人的精神引向沉思過去，並把它固定於這種沉思之中。民主制度與此相反，它使人對古的東西產生一種本能的反感。就這一點而言，貴族制度遠比民主制度有利於詩的創作，因爲一種事物越古遠，通常也越使人覺得壯麗和宏偉，並在這種思古幽情的影響下，使它更適於成爲描寫理想的對象。

平等剝奪了詩描寫過去的權利之後，又搶走了它描寫一部分現在的權利。

在貴族制國家裡，總有一定數量享有特權的個人，可以說他們的存在是處於一般人之上和之外的。權勢、財富、榮譽、智慧、文雅和高尚，總之，一切好的東西，都好像屬於他們專有似的。群眾無法走近他們身邊觀察他們，或者說無法詳細觀察他們，而對這些人進行富有詩意的描寫卻是不用費力的。

另一方面，這樣的國家也有一些無知而溫順的人。這些人由於本身過於粗野和悲慘，也被納入詩的創造對象；這種情形，與另一些人由於本身文雅和高尚而被納入詩的創造對象一樣。此外，貴族制國家的各個階級是彼此隔離和互不了解的，所以想像力在再現他們的時候，總是要加進或放棄一些東西，即不是誇大實際情況，就是縮小實際情況。

在民主社會裡，人人都非常平凡，彼此都極爲相似，所以每個人只要看一看自己，就立即可以知道他人的情況。因此，生活在民主社會的詩人，絕不能專拿一個人作爲其描寫的對象，因爲一個平凡而且又是明擺在眾人面前的對象，是無法成爲抒發理想的題材的。

因此，平等在世界上出現以後，就使詩的古老源泉大部分乾涸了。

現在，我們來考察一下平等是怎樣開發詩的新源泉的。

當懷疑使人不再嚮往天堂，平等的發展使人越來越相似和越來越渺小的時候，由於詩人尚未想像出什麼東西可以替代與貴族制度一起消逝的大題材，所以詩人就把目光轉向沒有生命的自然界。在詩人的眼睛裡已經沒有英雄和諸神的時候，他們便開始去描寫山川。於是，在上一世紀，便誕生了被人們特稱爲「山水詩」的詩。

有些人認爲，這種描寫大地上有形而無生命的物體的詩，是民主時代所特有的，但我認爲這種看法是錯誤的。我認爲這種詩只代表一個過渡時期。

我相信，經過一段時間，民主必使想像力從身外之物轉向人本身，最後使想像力專注於人。

民主國家的人民可能出於一時的高興而嚮往自然，但他們眞正嚮往的卻是認識自己。民主國家的人民只能從這方面去發掘詩的自然源泉，所以我敢說，凡是不想發掘這個源泉的詩人，就打動不了他試圖感動的那些人的心靈，而這些人看到他的大作之後，只能是無動於衷。

我在前面已經說過，人類希望進步和無限完善的思想，是民主時代所固有的。

民主國家的人民絕不留戀既往，而願意夢想未來。他們一想到未來，想像力便馳騁起來而不可遏止，並逐漸擴大和升高。

這便給詩人提供了廣闊的天地，並使詩人擴大了他的視野。民主爲詩關閉了面向過去的大門，同時爲詩敞開了指向未來的坦途。

由於民主社會的公民彼此大致是平等和相同的，所以詩不會去專門描寫其中的某個人，但民族本身卻可以入詩。個人的彼此相似，使某一個人不宜單獨入詩，但容許詩人把所有的個人合成爲一個同一的形象，對整個民族進行描繪。民主的民族對於本身的容貌，比其他任何民族都有更清晰的認識，而這個偉大的容貌則爲理想的塑造提供了最好的素材。

我可以同意美國沒有詩人的說法，但我不能接受美國人沒有詩的意境的論斷。

歐洲人大談美國是一片荒涼，而美國人自己卻沒有這樣的感覺。無生命的大自然奇觀，並未打動他們；他們周圍的森林，可以說直到被伐光以後，才使他們感到其壯麗。他們的注意力完全被另一個景色吸引去了。當時，美國人只是一心要橫越這片荒野：他們一邊前進，一邊排乾沼澤、修整河道、開墾荒地和克服自然困難。他們自身繪出的這幅壯麗的圖景，不僅逐漸地進入美國人的想像，而且可以說印在每個人的一舉一動上，並成爲引導他們智力活動前進的旗幟。

在美國，人們的生活最渺小、最枯燥、最乏味，總之，最沒有詩意，無以引發人們的想像力。但在指引生活前進的思想中，卻永遠有一種充滿詩意的意念，這種意念就像潛藏在體內支配其餘一切活動的神經。

在貴族時代，每個民族或每個個人，都處於靜止不動的狀態，和其餘的民族或個人隔離。

在民主時代，人們的積極好動和強烈願望，使他們不斷地改變其住所，而不同地方的居民，便由此雜居相處、彼此交往和取長補短。不僅已經是同胞的同一民族成員是如此，而且不同的民族也在同化。結果，乍一看來，這些在各個方面都一致的人，好像形成了一個每個公民在其中都儼如同一民族的民主大集團。這是有史以來第一次將人類的本來面貌顯示出來。

凡是與全人類的生存、演變和未來有關的一切事物，都可成爲詩的最豐沛的源泉。

生活在貴族時代的詩人，在取材於一個民族或一個個人的事蹟的創作中，描寫得令人嘆爲觀止，但他們當中沒有人曾把人類的命運列爲其創作題材；而在民主時代寫作的詩人，卻可能進行這種嘗試。

在每個人都能放眼世界而開始認識人類本身的時代，神也能越來越充分地、全面地將其威嚴反映在人的精神當中。

如果說在民主時代人們對正統宗教的信仰時常動搖，對他們隨便定名的一些居間權威的信任已趨消失；那麼，另一方面，這個時代的人對於神意本身的認識，卻會日益廣泛和深刻，而且在他們看來，神意對人世的干預將會日益擴大。

由於他們把人類看成是一個整體，所以他們也容易相信人類的命運是受同一個神意支配的，並能從每個人的行動上看到神經常用來指導人類的總計畫的影響。

這樣的認識，還可以被認爲是這個時代爲詩開闢的一個十分豐沛的源泉。

如果民主時代的詩人試圖賦予神鬼和天使以肉體，並把他們從天上拉到地上來看他們鬥法，那麼，這種詩人必然顯得平凡無力。

反之，如果他們能把自己所要描寫的重大事件與神的總旨意聯繫起來，並且不把至高無上的主的手顯示出來叫人看，而只揭示神的思想，那麼，他們定將受到讚揚和得到共鳴，因爲他們同時代的人的想像力也是順著這條道路發展的。

我們也可以料到，民主時代的詩人所要描寫的，是人物的激情和思想，而不是人物本身和他們的行動。

民主時代的人的語言、服裝和日常行爲，不能激發人們對理想的嚮往。這些東西本身就沒有詩意，而且不能入詩，因爲詩人所要感動的那些人，對這些東西都非常熟悉。這就迫使詩人不斷地深入感官所能發現的表層，到裡面去找靈魂。最能進入自己靈魂深處的人，也最能塑造理想。

我不必遍歷天上和地下去尋找充滿衝突，既兼有偉大和渺小，黑暗和光明並存，而又能立即使人產生憐憫、讚美、輕視或恐怖之心的動人題材。我只要考察一下自己，就會發現人從「無」中生出來，經過一段時間之後又消失而回到上帝的懷抱。人生在世，從出生到死亡，只是轉瞬即逝而已。

人如果渾渾噩噩，對自己無所認識，那他永遠不會有詩意，因爲他描寫不出自己沒法想像的東西。而如果他對自己認識得過於透徹，他的想像力又會沒有用武之地，不能給他的描述增添任何東西。好在，人是既有聰明的一面，又有糊塗的一面的生物：聰明的一面使他能夠認識自己的某些方面，而糊塗的一面又使他能夠容忍其餘方面處於莫測的黑暗之中，讓他永遠在這個黑暗當中摸索，但又永遠搞不清其餘方面。

因此，不必指望民主國家的詩會以傳奇引人入勝，會用傳統和古代傳聞爲養料，會使讀者和作者本人都不再相信的超自然存在再現於世界，更不會把本身就能使人看得清清楚楚的善與惡人格化。這一切都不是詩人的取材源泉。但是，人仍然存在，而且對於詩來說，只是人就足供它取材了。人類的命運，呈現在大自然和神的面前的不管什麼時代和國度的人，以及這種人的激情、疑慮、罕見的得志和難以想像的悲慘，都將成爲民主國家的詩的主要而且幾乎可以說是唯一的源泉。我們只要看一下世界走向民主以來出現的那些偉大詩人的作品，就可以知道此言之不謬。

當代的作家在維妙維肖地刻畫恰爾德·哈樂德、勒內、若斯蘭[1]等人的形象時，並沒有力求描繪個人的行爲，而是試圖光大依然深藏在人心中的某些方面。

這就是民主時代的詩。

因此，平等並未破壞詩的所有題材，而只是減少了題材的數目，但卻使題材的範圍更廣泛了。

## ◆本章注釋◆

[1] 見拜倫的長詩：《恰爾德·哈樂德遊記》，夏多勃里昂的長詩：《勒內》，馬拉的長詩：《若斯蘭》。

# 第十八章　爲什麼美國的作家和演說家總愛誇張

我經常看到，美國人平時說話時極爲簡單明瞭，不加任何修飾，而且率直到近乎粗俗，但他們一要發表富有詩意的言論時，立即誇大其詞。因此，一篇講稿從頭到尾都是華麗的辭藻，而當你聽到他們如此渲染其一切想像時，你會以爲他們說話從來不會是率直的。

英國人很少有這種毛病。

不用費力，就可以找到這方面的原因。

在民主社會，每個公民都習慣於爲與己有關的一件小事而煞費苦心。但是，他們一擴大視野，往遠看，就能看到整個社會的龐大形象或全人類更爲高大的形象。因此，他們的觀念不是非常特殊和非常明確，就是非常一般和非常模糊，而在兩個極端之間，則有空檔。

當他們的視野擴大，離開一己的小圈子時，他們總是希望人們向他們提供某些奇異的事物供他們考察；也只是以此爲代價，他們才同意暫時不考慮那些激勵和鼓舞其生活的微小而瑣碎的事物。

我認爲，只是這一點就足以解釋一般說來只注意一己的小事的民主國家人民，爲什麼卻要求他們的詩人進行那樣廣泛的觀察和那樣誇張的描寫。

另一方面，他們的作家本身也有這種誇張的本性，所以自然樂於遵命。於是，作家們不斷地使其想像力膨脹，甚至膨脹過度，以致因爲言過失實，誇飾偉大，而往往使偉大失眞。

詩人們希望以這種方法立即吸引廣大讀者的視線，並順利地使讀者的視線集中到他們身上。他們的這個希望往往能夠實現，因爲讀者只要求詩能夠寫得海闊天空，既沒有時間去精確研究詩中所寫的是否符合實際，又無足夠的欣賞能力去輕而易舉地指出哪些地方不符合實際。結果，作家害了讀者，讀者也害了作家。

但是，我們仍然認爲民主國家的詩的源泉是很好的，只是不夠豐沛。源泉不久即將被人吸乾。詩人們由於不能再從眞和實中找到塑造理想的素材，所以完全離開眞和實，而創造出一些怪誕的東西。

我既不怕民主國家的詩羞於表現，又不怕它太近於人世。我所擔心的，是它每時每刻都有墮入五里霧中的危險，並會由於描寫純想像的國土而壽終正寢。我害怕民主國家詩人的作品滿篇都是空洞的和互不相關的說教，充斥華麗的辭藻和怪誕的描寫。我也害怕這些詩人的奇談怪論，有時會對不起現實世界。

# 第十九章　略論民主國家的戲劇

當改變了一個貴族制國家的社會和政治情況的革命開始及於文藝界的時候，首先受到影響的一般是戲劇，而且戲劇所受的影響總是顯而易見的。

戲劇的觀眾，差不多都是情不自禁地隨著演出而感情起伏。他們在觀劇的過程中既無時間仔細玩味劇情，又無時間和比自己高明的人討論劇情。他們對自己身上開始產生的新的文學興趣，根本不想加以壓抑。他們還沒有弄清楚這種新興趣之前，便先向它低頭了。

作家們很快就會發現大眾的愛好在暗暗地傾向於何方。於是，他們也暗暗地使自己的作品轉向那一方，而他們所寫的劇本，在透過上演來預示革命行將來臨之前，就已起了推動革命的作用。如果你想預測一個走向民主制度的國家的文學發展，你就研究研究它的戲劇好了。

不僅如此，劇本也是貴族制國家文學中最富有民主精神的部分。在所有的文藝享樂中，觀劇是最容易使群眾得到滿足的享樂。不必經過準備或研究，人們就可以欣賞戲劇。不管你持有什麼偏見，不管你如何無知，戲劇都可以把你緊緊抓住。當一種還是雅俗參半的精神享樂的愛好，開始在一群公民中發展起來的時候，很快就會把他們推向劇院。經常進入貴族制國家劇院的觀眾，都不屬於貴族階級。在貴族制國家，能使上層階級與中下層階級接觸，並覺得即使不聽取中下層階級的意見也得容許他們發表意見的場所，只有劇院。而使博學之士和有教養的人總是難於防止群眾的愛好追隨自己的愛好，難於防止自己也被群眾的愛好所吸引的地方，也正是劇院。因此，上層階級往往在劇院裡訂包廂。

既然貴族階級都無力阻止人民群眾進入劇院，那麼，我們就不難知道，一旦民主的原則被法律和民情所承認，所有的等級混爲一體，大家在智力和財產上都互相接近，上層階級連同它的世襲財產、權勢、傳統和安逸生活不復存在，人民群眾就必然在劇院中占據統治地位。

因此，民主國家的人民對文藝的愛好和從事文藝活動的本性，將首先表現在戲劇方面；而且我們可以預言，這種愛好和本性，將十分有力地浸入戲劇。貴族制度對於文藝寫作訂立的清規戒律，將逐步地、分階段地改變，即可以說是透過合法的手續來改變，而它對於戲劇訂立的清規戒律，則將由人民大張旗鼓地推翻。

戲劇可把民主文藝內在的大部分優點和幾乎全部缺點明顯地反映出來。

民主國家的人民，對於才學並不十分重視，根本沒有把羅馬和希臘過去的光輝放在眼裡，只歡迎作家講他們自己，即要求作家只描述現在。

因此，如果古代的英雄和故事經常出現於舞臺，而人們又十分忠實於古代傳統的表現，就足以斷言民主的階級尚未對戲劇發生支配作用。

拉辛在其《布里塔尼居斯》的序言中，對他把儒尼葉作爲侍奉女灶神維斯塔的一名貞女來進行藝術加工一事，進行了十分謙遜的辯解。他根據格利烏斯的記述說：「那裡絕不收不滿六歲和超過十歲的女孩。」我相信，如果他在今天寫這個劇本，絕不會爲這樣的錯誤自咎和辯解[1]。

這個事實不僅使我知道了那個時代的文藝情況，而且能使我知道那個時代的社會情況。民主戲劇的存在，絕不能證明一個民族已處於民主制度之下，因為正如我在上面已經指出的，即使在貴族制度下，人民的民主愛好也會影響舞臺。但是，當貴族的精神完全控制戲劇時，則必然證明整個社會是貴族制度的；而且可以大膽斷言，那個領導著作家的有學識和有教養的階級，也對公民和政務發號施令。

當貴族控制戲劇的創作和演出時，他們幾乎總是從自己的文雅愛好和高傲氣質出發去判斷人的本性。他們對有一定社會地位的人物最感興趣，並喜歡這樣的人物出現於舞臺。他們認為，一定的善最值得再現於戲劇，甚至一定的惡也值得如此。至於其餘的一切，他們都覺得不屑一顧。他們進入劇院，也像到其他地方一樣，只願意與大領主們交談，在演出當中看到王公們的悲歡離合才有所感動。對於劇文的體裁，他們也持這種態度。他們隨意給劇作家規定某些臺詞，希望一切都合乎他們的腔調。

因此，戲劇經常是只描寫人的一個側面，有時甚至演出了人的本性中根本不存在的東西，也就是有些東西超越了人的本性和不符合人的本性。

在民主社會裡，觀眾並沒有這樣的偏愛，也很少有貴族那種不屑一顧其餘的反感。他們喜歡舞臺上再現耳聞目睹的人間百態：各種出身的人物，各式各樣的感情和思想。因此，民主社會的戲劇比以前更感動人、更通俗易懂和更真實了。

不錯，民主社會的劇作家有時也會脫離人的本性，但他們這樣做的目的與他們的前輩不同。由於他們過於希望維妙維肖地再現當代的小人物、小事和某些人的特點，而忽略了人類的一般特徵的描寫。

當民主的階級控制戲劇的時候，無論是戲劇題材的選擇，還是對題材的處理，都是任其劇作家自由決定的。

在民主國家的所有文藝愛好當中，戲劇的愛好是最合乎人的本性的，所以在民主國家，戲劇的作者和觀眾以及演出，都是與日俱增的。作者和觀眾如此之多，而且又分散在各地，所以要制定同樣的辦法，讓他們服從同樣的規則，將是不可能的。首先是評論戲劇的人太多，他們互不認識，各有自己的觀點，要他們做出一致的評論是不可能的。如果說民主制度的實施只是使文學方面的規則和章法普遍鬆弛了，那麼在戲劇方面，可以說民主制度全把這些規則和章法廢除，而聽憑每個作家和每個觀眾去各行其是了。

我在前面的一個章裡，就民主文藝的體裁和技巧所作的論述，也特別適用於戲劇。我們在閱讀路易十四時期劇評家對當時的戲劇作品所作的評論時，有些地方使我們感到驚奇。那就是：觀眾對於情節的眞實性特別重視，要求劇中人的舉止要合乎他本人的性格，不能做出使人難於理解和無法解釋的動作。另外，下述的事實也使我們驚奇：當時人們對於語言的表達形式十分重視，臺詞上有一點兒小毛病，劇作家也得受到責難。

看來，路易十四時期的人，對於在舞臺上表現不出來，而在書齋裡細讀劇本時可以玩味的細節，是過於重視了。要知道，戲劇作品的主要目的在於演出，而它的主要作用則在於感動觀眾。但在路易十四時期，戲劇的觀眾和劇本的讀者都是同樣一些人，他們看完演出後，便把劇作者請到家裡，當面加以評論。

在民主時代，人們只是到劇院去聽戲，而不閱讀劇本。坐在劇院裡看戲的人，大部分不是去追求精神的享樂，而是去追求感情的刺激。他們不想在看戲的過程中聽到美麗的戲詞，而只希望戲演得熱鬧。只要劇作家能夠正確地運用本國語言，使人人都能聽懂，劇中人物能夠引起觀眾的興致和共鳴，觀眾就滿足了。觀眾知道戲完全是虛構，看完戲後，他們馬上又回到現實。因此，戲劇的文體並不太重要，因爲在演出的過程中你發現不了它是否遵守了這方面的規定。

至於劇情的眞實性問題，如果讓劇情完全合乎事實，那就往往沒有新奇、突然和急轉直下可言了。因此，劇作家不以眞實性爲重，而觀眾也容許如此。只要你寫出的戲能打動觀眾的心，他們是不會理睬你使用了什麼方法的。即使你違背了戲劇的規則，但卻感動了觀眾，觀眾也不會責難你。

美國人一進劇院，就會把我方才所述的種種特點清晰地表現出來。但是，應當指出，美國人到劇院去看戲的人，至今仍然不多。不錯，四十多年來，美國的戲劇觀眾人數和演出次數均大有增加，但人民對於這種娛樂仍然持有審慎的歡迎態度。

造成這種情況的特殊原因，我在前面已向讀者交代了。但爲了引起讀者的回憶，我要再補充幾句。

創建美國最初幾個州的清教徒，不僅反對各種娛樂，而且對戲劇有一種特殊的恐怖感[2]。他們認爲戲劇是一種可憎的消遣，所以只要是在清教徒的精神占有支配一切地位的地方，就不會有戲劇的演出。初期移民的這種觀點，給他們後代的精神打上了深深的烙印。

而且，美國人規規矩矩的生活習慣和死板嚴肅的民情，至今還在對戲劇藝術的發展產生不利的影響。

在沒有巨大的政治變動，而男女一談上戀愛就會不經曲折而容易走上結婚道路的國度，是沒有戲劇的題材的。從週一到週六天天忙於賺錢，而週日去禮拜上帝的人，是跟喜劇的女神沒有緣的。

只舉一個事實，就足以證明戲劇在美國是不太受人歡迎的。

美國的法律承認公民在一切方面有言論的自由，甚至有信口開河的自由，但卻對劇作家實行一種檢查制度。不經市鎮行政官員的許可，不得演出戲劇。這個事實清楚的表明，全體人民和個人對戲劇的態度是一致的。全體人民和個人對於他們的主要關心對象，無不熱心對待，而對於他們不愛好的對象，則千方百計不讓它們侵入。

在一切文藝當中，只有戲劇與社會的現實情況的關係最繁雜和最密切。

如果在兩個時代之間有一場重大的革命使民情和法制發生了變化，則前一個時代的戲劇絕不會適於後一個時代。

人們仍可以閱讀前一個時代的偉大劇作家的作品，但不會觀看爲前一個時代觀眾所寫的戲劇。過去的劇作家只能靠他們的著作而流芳後世。

某些人的傳統愛好，人們的好奇心和好勝，以及某某演員的天才，可能使貴族時代的戲劇在民主時代上演一段時間和復興一個時期，但不久以後，便會自消自滅。這不是被人推翻，而是被人拋棄。

## ◆本章注釋◆

[1] 拉辛（Jean Baptiste Racine, 1639-1699），法國詩人和劇作家。格利烏斯，西元二世紀拉丁文作家，其《雅典之夜》收有許多古代文史資料，他在這部書中說：「古羅馬的女灶神維斯塔的侍女為六名六—十歲的貞女。」（見《拉辛全集》第一卷第三八六頁，普列伊阿德版（巴黎，一九五〇年）。）——

譯者

【2】關於這個問題，請參看傑瑞米・科利爾：《概觀英國戲劇中反映的不道德和瀆神行為》，第四版（倫敦，一六九九年）；沃德和沃勒編：《劍橋英國文學史》第四卷第二編第四〇八頁及以下各頁（劍橋，一九一〇年）。——法文版編者

# 第二十章　論民主時代歷史學家的某些特有傾向

貴族時代的歷史學家，通常都把一切史實與某些個人的獨特意志和性格聯繫起來，喜歡將重大的革命歸因於一些並不重要的偶然事件。他們能以卓越的見識找出一些最小的原因，但往往忽略一些比較重大的原因。

而民主時代的歷史學家，則與他們完全相反。

他們大部分人認爲，個人對人類的命運幾乎不發生影響，而少數公民也不能影響全民的命運。但是，他們卻用一些普遍的重大原因去解釋所有特殊的微小事實。這種對立的傾向，是完全可以理解的。

當貴族時代的歷史學家縱觀世界舞臺時，他們首先看到的是爲數不多的幾個正在舞臺上表演的主要演員。這幾個站在舞臺前面的主要人物，吸引了他們的視線，使他們目不轉睛地盯著這幾個人。他們專心去研究這幾個人的一言一行的隱祕動機，而忽略了其餘的一切。由於他們重視某些個人的重要性，所以他們就想誇大個人可能發生的影響，自然而然要用某些個人的個別行動去說明群眾的普遍運動。

反之，在公民們各自獨立、每個公民都同樣是軟弱無力的民主社會，誰也不會對群眾擁有非常強大和極其持久的權力。乍一看來，在這樣的社會裡，個人對於社會好像是不發生任何作用的，可以說社會是在全體成員的自由和自發的競爭中前進的。

這種情況，自然會使人的精神去探索既能啓發人智，又能使人智指向同一方面的一般原理。我堅信，在民主國家裡，某些個人的天才、德行和劣行，會推遲或加速國家命運的自然進程，但這些偶然和次要的原因，也是容易變化的，比較隱祕、複雜和力量不大的，從而在平等時代去發現和研究這些原因，也比在貴族時代困難。在貴族時代，歷史學家只從無數的一般事實中摘出某一單獨的個人或幾個人的個別活動進行分析。

歷史學家這樣進行研究後不久，就感到厭煩了。他們進入了迷宮，暈頭轉向，弄不清和無法滿意地說明個人的影響力，而只好否認這種影響力。我們主張從研究種族的特點、國家的自然環境或文明的精神面貌入手。這可以事半功倍，而且能使讀者滿足。

拉法夷特先生在其《回憶錄》的某處說過，過分強調一般原因的研究方法，會使二流政治家得到極大的慰藉。我補充一句：這也會使二流歷史學家得到很好的慰藉。這會使他們可以常用冠冕堂皇的大理由巧妙地回避其著作中最難處理的問題，掩蓋其無能和懶惰，而空享研究深刻的榮譽。

就我個人而言，我認爲在任何時代，這個世界上發生的一切事件，都有一部分來源於非常一般的事實，而另一部分則來源於非常個別的影響。這兩種原因經常是交織在一起的，只是各自所占的比重有所不同。在民主時代，用一般原因可以說明的事實多於貴族時代，而個別影響造成的事實則少於貴族時代。在貴族時代，個別的影響特別強大，而一般原因則作用不大，甚至很少承認身分不平等這個事實，是准許某些個人壓制其他一切人的天賦意願的一般原因[1]。

因此，試圖描述民主社會發生的一切事情的歷史學家，有理由用一般原因去說明大部分問題，並將精力主要用於探索一般原因。但是，他們如果因為難於確定和查明個人的個別作用而否認這種作用，那也是錯誤的。

生活在民主時代的歷史學家，不但喜歡給每個事實找出一般原因，而且致力於將各種事實聯繫起來，為它們定出一個系統。

在貴族時代，歷史學家的注意力始終放在個人的作用上，所以他們對事件之間的聯繫視而不見，或者可以說他們根本不相信其間有聯繫。在他們看來，歷史的進程隨時都有因為一個人的逝去而中斷的危險。

反之，在民主時代，歷史學家不太重視演員，而特別重視演出，所以他們容易在各場演出之間建立有系統的聯繫和秩序。

給我們留下了美麗史詩的古代文學，並沒有繪出一個偉大的歷史系統；而現代的十分簡陋的文學，卻為我們提供了這樣的系統。看來，古代的歷史學家並沒有充分利用被今天的歷史學家幾乎經常搬用的一般理論。

民主時代的歷史著作家，還有另一個十分危險的傾向。

當個人對國家的影響消失時，往往會使人覺得世界雖在運動，但看不見隱藏的原動力。由於極難認識和分析那些對每個公民分別發生作用，而最終引起全民運動的原因，所以人們只好認為這個運動不是隨意的，社會必然無形之中受到一個最高權力的支配。

甚至在終於發現世界上確有一般原因在支配所有個人的意志的時候，這也拯救不了人類的自由。一個廣泛得足以同時用於千百萬人，而且強大得足以控制同一陣營的全體的原因，大概是最難抗拒的。人們一旦服從這個原因，就只好認爲不能再抗拒。

因此，生活在民主時代的歷史學家，不但拒絕承認某些公民有能力支配全民的命運，而且認爲全民本身也沒有能力改善自己的境遇。他們有時認爲人民受剛直無私的天意的擺布，有時認爲人民受盲目的宿命的支配。在他們看來，每個民族都由於它的地理位置、起源、歷史和性格，而與它完全無力改變的某種命運緊密地聯繫在一起。他們逐次考察每一代人，再由一個年代考察到另一個年代，由一個必然事件考察到另一個必然事件，一直上溯到世界的起源，然後鑄出一條環環相接的大鎖鏈，把整個人類的一切事件對號入座放進去，使它們聯繫起來。

他們不以指明事件是怎樣發生的爲滿足，而且還喜歡叫人知道事件將來會如何發展。他們研究了一個發展到一定歷史階段的民族後，便論證這個民族是不得不按至今走過來的路前進的。這樣的研究方法，最容易指導這個民族將來如何選擇更好的道路。

我們在閱讀貴族時代的歷史學家的著作時，特別是在閱讀古代的歷史學家的著作時，總覺得那時候的人只要將自己治理好，就能成爲自己命運的主人和管理好同胞。而我們在閱讀現代人寫的歷史著作時，則會覺得人無論是對自己，還是對周圍的人，都無能爲力。古代的歷史學家教導人們自主，現代的歷史學家只教導人們學習服從。在現代的著作中，作者總使自己顯得偉大，而把人類視如草芥。

如果現代的歷史學家如此醉心的這個有害學說從作者傳到讀者，並深入到全體公民和控制了輿論，那麼，我們可以預言：用不了多少時間，這個學說就將使新社會的運動癱瘓，使基督教徒變成土耳其人。

我還要指出，這樣的學說對於我們現在所處的時代特別有危險。當代的人十分懷疑意志自由，因爲每個人都覺得自己在各方面都是軟弱無力的；但是，他們仍然承認人結成團體時是有力量和自主的。應當發揚這個思想，因爲現在需要振奮人的精神，而不應當壓抑人的精神。

## ◆本章注釋◆

【1】這一段，對於了解托克維爾的歷史觀特別重要。——法文版編者

# 第二十一章　關於美國的議會辯才

在貴族制國家，人人互相牽連和彼此依靠，有一種等級制度可使人人各得其所和使每個等級各安其分。類似的情況也見於這種國家的政治團體的內部。貴族制國家的政黨，自然要有一些首腦來領導，而黨員對首腦的服從，則出於一種習慣成自然的本性。他們把大社會裡的習慣做法也搬到這個小社會裡。

在民主國家，表面上看來是大多數公民朝著同一目標前進，但每個公民卻是自行前進，或至少自認爲是自行前進。由於他們習慣於按照自己的意志去採取行動，所以他們在行動時不願意接受外來的指導。對這種自主習慣的愛好，也被帶進全國的會議裡去。一個人即使同意與別人聯合起來去推行相同的計畫，至少也要保留以他爲主的地位，希望依照他的辦法去取得共同的成果。

由此可見，民主國家的政黨，除非國家遇到嚴重危機，是難於容忍受制於人和表示服從的。在這種情況下，國家首腦雖然有權命令政黨怎樣行動和怎樣發表意見，但國家首腦的權威還不能達到使政黨閉口不言的地步。

在貴族制國家，各種政治性會議的代表都來自貴族，每個代表本身原來就有很高的和固定的官職。在他們看來，他們在議會中所占的地位，往往還不如他們在國家機關中的地位顯要。這就是使他們不肯在議會中積極討論議案，也不願意在議會中熱烈爭辯一般問題。

在美國，議員通常是依據他在議會中的地位，才能出面做某項工作。因此，他要不斷地拼命設法在議會中占據重要地位，並迫不及待地希望自己的建議付諸實施。

他這樣做的目的，不僅是爲自己爭光，而且也是爲自己的選民爭光，以及爲必須繼續得到選民的支持。

在貴族制國家，立法機構的成員很少嚴格地依附於選民，往往被選民們視爲是當然的代表，有時還會使選民們完全依附於自己。如果本區的選民不推選他們，他們還可以輕而易舉地被其他選區選舉出來；或者，不當議員而脫離公職，還可以照樣享受清閒而舒適的生活。

在像美國這樣的民主國家，議員幾乎不可能長期左右選民的思想。不管一個選區有多麼小，民主的不穩定性也會使它不斷改變面貌。因此，議員必須時時刻刻討好於選民。但要做到這一點，並無絕對的把握。如果選民不再選他，他就馬上失去支持，因爲他的地位本來就不是高得無論遠近人人皆知的地步。何況在公民完全自主的條件下，他休想朋友和政府會隨意把他塞進他所不熟悉的選區去當選。因此，他必須在其所代表的地區種下使他能夠飛黃騰達的善因。他要想指日高升，對人民發號施令，進而影響世界的命運，也得從這個小小的角落開始。

因此，民主國家的政治性會議的代表在考慮問題時，把選民置於其所在黨派之上，而貴族制國家的政治性會議的代表，這時則把他們的政黨置於選民之上，乃是極其自然的。

但是，爲討好選民而發表的言論，未必就是對自己信奉的政治觀點有利的言論。

一個政黨爲了維護本黨的最大利益，往往不讓身爲它的黨員的議員談論它本身還沒有認識清楚的重大政治問題，讓他們少談可能影響大問題的小問題，而且更經常的是，乾脆什麼也不談。緘口不語，是一個平庸的議員能夠對國家大事做出的最有益的貢獻。

但是，選民們的看法並非如此。

一個地區的人民選出一名公民去參與國政，是因爲他們對這位代表的長處有非常清楚的認識。因爲人在周圍的人越是庸庸碌碌的時候，才越是顯得高大，所以可以設想，要求於當選代表的能力越高，越是難於找到適任的天才，而如果選出一個庸才當上代表，又得要求他付出與他享有的榮譽地位相稱的努力。

一個議員除了是國家的立法者外，還被他所代表的選民視爲本選區在立法方面的天然保護人。每個投票支持他的人，不僅把他看作是自己的代理人，而且衷心相信他會以不亞於維護國家利益的熱忱，去維護本地區的利益。

因此，選民們早就想好，他們所選的議員應當是一個能說善道的演說家，能夠一有機會就發言；在限制他的發言時間時，也要力爭在簡短的發言中就一切國家大事提出質詢，並在陳述當中加上本區所抱怨的一些小小不平；在他不能長篇大論的時候，就要抓緊時間將所有的問題言簡意賅地講出來，提出他與其選民對問題的卓越而完整的見解。只有這樣，他才能再次當選。

這就使那些有自知之明和不願意自我表現的老實厚道的人，不想向此道問津了。如果這樣的人當上議員，他可以在他的朋友們面前侃侃而談，而要他到全是演說家的議員當中去發言，必將把辯論搞得一塌糊塗，使與會人感到厭倦。

凡是使當選的人越來越依附於選民的法律，不但要像我已經指出的那樣改變他們當上議員後的行動，而且會改變他們的語言。這樣的法律既影響國務工作，又影響討論國務工作的方式。

可以說沒有一個告退還鄉的美國國會議員不事先備好一份講稿，在國會上慷慨陳詞，述說他爲聯邦的二十四個州，特別是爲他所代表的地區，做了多少多少好事。因此，他向聽眾發表的長篇大論，不是連他自己也不清楚、甚至不知所云的大道理，就是使人難於發現和不屑一顧的一些雞毛蒜皮的瑣事。結果，在這個大機關裡進行的辯論，往往空空洞洞和雜亂無章，好像是在故意拖延時間，不想去接近所指向的目的。

我認爲，民主國家的議會都有類似的現象。

良好的政治環境和健全的法制，也許能把比美國的現任國會議員優秀的大批良才，吸收到一個民主國家的立法機構裡去，但你無法阻止庸才在議會裡高談闊論和到處招搖過市。

我認爲，在美國，這個病已入膏肓，不可救藥，因爲這不僅來源於國會的組織，而且也來源於憲法，甚至還來源於國家的制度。

美國人自己似乎也是這樣認爲的。他們看慣了他們的國會的活動，遇到拙劣的發言也不退席，而能耐心聽下去。他們甘心忍受這種病痛，因爲他們的經驗告訴他們這是無法根除的。

我們以上講的只是民主國家議會的政治辯論的細節，現在我們來談談它的主要問題。

英國下院一百五十多年以來的議事經過，從來沒有轟動過國外，發言人表達的思想和感情，甚至在最靠近不列顚這個自由大舞臺的一些鄰國，也向來沒有引起過共鳴。但是，美洲殖民地在革命時期召開的幾次小會議的最初辯論，卻轟動了整個歐洲。

這不僅有其特殊和偶然的原因，而且還有其一般和必然的原因。

我認爲，在民主國家議會裡辯論國家大事的大演說家最値得佩服和最有力量。因爲沒有可以派代表爲本身利益而辯護的階級，所以議員們總是爲全國人民和以全國人民的名義而發言。這就增強了思想的作用，加重了發言的分量。

在這裡，前例沒有太大的作用，特權已不再與一定的財產掛鉤，世襲權力也不再與一定的集團或個人關聯，所以人們必須依靠合乎人性的一般原理去處理他所辦理的個別問題。因此，民主國家進行的政治辯論，不管其規模怎樣小，都具有一種關係到人類命運的普遍意義。這與所有的人都有關係，因爲辯論涉及人，而人在世界各處都是一樣的。

反之，在一些大貴族制國家，某些重大的問題均根據一個時代的習慣和一個階級的權力所規定的某些特殊理由來處理。對這些問題感興趣的，只有有關的階級，至多還有這個階級所在的民族。

法蘭西民族的政治辯論有時引起全球的巨大反響，正是基於這個原因。當然，法蘭西民族本身的偉大和其他國家的願意傾聽，也起了作用。

我國的演說家在向本國的公民發言時，往往也就是面對全世界的人發言。

# 第二部分　民主對美國人情感的影響

# 第一章　爲什麼民主國家愛平等比愛自由更熱烈和更持久[1]

身分平等所造成的第一個和最強烈的激情，用不著說，當然是對於這種平等本身的熱愛。因此，我在這裡先把它提出來討論，自然順理成章。

任何人都已經看到，在我們這個時代，尤其是在法國，這種熱愛平等的激情，日益在人們的心中擴大其地位。人們一而再、再而三地指出，當代人對於平等的熱愛強大於對自由的熱愛。但是，我還沒有見到有人充分地探討其原因所在。現在，我想對此試作探討。

可以設想有一個終極點會使自由和平等會合並結爲一體。

我們現在假定，所有的公民都參加政府的管理工作，而且人人在這方面都有平等的權利。

這樣，誰都與別人沒有差別了，誰也都不能要求享有壓制他人的專權了；因爲人人都將完全平等，所以人人也將完全自由；反過來說，因爲人人都將完全自由，所以人人也將完全平等。民主國家的人民所追求的，就是要達到這個理想的境地。

這是平等可以在地球上採取的最好形式，而其他的許許多多形式，雖不如這種形式完美，但亦爲民主國家的人民所珍惜。

平等可以在市民社會裡建立，但不能在政治界推行。人們雖然不能在政府裡享有同等的地位，但可以有權在社會上享用同樣的享樂，參與同樣的行業，到同樣的地區居住。一句話，他們有選擇同樣的生活方式和用同樣的手段去追求財富的同等權利。

有一種平等可以在政治界建立，但那裡沒有政治自由。即除了一個人以外，所有的人是平等的，而那個唯一的一個人，則是所有人的共同主宰，並從所有的人中以同樣的標準選拔他的權力的代理人。

我們還可以作另一些假設。比如，一種極爲高度的平等，可能與或多或少有點兒自由的制度，或與完全沒有自由的制度順利地結合在一起。

雖然如無完全的自由人就不能絕對平等，而在平等達到其極限時又會與自由融合，但我們還是有理由把兩者區分開來。

人對自由的愛好和對平等的愛好，實際上是兩件不同的事情。我甚至敢補充一句：在民主國家，它們還是兩件不調和的事情。

我們只要仔細考察一下，就會發現任何時代都有一個占有支配地位的制約其他事實的獨特事實。那個時代的基本思潮，或由此引起並將人人的感情和思想彙集起來的主要激情，幾乎都是由這個事實造成的。這就像一條大河把兩岸的小溪匯合起來一樣。

自由曾以各種不同的形式，在各種不同的時代，出現於人們的面前。它並不是只有在一定的社會情況下才能產生，在民主國家以外的地方也會出現。因此，自由並不是民主社會的獨有特點。

顯示民主時代的特點的占有支配地位的獨特事實，是身分平等。在民主時代鼓勵人們前進的主要激情，是對這種平等的熱愛。

我們不必追問什麼特殊的魅力在促使民主時代的人願意平等地生活，也不必深究哪些特殊的原因在使他們寧可不要社會提供的其他福利也要抱著平等不放，因爲平等是他們生活的時代最基本的特點。只是這一點，就足以說明他們喜愛平等甚於其他一切。

但是，除了這項理由以外，還有幾項理由在各個時代使人們習慣於愛平等甚於愛自由。即使一個民族能夠親自將他們內部享有的平等破壞或只是縮小，也要經過長期而艱鉅的鬥爭。爲此，它要改變原有的社會情況，廢除原有的法律，放棄原有的觀念，改變原有的習慣，改造原有的民情。但是，要想廢除政治自由，只要不實行它即可以了。這樣，政治自由就可自消自滅。

因此，人們不但因爲他們認爲平等可貴而維護平等，而且因爲他們相信平等必定永遠長存而依戀平等。

政治自由如果運用得過分，則可危害個人的安全、財產和生命，這是認識能力有限和膚淺得不能發現這個問題的人也會承認的。反之，對於平等給我們帶來的危險，則只有頭腦清晰和觀察力強的人才能發現，但這些人一般總是避而不談這種危險。他們知道這種危險只在遙遠的將來才能造成災難，說什麼這是以後幾代人應當操心的事，現在的一代人不必杞憂。而自由偶爾造成的災難，則是直接的，誰都一目了然，而且人人都可能或多或少深受其害。極端的平等造成的災難，只能慢慢地顯示出來，逐漸地侵害社會機體。人們只有經過一段時間之後才能發現它，而在它將要爲害十分嚴重的時候，由於習慣成自然，人們還會不以爲然了。

自由帶來的好處，只有經過很長時間以後才能顯現出來，而且這種好處的原因，又經常不容易被人辨認出來。

平等帶來的好處是立竿見影的，人們在感受到它的時候，立即知道它的來源。

政治自由可以使人享得最大的慰藉，但不是經常性的，而且只能使某些公民享得。平等可以每天向每個人提供大量的小小慰藉。平等的美好處時時刻刻都能使人感到，並及於每一個人：高貴的人不能無所感，普通老百姓皆大歡喜。因此，平等造成的激情既是強烈的，又是普遍的。

不付出一定的代價，人是享受不到政治自由的；而要獲得政治自由，就得進行巨大的努力。但是，平等帶來的快樂是自動產生的，在私生活的每一小節上都能感到，人只要活著就能嘗到。

民主國家的人民在任何時候都愛平等，但在某個時期，他們追求平等的激情可能達到狂熱的地步。在這個時候，搖搖欲墜的舊社會等級制度，經過一次內部的最後決鬥，終將被推翻，而使公民隔離開來的障壁最後也將消失。於是，人們將會像獲得戰利品似的去爭取平等，像怕被人搶走的寶物似地抱著平等不放。追求平等的激情完全控制了人心，並在人心中擴展和彌漫。這時，你不能警告他們如此盲目地專門追求平等將會失去最寶貴的權益，因為他們根本聽不進去；你也不能向他們指明如此只顧平等而會使自由從手中丟掉，因為他們的眼中只有平等，或者說他們看到天地間最值得羨慕的東西只有平等。

上述的一切，是對所有的民主國家而言。下面我要專門談談法國。

在大部分現代國家，尤其是在歐洲的所有國家，對於自由的愛好和觀念，只是在人們的身分開始趨於平等的時候，才開始產生和發展起來的，並且是作為這種平等的結果而出現的。而最致力於拉平自己的臣民等級的，正是那些專制的君主。在這樣的國家裡，平等先於自由而存在。因此，當自由還是新鮮事物的時候，平等已是存在很久的事實。當前者剛剛出現，初見陽光的時候，後者已經創造了自己固有的觀念、習慣和法律。因此，當自由還只是人們的一種想法和愛好的時候，平等已經深入到人們的習慣，控制了民情，使生活的每一細小行動都具有了追求平等的傾向。因此，我們這個時代的人把平等置於自由之上，又有什麼值得驚奇的呢？

我認爲，民主國家的人民天生就愛好自由，你不用去管他們，他們自己就會去尋找自由，喜愛自由，一失去自由就會感到痛苦。但是，他們追求平等的激情更爲熱烈，沒有止境，更爲持久，難以遏止。他們希望在自由之中享受平等，在不能如此的時候，也願意在奴役之中享用平等。他們可以忍受貧困、隸屬和野蠻，但不能忍受貴族制度。

在任何時代都是如此，而在今天尤其是如此。追求平等的激情是一個不可抗拒的力量，凡是想與它抗衡的人和權力，都必將被它摧毀和打倒。在我們這個時代，沒有它的支持，就不可能實現自由，而專制制度本身沒有它也難於統治下去。

◆本章注釋◆

[1] 這一章所講的，可以稱為自由與平等的辯證關係，它對理解托克維爾的政治哲學非常重要。——法文版編者

# 第二章　關於民主國家中的個人主義

我在前面講過[1]，在平等的時代，每個人是怎樣依靠自己確定其信念的。現在，我要說明在這樣的時代，每個人是怎樣使其一切感情以自己爲中心的。

個人主義（Individualisme）是一種新的觀念創造出來的一個新詞。我們的祖先只知道利己主義（Égoïsme）。

利己主義是對自己的一種偏激和過分的愛，它使人們只關心自己和愛自己甚於一切。

個人主義是一種只顧自己而又心安理得的情感，它使每個公民與其同胞大眾隔離，與親屬和朋友疏遠。因此，當每個公民各自建立了自己的小社會後，他們就不管大社會而任其自行發展了。

利己主義來自一種盲目的本能，而個人主義與其說來自不良的感情，不如說來自錯誤的判斷。個人主義的根源，既有理性欠缺的一面，又有心地不良的一面。

利己主義可使一切美德的幼芽枯死，而個人主義首先會使公德的源泉乾涸。但是，久而久之，個人主義也會打擊和破壞其他一切美德，最後淪爲利己主義。

利己主義是跟世界同樣古老的一種惡習，它的出現與社會屬於什麼形態無涉。

個人主義是民主主義的產物，並隨著身分平等的擴大而發展。

在貴族制國家，家庭的情況數百年不變，而且往往一個家庭總在同一地方居住，數世同堂。這種情況，可以說代代相傳沒有變樣。每個人幾乎都知道祖先的身世，並對祖先表示尊崇。他們在活著的時候，就已經能夠親眼看到曾孫的出世，並對這些後代極為親愛。他們願意彼此承擔義務，而為已經死去的或為尚未出生的犧牲自己的安樂，也屢見不鮮。

貴族制度還可以產生把每個人與其他多數同胞緊密地聯繫起來的效果。

在貴族制國家，階級之間的差別極為明顯，誰屬於哪一個階級就永遠屬於那個階級，所以每個階級自行變成一個小國，並認為自己的這個小國比他們的大國還值得親近和愛護。

在貴族制社會，每個公民都有其固定不變的位置，等級層次分明，所以每個公民都經常意識到在自己之上有一個一定能夠庇護他的人，在自己之下又有一個他有義務扶助的人。

因此，生活在貴族時代的人，幾乎總是跟本身以外的某些事物有密切的聯繫，並往往為了這些事物而忘我犧牲。不錯，在這樣的時代，同胞這個一般觀念是不明確的，也沒有人想到為全人類的事業去獻身。但是，為了某些個人而犧牲自己的事情，卻是時常有的。

反之，在民主時代，每個人對全體的義務日益明確，而為某一個人盡忠的事情卻比較少見，因為人與人之間的愛護情誼雖然廣泛了，但卻稀薄了。

在民主國家，新的家庭不斷出現，而另外一些家庭又不斷絕戶，所有的家庭都處於興衰無定的狀態；時代的聯繫隨時都有斷開的危險，前代的事蹟逐漸湮沒；對於前人，容易遺忘，對於後人，根本就無人去想，人們所關心的，只是最親近的人。

但在各個階級互相接近而融為一體之後，大家便彼此漠不關心，互把對方視為外來人了。貴族制度把所有的公民，從農民到國王，結成一條長長的鎖鏈；而民主制度，則打斷了這條鎖鏈，使其環環脫落。

隨著身分日趨平等，大量的個人便出現了。這些人的財富和權力雖然不足以對其同胞的命運發生重大影響，但他們擁有或保有的知識和財力，卻可以滿足自己的需要。這些人無所負於人，也可以說無所求於人。他們習慣於獨立思考，認爲自己的整個命運只操於自己手裡。

因此，民主主義不但使每個人忘記了祖先，而且使每個人不顧後代，並與同時代人疏遠。它使每個人遇事總是只想到自己，而最後完全陷入內心的孤寂。

## ◆本章注釋◆

【1】見本書第一部分第二章。——譯者

# 第三章　個人主義爲什麼在民主革命完成後比在其他時期強烈

當民主社會在貴族制度的廢墟上剛剛建立起來的時候，人們的彼此孤立和隨之而來的利己主義特別容易引起人們的注意。民主社會不僅有大批早已獨立的公民，而且每天還有一些昨天剛剛獲得獨立並陶醉於新得到的權力的人充實進來。這些新人自負，相信自己的力量，認爲今後無須求助別人。他們的一言一行，不難證明他們只知有己。

貴族制度只有經過長期的鬥爭才肯屈服。在這個鬥爭的過程中，各個階級之間鬧得仇深似海。即使在民主獲得勝利之後，這種仇恨也不會立即消失，仍可能在繼之而來的民主混亂時期興風作浪。

公民當中的那些原來高高在上的人，不會立刻忘記他們昔日的高貴。他們會長期把自己視爲新社會的局外人。他們認爲，這個社會使他們看到的所有的平等人，都是命運未卜而不值得同情的壓迫者。他們不去看昔日和他們地位一樣的人，也不想根據共同的利益而與這些人的命運掛鉤。他們個個孤處一隅，認爲除了自己以外，用不著去管別人。反之，過去社會地位卑微而現在由於革命而跟眾人平等的人，雖然享受了新得來的獨立，但內心裡卻有一種不安的感覺。一旦遇到某一位老上司，他們總是投以既表示勝利又表示害怕的目光，隨後遠遠地躲開。

因此，在民主社會初建的時候，公民們往往願意獨善其身，不與別人接觸。

民主制度給人們帶來的不是使同胞們彼此接近，民主革命使人們互相回避，並把原來的不平等所造成的仇恨永久保存在新建立的平等的內部。

美國人所占的最大便宜，在於他們是沒有經歷民主革命而建立民主制度的，以及他們是生下來就平等而不是後來才變成平等的。

# 第四章　美國人是怎樣以自由制度對抗個人主義的

專制在本質上是害怕被治者的，所以它認爲人與人之間的隔絕是使其長存的最可靠保障，並且總是傾其全力使人與人之間隔絕。在人心的所有惡之中，專制最歡迎利己主義。只要被治者不互相愛護，專制者也容易原諒被治者不愛他。專制者不會請被治者來幫助他治理國家，只要被治者不想染指國家的領導工作，他就心滿意足了。他顛倒黑白，把齊心協力創造社會繁榮的人稱爲亂民歹徒，把自顧自己的人名爲善良公民。

因此，專制所造成的惡，也正是平等所助長的惡。專制和平等這兩個東西，是以一種有害的方式相輔相成的。

平等使人們並立，不讓他們有使他們結合起來的共同聯繫。專制在人們之間築起壁壘，把他們隔離開來。平等使人們只顧自己，不去考慮別人。專制使人們把互不關心視爲一種公德。

因此，在任何時代都是危險之物的專制，在民主時代尤其令人可怕。

我們不難看到，在這樣的時代，人們最需要的是自由。

當使公民們全都參加國家的治理工作時，他們必然走出個人利益的小圈子，有時還會放棄自己的觀點。

一旦人們都去參加公共的工作，每個人都會發現自己不能像最初以爲的那樣可以離開他人而獨立，而為了得到他人的幫助，自己就得經常準備幫助他人。

當國家由公眾治理時，沒有人不會感到公眾相互照顧的好處，誰都要致力於相互照顧，以博得也要和自己一起去治理國家的人們的尊敬和好評。

於是，一些可使人心冷淡和產生隔閡的感情，必然沉於心底而收斂起來。傲慢之心不再流露，輕蔑之意亦不敢現形。利己主義本身也感到恐懼了。

在自由政體下，大部分公職是由選舉產生的，所以那些自恃才高志大而將自己封閉於個人生活小圈子裡的人，將會終日感到沒有周圍人的支援是沒法生活下去的。

於是，這些人出於一種野心而開始想到他人，而且往往發現忘卻自己反而會給自己帶來一定的好處。我知道，有人可能向我提出反對意見，說什麼選舉是鉤心鬥角的，候選人經常使用卑鄙的手段和互相中傷。在選舉當中確有敵對的情形，而且選舉的次數越多，敵對的程度越強。

毫無疑問，這些都是很大的弊端，但不過是暫時的，而選舉帶來的好處卻是永久的。

希望當選的迫切心情，有時會使某些人採取戰鬥的姿態，但這種心情也會逐漸使人採取互相支援的立場。即使在一次選舉當中兩位原來是友的人可能不幸反目，但選舉制度本身卻能使原來一直互不相識的眾多公民長期地接近下去。自由製造個別的仇恨，而專制則產生普遍的冷漠。

美國人以自由抵制平等所造成的個人主義，並戰勝了它。

美國的立法者們認為，只在全國實行代議制，還不足以治癒社會機體在民主時期自然產生而且危害極大的疾患。他們還認為，使國內的各個構成部分享有自己的獨立政治生活權利，以無限增加公民們能夠共同行動和時時感到必須互相信賴的機會，是恰當的。

這個辦法被他們明智地實施了。

全國的共同大事，只由一些主要公民操持。這些公民也只是隔一段時間同聚一堂開開會，而且往往是會後彼此便很少見面了，所以他們之間沒有永久性的聯繫。但是，在地方上的事情由當地居民主管時，這些居民自然要經常接觸，而且可以說他們不得不彼此認識和互相討好。

很難使一個人放棄自我去關心整個國家的命運，因為他不太理解國家的命運會對他個人的境遇發生影響。但是，如要修築一條公路通到他的家園，他馬上會知道這件小公事與他的大私事之間的關係，而且不必告訴他，他就會發現個人利益和全體利益之間存在緊密的聯繫。

因此，如果讓公民們多管小事而少操心大事，他們反而會關心公益，並感到必須不斷地互相協力去實現公益。

一個人可以因一次光明磊落的行動而爭得人民的好感，但他要保證得到周圍人的敬愛，就需長期不斷地服點小務和做點不被人注意的好事，養成始終爲善的習慣，經常被譽爲廉潔奉公。

地方性自由可使大多數公民重視鄰里和親友的情誼，所以它會抵制那種使人們相互隔離的本能，而不斷導致人們恢復彼此協力的本性，並迫使他們互助。

在美國，最富裕的公民也十分注意不脫離群眾，而且不斷地與他們接近，喜歡傾聽他們的意見，經常與他們交談。美國的最富裕公民知道，在民主制度下，富人經常需要窮人的協力，在民主時代，爭取窮人之心的最有效手段並不是小恩小惠，而是對他們友好。施給的恩惠越大，越會顯出貧富之間的差距，所以受惠者的心裡會暗中反感。但是，和藹待人，卻具有難以抵抗的魅力，因爲親暱足以動人，而粗暴無不傷人。

這個眞理並不是一下子就被富人領悟了的。在民主革命進行的過程中，他們一般都反對這個眞理，甚至在這場革命完成之後，他們也沒有馬上接受。他們雖然願意爲人民做些好事，但又想繼續與人民保持一定的距離。他們認爲這樣就足夠了，但他們想錯了。即使他們蕩盡家產，也不會重新溫暖周圍人的心。周圍人要求於他們的，並不是讓他們犧牲金錢，而是讓他們放棄驕傲。

可以說，在美國，人們的全部想像力，都被用去發明致富之道和滿足公眾需要的良方上去了。每個地方最有學識的居民，都不斷用自己的知識去發掘適當的新祕訣，以促進本地方的繁榮；當他們一旦找到某種祕訣，就立即把它交付大家享用。

在仔細考察美國的爲政者身上常見的缺點和弱點時，會使人對美國人民的日益繁榮感到吃驚。但是，由這樣的對照而產生的吃驚是錯誤的，因爲使美國的民主制度昌盛的，並不是被選舉出來的行政和立法官員。美國的民主制度之所以能夠繁榮昌盛，是因爲這些官員是透過選舉產生的。

如果認爲美國人的愛國精神和他們每個人爲其同胞的福利所表現的熱心並非出自眞誠，那未免有失公允。儘管在人的大部分行動受私人利益的支配這一點上，美國並不亞於其他國家，但在美國，私人利益不能支配人的全部行動。

應當指出，我曾一再看到美國人爲公共事業做出巨大和眞誠的犧牲，並且多次發現他們在必要的時候幾乎都能忠實地互助。

美國居民享有的自由制度，以及他們可以充分行使的政治權利，使每個人時時刻刻和從各個方面都感到自己是生活在社會裡的。這種制度和權利，也使他們的頭腦裡經常想到，爲同胞效力不但是人的義務，而且對自己也有好處。同時，他們沒有任何私人的理由憎恨同胞，因爲他們既非他人的主人，又非他人的奴隸，他們的心容易同情他人。他們爲公益最初是出於必要，後來轉爲出於本意。靠心計完成的行爲後來變成習性，而爲同胞的幸福進行的努力勞動，則最後成爲他們對同胞服務的習慣和愛好。

許多法國人認爲身分平等是第一大惡，政治自由是第二大惡。當他們不得不忍受前者時，至少要想方設法避免後者。至於我，我認爲與平等所產生的諸惡進行鬥爭，只有一個有效的方法：那就是政治自由。

# 第五章 關於美國人在市民生活中對結社的運用

我在這一章裡，不想談人們爲了抵禦多數的專制和反對王權的侵犯而進行的政治結社。關於政治結社的問題，我已經在另個地方講過了[1]。顯而易見，如果每個公民隨著個人的日益軟弱無力和最後不再能單槍匹馬地保住自己的自由，並更加無法聯合同胞去保護自由，那麼，暴政必將隨著平等的擴大而加強。在這一章，我只想講一講那些在市民生活中自然形成而全無政治目的的結社。

美國存在的政治結社，不過是美國五花八門的結社中的一種。

美國人不論年齡多大，不論處於什麼地位，不論志趣是什麼，無不時時在組織社團。在美國，不僅有人人都可以組織的工商團體，而且還有其他成千上萬的團體。既有宗教團體，又有道德團體；既有十分認眞的團體，又有非常無聊的團體；既有非常一般的團體，又有非常特殊的團體；既有規模龐大的團體，又有規模甚小的團體。爲了舉行慶典，創辦神學院，開設旅店，建立教堂，銷售圖書，向邊遠地區派遣教士，美國人都要組織一個團體。他們也用這種辦法設立醫院、監獄和學校。在想傳播某一眞理或以示範的辦法感化人的時候，他們也要組織一個團體。在法國，凡是創辦新的事業，都由政府出面；在英國，則由當地的權貴帶頭；在美國，你會看到人們一定組織社團。

在美國，我遇到過一些我坦白承認我向來一無所知的社團，並爲它們能巧使美國居民動員大多數人的力量共赴一個目標，和使人們自動前進的辦法讚嘆不已。

後來，我到英國去遊歷[2]。儘管美國人的一些法律和許多習慣來自英國，但我覺得英國人在運用結社權上，遠遠不如美國人那樣澈底和熟練。

美國人做一點兒小事也要成立一個社團，而英國人則絕對不這樣，他們往往是單槍匹馬地去做一番大事業。顯而易見，英國人只認爲結社是強大的行動手段，而美國人則似乎把結社視爲採取行動的唯一手段。

因此，世界上最民主的國家，就是我們看到的這個能使全體人民最長於共赴一致希望的目標，並把這種新方法用於最多數對象的國家。這是偶然的結果呢？還是結社與平等的必然聯繫在其中發生了作用呢？

在貴族制社會，大多數群眾本身沒有什麼作爲，而少數幾個個人卻非常強大和富有，他們每個人都能獨自做出一番大事業。

貴族制社會裡的人，不必爲採取行動而聯合，因爲他們本來就是緊密地聯合在一起的。

在這個社會裡，每個有錢有權的公民，都像是一個永恆存在和強制成立的社團首腦，而這個社團的成員則是那些由他驅使去執行他的意圖的大眾。

反之，在民主國家裡，全體公民都是獨立的，但又是軟弱無力的。他們幾乎不能單憑自己的力量去做一番事業，其中的任何人都不能強迫他人來幫助自己。因此，他們如不學會自動地互助，就將全都陷入無能爲力的狀態。

如果民主國家的人沒有權利和志趣爲政治目的而結社，那麼，他們的財富和知識雖然可以長期保全，但他們的獨立卻要遭到巨大的危險。而如果他們根本沒有在日常生活中養成結社的習慣，則文明本身就要受到威脅。一個民族，如果它的成員喪失了單憑自己的力量去做一番大事業的能力，而且又沒養成共同去做大事業的習慣，那它不久就會回到野蠻狀態。

不幸的是，促使民主國家的人民必須結社的社會情況，同時又使他們比其他國家的人民更難於結社。

在貴族當中，只要有幾人打算結社，他們就可以輕而易舉地辦到。由於他們每個人都在社會上擁有很大的勢力，所以他們的團體只有少數幾個成員就可以了。而在成員的人數很少時，也容易彼此認識，互相了解，建立固定的規章制度。

在民主國家，就難於做到這一點，因為民主國家的社團要想擁有一定的勢力，就必須使成員的人數特別多。

我知道，我們的許多當代人根本沒有注意到這一點。他們認為，公民越是軟弱無力，就越是應當叫政府能幹和積極，以使政府能夠舉辦個人不能創辦的事業。他們相信並且聲稱一切困難都能解決。但我認為，他們想錯了。

也許政府可以代替美國人的某些巨大的社團，而且在聯邦內部已有幾個州這樣做了。但是，美國人日常依靠社團進行的那些數量甚大而規模卻很小的事業，要由哪個政府當局去代替辦理呢？不難預見，人們越來越不能單由自己去生產生活上最常用和最需要的東西的時代，正在來臨。因此，政府當局的任務將不斷增加，而政府當局的活動本身又將日益擴大這項任務。政府當局越是取代社團的地位，私人就越是不想聯合，而越要依靠政府當局的援助。這個原因和結果將不斷迴圈下去。這樣下去，凡是一個公民不能獨自經營的事業，最後不是全要由公共的行政當局來管理嗎？再者，如果土地過度分散下去，分割得無法再分，以致只能由耕作者組織社團來經營時，那麼，政府的首腦豈不是要掛冠而去扶犁嗎？

如果一個民主國家的政府到處都代替社團，那麼，這個國家在道德和知識方面出現的危險將不會低於它在工商業方面發生的危險。

人只有在相互作用之下，才能使自己的情感和思想煥然一新，才能開闊自己的胸懷，才能發揮自己的才智。

我在前面已經講過，這樣的相互作用，在民主國家幾乎等於零[3]。因此，民主國家要人為地創造這種作用，而能夠創造這種作用的，正是結社。

貴族集團的成員接受一種新思想和體會到一種新感情時，差不多都要把這種思想和感情放在自己活動的主要舞臺去玩味，並讓其餘的成員看到自己在這樣做，以使這種思想和感情順利地進入周圍人的心裡和頭腦裡。

在民主國家，從屬性上來說能夠這樣做的，只有政府當局。但是，不難看到，政府當局的這種作用經常是不充分的，而且往往是有危險的。

在一個大國，政府不能只靠自己的力量去維持和改進人們的思想和感情的交流，正如它不能只靠自己的力量去管理一切實業部門一樣。一個政府，只要它試圖走出政治活動的範疇而步入這條新道路，它會不知不覺地要實行一種令人難以容忍的暴政，因為政府只會頒布嚴格的規章制度，只支持它所同意的感情和思想，而且人們總是很難辨別它的這種表示是忠告還是命令。

假如政府認為自己的眞正利益在於禁止人們發表意見，那麼，情況將會更糟。這時，政府將會一無作爲，並由於喜歡酣睡而聽任自己遲鈍下去。

因此，必須使社會的活動不由政府包辦。

在民主國家，應當代替被身分平等所消滅的個別能人的，正是結社。

只要美國的居民有人提出一個打算向世人推廣的思想或意見，他就會立即去尋找同道；而一旦找到了同道，他們就要組織社團。社團成立之後，他們就不再是孤立的個人，而是一個遠處的人也可以知道和行動將被人們仿效的力量。這個力量能夠發表意見，人們也會傾聽它的意見。

我最初聽到美國有十萬人公開宣誓不飲烈酒時，還以爲這是在開玩笑，而不是實在的。我對這些很有節制能力的公民爲什麼甘願坐在家裡喝白開水，起初是完全無法理解的。

後來，我終於了解到，這十萬美國人是驚於他們周圍的酒鬼越來越多，才決心戒酒的。他們的行動宛如一個大人物穿上一身樸素的衣服，以引導一般公民戒除奢華。我相信，如果這十萬人是法國的居民，只要他們每個人分別向政府申請，要求政府向王國境內的所有酒館下令禁酒，就可以了。

我認爲，最值得我們重視的，莫過於美國的智力活動和道德方面的結社。美國人的政治結社和實業結社，最容易被我們注意；而其他的結社，則常被我們放過。即使我們看到了其他的結社，我們對它們也不甚理解，因爲我國幾乎沒有類似的結社。但是，我們必須承認，這類結社對於美國人的必要性，並不亞於政治結社和實業結社，甚或過之。

在民主國家，結社的學問是一門主要學問。其餘一切學問的進展，都取決於這門學問的進展。

在規制人類社會的一切法則中，有一條法則似乎是最正確和最明晰的。這便是：要是人類打算文明下去或走向文明，那就要使結社的藝術隨著身分平等的擴大而正比地發展和完善。

◆本章注釋◆

【1】見本書第二部分第四章。——譯者

【2】參看梅耶編：《托克維爾族遊英格蘭和愛爾蘭日記》英文本（紐哈芬，耶魯，一九五八年）。

【3】參看本書第二部分第二章。——譯者

# 第六章 關於結社與報刊的關係[1]

當人們之間不再有鞏固的和永久的聯繫時，除非說服每個必要的協作者，叫他們相信自己的個人利益在要求他們將自己的力量與其他一切人的力量自願地聯合起來，是無法使許多人攜手來共同行動的。

只有利用報紙，才能經常地和順利地做到這一點。只有報紙，才能在同一時間將同一思想灌注於無數人的腦海。

一份報紙就像一位不請自來的顧問，它每天可向你扼要地報導國家大事而又不致擾亂你的私事。

因此，隨著人們日益趨於平等和個人主義逐漸強烈，報刊便也日益成爲不可缺少的東西。如果認爲報刊的作用只在於維護自由，那未免降低了它的作用。報刊還能維護文明。

我不否認，在民主國家，報刊往往引導公民去共同進行一些非常欠妥的活動。但是，如果沒有報刊，就幾乎不能有共同的行動。因此，報刊帶來的害處遠遠小於它的戰功。

報紙的功用不僅在於向大多數人提出共同的計畫，而且還在於向他們提供所擬計畫的共同執行辦法。

貴族制國家的一些主要公民互相都很熟悉；他們如果想把自己的力量聯合起來，只要吸引一批人追隨他們，就能共同前進。

反之，在民主國家，往往是大多數人希望聯合和需要聯合，但是辦不到，因爲他們每個人都微不足道，分散於各地，互不認識，不知道到哪裡去找志同道合者。但是，有了報紙，就使他們當中的每個人可以知道他人在同一時期，但卻是分別地產生的想法和感受。於是，大家馬上便會趨向這一曙光，而長期以來一直在黑暗中尋找的彼此不知對方在何處的志同道合者，也終於會合而團結在一起了。

報紙使他們結合起來了，但爲了使結合不散，他們繼續需要報紙。

在民主國家，一個社團要想有力量，就必須人多。而由於成員的人數太多，所以他們只能分散在廣大的地區，每個人仍然要留在原來的地方，去過他們的那種比上不足比下有餘的生活，爲成千上萬的小事而操勞。因此，他們必須找到一個使他們不用見面就能彼此交談，不用開會就能得出一致意見的手段。這個手段就是報刊。因此，沒有一個民主的社團是能夠離開報刊的。

由此可見，在社團和報刊之間，存在著一種必然的聯繫：報刊在製造社團，社團也在製造報刊。如果說社團的數目必將隨著身分的日益平等而增加的說法是眞理，那麼，認爲報刊的種數也將隨著社團的數目增加而增加的意見，也不能說是不正確的。

因此，美國也就成了世界上社團和報刊都最多的國家。

報刊的種數與社團的數目之間的這種關係，又使我們發現期刊的發行情況與行政的組織形式之間的另一種關係，並知道報刊的種數在民主國家是與行政集權的程度成反比的，即行政越集權報刊越少，越不集權報刊越多。這是因爲在民主國家，人民不會像在貴族制國家那樣將地方權力委託給幾個主要公民去執行。民主國家要取消這樣的權力，而由當地的絕大多數人去行使。這些人可依法組織一個握有實權的常設機構，以管理本地的行政事務。於是，他們就需要一份報紙，使他們每天都能知道本地發生的小事和了解全國發生了什麼大事。地方權力機構越多，依法行使地方權力的人也就越多；而越是需要隨時知道本地和全國的事情，就越需要更多的報刊。

美國報刊種數之所以多得驚人，緣於行政權的過於分散，甚於政治的廣泛自由和出版的絕對自由。假如美國的全體居民都是選民，而它又只實行由選民選舉全國的立法機構的辦法，那麼，美國只要不多幾份報紙就可以了，因爲在這種條件下，選民們只能有少數幾次非常重要的共同行動機會。但是在美國，除了全國性的大型集會以外，法律還規定在選舉地方（州）、城鎮，甚至鄉村的行政官員時進行小型的集會。立法者就是這樣，使每個美國公民不得不經常與其他同胞協力去進行共同事業的，而每個美國公民要想知道其他公民的所作所爲，就得看報讀雜誌。

我認爲，一個民主國家[2]如無全國性的議會，而有許多地方性權力機關，它的報刊種數最後一定超過實行行政集權並經選舉產生全國性立法機構的另一個民主國家。在我看來，美國每日出版的報刊之所以種數甚多，是因爲美國人既享有廣泛的全國性自由，又享有各式各樣的地方性自由。

在法國和英國，人們普遍認爲，只要取消目前對報刊的課稅，報刊的種數就會無限增加，這未免把免稅的效果誇大了。報刊種數的增加不僅與銷路好壞有關，而且與絕大多數人是否需要互通資訊和共同行動有關。

我也同樣認爲，日報影響力之所以日益增加，主要的不是由於人們經常提到的原因，而是由於一些最普遍的原因。

一種報刊，只有反映某些多數人的共同思想和情感，才能存在下去。因此，一種報刊經常是它的長期讀戶所在社團的代言人。

這個社團的宗旨可高可低，它的範圍可寬可狹，它的人數可多可少。但是，只要有一種報紙在繼續出版，就證明一個社團至少已以萌芽的形式存在於人們的思想之中。

說到這裡，我們要作最後一次反思，以結束本章。

身分越是平等，個人的力量就越要薄弱，人們就越容易隨大溜和越難獨自堅持被多數人所反對的意見。

一種報刊就代表一個社團。可以說：報紙是以全體讀者的名義向每一位讀者發言，而且讀者個人的能力越弱，它越容易吸引讀者。

因此，報刊的影響力必隨人們日益平等而逐漸增強。

◆本章注釋◆

【1】參看拉斯基：《美國的民主》，第六一五頁及以下幾頁；A・麥克朗・李：《美國的日報：一種社會手段的發展》（紐約，一九三七年）；莫特：《美國報刊：美國報業二百五十年史（一六九○—一九四○）》（紐約，一九四一年）。——法文版編者

【2】我說的是一個「民主國家」。在一個貴族制國家，可以使行政大大分權而不必發行報刊，因為它的地方權力機關是由少數幾個人掌握的，這幾個人雖然各自為政，但他們彼此熟悉，而且能夠容易見面和互相聽取對方的意見。

# 第七章　一般結社與政治結社的關係

世界上只有一個國家能使人們每天行使政治結社的無限自由。在世界上，也只有這個國家能使公民們想到在社會生活中不斷行使結社權，並由此得到文明所能提供的一切好處。

凡是不准政治結社的國家，一般結社也極少。

絕不能輕言這是偶然的結果，而應當斷言在這兩種結社之間，存在著一種固有的而且可能是必然的關係。

由於偶然的原因，幾個人可能在某一事業上有共同的利害關係。比如，他們可能都要去辦一種商業，或者都要去經營一種工業。於是，他們相會了和合作了，並逐漸認識到結社的好處。共辦這種小事情的次數越多，人們就會在不知不覺之中越來越獲得共辦大事業的能力。

因此，一般結社有助於政治結社。但是，另一方面，政治結社又能使一般結社得到長足發展和驚人完善[1]。

在私人生活中，嚴格說來，每個人都覺得自己能夠滿足自己的要求。但在政治生活中，他就不會這樣認爲。因此，當人民參與公共生活的時候，任何一個公民每天都要在腦際浮現結社的思想和願望：即使對採取共同行動本來有些反感，但爲了黨派的利益也得學會採取共同行動。

因此，政治生活把結社的愛好和習慣一般化了，也就是使一些向來不過問政治而總是願意單獨行動的人，希望聯合和學會結社的技巧了。

政治不但在創造大量的社團，而且在製造規模巨大的社團。

在私人生活中，一個共同的利益自然而然地引起一大群人去採取共同行動的情況極少；只有掌握了共同行動的技巧，才能去進行這種行動。

在政治方面，結社的機會隨時都可以從政治生活中找到。但是，結社的重要作用只能在規模巨大的社團中表現出來。個人力量薄弱的市民，不會一開始就對聯合起來可以產生力量有明確的概念；而要使他們明白這一點，就得向他們示範。但是，在為一個共同的目的而結社時，人數越多才越容易起示範作用。比如說，一千人聯合起來可能使他們看不到利益，而如果人數達到一萬就可能看到。在政治方面，人們聯合起來可以做大事，而重大事情方面的結社所帶來的好處，又會經過實踐使人們知道在小事情上互助也有益處。

政治結社可以同時將許多人拉到自己這邊來，使他們擺脫原來因年齡、思想、貧富而造成的隔離狀態，進而發生相互往來和接觸。他們只要相會過一次，就會設法再次相會。

在大部分的一般結社中，人們都是拿出自己的一部分財產去參加。比如，所有的工業公司和商業公司就是如此。當人們尚未充分了解結社的方法和不知道結社的基本原則時，叫他們開始以結社的方式進行合作，他們未免要為自己付出的重大代價而擔心。因此，他們寧願放棄可以導致成功的有力手段，而不肯甘冒合作將會帶來的風險。但是，叫他們參加在他們看來沒有危險的政治結社，他們就不會猶豫不決，因為他們沒有拿金錢去冒險。在參加這樣的結社後不久，他們就會知道在這樣一大群人中應當遵守什麼秩序和採取什麼步驟，才能使他們步調一致地和首尾一貫地奔向共同的目標。他們要在這個政治社團裡學會使自己的意志服從全體的意志，使個人的努力配合共同的行動。這些事情，無論是在一般結社，還是在政治結社，都是每個成員所必須知道的。

因此，可以把政治結社看作是開辦一所免費的大學，每個公民都可以到那裡去學習結社的一般原理。

雖然政治結社不能直接有助於一般結社的發展，但若前者被查禁，後者也會受害。

當公民只能在極少數情況下結社時，他們會把這種結社視爲特殊的和例外的辦法，所以也不會把它放在心上。

但是，在准許公民在一切事情上均可自由結社時，他們最終可以發現結社是人們爲了實現自己所追求的各種目的的通用方式，甚至可以說是唯一方式。只要出現一種新的需要，人們就會立即想到結社。於是，結社的技巧就成爲我在前面所說的基本知識。所有的人都要學習它，而且都要應用它。

如果某些結社被查禁，而另些結社仍被允許存在，則很難預卜繼續存在下來的結社何日不被查禁。在這種遲疑不決的情況下，人們將會對一切結社採取敬而遠之的態度，同時社會上將會出現一種輿論，導致人們認爲不管是什麼結社，都是一種胡作非爲和甚至是非法的活動[2]。

因此，如果以爲結社的精神只在某一點上受到限制後不會影響它在其他方面繼續發展，或者以爲只要准許人們在某些事情上可以進行共同行動，他們就會迫不及待地開始試圖進行共同活動，那都是空想。當公民們在一切事情上都有結社的能力和習慣時，他們無論在小事上，還是在大事上，都會自願地結合起來。但是，只允許他們可以在小事上結社的時候，他們的結社熱情和才幹都會消失。你准許他們在商業上可以完全自由聯合，你也不會達到目的；你讓他們行使已經給予他們的權利，他們也會不屑一顧；你費了九牛二虎之力去勸他們不要組織查禁的結社以後，你又會吃驚地發現你不能說服他們去成立法律准許的社團。

我並不是說一個禁止政治結社的國家就不可能有一般結社，因爲人生活在社會裡不能不委身於某些共同的事業。但是，我堅決認爲，在這樣的國家裡，一般結社也總是爲數不多，它們缺乏想像力和沒有熟練的營運能力。它們沒有宏偉的計畫或有而難以實現。

由此我自然想到，政治方面的結社自由並不會給社會的安定帶來人們所想像的那樣大危險，甚至在使國家出現一段動盪時期之後，還能使國家鞏固。

在民主國家，政治社團可以說是一些企圖統治國家的強大個體。因此，現今的各國政府視政治社團猶如中世紀的國王視其國內的大諸侯，從本能上就對政治社團有一種恐怖感，一有機會就打擊它們。

反之，各國政府卻對一般社團持有天生的好感，因爲它們不難發現，一般社團不是指導公民去關心國家大事，而是把公民的注意力從這方面拉走，使公民逐漸埋頭於自己全靠國家安定才能實現的活動，從而可以阻止公民發動革命。但是，當今的各國政府並沒有注意到，政治結社可以使一般結社發展和加強活動，所以它們在防止了一種危險的弊端的同時，卻喪失了一種可以有效地矯正弊端的手段。當你看到美國人爲了鼓吹一種政治見解，推捧一位政治家參加政府，或由另一位政治家手裡奪取權力而每天都可以自由結社的時候，你會難於理解如此獨立不羈的一群人怎麼沒有恣意妄爲。

但是，另一方面，當你想到美國有不可勝數的實業在被人們共同經營，看到美國人到處都在孜孜不倦地推行某些宏偉的計畫，而這些計畫遇到一場小革命也會前功盡棄的時候，你又會不難理解這些人們，爲什麼沒有給國家製造麻煩和沒有破壞他們都受益的社會安定。

我們能夠面對這些事實進行孤立觀察，而不去尋找其間的內在聯繫嗎？使美國人逐日形成不問地位、思想和年齡而結社的普遍愛好和養成利用結社習慣的，正是政治結社。透過政治結社，他們可以多數人彼此相識，交換意見，傾聽對方的意見，共同去做各種事業。隨後，他們又把由此獲得的觀念帶到日常生活中去，並在各個方面加以運用。因此，美國人正是由於享有一種帶有危險性的自由，才學會了可以儘量減輕自由所帶來的危害的方法。

如果我們只選一個民族的某個歷史時期來考察，則不難證明政治結社是使國家動亂和實業癱瘓的因素。但是，我們就這個民族的整個歷史來考察，或許容易證明政治方面的結社自由不但有利於公民的福祉，甚至有利於他們的安寧。

我在本書的上卷說過：「政治結社的無限自由，又與出版自由不盡相同：前者的必要性不如後者，而其危險性卻大於後者。一個國家能夠把結社自由限制起來，並使其永遠處於國家的控制之下；但是，國家爲使結社自由存在，有時也需要耍些手腕。」在隔了幾段以後，我又說：「不能否認，政治方面結社的無限自由，是一切自由當中最後獲得人民支持的自由。即使說這種自由沒有使人民陷入無政府狀態，也可以說它每時每刻都在使人民接近這種狀態[3]。」

因此，我認爲一個國家永遠不會讓公民享有政治結社的無限權利；我甚至懷疑，在任何國家，在任何時代，不對結社自由加以限制是明智之舉。

有人說，不把結社權限制在狹小的範圍內，國家就無法保持內部的安定，沒有希望維護法律的尊嚴，無法建立持久的政府。毫無疑問，內部的安定，法律的尊嚴，持久的政府，都是極爲珍貴的。而且我認爲，一個民族爲了得到和保持這些珍貴的東西，也得自願給自己暫時帶上沉重的枷鎖。但是，如果一個民族清楚的知道它爲獲得這些珍貴的東西是要付出代價的，那就更好了。

爲了拯救一個人的生命，鋸掉他一隻胳臂，這是我可以理解的。但是，我絕不敢擔保他在斷臂之後仍會像以前那樣靈活。

◆本章注釋◆

【1】參看奧迪加德和赫爾姆斯合著：《政治動力學研究》，第二版（紐約，一九四七年）。特別是應當閱讀該書第七七〇頁及以下幾頁。——法文版編者

【2】當行政當局可以肆意查禁或准許結社活動時，情況尤其如此。如果立法部門制定法律，規定哪些結社為非法，違者將受到法律制裁，則弊端可以少得多，因為在有法律明文規定的條件下，每個公民在行動之前可以知道自己行為的後果，即自己可以像一個法官那樣事先進行判決，避免參加被禁止的結社，而努力去進行法律所准許的結社活動。正是因為如此，所有的自由國家也就總是承認結社權是可以受限制的。但是，如果立法機構指定由某人負責事先判斷哪些結社是危險的或有益的，並允許此人可以任意將一切結社消滅於萌芽狀態或讓它們繼續生成，那麼，任何人都無法事先知道在什麼情況下可以結社，和在什麼情況下應當敬而遠之，而結社的精神亦將完全枯萎。前一種法制只禁止某些結社，而後一種法制則針對整個社會，使全社會受害。我認為，一個講法制的政府應當採取前者，而任何政府均無權實行後者。

【3】見本書上卷第二部分第四章第二七六—二七九頁。——譯者

# 第八章　美國人是怎樣以「正確理解的利益」的原則與個人主義進行鬥爭的

當社會由少數幾個有錢有勢的人統治時，他們喜歡培養人們對義務的崇高思想，樂於主張忘我是光榮的，認爲人應當像上帝本身那樣爲善而不圖報。這就是當時官方的道德原則。

我懷疑人在貴族時代會比在其他時代更有德，但我又確信人在那個時代會不斷地討論德行之美；至於德行的功用是什麼，他們只能在私下議論。但是，隨著人們的想像力日益衰竭，每個人便開始自顧自己，談論道德的人也在這樣的自我犧牲精神面前表示卻步，不敢再向人們宣揚這種精神了。於是，他們只去研究公民的個人利益是否在於爲全體造福的問題；而當他們一旦發現個人利益與全體利益有符合和相通之處，便急於去闡明。後來，這樣的發現與日俱增，而本來只是孤立的觀察就變成了普遍的原理。最後，他們終於認爲自己發現了人爲他人服務也是在爲自己服務，個人的利益在於爲善。

我在本書的許多地方，已經講過幾乎美國的居民，是如何經常將個人的幸福與同胞的幸福結合起來的。我在這裡想要說明的，是他們賴以做到這一點的一般原理。

在美國，人們幾乎絕口不談德行是美的。他們只相信德行是有用的，而且每天都按此信念行事。美國的道德家們絕不勸他們的同胞爲了表現自己偉大而去犧牲自己。但他們卻敢於宣稱，這種犧牲精神對於犧牲者本人和受益者都是同樣必要的。

他們知道，在他們的國家和在他們的時代，有一種不可抗拒的力量在驅使人們自己注意自己；而在他們無望制止人們如此以後，就只有設法去因勢利導了。

因此，他們絕不反對每個人可以追求自己的利益，但又極力證明個人的利益應當來自誠實。

我不想在這裡贅述他們提出的理由的細節，因為這會使我離題。我只指出他們的同胞已經接受他們的理論就可以了。

很早以前，蒙坦就說過：「我走上一條捷徑並不是由於它筆直，而是由於我從經驗中獲悉它是一條最便於我和最適於我達到所定目的的道路[1]。」

可見，「正確理解的利益」的原則，並不是什麼新的東西。但是，只有今天的美國人才普遍承認了這個原則。在美國，這個原則還在推廣，並深入到人們的一切活動，見於人們的一切言論。不管是窮人還是富人，都張口不離這個原則。

在歐洲，「正確理解的利益」的原則沒有在美國那樣完善，而且應用的範圍有限，特別是很少有人公開主張。在歐洲，人們仍然每天裝出一副非常具有獻身精神的樣子，其實他們心中早已沒有這種念頭。

美國人與此相反，他們喜歡利用「正確理解的利益」的原則去解釋他們的幾乎一切行動，自鳴得意地說明他們的光明磊落的自愛是怎樣使他們互相援助和為國家的利益而情願犧牲自己的一部分時間和財富的。我認為，在這一點上，他們對自己的評價往往並不全對，因為在美國也同在其他國家一樣，公民們也是有出於人的本性的義無反顧的無私激情。但是，美國人絕不承認他們會被這種感情衝動所左右，他們寧願讓自己的哲學生輝，而不願讓自己本身增光。

我可以就此止筆，不對我方才所述的一切進行評價了。問題過於困難，也許可以作為我的託詞。但是，我絕不想以此為藉口。我寧願讓讀者看清我的目的後不跟我走，也不願把讀者懸在那裡。

「正確理解的利益」的原則並不怎麼高深，而是十分明確易懂。這個原則不以達到偉大的目的為主旨，而是要不費太大力氣就能達到所追求的一切。它是任何文化程度的人都能理解的，所以人人都容易學會和不難掌握。由於它切合人的弱點，所以不難對人產生巨大影響。而且，影響的力量也容易保持下去，因為它以個人的利益來對抗個人本身，並在引導個人的激情時能產生刺激作用。

「正確理解的利益」的原則不要求人們發揮偉大的獻身精神，只促使人們每天做出小小的犧牲。只靠這個原則還不足以養成有德的人，但它可使大批公民循規蹈矩、自我克制、溫和穩健、深謀遠慮和嚴於律己。它雖然不是直接讓人依靠意志去修德，但能讓人比較容易地依靠習慣走上修德的道路。

「正確理解的利益」的原則一旦完全支配道德世界，無疑不會出現太多的驚天動地的德行。但我也認為，到那時候，怙惡不悛的歹行也將極其稀少。「正確理解的利益」的原則可能妨礙某些人大大超出人的一般水準，但處於這個水準之下的數目眾多的人，聽到這個原則之後一定抓住不放。就某幾個個人來說，這個原則使他們下降了；但就整體來看，它卻使整體向上了。

我直言不諱：在我看來，「正確理解的利益」的原則是一切哲學學說中最符合當代人的需要的理論；而且，我還從其中發現了當代人尚可用來抵制自己的最有力保證。因此，當代的道德家應當注意的，主要的是這個理論。即使他們認為這個理論還不夠十全十美，但仍需把它視為必要的東西加以採納。

我不認爲我們全體法國人的利己主義大於美國人，我們和美國人在利己主義上只有一點不同，即美國人公開主張利己主義，而我們則口頭上不說但實際上奉行。每個美國人都知道犧牲個人的一部分利益可以保全其餘部分。我們是要把全部利益都保住，而結果往往是全部喪失。

既然我看到周圍的人好像天天都想以自己的言行教導當代人相信追求功利絕不是不正派的；那麼，我就永遠不能從中發現有人教導當代人相信正派的行爲也可能是追求功利的嗎？

世界上沒有任何力量可以阻止日益發展的身分平等不去引導人們追求功利，和不去使每個公民囿於自己的小天地。

因此，必須承認，個人利益即使不是人的行動的唯一動力，至少也是現有的主要動力。但是，還要知道每個人對於自己的個人利益是如何理解的。

如果公民在平等之後仍然處於無知和粗野的狀態，則很難預料他們的利己主義不會使他們做出什麼樣的過分愚蠢的行爲；而如果他們捨不得犧牲自己的某些個人福利去造福他人，則很難說他們不會陷入什麼樣的可悲境地。

我不認爲美國人所宣揚的「正確理解的利益」的原則的所有組成部分都已明明白白。但是，其中所包含的大多數眞理都是清清楚楚的，只要對人進行啓發教育，人人都可以理解。可見，只要不遺餘力地進行教育就可以了，因爲盲目的獻身和本能的爲善的時代已經成爲遙遠的過去，而自由、公共安寧和社會秩序本身透過啓蒙和教育可以實現的時代即將來臨。

## ◆本章注釋◆

【1】參看普列伊阿德版：《蒙坦文集》第二六八頁。托克維爾的這段引文是對該書第四十四章第一節的節譯。

# 第九章　美國人怎樣在宗教上應用「正確理解的利益」的原則

如果「正確理解的利益」的原則只考慮到現世，那還遠遠不夠，因爲有許多犧牲要到來世才能得到補償。不管你付出多大精力去證明德的功用，你也始終難以使一個不想死的人去爲善。

因此，必須知道「正確理解的利益」的原則是否可以容易與宗教信仰調和。

宣導這個原則的哲學家對世人說：要想生活得幸福，就得節制自己的激情，時時刻刻把它控制在適度的範圍內；要想獲得持久的幸福，就只得放棄轉瞬即逝的爲數眾多的享樂；爲了更好地關心自己，就要永遠克制自己。

幾乎所有宗教的創始人，差不多都這樣說教。他們並沒有向世人指出什麼新的向善方法，而只是把目標向後移了。也就是說，他們把人們做出的犧牲的報償放在來世，而不是放在現世。

但是，我絕不認爲依靠宗教精神修德行善的人都是爲了取得報償。

我見到過一些虔敬的基督徒，他們終生忘我，熱情地爲所有的人造福；我也聽到他們說，只要這樣做，就能在來世得到善報。但是，我又不能不認爲他們是在自欺。由於我十分尊敬他們，所以只好相信他們。

不錯，基督教向世人宣稱，爲了升入天堂，就要屈己而就人。但是，基督教又向世人宣稱，人是由於愛上帝而施惠於他人的。後一種說法很好。這說明人是依靠自己的智慧而體會上帝的意旨，認識上帝的目的在於一切有序，並慨然參加上帝的這一偉大計畫的。而且，在爲實現這個美好的萬物有序的計畫而犧牲個人利益時，除爲自己能深信這一計畫而感到愉快外，絕不希求其他任何報償。

因此，我不相信宗教人士的唯一動力是利益。但是，我認爲利益是宗教本身用來指導人的行動的主要手段，並確信宗教之所以能夠抓住人心和廣爲流傳完全有賴於此。

因此，我認爲沒有可靠的根據說「正確理解的利益」的原則會使人遠離宗教信仰。恰恰相反，我倒覺得有明確的理由說這個原則會使人接近宗教信仰。

假如有一個人，他爲了得到現世的幸福，而能時時與自己的本能進行鬥爭，能從理智上冷靜考慮日常生活中的一舉一動，不盲從一時出現的感情衝動，而有辦法克制這種衝動，並養成了情願犧牲暫時的利益以獲得終生的長久利益的習慣。

這樣的一個人一旦皈依了他所信奉的宗教，就不會爲服從這一宗教的戒律而感到痛苦。理智本身會勸導他服從，而習慣也爲他忍受戒律做好了準備。

即使他後來對所期望的目的表示懷疑，他也不會輕易地放棄，而會認爲以現世的一些財富做賭注去贏得在來世繼承巨額財產的權利是明智的。

巴斯卡說過：「誤信基督教是眞的，所失不大；而誤信基督教是假的，則損失嚴重！[1]」

美國人既不裝作對來世漠不關心，又不對他們想要躲避的危險採取天眞的滿不在乎的態度。

因此，他們在進行宗教活動的時候，既不覺得可恥，又不覺得自己軟弱。但是，通常在他們的虔誠當中，有一種不可名狀的坦然、按部就班和胸有成竹的表現，以致使人覺得引導他們走進教堂的不是信仰，而是理智。

美國人不僅是基於利益而信奉宗教，而且往往是把他們從信奉宗教當中可能獲得的利益放在現世。在中世紀，神職人員張口就是來世，從來不爲論證一個虔誠的基督徒在現世也能成爲幸福的人而操勞。

但是，美國的傳教士卻不斷提醒信徒注意現世的幸福；他們只有經過一番巨大努力，才能使信徒的視線不看現世。他們爲了打動聽眾，總是向聽眾說明宗教信仰如何有助於自由和公共秩序。在聽他們布道的時候，使人經常難於辨別宗教的主旨是求來世的永遠幸福還是求現世的康樂。

## ◆本章注釋◆

【1】見巴斯卡：《思想錄》，布倫施維格編，第二三三節。托克維爾並未按原文照錄。

# 第十章　關於美國人對物質福利的愛好

在美國，對於物質福利的熱愛並不是個別的，而是普遍的。雖然不是每個人都以同樣的方式去熱愛，但至少人人都有這種熱愛。在那裡，滿足身體的微不足道的需要，爲生活創造小小的方便，也是人們普遍關心之所在。

某些類似的現象也見於歐洲，並且日益明顯。

在導致兩洲產生同樣現象的許多原因當中，有幾個原因與我討論的問題接近，而且我應當加以闡述。

當財富爲幾個家族世代相傳而所有時，雖然會有一大幫人享受物質福利，但他們並沒有感到只有他們在獨享這種好處。

人心最容易激動的時刻，不是在他們順順利利得到一種貴重物品的時刻，而是在他們想要得到這種東西但未能完全如願，而在部分地滿足之後又時時害怕失去的時刻。

在貴族制社會，富人從來不知道尙有與他們現實生活不同的生活，根本不擔心自己的生活會有變動，幾乎想像不到還有另一種生活。因此，物質福利對他們來說不是生活的目的，而是生活的方式。可以說，他們把物質福利視爲人生之當然，身在福中而未意識是福。

由於他們對物質福利的天生和本能的愛好可以這樣無憂無慮地得到滿足，所以他們便把自己的精力用於別處，專心於某些更困難和更偉大的工作，並爲這種工作所激勵和所吸引。

正因爲如此，有些貴族雖然身在物質享樂之中，但又對這種享樂持有一種傲慢的輕視態度，並在不得不放棄享樂的時候能夠表現出驚人的毅力。推翻或打倒貴族制度的歷次革命都曾證明，過慣了舒適安逸生活的人可以容易忍受清苦；而經過千辛萬苦過上好日子的人，在失去幸福之後，反而難於生活下去。

當我們從上層階級轉而觀察下層階級的時候，亦可發現類似的現象，但其產生的原因不同。在社會被貴族統治和保持安定的國家，一方面是一般老百姓慣於安貧，另一方面是富人慣於擺闊。富人之所以不必爲物質享樂操心，是因爲他們可以唾手而得；窮人之所以斷了物質享樂的念頭，是因爲他們沒有希望獲得和享樂的欲望不強。

在這種社會裡，窮人的想像力完全用於來世。現實生活的悲慘處境雖然限制著他們的想像力，但他們可以逃出這個限制，去想像遠在天上的安樂。

反之，當等級的界限取消，特權不復存在，財產日益分散，教育和自由普及的時候，窮人的心裡也會產生獲得享樂的念頭，而富人則唯恐失去享樂。結果，出現了許多小康之家。享有小康生活的人得到的物質享樂，雖能使他們體驗到這種享樂的好處，但還不能使他們覺得這種愛好已經得到充分的滿足。他們只有經過努力才能得到這種享樂，而且在盡情享用的時候還懷有戰戰兢兢的心情。

因此，他們始終是在熱心追求或竭力保持一種十分心愛，但又無法充分滿足和不能肯定得到的享樂。

如果問我：人的哪種激情最受出身低下和家業不豐的影響和制約，我將認爲是人對物質享樂的愛好。這種追求物質享樂的激情，本質上是中產階級的激情。它隨這個階級的發展而發展，隨這個階級的強大而強大，並隨這個階級的占有優勢而占有優勢。這種激情正是從中產階級向社會的上層和一般老百姓擴散的。

我在美國遇到的貧窮公民，沒有一個不對富人的享樂表示嚮往和羨慕，他們的想像力也從未離開命運使他們未能得到的財富。

另一方面，我在美國見到的富人，沒有一個對物質享樂表示傲慢的輕視。而在最富裕和最放蕩不羈的貴族身上，卻時有這種表現。

美國的富人大部分曾是窮人。他們飽嘗辛酸，長期與逆境搏鬥，對貧困深有體會，而今剛剛取得勝利，所以原來的鬥爭熱情仍然未減，好像還沉醉於四十多年來所追求的小小享樂之中。

這並不是說美國不同於其他國家，沒有相當一部分富人是依靠繼承遺產和毫不費力就過上富裕生活的。但是，即使是這些人，對於物質生活的享樂也興趣不減。喜愛物質生活的享樂，正在變成全國性的和居於統治地位的愛好。人心所向的這股巨流，正把所有的人捲進它的狂濤。

# 第十一章　物質生活享樂在民主時代產生的特殊效果

看到這裡，讀者可能以為，對於物質生活享樂的熱愛，會不斷地把美國人引向破壞道德、擾亂家庭、最終危害社會本身的道路。

但是，實際上並非如此，因為在民主制度下，追求物質生活享樂的激情，不會產生它在貴族制國家中發生的那種效果。

有時，厭煩政務、貪財過度、失去信仰、國家衰敗等情況，會逐漸使貴族的心完全傾向於物質生活的享樂。有時，王權的強大和人民的軟弱，又會使貴族失去權力而只保有財產，堵死他們飛黃騰達的前進道路而使他們牢騷滿腹。這時，他們便回到自己生活的小圈子裡，尋找物質上的享樂，把過去的偉大置於腦後。

當一個貴族集體的成員都沉迷於物質生活享樂的時候，他們通常都要把因長期掌權而積蓄的能量全都用於享樂方面。

這樣的一些人，絕不會滿足於追求享樂。他們還要奢侈荒淫，以致達到腐敗透頂的地步。他們對物無上崇拜，好像在甘心爭相比賽自我墮落之術。

一個貴族集體原來越是強大、越是光榮和越是自由，它現在就越要墮落到極點。儘管它的德行曾經光芒四射，但我敢預言這個光芒終將被它的惡行的魔光所壓倒。

物質生活享樂的愛好，絕不會把民主國家推上這樣的極端。在民主國家，對享樂的熱愛雖然是一種強烈的、排他的和普遍的激情，但又是可以控制的。在那裡，沒有爲了滿足一個獨夫的盡情歡樂，而建築金碧輝煌的宮殿和巧奪天工的花園，以及由此而耗盡天下財富的問題；人們所希望的，只是多購幾畝良田，經營一個果園，建築一所住宅，使生活更加舒服和安康，少惹是生非，並在不費力和少花錢的原則下滿足微小的需要。這些都是小事情，但人人均夢寐以求。人們的心天天在想它們，時時刻刻在想它們，以致忘卻了世界上其餘的一切。有時，在人的心目中，它們成了僅次於上帝的存在。

有人會說，這種說法只適用於財產不多的小康之家，而富裕之家仍然要有貴族時代的那種愛好。我不同意這個意見。

在物質生活享樂方面，民主社會最富裕公民的愛好跟一般公民沒有太大的差別，因爲他們也來自一般公民，實際上跟公民的愛好一樣，並認爲自己應當服從一般公民的愛好。在民主社會，公眾的享受欲望，是以一種有節制的、熱而不狂的形式表現出來的，而且任何人都必須如此表示他們的願望。在那裡，要想離開共同的準則去做壞事，跟想離開共同的準則去做好事同樣困難。

因此，生活在民主國家的富人的主要目標，在於滿足日常生活的各種細微需要，而不在於過度的享樂。他們只求無數的小小願望得到滿足，而絕不放情縱欲。因此，他們主要是及時遊樂，而不會紙醉金迷。

民主時代的人對物質生活享樂表現的這種特殊愛好，當然不會與秩序對立。恰恰相反，爲了滿足這種愛好，卻經常需要秩序。它也不會成爲整飭民情的敵人，因爲良好的民情有利於社會的安定，有助於實業的發展。它甚至往往能和一種宗教的道德感結合在一起，因爲它既希望在現世儘量得到滿足，又不放棄到來世去尋找機會。

有些物質生活享樂是犯罪行爲，人們必須時刻注意克制自己。還有一些物質生活享樂是宗教和道德所允許的，人們對於這類享樂都毫無例外地去追求、夢想和促其實現，但他們在努力得到這種享樂的過程中，也會忽略那些可使人類光榮和偉大的最寶貴的享樂。

我對平等的責難，並不在於它誘引人們去追求查禁的享樂，而在於它使人們完全埋頭於准許的享樂。

這樣，世界上終有一天會出現溫存的唯物主義。這種唯物主義將不會腐蝕人們的靈魂，而要淨化人們的靈魂，最後在不知不覺之中使一切的精神緊張得到緩和。

# 第十二章　爲什麼有些美國人那樣醉心於唯靈主義

儘管獲得現世幸福的渴望是美國人最主要的激情，但也有暫時中止這個渴望的時候。在這個時候，他們的心靈好像一下子就粉碎了束縛心靈的物質枷鎖而直奔天堂。

有時，你會在美國各地，特別是在人煙稀少的西部各州，看到一些巡迴教士到處向人們宣講上帝的福音。

有些家庭，全家男女老幼，不惜跋山涉水，到遠遠的地方去聽巡迴教士的布道。他們見到巡迴教士以後，一聽就是幾個日日夜夜，把正常工作都放下不管，甚至忘記了吃喝和睡眠。

你在美國的社會裡，到處都會見到一些醉心於唯靈主義的人。他們對於唯靈主義的追求，幾乎達到了瘋狂的地步，而這在歐洲是絕無僅有的。一些標新立異的教派，試圖開闢直通永久樂境的道路，並隨時都可掀起這種狂熱。宗教狂在美國是極爲普遍的現象。

我們對此無須驚訝。

人之愛好永生和喜歡不死，並不是後天的。這些崇高的本能絕不是人的意志所能隨意製造的。它們的基礎深深地扎在人性之中。它們不依人的努力而存在。人們可以阻止它們的發展和改變它們的形式，但消滅不了它們。

心靈有其必須予以滿足的需要。即使你設法分散心靈的注意力，它也會因感官活動的影響，而馬上有煩惱、不安和激動的表現。

如果絕大多數人都去追求物質生活享樂，那麼，一部分人的心靈也可能出現奇特的反應。這一部分人將馳騁於精神世界，唯恐自己再墮入肉體希望他們留在其中的陷阱受累。

因此，在只考慮塵世的社會裡出現少數幾個一心奔往天堂的人，實不足爲奇。使我感到驚訝的，倒是神祕主義是如何在一個專顧自身福利的民族中很快就銷聲匿跡的。

有人說，這是迫害和大屠殺的結果，猶如羅馬皇帝把他們的迫害和在大圓形劇場進行的大屠殺帶到埃及的底比斯沙漠一般。但我認爲，這毋寧說是類似羅馬的奢華生活，和希臘的伊比鳩魯哲學等因素所使然。

如果不是社會情況、地理位置和法制，把美國人的精神緊緊地束縛起來，使他們只顧追求物質生活福利，則我們相信，一旦他們去從事非物質性的活動，他們將會日益積累知識和豐富經驗，並且不難自我改進。然而，美國人現在已感到自己的精神受到束縛，可是他們又似乎不想隨時衝破這些束縛。因此，他們一旦擺脫這些束縛，就會不知如何自處，經常到處亂撞，以致做出一些違背常識的事情。

# 第十三章 爲什麼美國人身在幸福之中還心神不安

今天，在舊大陸的某些偏僻地區，有時還可以看到一些在普遍動盪之中似乎被人遺忘了的小村鎮。它們仍然保持原樣不動，而它們的周圍卻在前進。這些地方的居民，大部分都極其愚昧和貧困。他們不過問國家大事，但卻經常受到政府的壓迫。即使如此，他們依然怡然自得，而且總是心情舒暢。

我在美國見到了一些最自由和最文明的人，他們的生活條件在全世界也是最幸福的。但我總覺得他們的臉上經常布著一層烏雲，即使在他們歡樂的時候，也會使人感到他們心事重重，似乎懷有隱憂。

造成上述兩種情況的主要原因在於：歐洲的偏僻小村鎮的居民根本沒有想到自己的處境是不幸的，而美國人則總是盤算如何把沒有的東西弄到手。

看到美國人那種瘋狂追求福利的樣子，以及他們唯恐找不到致富的捷徑而表現的愁眉苦臉，實在令人驚奇。

美國的居民希望得到現世的一切美好東西。他們有時好像覺得自己可以長生不老，有時又表現得十分焦急，恨不得一下子就把可以弄到手的東西弄到手，以致在外人看來，覺得他們好像唯恐此生短促，將無福分享受快樂。他們什麼都想抓，但沒有一件抓得牢。在抓到一件之後，很快就會把它丟掉，而去尋找新的。

在美國，一個人精心地蓋著一座房子準備養老，但屋頂尚未封好，就把房子賣了；他又去開闢一個果園，但樹還沒有結果，就把果園租出去了；他也許將豐收在望的莊稼，轉給別人去收割。一個人本來有個很好的職業，可是他可能隨時把它丟掉。一個人選了一個地方定居，可是不久以後因爲他的志願改變，又遷到另一個地方去了。在私事之餘，一個人還可以涉足政界。假如辛勤了一年還有幾天餘暇，他一定受好奇心的驅使而遊遍美國各地，在短短的幾天之內行程數千里而大飽眼福。死亡終於來臨，使他不得不在尚無倦意之前，眼望著追求十全十美幸福的這一未竟事業而離開人間。

乍一看到如此幸福的人們在如此富裕的環境中竟表現得如此好動不安，實在使人覺得奇怪。這種情況雖然自有人類以來就已存在，但整個民族都是如此卻屬首次。

應當把美國人對物質生活享樂的愛好，視爲他們在行動上暴露出來的這種內心不安，以及他們每天以實際行動使人看到的這種好動性的主要原因。

一心追求現世幸福的人永遠是顯得迫不及待的，因爲他們尋求、抓取和享用幸福的時間是有限的。一想到光陰荏苒、人生短促，他們就快馬加鞭。即使他們手裡已經擁有一些美好的東西，也要時時刻刻想望其他的數以千計的美好的東西，唯恐死神來臨，使他們來不及享用。這種想法使他們焦急、恐懼和懊喪，使他們的精神永遠處於不安狀態，以致經常改變計畫和住所。

對物質生活享樂的愛好，一旦與任何人都可以自由改變自己的地位而不受法律和習慣限制的社會情況結合，則人心的這種不安狀態將更加激烈。這時，人人都將經常改變他們的路線，唯恐找不到一定使他們獲得幸福的最佳捷徑。

也不難設想，如果熱心追求物質生活享樂的人想望很高，則他必然容易產生失望。既然最終目的是享樂，所以達到目的的手段要簡易，否則，追求享樂所付出的辛苦將超過享樂本身。因此，大部分人的心情這時是既狂烈而又委靡，既緊張而又消極。有時不怕死，但怕繼續努力去奔赴嚮往的目標。

平等會透過更加直接的途徑產生我以上所說的各項效果。

當出身和財產的特權一旦取消，各種職業對一切人平等開放，誰都可以依靠自己的能力登上本行的高峰時，則有雄心壯志的人都以爲自己有無限光明的前程，覺得自己命中註定要幹出一番大事業。但這是一個依靠經驗可以立刻矯正的錯誤觀點。使每個公民都覺得自己前程遠大的這種平等，實際上是使全體公民各自變成了軟弱無力的個人。這種平等從各方面限制著人的力量，但同時又在擴大人的欲望。

他們不但本身軟弱無力，而且每前進一步，都要遇到以前未曾料到的強大障礙。

他們雖然推翻了同胞中的某些人擁有的特權，但又遇到了要和所有的人進行競爭的局面。限制依然存在，只是改變了形式而已。當人們到了大家彼此幾乎都一樣和走著同樣一條道路的時候，任何人都難於迅速前進，難於從彼此擁擠的密集人群中很快穿過去。

平等使人產生了追求享樂的欲念，但它沒有向人提供滿足欲念的方法，所以這兩者之間的永遠相背，經常使人感到苦惱和受盡折磨。

可以想像，人能達到使他完全滿意的一定自由的地步，從而無憂無慮地享用自己的獨立自主。但是，人絕不會獲得使他感到滿足的平等。

一個民族不論如何努力，都不可能在內部建立起完全平等的社會條件。假如有一天眞的出現了這樣絕對而完全的平等局面，智力的不平等仍將存在，因爲這種不平等是上帝直接所賜，人間的任何法律對它總是無可奈何。

儘管一個民族的社會情況和政治制度都是民主的，仍可認爲它的每個公民幾乎總是覺得自己在某些地方受制於人，並可預見他們永遠要將自己的視線盯在這方面。當不平等是社會的通則時，最顯眼的不平等也不會被人注意；而當所有人都處於幾乎相等的水準時，最小一點不平等也會使人難以容忍。因此，人們越是平等，平等的願望就越是難以滿足。

在民主國家，人們可以容易得到一定程度的平等。但他們不能得到他們所期望的平等。這樣的平等在人們將要抓住它的時候就跑掉了，但是跑得又不太遠，使人們能夠看見它。結果是它一面跑，人們一面在後邊追。人們總以爲自己能夠抓住它，可是它總叫人們抓不住。它就在人們的眼前，已經能夠聞到它的香味，可是卻無法弄到手，而當人們將要嘗到它的甜頭的時候，便離開了人間。

民主國家居民在富裕生活中經常表現出來的奇異的憂鬱感，以及他們在安逸寧靜的生活中有時產生的厭世感，也應當歸因於此。

人們在抱怨法國的自殺人數日益增加，而美國的自殺者卻很少；但是人們可以看到，美國的精神失常者卻多於其他任何國家。

法美兩國患著同樣病，但症狀不同。

美國人不管心情如何不好，也不會自盡，因爲他們的宗教不准許自殺。儘管美國人普遍追求物質生活享樂，但可以說他們根本沒有唯物主義思想。

美國人的意志堅強，但他們的理性往往薄弱。

在民主時代，享樂的機會多於貴族時代，而且愛好享樂的人也特別多。但是，另一方面，在民主時代，人們的希望和欲望也更容易落空，精神更容易激動和不安，憂鬱感更爲深重。

# 第十四章　美國人是怎樣把對物質生活享樂的愛好與對自由的熱愛和對公共事務的關心結合起來的

當一個民主國家變成專制君主國時，人們以前在公私兩方面表現的積極性，將立即集中於私的方面。這樣，在最初的一段時期，將會出現巨大的物質繁榮，但不久以後，速度即將放慢，生產的發展也會停滯。

我不知道能否從都靈人到佛羅倫斯人和英國人那裡找到一個例子，證明凡是經營工商業的民族不是自由的民族。因此，在自由和實業這兩個事物之間，存在著緊密的聯繫和必然的關係。

對於所有的國家來說，一般均是如此，而對於民主國家來說，尤其如此。

我在前面已經說過，生活在平等時代的人，永遠要透過結社，才能獲得他們所希望的幾乎一切福利。另一方面，我也曾指出，廣大的政治自由可以完善和普及結社的技術。因此，在平等的時代，自由對於財富的生產特別有利。反之，你會看到專制對於財富的生產特別有害。

在民主時代，專制權力的特點並不是暴虐和凶狠，而是煩瑣和干擾。這類專制雖不踐踏人性，但卻直接壓制經商的天才和開辦工廠的能力。

因此，民主時代的人必須自由，才能獲得他們長期以來不斷企求的物質生活享樂。

但是，他們對於這種享樂的過分愛好，有時會使他們一遇到強權就表示屈服。於是，追求福利的激情便會消失，被一種相反的激情所取代，使他們忘卻原來企求的目標。

實際上，民主國家的生活中有一個極爲危險的轉變過程。

當這樣的國家的物質生活享樂愛好，發展得快於其文化和自由習慣的發展時，就會出現一個人心激動而且似乎不能自制的時期，人們一看到新的物質生活享樂，就想把它弄到手。由於他們一心一意要發財，所以再也不去理會把他們的個人幸福與全體繁榮聯繫起來的緊密紐帶。你用不著去剝奪他們已經享有的權利，他們會自動地交出來。在他們看來，盡公民的政治義務是一種討厭的障礙，使他們無法專心於自己的實業活動。如果叫他們去選舉代表，或請他們親自幫助當局做些工作，或共同擔負一些公共工作，他們會說沒有時間，不肯將他們的寶貴時間用去做沒有收益的工作。在他們看來，這是認眞追求生活中的重大利益的人不宜做的無聊勾當。這些人相信正確理解的個人利益原則，但他們對於這個原則的認識還比較粗淺；而且由於他們過分注意自己所指的個人事情，而忽略了一件重要的事情：即自己應當繼續做自己的主人。

由於人們只顧自己工作，不願意操心公共事務，而過去把自己的時間完全用在操勞公共事務的階級又不復存在，所以政府好像出現了空缺，無人管理。

如果在這個危機時期有一個精明強幹的野心家想要執政，那麼，他會發現，篡奪各項大權的道路是向他敞著的。

只要他在一段時間內專注於處理好各項物質利益，人們就容易聽任他去做其他事情，而不管好壞。他最主要的事情，是確保良好的秩序。熱心追求物質生活享樂的人，通常在沒有看到自由如何有利於他們獲得物質福利以前，往往是先發現自由的濫用如何破壞物質福利。當公眾的激情稍微影響他們私人生活的小小安樂時，他們立刻會警惕起來，坐臥不安。而長期害怕無政府狀態的心理，又使他們經常提心吊膽，一看到出現騷亂就準備放棄自由。

我完全同意，社會的安寧是一件大好事；但我也不願意忘記，所有的國家在出現暴政之前，也經過一段秩序良好的時期。當然，這不是說任何國家都應當輕視社會安寧；但也不應說，一個國家只有社會安寧就足夠了。如果一個民族只要求他們的政府維持秩序，則他們在內心深處已經是奴隸，即已成爲自己財富的奴隸，而將要統治他們的人，不久也就可能出現了。

這樣的民族不但要提防個人的專制，而且要提防黨派的專制。

當全體公民都只顧自己的私事時，一些小黨也不會放棄其主宰公務的希望。

因此，在全世界的政治舞臺上以及在我們國家的政治舞臺上，由少數幾個人代表大多數人演出的情況並不罕見。他們只是以未出席或不關心政治的群眾的名義發言；在舞臺上活動的只有他們幾個人，其餘的人都沒有參加演出。他們任意規定一切事物，任意改變法律，恣意踐踏民情。當你看到一個偉大的民族竟會被一小撮無能卑鄙之徒所操縱，不能不爲之震驚。

從古至今，只有美國人幸運，他們避開了我在上面指出的一切暗礁。在這一點上，他們確實是值得人們羨慕的。

世界上恐怕沒有一個國家能像美國那樣很少有遊手好閒的人。在美國，凡是有勞動能力的人，都熱火朝天般地去追求財富。美國人追求物質享受的熱情雖然非常強烈，但他們卻很少亂來。他們的理性雖然不能抑制他們的熱情，但卻能指導他們的熱情。

一個美國人在專顧私人利益的時候，就好像這個世界上只有他自己；而在他熱心爲公務而活動的時候，又好像把私人利益全都忘了。他有時好像是在受強烈的利己主義私欲的驅使，有時又好像是在受崇高的愛國主義的推動。照理說，人的心是不可能這樣一分爲二的。但是，美國人卻能交替地將同樣強烈的熱情時而用去追求財富，時而用去追求自由，以致使人認爲他們把用於兩方面的熱情合二爲一了，使兩方面的熱情統一在心靈的某個地方了。實際上，美國人既把自由視爲獲得幸福的最佳工具，又把它視爲獲得幸福的最大保障。他們既愛自由，又愛幸福。因此，他們從來不認爲參加公務是分外的事。恰恰相反，他們相信自己的主要活動要有一個政府來保護：這個政府既能使他們得到所希望的財富，又不妨礙他們平平安安地享用得到的財富。

# 第十五章　宗教信仰是怎樣時時使美國人的心靈轉向非物質享樂的

在美國，每星期的第七天，全國的工商業活動都好像完全停頓，所有喧鬧的聲音也聽不到了。人們迎來了安靜的休息，或者毋寧說是一種莊嚴的凝思時刻。靈魂又恢復了自主的地位，並進行自我反省。

在這一天裡，市場上不見人跡；每個公民都帶領自己的子女到教堂去，在這裡傾聽他們似乎很少聽到過的陌生的布道講演。他們聽到了高傲和貪婪所造成的不可勝數的害處。傳教士向他們說：人必須抑制自己的欲望，只有美德才能使人得到高尚的享樂，人應當追求眞正的幸福。

他們從教堂回到家裡，並不去看他們的商業帳簿，而是要打開《聖經》，從中尋找關於造物主的偉大與善良，關於上帝功業的無限壯麗，關於人的最後歸宿、職責和追求永生權利的美好動人描寫。

美國人就是這樣擠出一點兒時間來淨化自己，暫時放棄其生活上的小小欲望和轉瞬即逝的利益，而立即進入偉大、純潔和永恆的理想世界的。

我在本書的上卷裡考察過美國人的政治制度得以持久的原因，並認爲宗教是主要原因之一。現在，我要研究的是宗教對個人的影響，並認爲這種影響對每個公民的作用，並不亞於它對整個國家的作用。

美國人以他們的行動證明：他們認爲必須依靠宗教，才能使民主制度具有德化的性質。美國人本身對於這個問題的看法，也是一切民主國家應當理解的眞理。

我毫不懷疑，一個國家的社會和政治制度，必然使這個國家產生一定的信念和一定的愛好，而且在產生之後還會不斷地加以充實。同時，這些因素還會使這個國家毫不費力地，甚至可以說不知不覺地放棄某些觀念和某些傾向。

立法者的才能就在於他們能夠事先正確識別人類社會的這些趨勢，從而知道哪些地方需要公民的說明，哪些地方最好減少公民的幫助。要知道，公民的這些義務是隨時代而不同的。人類所要追求的目的並不是永遠固定的，而達到目的的方法也是不斷變化的。

如果我生在貴族時代的一個貧富懸殊的國家，而這個國家的某些人的累世富貴榮華和另一些人的數輩一貧如洗，已使兩者都放棄了改善自己處境的念頭，把他們變得麻木不仁並只寄希望於來世；那麼，我眞想自己能夠挺身而出喚醒這些人認識自己的需要，我要設法尋找最迅速、最簡捷的方法去滿足他們因我的喚醒而產生的新欲望，我還要引導他們付出最大的精力去從事物理學研究，以鼓勵他們去創造財富。

如果有一天某些人果眞不顧一切地去熱心追求財富，並對物質生活享受表現出過分的熱愛，我也毫不表示不安，因爲這是個別的例外，等到整個社會都去追求財富的時候，它也就不再是例外了。

民主國家的立法者有另外的注意點。

你讓民主國家的人民享有教育和自由的權利以後，你就該放手讓他們自己去做一切。他們可以毫不費力地從這個世界取得它可能提供的一切美好東西，不斷完善每一項有用的技術，天天過著日益安逸和日益舒適的方便生活，而社會情況也自然會把他們推到這方面去。我不擔心他們會停止不前。

但是，如果一個人以這種誠實而合法的辦法過分追求幸福，最終會有使自己的非凡才能失去用武之地的危險；而如果他只是忙於改善自己身邊的一切，最終又會使自己的人格下降。這才是危險的所在，而且再無其他危險。

因此，民主國家的立法者和一切有德有識之士，應當毫不鬆懈地致力於提高人們的靈魂，把人們的靈魂引向天堂。凡是關心民主社會未來的人，都應團結起來，同心協力，不斷努力，使永恆的愛好、崇高的情感和對非物質享樂的熱愛洋溢於民主社會。

如果民主國家的輿論界有人散布有害的理論，說一切將隨著肉體的消滅而消滅，那就應當把主張這種理論的人視爲這個國家的大敵。

唯物主義者在許多方面使我反感。我認爲他們的學說是有害的，他們的妄自尊大使我討厭。如果說唯物主義的體系對人還有一點用處，那大概是它使人對自己有了一個樸素的認識。但是，唯物主義者本人對自己卻不這樣認識。當他們自以爲有充分根據證明自己也不過是獸類的時候，他們表現得卻十分高傲，好像自己就是神明。

唯物主義，在所有的國家，都是人的精神的危險病症。但在民主國家，唯物主義尤爲可怕，因爲它會與民主國家的人心常有的邪惡巧妙地結合起來。

民主主義鼓勵人們愛好物質享受。這種愛好如果過分，則會很快使人相信一切只是物而已；而唯物主義便使人瘋狂地追求這種享受。這就是民主國家無法擺脫的宿命迴圈。如果它們能夠看到危險的所在，並加以自我節制，那就好了。

大部分宗教都是宣傳靈魂不滅的通用、簡便和實用的工具。一個民主國家之所以能夠有信仰，主要應當歸功於宗教；而且，民主國家比其他任何國家更需要有信仰。

因此，不管什麼宗教在一個民主國家深深扎根時，你都不要去干涉它，而要把它作爲貴族時代的珍貴遺產加以保護；你也不要用一種新的宗教觀點來取代人們的舊宗教觀點，以免在由一種信仰皈依另一種信仰的過渡階段，人們的心靈出現信仰空白時期，而對物質享樂的愛好便乘虛而入，日益擴大範圍，把整個心靈完全占領。

當然，輪迴說也不比唯物主義強多少。但是，當一個民主國家必須從兩者當中選擇其一時，我毫不懷疑它一定選擇前者，而且我認爲，叫它的公民們想到自己的靈魂會托生爲豬，總比他們確信根本沒有靈魂要少暴露出一些獸性。

信仰與物暫時結合的非物質和永恆的原則，是使人高尚化所不可缺少的，因爲在人們不相信因果報應的觀點時，和只相信神賜予人的靈魂在死後將還給神，或轉到神所創造的其他物身上時，這種信仰還會發生良好的作用。

即使是這樣的信仰，也把肉體視爲我們人生次要的和低級的部分。因此，它一方面承認肉體的影響，另一方面又輕視肉體；一方面對人的非物質部分表示由衷的尊重和讚美，另一方面又有時拒絕服從非物質部分的命令。只靠這一點，就足以使它的觀點和愛好具有某種高大的外貌，使它不是出於利害關係而是自動地去接近純潔的情感和崇高的思想。

蘇格拉底及其學派肯定人死後有來世的思想，並不正確；而只有他們所立足的信念，即認爲靈魂與肉體毫無共同之處和人死後靈魂仍然存在的信念，才向柏拉圖的哲學提供了使它得以具有自己特色的強大動力。

我們在閱讀柏拉圖的著作時得知，在柏拉圖以前和與他同時，有許多作家鼓吹唯物主義。這些作家的著作不是沒有傳世，就是只有一鱗半爪流傳下來。幾乎在任何時代都是一樣，得以傳世的名著大部分都是主張唯心主義的。人類的本性和愛好維護這種學說，而且往往是不依人的意志爲轉移地把它從危難中拯救出來，使宣導它的人士得以名垂不朽。因此，千萬不要相信，無論在任何時代，無論實行什麼政治體制，追求物質享受的激情和由此產生的觀點都能夠使全體人民滿意。人心比人們所想像的寬得多，它可以同時容納對現世幸福的愛好和對天國幸福的嚮往。它有時好像是瘋狂地熱衷於其中之一，但不久以後它又去追求另一個。

指出民主時代特別需要使唯心主義觀點占據統治地位是容易的，但要說明民主國家的統治者應當如何使這種觀點占據統治地位就困難了。

我不相信官方的哲學能夠繁榮和長存。至於國教，我一直認爲即使它暫時有利於政權，遲早也要給教會帶來損害。

有些人認爲，爲了提高宗教在人民心目中的地位，使人民尊重宗教所提倡的唯心主義，最好是間接地賦予教士以法律所未給予他們的政治影響力。我對於這種觀點不敢苟同。

我認爲，宗教信仰的解說人，一旦參與政治，信仰就將發生幾乎不可避免的危機；我主張，現代的民主國家應當不惜一切代價維護基督教。因此，我寧願把神職人員關在教堂裡，而不讓他們走出教堂的大牆一步。

那麼，政府又有什麼辦法使人民相信唯心主義觀點或皈依宣傳唯心主義觀點的宗教呢？

我的下述答案是政治家們所反對的。我認爲，政府能使靈魂不滅論受到人民尊重的唯一有效辦法，就是政府在行動上每天表明它也相信靈魂不滅論；我還認爲，政府只有在大事情上認眞遵守宗教道德，才能以身作則教導公民在小事情上承認、熱愛和尊重宗教道德。

# 第十六章　過分熱愛福利爲什麼可能損害福利[1]

在心靈境界的提高和肉體享受的改善之間，存在著人們想像不到的密切聯繫。人們可以隨意處理這兩種完全不同的事情和輪流地加以重視，但不能把兩者完全分開，否則兩者都做不好。

獸類的官能與我們人的一樣，它們的貪欲也與我們人的接近。獸類的要求滿足身體需要的激情，和我們人沒有什麼不同，這種激情的萌芽在狗身上和我們人身上都可以找到。

但是，爲什麼動物只能滿足它們最基本的需要和最低級的需要，而我們人卻能無限地改變和不斷地提高我們的需要呢？

我們在這方面優於獸類的地方，就在於我們是用心靈去探求物質福利的，而獸類只能依靠本能去探求。在人類社會，有能人教導笨人學習滿足自己需要的技能。正因爲人能夠超越肉體享受，甚至輕視生命本身，而獸類根本不知道什麼是生命，所以人才能成倍地提高肉體享受，而提高的程度又是獸類無法想像的。

凡是可以提高、充實和擴大心靈的東西，都最能使心靈去完成與心靈本身本來無關的事情。

反之，凡是可以削弱和貶低心靈的東西，都足以破壞心靈處理從最小到最大的一切事情的能力，使它大小事情都做不成。因此，必須使心靈處於強大而有力的狀態，並可能隨時以這種狀態去爲肉體服務。

假如有人只以追求物質財富爲目的，則我們可以相信：他將逐漸喪失生產物質財富的才能，最後總有一天跟獸類一樣，對物質財富既無鑒別能力又不會使物質財富的生產發展。

◆本章注釋◆

[1] 這一章，對於理解托克維爾的政治哲學也是極為重要的。——法文版編者

# 第十七章　爲什麼在平等和懷疑盛行時期應當把人的行動目標放長遠一些

在宗教信仰的影響強大時期，人們把人生的最終目標放在來世。因此，這個時期的人，自然而然地，也可以說是心甘情願地，習慣於一連許多年凝視著一個固定不動目標，並不停地奔向這個目標；他們在隨心所欲的前進過程中，學會了抑制許許多多轉瞬即逝的小小欲望，而自我滿足於心中的那個偉大的和永恆的志願。當這些人忙於現世的事情時，這種習慣也在指導他們的行動。他們願意爲自己在現世的一切行動定出一個明確的總目標，並盡自己的努力直奔這個目標。他們不會天天改換目標，以追求新的志趣；相反，他們有總的規劃，並孜孜不斷地終生去追求。

篤信宗教的人民所以能夠經常完成目標長遠的事業，就是由於這個緣故。人們可以看到在他們追求來世的幸福時，也掌握了獲得現世的幸福的重大祕密。

宗教使人養成待人處事都考慮來世的一般習慣。從這一點來說，宗教對於現世幸福的促進作用並不亞於其對來世幸福的這種作用。這也是宗教的主要政治作用之一。

但是，隨著信仰之光的黯淡，人們的眼光逐漸短淺，最後使人覺得自己的行動目標每天都擺在眼前。

當人們一旦習慣於不再考慮死後將會如何的時候，很容易對未來採取滿不在乎的態度，而這種態度又最適合人類的某些本性。只要人們不習慣於將自己的主要希望置於長遠的目標，他們自然就想儘快實現眼前的一些小欲望；而對永生表示失望以後，他們急於追求現世幸福的那個樣子，就好像他們只能活一天了似的。

因此，在懷疑盛行的時代，最可怕的是人們不斷受日常的偶發欲念的驅使，拋棄必須經過長期努力才能達到的目標，不肯去做偉大的、穩妥的和長期的事業。

如果處於這種狀態的民族，有一天它的社會情況民主化了，則上述的危險將會更加嚴重。

當人人都在不斷設法改變自己的地位，廣泛的競爭爲所有的人敞開大門，財富在民主的動亂當中一晝夜就可以積集或失散時，人們的頭腦就要想到突然發財和容易發財，想到得失俱易的巨額財富，出現各式各樣的幻想。社會情況的不穩定性，又在加劇人們欲望的易變性。在命運的這種變化莫測的條件下，人們就只顧眼前了。於是，現在把未來掩蓋起來，人們也不再想明天了。

在由於不幸的巧合而使不信教的思想和民主制度同時風行於一個國家的時候，哲學家和執政者的大事，就是應當不斷叫人以長遠的眼光看待人的行動目標。

道德家們應當在潛心研究自己所處時代和國家的精神時，學會保護這種精神。他們應當不斷努力，向同時代人指出即使在動盪連綿的條件下，人也可以規劃和實施長期的事業，而且不像想像的那樣困難。他們應當叫同時代人明白，人類的生活條件雖然有所改變，但人們可以用來促進現世繁榮的方法仍跟從前一樣，不管是民主國家，還是其他地方，人們只有抗拒眼前的許許多多的個別小欲望，才能使渴望幸福的共同激情得到滿足。

執政者的任務也是很明確的。

不管在什麼時代，領導國家的人都應當高瞻遠矚；而在民主和懷疑盛行的時代，尤其應當如此。民主國家的領導人這樣做了以後，不僅會使國運昌盛，而且又會透過自身的實例使人們學會處理私事的方法。

最爲重要的是，執政者必須盡一切力量，在爲政當中排除沒有長遠打算的僥倖心理。

在貴族制時代，侍臣的突然得寵和無功受祿，只能在貴族國家裡產生短暫的影響，因爲整個制度和輿論已經使人積久成習，只會循規蹈矩，慢慢騰騰前進。

但是，在民主國家，如果出現這樣的事情，則將產生極大的惡果，因爲民主國家的人民根本不關心這些事，而只忙於自己的私事去了。因此，在懷疑主義和平等同時盛行的時候，首先應當防止君主或人民的隨心所欲，使人盡其才。應當使每一次晉升都是本人努力的結果，不能讓那些野心家輕易地登上高位，使任何目標都必須經過長期奮鬥才能達到。

政府要努力使人們恢復已經不能指望由宗教和社會情況來恢復的對未來的憧憬，不用說也要以實際行動來教導公民，使他們知道財富、名譽和權力是要以勞動爲代價的，明白只有定出長遠的追求目標才能獲得巨大的成就，而凡是經過艱苦努力獲得的東西沒有不是持久的。

當人們習慣於預見當先應做的事情的長遠發展和仔細規劃工作的時候，就永遠不會使自己的思想受現實生活的束縛，而能隨時衝突限制和往遠處看。

因此，如果公民習慣於在現世就考慮未來，則不必指示他們，他們就會自動去接近宗教信仰。

由此可見，使人不經由宗教而能達到指定目標的辦法，也許就是我們今天僅有的這種透過漫長而彎曲的道路使人類建立信念的辦法。

# 第十八章 爲什麼美國人認爲一切正當的職業都是高尙的

在沒有世襲財產的民主國家，每個人都依靠勞動生活，或依靠勞動的積蓄生活，或依靠也是勞動者的父母生活。勞動是人生的必要的、自然的和正常的條件，所以勞動的觀點從四面八方進入人們的思想。

在這樣的國家裡，勞動不但不下賤，反而光榮。輿論不反對勞動，都贊成勞動。在美國，每個富人都認爲，由於有輿論支持，他們才可用自己的餘暇去盡某些公共義務。如果他只爲自己而度過一生，死後將會聲名狼藉。許多美國富人，就是爲了逃避這種勞動義務，而逃到歐洲來了。在歐洲，他們找到了貴族社會的殘餘，這種殘餘仍把清閒自在視爲光榮。

平等不僅恢復了勞動觀點的名譽，而且提出了靠勞動牟利的觀點。

在貴族社會，其實並不輕視一切勞動，而只輕視牟利的勞動。當勞動是爲了實現個人的抱負或只是爲了修德時，勞動依然是光榮的。但在貴族制社會，爲榮譽而勞動的人，也往往同時趨利，唯他們不向外表露，只把這兩種願望藏在內心而已。他們僞裝得很好，使他人看不出兩種願望是相結合的。他們也容易隱瞞。在貴族制國家，幾乎沒有一個官員不是在要求爲國家服務時而表示放棄利益的。他們的薪俸，在他們看來是小事一樁。他們並不斤斤計較於此，而且經常擺出一副根本沒有去考慮這個問題的樣子。

因此，牟利的觀念仍然同勞動的觀念有區別。這兩個觀念雖然事實上有時結合在一起，但在思想上還是把它們分開的。

反之，在民主時代，這兩個觀念總是昭然連接在一起的。由於大家都有追求財富的欲望，每個人的財富都爲數不多和時時在變，人人都需要增加自己的財富和爲子女多積點兒財富，所以任何人都清楚：自己之所以勞動，縱使不是全部爲了牟利，至少也是部分爲了牟利。甚至那些主要是爲了追求名譽而工作的人，也不得不認爲自己的作爲並不只是爲名，並且不管自己願意不願意，總要把求生的願望混進求名的願望中去。

一旦全體公民都覺得勞動是人生光榮的必然條件，而貴族由於接受薪俸而承認勞動即使不是全部爲利，至少也是部分爲利，則貴族制社會存在的那種職業之間的鴻溝便將消失。儘管各行各業並不完全相同，但至少有一點是相同的。

這個相同點就是：沒有一個行業不是爲了賺錢而付出勞動的。每個人都領取的工資或薪資，使大家具有了相同的外貌。

這一點足以說明美國人對於各種職業的看法。

在美國，從事服務行業的人絕不認爲自己低人一等，因爲他們覺得自己是在勞動，而且看到周圍的人無不勞動。他們不會由於想到自己領取工資而覺得下賤，因爲美國總統也是爲了領取薪俸而勞動的。總統爲發號施令而得報酬，與他們爲服從命令而得報酬完全一樣。

在美國，各種職業都是比較辛苦的，也是比較容易賺錢的，但從無高低之別。所有的正當職業都是高尚的。

# 第十九章　什麼東西在使幾乎所有的美國人喜歡從事實業

我認爲，在民主國家中，農業大概是進步得最慢的有用技術。甚至有人往往說，農業處於停滯不前狀態，因爲其他一些行業好像是跑步前進。

但是，平等所帶來的幾乎一切愛好和習慣，卻自然而然地在引導人們去從事工商業。

假設有一個能幹、聰明、自由、小康而充滿希望的人。從能夠過上安逸舒適的生活來說，他還很窮；而從不必擔心缺吃少穿來說，他又是夠富裕的。他總在想法改善自己的命運。這個人已經嘗到物質享受的好處，而其他許多享受的好處又總是擺在他的眼前。他開始追求這些愛好，並努力增加用來滿足這些愛好的手段。但是，人生短促，時間有限。他應當怎麼辦呢？

種地，可以使他的努力肯定得到一定的成果，但是得來的太慢，而且只能逐漸地富裕起來，並要付出艱苦的勞動。農業只適於已經家產萬貫的富人或只求餬口的窮人。我們假設的那個人做出了自己的選擇：他賣了土地，離開了家鄉，另謀一種雖有風險但可賺錢的行業。

在民主社會，這樣的人多得很，並隨著身分平等的日益普及，其人數還在增加。

因此，民主制度不僅增加了勞動者的人數，而且還使人們去選擇自己最喜歡的工作。同時，民主制度也使人們不愛農業，把人們引向工商業[1]。

這種精神甚至也見於最富有的公民。

在民主國家，一個人不管看來如何富有，也幾乎總是不滿足於已有的財富，因爲他覺得自己仍不如祖輩富，更怕子孫不如他富。因此，民主國家的大部分富人不斷地想發財，自然而然地將他們的注意力轉向工商業，因爲他們認爲這是致富最快和最有效的辦法。在這一點上，他們的本能與一貧如洗的窮人的本能一樣，說得更確切些，他們也受最迫切的需求的支配，當然這種需求不是窮人的那種希望溫飽的需求。

在貴族制國家，富人同時也是統治者。他們一直專心於重大的公共事務，所以無暇去做工商業。即使他們當中有人想去經商，他們的階級的意志也會馬上擋住他們的道路，因爲他們雖欲反對本階級的多數的統治地位，但他們仍然無法完全擺脫這個多數的限制，而在堅決不承認人民的多數的權利的貴族集團內部，就存在一個專門進行統治的多數[2]。（A）

在民主國家，金錢並不能導致有錢人掌權，甚至往往使他們遠離政界，所以民主國家的富人都不知道怎樣去消磨他們的餘暇。他們的遠大希望，他們的大量財產，以及某些不管用什麼方法致富的人常有的異常愛好，在激勵他們行動。但是，只有經商這條路是向他們敞著的。在民主國家，沒有比商業更偉大和更光輝的行業了。它吸引了大眾的注意力，成了群眾嚮往的目標，使人們的最熱烈激情都向它那裡集中。沒有任何東西可以阻擋富人去經商，即使他自己對經商有偏見，或他人對經商有偏見，也是阻擋不了。民主國家的富人，從不組織擁有自己的獨特規章和制度的團體。他們這個階級的特有觀點，對他們並沒有束縛力；而全國的一般觀點，則對他們有推動作用。民主國家裡出現的巨富，幾乎全靠經商而來，並要一代接著一代經營下去，直到財富的持有人完全失去了經商的習慣。

由於民主國家的富人不願意從政，所以他們將自己的全部精力都投入商業。在商業方面，他們可以專心發展，並發揮自己得天獨厚的優勢。可以說這應當歸功於他們敢於創辦實業的偉大精神，而如果他們生於貴族制社會，則很難想像他們有創辦實業的機會。

但在民主社會，無論是窮人還是富人，卻有如下的相同表現。

生活在情況易變的民主社會的人，眼前總是浮現變幻莫測的偶然因素的影子，所以都喜歡從事偶然因素在其中發生作用的事業。

因此，他們都去經商，而經商的目的不只是為了牟利，更是因為愛好商業給他們帶來的衝動。

美國從英國的殖民地束縛下解放出來，迄今只有半個世紀之久，所以它的大富之家沒有幾個，而資本也很有限。但是，世界上卻沒有一個民族像美國人那樣在工商業上獲得過如此迅速的發展。今天，美國已是世界上第二海運國家，它的製造業儘管還要克服一些幾乎無法克服的天然障礙，但仍能每天有新的發展。

在美國，經營大型工業企業沒有困難，因為全國人民都參加工業活動，最窮的人和最富的人都願意在工業方面將他們的力量聯合起來。因此，在你每天看到這個可以說並不富強的國家所舉辦的大型工程時，一定驚訝不已。美國人踏上他們現在居住的土地才剛剛不久，但他們已使自然界改觀而為他們服務了。他們已將哈德遜河和密西西比河溝通，並在陸上建設了約五百多里的道路使大西洋與墨西哥灣接連起來。幾條大鐵路，已在美國建成。

但是，美國使我感到最驚訝的，並不是它的某些工業企業規模特大，而是它的企業多得無數。

美國的農業經營者，幾乎都實行農業和商業聯營。他們大部分是亦農亦商。

美國的種植業者，很少老守田園，在西部的一些新州，尤其如此。那裡的人開墾一塊土地，並不是爲了自己種下去，而是爲了出售；他建設一個農場，是預見到居民增加以後，當地的形勢將立即發生變化，從而可以將農場高價賣出去。

每年都有大批北方居民蜂擁到南方，在盛產棉花和甘蔗的地區定居下來。這些人來到南方種地，目的是用不了幾年就使自己發財致富。他們來到這裡後，就已預計總有一天會回老家享用在這裡獲得的財富。這樣，美國人就把經商精神帶進了農業，使他們經營實業的激情也在農業方面表露出來。

美國人使工業獲得了巨大發展，因爲他們全都在從事工業。但正是由於這個原因，他們也經常成爲突如其來和危害甚重的工業危機的襲擊對象。

既然他們全都從事商業，所以他們的商業活動也就要受到許多複雜的因素的影響，以致無法預見可能遇到的障礙。既然他們每個人都或多或少參加工業活動，所以只要工商業受到衝擊，不僅個人的財產要遭受損失，而且整個國家也要爲之震撼。

我認爲，周而復始的工業危機，是現代民主國家的固有病症。民主國家只能減輕它的危險性，但無法根治，因爲這種危險並非出於偶然，而是民主國家的本性所使然。

## ◆本章注釋◆

[1] 有人屢次指出工商業者過分愛好物質享受，並因此譴責工商業。我認為，他們在這個問題上是倒果為因了。

並不是工商業啓示人們愛好物質享受，而是這種愛好把人們帶進了工商業，因為他們指望在工商業中使自己的要求得到更加充分和更加迅速的滿足。

如果說工商業也加強了人們追求財物的欲望，那只是因為人們從事工商業越久，他們的欲望也越強，他們越是努力滿足欲望，欲望也越提高。使人心喜歡在現世享福的一切原因，都可促進工商業的發展。平等就是這種原因之一。平等之促進商業，並不是透過直接使人產生經商愛好的辦法，而是透過間接加強和培養人心愛好幸福生活的辦法。

【2】下卷的卷末注，原文沒有編號。現仿英譯本進行編號，以與上卷體例統一。——譯者

# 第二十章　實業爲什麼可能產生貴族制度[1]

我已經指出民主制度爲何有利於實業的發展和使實業家的人數無限增加。現在，我來研究一下實業透過什麼迂迴的道路可以使人走回貴族社會。

我們已經看到，當一個工人每天只做同樣的一個零件時，由零件組裝起來的產品的生產便會更加方便、更加迅速和更加經濟。

我們也已看到，一個工業企業辦得越大，資本越多，信用越高，它的產品就越廉價。

這兩項眞理早就被人察覺，而把它們明確指出的，卻是在我們這個時代。人們早已把這兩項眞理應用於一些最重要工業部門，而一些小的工業部門，也將逐漸受它們的支配。

我認爲，在政治方面，立法者最應當注意工業科學方面的這兩項新原理。

當一個手藝人始終只製作一種產品時，他的手藝當然會十分熟練。但是，他同時會喪失用其精神全面指導工作的能力。他雖然越來越熟練，但也越來越不動腦筋。可以說，隨著他作爲一個工人在技術上的進步，他作爲一個人在本質上卻日益下降。

一個終生做了二十多年別針帽的人，你能期待他會有什麼作爲嗎？人的智力往往能夠做出驚天動地的事業，但這個人除能用智力去研究製造別針帽的最佳方法外，他今後能把智力應用到什麼地方呢？

一個工人這樣使用畢生的絕大部分時間時，他的思想就永遠離不開他每天所做的那種物品，而在他的身上也就養成了一些永遠擺脫不了的習慣。一句話，他已經不屬於自己，而是屬於他所選擇的職業。在這種條件下，法制和民情雖在想法拆除他周圍的樊籬，爲他另闢千百條致富的道路，但仍然徒勞；實業的原理比民情和法制更有力量，把他綁在一種行業之上，而且往往使他固定於一個地方而無法離開。實業的原理還規定了他在社會中的一定地位，使他不能改換。雖然整個世界在運動，但實業的原理卻使他靜止不動。

隨著分工原則的普遍應用，工人便日益軟弱無力，日益縮小活動範圍，日益處於從屬地位。工藝是進步了，但手藝人的精神卻退化了。另一方面，一種工業的產品隨著該生產部門的規模擴大和資本增加而大量增長時，非常有錢和有知識的人，也去經營迄今只是由沒有知識或生活不富裕的手藝人所從事的工業部門。巨大的需求量和無限的收益額，在吸引那些最有錢和最有知識的人。

因此，實業科學在不斷貶低工人階級的同時，抬高了老闆階級。

當工人越來越將自己的智力用去研究一些小事的時候，老闆卻每天注視全盤的工作。於是，老闆的眼界日廣，而工人的眼界日窄。不久以後，工人只用體力而不用腦力，而老闆卻需要科學和甚至天才去獲得成功。老闆越來越像一個大帝國的行政長官，而工人則越來越像牛馬。

因此，老闆和工人現已毫無共同之處，並且每天都在加大差距。他們就像一條長鏈的兩端的環，各自占據爲他們所規定的位置，誰也不能離開。一方對另一方處於必須永遠嚴格從屬的地位，好像一方是爲了服從而生，而另一方則是爲了發號施令而生似的。

這不是貴族制度又是什麼呢？

一個國家的人民越來越平等以後，對於工業產品的需求也將越來越普及和增加，而低價將產品送到一般人家庭，則是事業成功的最大因素。

因此，每天都可以看到，最富裕和最有知識的人在將自己的財富和學識用於經營工業，並透過開設大工廠和實行嚴密分工的辦法去滿足各方面的新需求。

這樣，隨著人民群眾轉向民主制度，專門經營工業的階級便日益貴族化。人與人之間一方面越來越相似，另一方面又越來越有差距。結果，在大多數人中間，不平等現象雖然減少了；但少數人與大多數人之間的不平等現象反而加大了。

正因爲這樣，當你追溯到源頭的時候，就會覺得一個貴族集團好像依靠一種自然的力量從民主社會中產生出來了。

但是，這批貴族跟從前的貴族完全不同。

你首先會看到，這批貴族只專心做實業，或者說只從事某些實業部門，在整個社會裡他們與眾不同，是一批怪物。

一些實業界人士在現代的廣大民主社會裡建立的貴族小社會，像古代的貴族大社會一樣，也包括兩種人：少數非常富裕的人，和大量非常貧困的人。

這些窮人很少能夠脫貧變富，但富人卻可能隨時變窮，或者致富之後而棄商。因此，貧窮階級的成員幾乎是固定不變的，但富裕階級的成員則不是如此。老實說，今天雖然有富人，但沒有富人階級，因爲這些富人既無共同的精神，又無共同的目標，既無共同的傳統，又無共同的希望。因此，他們只是一夥人，而絕不是一個團體。

不僅富人本身之間沒有堅強的團結，而且可以說窮人和富人之間也沒有可靠的聯繫。

他們之間的聯繫不是永久的，每時每刻都在隨利害關係而離合。工人通常是依靠老闆的，但並不總是依靠一個老闆。工人和老闆只是在工廠裡相識，一離開工廠，大家就如同陌生人。他們只是在一個點上接觸，而在其他點上，則分道揚鑣。工廠主只要求工人給他做工，而工人只希望工廠主給他工錢。工人不需工廠主保護，工廠主也無須工人保衛。無論從慣例上來說，還是從權利義務上來說，他們之間都無永久的聯繫。

廠商所形成的貴族，幾乎永遠不會在它所指揮的實業大軍中扎根；他們的目的不是要統治這批人，而是要使用他們。

這樣組織起來的貴族並不想大量控制一批僱傭者，即使有時僱用了大量的工人，不久以後也會解僱一批。他們沒有這種想法，也不能這樣做。

舊時代的地方貴族，都在法律上或自己認爲在習俗上，對自己的下屬負有救濟和減輕他們的困苦的義務。但是，現代的實業貴族，把他們所使用的人變窮和變蠢以後，在遇到經濟危機的時候便把他們推出工廠的大門，讓社會去救濟他們。這是事情發展的必然結果。工人和老闆雖然時時發生關係，但彼此之間並無眞正的結合。

總之，我認爲我們親眼看到其成長的實業貴族，是世界上有史以來最嚴酷的貴族。但是，它同時又是最受限制和危險性最小的貴族。

然而，民主的朋友還是以不安的心情把視線轉向這一方面，因爲貴族制度和身分的永久不平等一旦再侵入這個世界，那麼可以預言，它們一定是由這扇大門溜進來的。

◆本章注釋◆

【1】從這一章可以看到托克維爾的政治哲學與馬克思主義的關係。——法文版編者

# 第三部分　民主對我所說的民情的影響

# 第一章　民情怎樣隨著身分平等而日趨溫和了

我們看到，幾個世紀以來，人們的身分逐漸平等；同時我們還發現，民情亦日益溫和。這兩個現象是同時發生的，還是兩者之間有一種內在的聯繫，以致沒有一個的發展另一個就不可能前進的呢？可使一個國家的民情由粗野而變得溫和的原因很多，但在所有這些原因當中，我認爲最強有力的原因是身分的平等。因此，在我看來，身分的平等化和民情的溫和化不只是同時發生的現象，而且是相關的事實。

一些寓言作家想以動物的故事來開導我們的時候，便把人的思想和感情加於動物身上。詩人們在描述神鬼和天使的時候，也是如此。如果他們不用借喻的手法來再現我們人本身，就不會使我們產生可以觸動我們的精神，和抓住我們的心靈的那種深刻的痛苦感和純淨的幸福感。

這一點，對於我們現在所要討論的問題也完全適用。

在貴族制社會內部，所有的人都按照職業、財產和出身，分屬等級森嚴的階級，而在每個階級內部卻把自己的成員視爲同一家族的子女，成員之間經常懷有一種民主社會的同類公民所不能有的親切同情。

但是，不同的階級之間卻沒有這樣的同情。

在貴族制國家裡，每個階級都有自己的觀點、感情、權利、習尚和生活方式。因此，貴族的成員與其餘公民毫不相同，他們之間沒有共同的思想和感情，以致很難相信他們是屬於同一國家的人。因此，貴族的成員既不能很好理解他人之所想和所感，又不能設身處地地去考慮他人。然而，他們有時也願意熱情地幫助他人，這一點與上述並不矛盾。

這種貴族制度雖然使同一國家的人分成不同的等級，但又以十分緊密的政治紐帶把這些等級聯合起來。

儘管農奴天生就不關心貴族的命運，但他仍認爲自己對使他淪爲農奴的人有效忠的義務；而貴族雖然認爲自己與農奴並非同類，但他的責任和榮譽，又迫使他不顧生命的危險去保護住在他領地上的人。

顯而易見，這種相互的義務並非來自天賦權利，而是來自政治權利，而且社會由此獲得的好處遠非個人所能獲得的。這種義務不是對自認爲應當互助的人盡的，而是主人對家奴或家奴對主人盡的。封建制度只是對某些人，而不是對全人類帶來了極大的痛苦。封建制度給民情帶來的風氣主要是慷慨俠義，而不是溫文爾雅；它主要是讓人無限忠誠，而不是讓人表現眞誠的同情，因爲只有彼此相同的人之間才會有眞正的同情，而在貴族時代，只有同一階級的成員才認爲彼此是相同的。

中世紀的編年史家們，按他們的出身和習慣，都屬於貴族，所以在他們描寫一個貴族的慘死情景時，都是寫得極爲哀傷。但是，他們對於老百姓的慘遭屠殺和拷打，卻是輕描淡寫，無動於衷。

這並不表明他們對老百姓一貫仇恨和歷來輕視。國內的不同階級之間尚未宣戰。促使他們如此的，主要的是本能，而不是感情。由於他們對窮人的苦難沒有明確的認識，所以對窮人的命運也就不太關心。

一旦封建的關係破除，普通老百姓也會如此。在一部分家奴對主人表現無限忠誠的時代，也偶爾有下層階級對上層階級施加駭人聽聞的暴行的現象。

我們不要以爲這種互不關心的現象只來源於沒有秩序和文化，因爲在以後的幾個秩序已經井然和文化已經發達的世紀，仍然有這種現象。

一六七五年，布列塔尼地方的下層階級，曾聚眾反對新稅。這次騷動被當局殘酷無比地鎮壓下去。請看，這一恐怖事件的目睹者塞文涅夫人在給她的女兒格里娘的信中是怎樣說的：

「我親愛的女兒：你從埃克斯寄來的信，寫得太可笑了！在把信寄出之前，至少要再回看一遍。你會對你寫的那麼多讚美之詞表示吃驚，但你又會因爲喜歡這樣不厭其煩地寫了這麼多而感到自慰。可見，你已經吻遍了普羅旺斯地方的所有的人，是不是？不過，只要你不愛聞葡萄酒的香味，就算你吻遍了布列塔尼地方上所有的人，也不會令他們滿意。……你喜歡聽雷恩地方的消息嗎？那裡下令徵稅十萬枚銀幣，如果不在二十四小時內交出，就把稅額翻一番，並派兵去徵收。當局已把一條大街的所有居民攆出家屋，而且不准任何人收留，違者處死。因此，一大群倒楣的人，其中有孕婦、老人和小孩，在戀戀不捨地離開這個城市時號啕大哭；他們不知到何處去好，既沒有吃的，又沒有棲身之處。前天，一個開舞廳的小提琴師，因偷印花稅而被車裂。他被五馬分屍……，並將他的四肢放在城市的四個角上示眾。……已有六十名市民被捕，明天開始治罪。這個地方爲其他地方樹立了良好的榜樣，叫其他地方也尊重總督及其夫人……，不得往他們的花園裡投石頭[1]。」

「……昨天，天氣甚美，塔朗特夫人來到她的林園小憩。當然要爲她準備下榻之處和飲食。她從柴扉走進來，又從原路回去。……

一六七五年十月三日，寄自羅歇[2]」

在另一封信裡，她又補充說：

「你總是喜歡向我談論我們這裡的悲慘事件。我們這裡已經不再實行車裂了。為了維護正義，每週只殺一個人。不錯，我現在認為判處絞刑已經算寬大了。自從到了這裡以後，我對於正義的觀點已經完全改變了。在我看來，你的那些曳船奴隸，眞是一夥不問世事而使生活安寧的好人[3]。」

如果以為寫出這些話的塞文涅夫人是個利己主義者和殘酷的人，那就錯了。她熱愛自己的子女，對朋友的不幸也十分同情。在你讀她的信的時候，甚至會發覺她對家臣和奴僕還很仁慈寬大。但是，她對貴族圈子以外的人的苦難卻一無所知。

而在今天，最殘暴的人寫信給最無情的人時，也不敢泰然自若地說出上述那樣的話，即使他個人的人品促使他這樣做，全國的民情也將禁止他如此。

這種情況是怎樣產生的呢？是我們現在比我們的祖輩更有感情了嗎？我不知道。但有一點是肯定的，那就是我們的感情已擴展到更多的事物上去。

當一個國家的人在地位上近乎平等，在思想和感情上大致一樣的時候，每個人都可立即判斷出其他一切人的所想所感。也就是說，他只要省察一下自己，就可以做到這一點。因此，他人的任何苦難他都不難發覺，一種內在的本能使他在苦難擴大的時候立即就可看到。在對待陌生人或敵人的時候，這種本能也會使他不加歧視，因為他的省察馬上會發生作用。這種省察和他的憐憫心一結合，使他在同類受苦的時候也覺得自己身受其苦。

在民主時代，很少有一部分人對另部分人盡忠的現象；但是，人人都有人類共通的同情心。誰也不會讓他人受無謂的痛苦，而且在對自己沒有大損害時，還會幫助他人減輕痛苦。人人都喜歡如此。他們雖不慷慨，但很溫和。

儘管從某種意義上來說，美國人已把利己主義化爲社會和哲學理論，但他們並沒有減少憐憫心。

沒有一個國家的刑事法庭像美國那樣從輕治罪。在英國人似乎還想在他們的刑事立法中，珍惜地保存中世紀的殘酷遺風時，美國人差不多已在他們的刑事法典中廢除了死刑。

我想北美是五十年來世界上唯一沒有對政治犯判處死刑的國家。

美國人的這種特別溫和的態度，主要源於他們的社會情況，這從他們對待奴隸的態度上即可證明。

總的說來，歐洲人在新大陸的所有殖民地，沒有一個地方的黑人的物質生活條件好於美國。然而，美國的黑人仍然忍受著可怕的苦難，經常受到非常殘酷的懲罰。

我們不難發現，這些可憐人的命運，並沒有感動他們的主人產生憐憫之心，他們的主人不僅認爲蓄奴是有利可圖的事業，而且覺得這算不了什麼罪惡，不會危害自己。因此，同一個人對和他同時平等的同類極爲人道，而當這些人不再與他平等時，他便會對他們的痛苦無關痛癢。由此可見，他的溫和態度應當歸因於這種平等，而不應當歸因於文明和教育。

我對於個人所述的這一切，在一定程度上也適用於國家。

每個國家一旦有了自己獨特的觀點、信仰、法律和習慣，它便會以整個人類自居，只關心本國的疾苦，對於別的國家一概無動於衷。如果兩個持有這種態度的國家交戰，則戰況一定十分殘酷。

羅馬人在他們的文化最燦爛時期，是先把被俘的敵人將領拖在戰車後面以炫耀勝利，然後才把他們殺掉；這個時期的羅馬人，還把囚犯投進鬥獸場裡，讓犯人與野獸搏鬥，以供群眾娛樂。西塞羅一談到一個公民被釘在十字架上，就義憤填膺，慷慨陳詞；但他對羅馬人勝利後對戰俘的那種暴行，卻緘口不言。顯而易見，在他的眼目中，一個外國人和一個羅馬人不屬於同一人類。

反之，隨著各國人民日益接近，彼此逐漸相似，他們便將更加互相同情對方的不幸，國際公法也將越加寬容。

## ◆本章注釋◆

【1】為了使讀者了解信中最後這句話的含義，應當指出格里娘就是普羅旺斯地方總督的夫人。

【2】參看蒙梅爾克編：《塞文涅夫人通信集》，法文版，第四卷第二〇五頁及以下幾頁。

【3】同上書第二四八頁。這封信的日期為一六七五年十一月二十四日。

# 第二章　民主怎樣使美國人之間的日常關係簡易化了

民主並不使人們之間的關係緊密，但能使他們的日常關係簡易化。

如果有兩個英國人在西半球邂逅，他們將像兩個語言不通和民情不同的外國人相遇。首先，他們兩人將以好奇的眼光相望，心裡暗自不安；隨後，便各自走開。而如果他們相遇之後交談起來，也是表現得十分拘束，不夠自然，談一些無關緊要的小事。

但是，兩人之間並沒有什麼敵意，他們雖然從來沒有見過面，不過都認爲對方是很正直的。那麼，他們爲什麼要小心翼翼地彼此回避呢？

爲了弄明白這個問題，就得轉而談談英國。

當人只靠家庭出身而不靠財產來劃分等級的時候，每個人都清楚的知道他在社會階梯中所處的地位。他既不想往上爬，又不怕向下跌落。在這樣組織起來的社會裡，不同等級的人之間很少往來；但是，當偶然的事件使他們接觸時，他們卻可以隨意交談，而不希望和不擔心彼此會混合在一起。他們之間的關係不是建立在平等之上的，但也不是強制的。

當一個以家庭出身爲基礎的貴族制度被一個以財產爲基礎的貴族制度所取代時，情況就不再這樣了。

某些人的特權雖然還很大，但取得特權的可能性是人人都有份的。因此，擁有特權的人經常提心吊膽，唯恐失去特權或被他人分享；而尚未取得特權的人，則想不惜任何代價去取得；當他得不到特權時，也要表示這並不是不可能的。因爲人的社會價値不再因血統而一定不變和永遠固定，而是隨著財產的增減而不斷變化，所以等級雖然還照舊存在，但卻看不清和一眼看不出誰屬於哪個等級。

公民之間立刻展開了一場暗鬥。一些人千方百計要進入或表面上看來似乎要進入比自己高的那些人的行列，而另一些人則不斷奮戰，力圖擊退想要奪取他們的權力的人，或者毋寧說這是一個人在兩面作戰：一方面在設法爬到高級階層，另一方面又在不斷防禦底下的人往上鑽。

英國當前的情況就是如此。我認爲，我在前面所述的一切，基本上就是由於這一情況造成的。

在英國人那裡，貴族的傲氣還很強大，但貴族的界限已不分明，所以人人都時時提防別人，唯恐他人從自己的親善待人當中得到好處。英國人由於不能一下子判斷他們所遇到的人是屬於哪個社會階層，所以總是謹愼小心，避免和那個人接觸。他們害怕接受他人一點兒小惠而結成不當的友誼，並對別人的多禮生疑。他們既不受陌生人的恭維，又避免惹他人生怨。

許多人完全用個人的性格來解釋英國人的這種潔身自好和冷漠寡言。我也承認英國人的氣質有些作用，但我認爲他們的社會情況有更大的作用。美國人的例子就可證明這一點。

在美國，家庭出身向來不會製造特權，財富也不會使它的持有人享有任何獨特的權利；互不相識的人可以隨意在同一地點相聚，他們相互交換思想時既不是爲了獲得好處，又不怕由此帶來危險。他們一旦在某處邂逅，既不主動攀談，又不回避對話。因此，他們的待人態度是自然的、坦率的和開朗的。我們還會發現，他們既不打算由對方得到什麼好處，又不擔心對方會加害於他們什麼；他們既不想方去炫耀自己的地位，又不設法去掩飾自己的處境。雖然他們的態度往往是冷淡和嚴肅的，但這並不表明他們是高傲和拘謹的。當他們與人相見而一言不發時，那是因爲他們當時的心情不好和不愛講話，而不是因爲他們認爲保持沉默對他們有利。

兩個美國人在異國相遇，馬上就會成爲朋友，而其原因只在於他們都是美國人。他們沒有使他們互相排斥的成見，他們的共同祖國把他們吸引在一起。對於兩個英國人來說，只是同種同國還不夠，因爲必須是同一階級才能使他們接近。

美國人和我們法國人都看到英國人之間的這種冷淡對人態度，而且當他們如此對待我們時也都不以爲奇。但是，美國人在血統、宗教、語言和一部分習俗上是與英國人一樣的，他們之間的唯一差別是社會情況。因此，我們可以說英國人的審愼持重來源於他們的國家制度，而不是來源於公民的氣質。

# 第三章　美國人爲什麼在本國不太愛激動而在我們歐洲又表現得過於激動

美國人與一切嚴肅而自重的民族一樣，也有記仇報復的心理。他們幾乎不會忘記人們對他們的冒犯。但是，要冒犯他們也不容易，他們的怒火爆發得固然緩慢，也消失得同樣緩慢。

在貴族當政的社會裡，一切事務都由少數幾個人主管，人與人之間的公開往來有比較固定的常規。因此，每個人都認爲自己清楚的知道如何對人表示尊重和好意，並相信他人也會同樣知禮。

上層階級的這種習慣，後來便成爲其他所有階級的典範。此外，其他階級也各自定出使本階級的成員必須遵守的規矩。

因此，守禮的規矩形成了一套複雜的繁文縟節，一般人很難掌握，稍有違反，即可造成損失。結果，人們每天都有在無意之中殘暴地侮辱他人或使自己受到這種侮辱的可能。

但是，隨著階級差別消失，教育和出身不同的人在同一場所相處和相混，便幾乎不可能定出繁文縟節的處世之道。由於禮節未被明確規定，所以稍有違反也不算過失，就是那些知禮的人也認爲如此。因此，人們重視行爲的實質甚於行爲的形式，並變得不太彬彬有禮，但也很少互相爭執。

一個美國人絕不爲接連不斷的小殷勤所打動。他認爲自己不該得到這些小小殷勤，或者裝作自己不知道應當享得它們。因此，他不會因爲他人沒有給他獻殷勤而不滿，或者更多的是原諒他人。在這方面，他的態度是不拘小節，他的性格是更為直爽而有男子氣概。

美國人表現的這種相互寬容和他們彼此採取的這種大丈夫態度，也是一個最一般和最深刻的原因之結果。

關於這個原因，我已在上一章講過了。

在美國，市民社會裡的等級差異很少，而政治界則根本沒有等級差異。因此，一個美國人並不認為自己應當特別關心任何一位同胞，他也不要求其他同胞對他如此。因為他不認為他的利益在於跟某一同胞套近乎，所以他也堅信他與他人套近乎時不會受到歡迎。他一方面不以出身為理由而輕視任何一個人，另一方面也想不到任何人會以這種理由來輕視他。在沒有確證別人對他侮辱以前，他絕不認為人家存心如此。

美國的社會情況，自然而然地使美國人不容易為一點兒小事而動怒。另一方面，他們享有的民主自由，又把他們的這種寬容風氣灌輸到美國的民情之中。

美國的政治制度使各階級的公民不斷接觸，並促使他們齊心協力去進行偉大的事業。進行偉大事業的人，沒有時間去考慮繁文縟節，並且由於過分重視和睦相處而不拘禮節。因此，他們習慣成自然，在待人接物時注重感情和思想，而不重視儀表；他們也絕不會為一些瑣事而大動肝火。

我在美國曾多次見到，叫一個人意識到人家討厭他的講話，並不是一件容易的事情。為了把這個人打發走，採取拐彎抹角的客氣辦法，總是無濟於事。

我曾對一個美國人的講話一一做了反駁，以表示他的講話使我厭煩。可是，每反駁一次之後，我就發現他又竭力以新的論點來說服我。後來，我保持沉默，一言不發，但他卻認為我在沉思他向我講的道理。最後，當他要接著說下去而我已經走開時，他反而認爲我有要事去處理。除非我向他明說，我是無法使他明白我對他已經膩煩得要死。

如果這位美國人到了歐洲，他馬上會變得十分機靈和容易發火，以致我經常感到要想在歐洲不得罪他，與在美國叫他生氣是同樣困難。乍一看來，這一點使人感到奇怪。其實，這兩種完全相反的表現，均來自同一原因。

民主制度通常使人覺得他們的國家和自己了不起。一個美國人在出國的時候，都懷著高傲的心理。他到歐洲之後，立即發現我們對於美國和它的偉大人民的看法並不如他的想像。這使他開始氣惱。

他早就聽說，在我們這半球，人們的身分並不平等。現在他又親眼看到，在歐洲各國，等級的痕跡尚未完全消失；財產和出身仍然擁有一些他既難於理解又難於界說的不定特權。這個情景使他驚異和不安，因爲他從來沒有見到過，而且他的國家沒有相似的現象可以幫助他去理解這個情景。因此，他完全不知道在這個行將垮臺的等級制度中，在這些分明是互相仇恨和彼此輕視，但又互相接近以致隨時準備混合的階級中，把自己擺在什麼位置上比較合適。他怕把自己擺得太高，尤其怕別人把他擺得過低。這兩種危險經常縈繞於他的腦際，不斷地干擾他的一言一行。

他知道歐洲的傳統，並了解歐洲人的禮儀是因等級而有很大不同的。這些昔日的作風使他困惑不解，而且他更害怕自己得不到應有的尊敬，但他並不清楚什麼是尊敬。因此，他的一舉一動十分呆板，完全像一個套中人。對他來說，交際已非愉快的活動，而是一項吃力的工作。他琢磨你的一舉一動，觀察你的神色，仔細分析你的話語，唯恐裡面含有侮辱他的隱語。我不知道是不是有過比他還拘泥於處世之道的鄉紳。他力求一絲不苟地遵守繁文縟節，也不容忍別人對他稍有失禮。他既謹小慎微，又妄自尊大。他希望做得恰當，但又怕做得過分，而且由於他分不清兩者的界限，所以他總是保持一種高傲而忸怩的神態。

這還不是全部。請看人心的另一種喬裝。

一個美國人總要稱讚美國實行的平等，爲自己的國家而無限自豪。但是，他自己又有內疚，總想向人表示他做得不夠，說他是他所吹噓的那種正常情況的例外。

沒有一個美國人不想把自己的家世與早期移到殖民地來的人拉上點關係。我覺得，所有的美國人都可以算作英國大家庭的後裔。

一個美國富翁到了歐洲之後，他所關心的第一件事，就是以奢侈來炫耀他的財富，唯恐別人把他視爲一個民主國家的普通公民，因而千方百計擺闊，叫你每天都看到他揮金的新花樣。他照例要住在全城最豪華的地區，總有許多僕人前擁後簇。

我曾聽到一個美國人抱怨說，巴黎的一些大沙龍也不過是中流的交際場所。在他看來，人們在這些沙龍所行的雅興並不高尚。他說服你相信，根據他的意見，人們在沙龍裡的儀表也不夠優雅。其實，他還沒有習慣於我們的風氣，看不到這種通俗的外表內藏的精華。

對這種截然相反的看法，我們不要覺得奇怪。

要不是舊的貴族等級區分已在美國蕩然無存，美國人就不會在國內表現得那樣淳樸和那樣寬容，也不會在我們歐洲表現得那樣妄自尊大和那樣矯揉造作。

# 第四章　前三章的總結

當人們對彼此的不幸自然懷有惻隱之心，隨便而頻繁的交往使他們每天接觸，任何衝動都不會使他們分離的時候，則不難理解他們在必要的時候會立即互助；當一個美國人請他的同胞協助的時候，很少有人拒絕。我就屢次見到他們滿懷熱情地自發助人的義舉。

如果公路上突然發生車禍事故，人們將從四面八方前來救護罹難的人。要是某個家庭橫遭大難，素昧平生的人也會慷慨解囊；每個人的捐助雖少，但集腋成裘，便可使這一家人擺脫困難。

在世界上的一些文明國家裡，一個不幸的人往往在人群中孤立無援，就像一個野人在森林裡的遭遇一樣。而在美國，就幾乎沒有這種現象。美國人的態度雖然一向冷淡，而且往往粗野，但他們卻幾乎沒有冷酷無情的表現。如果他們沒有立即去幫助人，那也不表明他們拒絕助人。

這一切和我在前面論述個人主義時所講的話並不牴觸。我甚至認爲它們互相協調，而絕不對立。

身分的平等在使人們覺得自己獨立的同時，也使他們感到自己軟弱。他們的確是自由了，但卻面臨著無數的意外威脅。經驗很快使他們懂得，他們雖然不是經常需要別人的說明，但一定有時候非要他人幫助不可。

我們在歐洲經常看到，職業相同的人都隨時互助。他們所遇到的苦難相同，這就足以使他們互相尋求支持，而不管他們在其他方面如何鐵石心腸和如何自私。因此，在他們當中有人遇到困難，而別人只要暫時犧牲一下或格外努力一番就可以挽救時，他們便會奮力支援，而不會袖手旁觀。這並不表明他們對那個人的命運十分關心，因爲他們的努力一旦證明無效，他們馬上就會把支援置於腦後，而各自去忙自己的事情。但是，他們之間似乎有一種幾乎是不由自主的默契。根據這個默契，每個人都有暫時支援他人的義務，而在他自己有困難的時候，也有權要求他人支援。

如果把我就一個階級所述的一切推而廣之，用於一個民族，大家就會更加了解我的思想。

其實，在一個民主國家的所有公民之間，也有一種與我方才所說的默契類似的契約。他們覺得大家有共同的弱點和危險。他們的利益和他們的同情心，使他們產生了在必要的時候進行互相援助的信念。

身分越是平等，人們也就越是明白這種互相支援的義務。

在民主國家裡，沒有人會廣爲施捨，但可以經常幫助別人。每個人很少有效忠精神，但大家都樂於助人。

# 第五章　民主怎樣改變著主僕關係

一位曾在歐洲旅遊很長時間的美國人，有一次對我說：「英國人對待僕人時表現的高傲和專橫態度，使我們感到驚訝；但是，法國人對待僕人有時又過於親暱，或者說他們在僕人面前表現得十分客氣，使我們無法理解。這使人感到法國人好像害怕支使僕人似的，上級和下級之分有欠明確。」他的觀察是正確的，我也曾多次這樣說過。

我一向認爲，在我們這個時代，英國是世界上主僕關係最嚴謹的國家，而法國則是地球上主僕關係最鬆弛的國家。我從來沒有見過哪個國家的主人地位像這兩個國家那樣懸殊。美國的情況處於這兩種極端之間。

以上所述，只是表面的和外在的事實。爲了探明這個事實的產生原因，還要進行深入的研究。

從古至今，還沒有出現過身分平等得沒有貧富之分，從而也沒有主僕之分的社會。

民主制度並不妨礙主僕這兩個階級的存在；但是，它在改變兩者的思想意識，並在調整兩者之間的關係。

在貴族制國家，僕人形成爲一個單獨的階級，這個階級也跟主人階級一樣，向來沒有變化。一種固定的秩序，不久便在這樣的國家裡建立起來。在僕人階級那裡，也像在主人階級那裡一樣，很快便出現了等級、集團和顯赫人物，而且世世代代相傳下去，地位一直不變。主人和僕人是一個在上一個在下的兩個社會，永遠保持著差別，但卻遵守著相同的原則。

這樣的貴族制度對於僕人的思想和習尙的影響，絕不亞於對於主人的這種影響。雖然在各方產生的結果不同，但不難看出原因是相同的。

主人和僕人在一個大的國家中各自形成一個小的國家，從而對公正和不公各有其一定的固定看法。他們對人生的各種行爲，亦各有其不變的獨特觀點。在僕人的社會裡，也和在主人的社會裡一樣，人們彼此之間亦發生很大影響。他們承認固定的規範；雖然沒有明文規定的法律，但是卻有指導他們行爲的輿論。長期形成的習慣，就像員警規定的制度在支配著他們。

命中註定受人支使的這些人，毫無疑問不會對名譽、美德、正直和光榮有與主人相同的理解。但是，他們卻有一種僕人的名譽觀、美德觀和正直觀；如果允許我用一句話來表現的話，可以說他們有一種身爲僕人而自覺光榮的心理[1]。

雖然這個階級的地位是低卑的，但不要以爲這個階級的所有成員都是胸無大志的。如果這樣以爲，那就大錯特錯了。儘管這個階級是低下的，但它的一些出類拔萃而且無意放棄高高在上地位的人物，卻處於類似貴族的地位。這個地位使他們趾高氣揚，自以爲了不起，妄自尊大，覺得自己也有大德，也能做出不亞於他人的作爲。

在貴族制國家裡，常有一些心地高尙和精明強幹的小人物爲大人物服務。他們身爲僕人，但並沒有意識到這一點；他們服從主人的意志，但也不怕惹怒主人。

然而，在僕人階級中的下層，情況就完全不同了。可想而知，處於僕從階層的最下層者，其地位是最低的。

法國人專門創造了一個詞來稱呼爲貴族服務的僕人，即稱這些人爲奴才（Le laquis）。

「奴才」一詞是一個很不好聽的詞，當人們想罵一個最下賤的人，而又找不到其他詞的時候，就用這個詞來稱呼他。在舊君主制度時代，人們要想罵一個最卑鄙無恥的人時，常說他有奴才的根性。只說這一句就足夠了，人們可以完全理解它的含義。

身分的永遠不平等，不僅使僕人養成了獨特的德行和惡習，而且使他們在主人面前處於一種獨特的地位。

在貴族制國家，窮人從小就馴服於受人指揮的思想。無論他們把目光投向哪裡，他們所見到的只是等級森嚴的社會組織和下級服從上級的景象。

結果，在身分永遠不平等的國家裡，主人可以輕而易舉地得到僕人的百依百順和畢恭畢敬的服從，因爲僕人尊重主人不僅出於服從主人，而且出於服從整個主人階級。主人階級把貴族制度的全部壓力都置於僕人的頭上。

主人支配僕人的行動，並在一定程度上左右他們的思想。在貴族制度下，主人對於服從於自己的人的思想、習慣和情緒，往往在不知不覺之中起著巨大的影響，而且影響的廣度還遠遠大於他們的權威的影響。

在貴族制社會，不僅有世襲的僕人家族和世襲的主人家族，而且同一僕人家族往往一連數代爲同一主人家族服務（這就像兩條既不相交，但又不分開的平行線）。這種情況使這兩類人的相互關係發生了極大的變化。

在這樣的貴族體制下，雖然主僕之間毫無天生的共同性，而且財產、教育、觀點和權利又使他們的處境有天壤之別，但是日久天長，歲月終於使他們結爲一體。對於往事的一連串共同回憶，使他們彼此眷戀。儘管他們在許多方面有所不同，但他們能夠相互融合。民主社會與此相反，那裡的主僕雖然天生幾乎沒有差別，但總是互以陌生人相待。

因此，在貴族制國家裡，主人總把自己的僕人視爲自家人和下屬，並在利己主義的推動下關心僕人的命運。

至於僕人，他們自己也有這種想法，有時認爲自己屬於主人的集團，因而他們自己也像主人那樣認爲自己是主人的附屬物。

在貴族制度下，僕人處於他們自己無法擺脫的從屬地位；而在他們之上，則是一些不會失去高高在上地位的人。一方面是愚昧、貧窮和終生聽人支使；另一方面是榮華、富貴和一輩子支使他人。這兩個階級儘管永遠迥異，但卻經常接近，而把它們結合起來的聯繫，只要它們存在就將繼續下去。

在這種處境懸殊的條件下，做僕人的終於不關心自己。他們逐漸忘卻自己，也可以說放棄自己，或者毋寧說把自己的一切全都交給了主人，並自以爲由此確立了自己的人格。他們以支使他們的人的財富來炫耀自己，以主人的榮譽來爲自己增輝，以主人的高貴來抬高自己，並一直陶醉於這些仰仗他人而來的光榮。他們把這種光榮看得往往比其全權的實有者還重要。

兩種不同的生活情景一旦奇妙地結合在一起，既有使人感動的地方，又有使人覺得可笑的地方。

轉移到僕人心裡的主人情感，在僕人的身上自然要縮小或降低其原來的量度，即變得褊狹和低級。在主人身上原來是高尚的東西，轉移到僕人身上後就變成了無聊的虛榮和令人生厭的矯飾。大人物的僕人們通常擺出其主人應當具有的派頭，並比主人還要計較一絲一毫的特權。

在我們法國人當中，現在還有時可以見到幾個這樣的貴族老僕。他們是這類人的孑遺，不久就將隨著他們的消失而使這類人消失。

我在美國根本沒有見到過這樣的人。美國人不僅不知道我所說的這種人，而且讓他們理解這樣人的存在也很困難。讓他們想像這種人的存在，與讓我們想像古羅馬的奴隸或中世紀的農奴的情景，幾乎是同樣困難。所有的僕人，儘管有高低之別，但他們都是同一原因的產物。他們作爲一個整體正從我們的視野中消逝，並隨著產生他們的社會情況的變化，而結束其往日的苦難歲月。

身分的平等產生了新型的僕人和主人，並在他們之間建立起新型的關係。

當身分幾乎完全平等時，人們可以不斷改變自己的處境。雖然尚有僕人階級和主人階級，但階級的成員和成員的家系並不一定總是不變。這時，不管是發號施令的，還是聽人支使的，都不能永遠保持不變。

僕人並不是孤立於群眾之外的人，所以他們沒有自己固有的習慣、偏見和風尚。從他們身上，既看不到特定的精神面貌，又看不到獨特的感情表達方式。他們不知道因地位而造成的善和惡爲何物，但他們與同時代人擁有同樣的知識、思想和感情，並且也有同時代人擁有的那些善和惡。他們和主人一樣，既有正人君子，又有無賴小人。

在僕人之間，也和主人之間一樣，並沒有任何身分不平等現象。

在僕人階級中既無高人一等的等級，又無永遠不變的等級制度，所以你不可能從那裡見到貴族制社會和其他社會所常見的尊卑。

我在美國從未見到一個人可以使我想起歐洲人尚未忘記的那些赫赫有名的忠僕；但是，也沒有一個人可以使我想起那些奴才。在美國，忠僕和奴才的痕跡都不見了。

在民主制度下，僕人們不但彼此平等，而且可以說他們和主人也是平等的。

爲了充分理解這一點，還需要進行說明。

僕人隨時都可能變成主人，並希望成爲主人。因此，僕人與主人並沒有什麼不同。

那麼，主人爲什麼有權支配僕人，而僕人爲什麼不得不服從主人呢？因爲雙方出於自願，暫時訂立了可以隨時解除的契約。當然，他們之間並無高低之分，只是根據契約暫時如此。在契約規定的範圍內，定約的一方是僕人，而另一方則爲主人。在契約的範圍之外，他們是兩個公民，兩個平等的人。

我希望讀者特別留意的是，這不僅是僕人對於自己地位的看法。主人和被僱用人都持有這樣的看法，他們的頭腦裡對於命令和服從的界限都是十分明確的。

當大部分公民長期以來都處於基本相同的條件下，而平等又久已成爲公認的事實時，不受任何特殊力量影響的公眾意識，一般都對人的價值定出一定的界限，任何人要想長時期地超出這個界限或達不到這個界限，都是困難的。

貧窮和富貴，命令和服從，雖然偶然會在兩個人之間造成巨大的差距，但這也不會有什麼危險，因爲以事物的常規爲基礎的輿論，將會引導他們走向相同的水準，並不顧他們身分的實際不平等而在他們之間創造出一種假想的平等。

這種力量無比強大的輿論，最終甚至可觸動那些從本身利益出發反對它的人的思想。它在抑制他們意志的同時，就改變了他們的判斷。

主人和僕人在他們的心靈深處不再感到彼此之間存在根深蒂固的差別。他們一旦結成主僕關係而出現差別時，做主人的也不會趾高氣揚，做僕人的亦不必擔心受侮。因此，主人不會輕視僕人，僕人也不會懷恨主人，在日常的接觸中，前者並不蠻橫無理，後者亦不卑躬屈膝。

做主人的認爲，他的權力的唯一根源只是那份契約；做僕人的也只是從那份契約去尋找他所以服從的唯一原因。他們之間絕不會爲契約所規定的彼此地位而發生爭執，雙方都清楚的理解自己所處的地位，並堅守自己的地位。

在法國的軍隊裡，士兵的出身階級差不多與軍官相同，而且士兵也能升爲軍官。除了軍銜之外，士兵認爲自己與長官完全平等，而且事實上也是如此。但是，在軍旗之下，士兵必須絕對服從長官，而且由於這種服從是自願的和有明文規定的，所以在執行時非常迅速、確切和易行。

這個例子可以使我們聯想民主社會中的主僕關係。

如果以爲貴族的家臣有時對主人表現的那種深情熱愛或肝膽相照的獻身精神，也能見於民主社會的主僕關係，那將是愚蠢的。

在貴族制度下，主僕只能偶爾相見，有話也往往由第三者傳達。但是，兩者的關係通常是鞏固的。

在民主國家，主僕容易接近，經常直接接觸，但他們並不交流思想。他們的工作是相同的，但他們的利益絕不一致。

在這樣的國家裡，僕人總認爲自己是住在主人家裡的過客。他們既不知主人的祖先是誰，也不過問主人的後代，並對主人不抱任何長期的希望。那麼，他們為什麼要使自己的生存依附於主人呢？他們的那種忘我的服務精神又是怎樣產生的呢？這是因為他們彼此的地位發生了變化。既然如此，他們的關係也當然要變化。

我認為美國人的實例可以支援我以上的論述。但是，為了達到這個目的，我不能不注意人物和地點的選定。

在聯邦的南部，蓄奴制依然存在。因此，我所述的一切並不適用於那裡。

在北部，現在做僕人的，大部分是已被解放的奴隸或他們的子女。在公眾的眼目裡，這些人的地位尚未確定。法律雖使他們上升到主人的水準，但習慣勢力卻頑固地加以抵制。他們自己也沒有清楚的認識本身的地位，所以他們的表現幾乎總是粗魯無禮或者過分自卑。

但是，同樣在北部各州，特別是在新英格蘭，也有相當多的白人為了餬口而暫時受僱於自己的同胞，聽從他們的支使。我聽說，這些白人僕人一般都恪守職責和工作認眞，他們並不認為自己生來就比雇主低下，並在聽從雇主的支使時亦不覺得難堪。

這使我覺得，他們好像把獨立和平等所造成的剛毅氣概，或多或少地帶進了僕役工作。他們一旦選擇了這種辛苦的生活道路，就從不想方設法回避艱苦。他們都相當尊重自己的為人，從不拒絕對主人表示他們在契約中同意的服從。

做主人的，也只要求僕人忠實地恪守契約。他們不要求僕人對他們畢恭畢敬，不強迫僕人對他們忠心耿耿和關懷備至。做僕人的只要勤勤懇懇，他們就滿足了。

因此，說民主制度下的主僕關係雜亂無章，那是不正確的。他們的關係是用另一種方式規定的。規章是有的，但與以前的不同。

我在這裡並不想去研究我所說的這種新情況是否不如以前的情況，或者只是與以前的情況不同，我只想說這種情況是有規章可循和已經固定下來了，因爲人與人之間最重要的東西，不在於遵守特定的秩序，而在於有秩序可循。

但是，對於在革命的暴風驟雨中奠基的平等所經歷的，以及民主制度作爲一種社會體制建立之後，仍要與偏見和世俗進行艱苦鬥爭的那個悲慘的動亂時代，我又該怎麼說呢？

法律已經明文規定，一部分輿論也主張，僕人和主人之間並不存在天生的和永恆的優劣之分。但是，這項新的思想尚未深入主人的頭腦，或者毋寧說主人仍從心裡反對。在主人的內心深處，仍認爲自己高人一等，屬於特殊的人。但是，他們並不敢直說，而是情不自願地偏安於一般水準。他們在對僕人發號施令時，既有膽怯的表現，又有苛刻的餘威。他們對於自己的僕人，已經不再有長期大權在握者經常產生的那種保護和施惠的感情，而且他們自己也覺得奇怪：不但他們自己變了，他們的僕人也變了。可以說他們對僕人沒有過高的要求，只希望僕人有規規矩矩和經常保持的工作習慣，對其早晚定將辭去的職務表示滿意和稱心，對一個既不能保護他又不能損害他的人盡力效勞。最後，透過長期的聯繫而對那些與自己相同，但處境並不比自己強的人表示關心。

在貴族制國家裡，做僕人的往往並不因爲受人支使而感到下賤，因爲他們只知道做僕人，想不到還有其他工作可做，認爲他們與主人之間存在的驚人不平等，是上帝的某項神祕法律的必然的和不可避免的結果。

在民主制度下，做僕人的並不低三下四，因爲這是他自由選擇的臨時職業；輿論也不輕視他，主僕之間沒有任何恆久的不平等關係。

但是，當一種社會制度向另一種社會制度過渡時，人的思想幾乎總要經歷一段動搖於貴族主義的臣服觀念，和民主主義的服從觀念之間的時期。

於是，在服從者的眼裡，服從逐漸失去其道德價值，他們不再認為服從是某種神聖的義務，並且仍然從自己沒有過上純人生活的觀點去看待服從。在他們看來，服從既不是神聖的，又不符合正義。他們把服從看成是一種雖不光彩，但可以獲利的行為。

在這個時期，僕人的腦海裡開始浮現出一種模糊而不完整的平等觀念。最初，他們還不知道他們有權享受的平等，是在處於僕人的地位當中就能獲得，還是只有擺脫僕人的地位後才能獲得，而且從內心深處對自己所處的受人支使，但能獲得收入的低卑地位表示反感。他們同意受僱於人，但在聽人支使時又面帶愧色。他們喜歡僕役工作能給自己帶來好處，但對主人本人並不喜愛。或者更正確地說，他們還不了解自己為什麼沒有成為主人，而總是把支使他們的人視為非法剝奪他們的權利的人。

這時，在每個公民的家裡便出現了與政治社會裡呈現的可悲情景有些類似的現象。也就是說，在公民的家庭裡，一些互相懷疑的敵對力量之間不斷地進行明爭暗鬥：做主人的心懷敵意，但表面上和藹可親，做僕人的也持有敵意，但不隱瞞自己的反抗；一方企圖透過種種不公正的限制來推脫其供養和付酬的義務，另一方則設法推脫其服從的義務。管理家務的權柄在兩者之間漂浮，誰都想把它搶在自己的手裡。他們分不清權威和專橫、自由和任性、權利和本分的界線，誰都沒有正確理解自己是幹什麼的，自己能夠做些什麼，自己應當做些什麼。

這樣的狀態絕不是民主狀態，而是革命狀態。

## ◆本章注釋◆

【1】如果仔細考察一下指導這些人行為的主要觀點，他們的相似性便更加顯而易見，而且你會吃驚地發現，在他們中間，也像在封建等級制的最高層成員中間一樣，同樣有家庭出身的優越感，同樣尊重祖先和愛護後代，同樣輕視下層階級和害怕和這些階級接觸，同樣喜歡講究禮儀，同樣重視傳統和古風。

# 第六章　民主的制度和民情爲什麼傾向於提高租金和縮短租期

我對僕人和主人所作的論述，在一定範圍內也適用於地主和佃戶。但是，關於這個題目，應在這裡單獨討論。

在美國，嚴格說來沒有佃戶，人人都是自己所耕土地的持有者。

應當承認，民主的法制有一種促使地主的人數增加和佃戶的人數減少的強大傾向。但是，美國當前發生的一切變化，主要還是應當歸因於它的國土環境，而很少來源於它的制度。在美國，土地的價格便宜，人人都能輕而易舉地成爲地主。土地的收益不大，產品只能勉強地抵住地主和佃戶的投資。

因此，美國在這方面與在其他方面一樣，都是比較特殊的，如拿土地方面的制度作爲美國的典型制度，那將是錯誤的。

我認爲，無論是在民主國家，還是在貴族制國家，將來都還會有地主和佃戶。但是，民主國家裡的地主和佃戶之間的關係，將會是另一種樣子。

在貴族制國家，租種土地不僅要支付租金，而且要對地主表示尊重和關懷，還要爲地主服勞役。在民主國家，佃戶只付租金就可以了。當一個家庭的地產被分給數個子女或出賣後，這個家庭與土地的永恆關係便隨之消失；而地主和佃戶之間的關係，只是根據契約建立的暫時關係。他們爲了議定契約的條款而定期相會，定了契約之後便各自東西。他們本是兩個互不相識的人，只是利害關係使他們結合在一起。他們在一起討價還價做交易，其唯一的目的在於賺錢。

隨著地產日益向小劃分和財富日益向全國各地分散，國內到處便出現了家道式微的破落戶和欲壑難塡的暴發戶。對於所有這些人來說，任何一點收入都是一件大事，誰也不想放棄自己的一點點好處和使自己的收入受到些微損失。

由於各個等級逐漸交融，巨富和赤貧越來越少，地主和佃戶在社會條件方面的差距也一天比一天縮小，地主不再天生就比佃戶占有絕對的優勢。但是，在兩個地位平等和都想擺脫困難的人之間，除了金錢之外又有什麼能夠成爲他們簽訂租賃契約的基礎呢？

一個擁有萬頃良田和成百農場的人深深知道，他同時要贏得成千上萬的人的心。在他看來，爲此下一番功夫是値得的。爲了達到這樣一個重大目的，他情願做出一些犧牲。

只有幾頃土地的人，就不會有這樣的考慮，他不必設法去爭取佃戶的好感。

貴族制度不能像一個人那樣在一天之內便死掉；它的原則逐漸地不受人們歡迎之後，才能從法律上加以打擊。因此，遠在對貴族制度宣戰以前，使上層階級與下層階級聯結起來的那條鎖鏈就已經開始斷裂了。前者對後者漠不關心和表示輕視，後者對前者心懷嫉妒和仇恨。窮人與富人的接觸越來越少，雙方的關係越來越壞。地租日益提高。所有這一切還不是民主革命的終結，而只是它行將來臨的明確預告。自行墮落並最終失去民心的貴族制度，就像一棵根部已經枯死的大樹，它長得越高，越容易被風吹折。

近五十年來，地租的猛漲現象不僅見於法國，而且遍及歐洲的大部分地區。據我看，工農業在此期間取得的驚人進展，並不足以解釋這個現象。爲了說明這個現象，必須求助於另一個更有說服力但比較隱祕的原因。我認爲，應當到一些歐洲國家已經採用的民主制度中，和正在以或大或小的力量激發其他各國民心的民主熱情中去尋找這個原因。

我常常聽到一些英國大地主自慶，說他們現在所收的地租比他們的父輩多得多了。他們的自鳴得意也許有理，但究其實，他們並不知道其所以然。他們以爲自己得到了一筆純收入，其實這只是一項交易。他們得到了現金，但是讓出了權勢；他們在錢財上得到了好處，可是不久就要在權利上有所損失。

還有一個跡象可以使人容易感到，一場民主大革命正在進行或即將來臨。

在中世紀，所有的土地幾乎永世出租或至少是長期出租。在我們研究中世紀的家庭經濟時可以見到，那時爲期九十九年的租期，比我們現在爲期十二年的租期還要普遍。

在那個時代，人們認爲家庭是永存不滅的，人們的身分似乎是永遠固定不變的，整個社會也好像固若磐石，以致人們認爲絕不會發生任何動亂。

但在平等的時代，人們的思想發生了變化。他們不難形成一種觀念，認爲沒有什麼事是永遠不變的。事物無常的觀念控制了人們的思想。

在這種思想情緒的支配下，地主以及佃戶本人就對長期的義務產生一種本能的嫌惡感。他們雙方都害怕自己被眼前對他們有利的租約長期束縛下去。他們忐忑不安，不知道什麼時候自己的處境就發生驟變。他們感到自身難保，唯恐自己的生活方式一旦有變，就可能因放棄昔日習以爲常的東西而感到傷心。他們的這種擔憂是有理由的，因爲在民主的時代，在一切變化的事物中最容易變化的就是人心。

# 第七章　民主對工資的影響

我在上面關於僕人和主人的敘述，大部分也可用於雇主和工人。

隨著社會等級的界限日益模糊，原來的大人物不斷沒落，而原來的小人物不斷上升，以及人們的貧富不再祖祖輩輩不變，工人和雇主之間存在的事實上和觀點上的差距也在逐漸縮小。

工人對他們的權利、前途和本身的認識越來越清晰，產生了新的雄心和新的希望，不斷地提出新的要求。他們時時把貪婪的目光投向僱用他們的人的收益。為了能與雇主分享好處，他們努力爭取提高勞動報酬，而且照例能夠達到目的。

在民主國家也和在其他國家一樣，大部分實業是由在財富和教育上都高於所僱工人一般水準的人經營的，而且都很賺錢。這種實業家為數甚多，他們的利益各不相同，因而他們很難通力合作。

而在工人方面，當他們認為自己的勞動報酬不公平時，幾乎總有把握拒絕給雇主服務。

在這兩個階級之間不斷進行的鬥爭中，工資一直是主要問題。雙方勢均力敵，互有勝負。

但是，可以斷言，工人的利益將會越來越占上風，因為他們已經爭得的高額工資將使他們一天比一天減少對雇主的依附，並隨著他們的日益獨立，他們將會更加容易爭取工資繼續提高。

現在，我以目前在我們法國和世界上的幾乎所有國家還很興盛的一種實業即種植業為例來說明。

在法國，為他人當雇工種地的人，大部分自己也擁有一小塊土地。他們依靠這塊土地，不去當雇工也可以勉強餬口。這些人向大地主或附近農戶提供勞動力時，如果對方出的工錢太低，他們就會留在家裡種自己的那塊地，並等待更好的受僱機會。

我認為，就農業工人的整個情況來看，可以說工資的緩慢遞增是在民主社會發生作用的一般規律之一。人們的身分越來越平等，工資也越來越提高；而工資越來越提高，又反過來促使身分越來越平等。

但是，在我們目前這個時代，卻出現了一個十分不幸的例外。

我在以前的某一章已經指出，被擠出政治社會的貴族是怎樣涉足到某些實業部門，並透過另一種形式在其中建立起他們的統治地位的。

這個情況，對工資的水準發生了極大的影響。

只有早就非常有錢的人，才能創辦我所說的大型實業，所以能夠創辦這種實業的人為數甚少。由於人數少，他們就可以容易彼此聯合起來，隨意規定工資。

反之，他們的工人為數眾多，而且在不斷增加。因為有時生意異常興隆，在這個期間工資也會特別高，從而把附近的人吸收到工廠裡來。但是，人們一旦進入工廠勞動，我們就將看到他們不能再擺脫這種勞動，因為他們在工廠裡很快養成的身心方面的習慣，使他們不適於再從事其他勞動。一般說來，這些人文化低，手藝差，積蓄少。因此，他們幾乎全受雇主的擺布。當競爭和其他意外情況使雇主的利潤減少時，雇主幾乎可以任意降低工資，並且不費吹灰之力把財產上的損失從雇工的身上撈回來。

如果工人一致起來罷工，則雇主有錢，不致於破產，可以悠然等待，等著貧困迫使工人就範；而工人爲了不致餓死，就得天天勞動，因爲他們除了一雙手之外，一無所有。雇主的壓迫使他們長期匱乏，而且越窮越容易受壓迫。這是一個他們永遠無法逃脫的惡性循環。

因此，對於一個行業的工資有時突然上漲之後又長期跌落下去，而另一個行業的勞動報酬雖然一般只是緩慢地上升，但畢竟是不斷增加的現象，不要大驚小怪。

我們這個時代的產業人口所處的可悲的從屬地位，是一個例外現象，和他們周圍的人形成了鮮明的對照。但是，正因爲這個理由，任何其他情況都沒有這個情況嚴重和更值得立法者特別注意，因爲當整個社會都在變動的時候，很難有一個階級保持不變，而當大多數人都在不斷開拓新的生財之路時，也很難讓某些人安然自得地去滿足他們的需要和欲望。

### ◆本章注釋◆

【1】應當承認，托克維爾對美國工人階級社會狀況的分析是極其概括的。讀者如有興趣研究這個問題，可讀下列著作：康芒斯等人：《美國勞工史》，共四卷（紐約，一九二六─一九三五年）；哈里斯：《美國勞工》（耶魯，一九三八年）；米特拉尼：《美國概覽》（倫敦，一九四六年）；帕斯克：《美國人民政治和社會史》（是一部巨著）（巴黎，一九二四─一九三二年）；弗蘭克：《一九一九年至一九四九年美國經濟和社會史》（巴黎，一九五〇年）。──法文版編者

# 第八章　民主對家庭的影響

以上，我考察了身分的平等在民主國家，尤其是在美國是怎樣改變了公民之間的關係。現在，我想再進一步，深入到家庭的內部。我在這方面的目的不是尋找新的眞理，而是闡明已知的事實與我的題目有什麼關係。

大家都已看到，在我們這個時代，家庭的各個成員之間已經建立起新的關係，父子之間昔日存在的差距已經縮小，長輩的權威即使沒有消失，至少也已經減弱。

類似的情況也見於美國，但它更使人注目。

在美國，始終就不存在羅馬人和貴族就「家庭」這個詞的含義所理解的那種家庭[1]。美國人只是在出生後的最初幾年才具有家庭意識。在孩子的童年時期，父親實行家庭專政，子女不得抗拒。子女的年幼無知，使這種專政成爲必要；而子女們的利益，以及父親無可爭辯的優勢，又使這種專政成爲合理合法。

但是，美國人達到成年之後，子女必須服從父母的關係便日漸鬆弛。他們先是在思想上自己做主，不久便在行動上自主。嚴格說來，美國人沒有青年時期。少年時代一結束，人便自己闖天下，開始走其自己的人生道路。

如果認爲這是一場家庭內部鬥爭的結果，做兒子的在這場鬥爭中，以違反道德的辦法取得了父親拒絕給予他的自由，那將是錯誤的。促使做兒子的要求自己獨立的那些習慣與原則，也在使做父親的承認兒子享有獨立是他的不可抗拒的權利。

因此，前者絕對不會有那種人們在擺脫壓制他們的權勢之後，還將長期懷恨在心的憤懣感情，而後者也絕不會產生那種在失去權勢之後，通常會隨之而來的痛苦和氣憤的遺憾感覺。這就是說，做父親的早已看到他的權威總有一天期滿，這個期限一旦到來，他便自願放權；而做兒子的也已事先知道，他自主的日子必將到來，可以十拿九穩地獲得自由，就像一份財產必歸他所有，誰也不想來搶似的[2]。

試述一下家庭方面發生的這種變化，是如何與我們眼前即將完成的社會和政治革命密切相關的，也許不無用處。

有一些重大的社會原則，或被一個國家到處推行，或不准它們在各地存在。

在等級森嚴的貴族制國家，當局從不向其統治下的全體臣民直接呼籲或求援；因爲人人彼此都是受一定的關係約束的，所以只要上層人物發號施令就可以了，其餘的人一定追隨。這種情況也見於家庭和由一個人領導的一切社團。在貴族制國家，社會實際上只承認身爲一家之長的父親的存在，做子女的只是透過父親而與社會發生關係。社會管束做父親的，做父親的管束其子女。因此，做父親的不僅有管教子女的天賦權力，而且被賦予對子女發號施令的政治權力。他既是家庭的創造者，又是家庭生計的維持者，而且也是家庭裡的行政長官。

在民主制度下，政府的權力及於人民群眾中的每一個人，以同樣的法律直接地治理每一個人，不需要有父親那樣的中間人。在法律上看來，做父親的不過是一個比子女年齡大和有錢的公民而已。

當大部分人的身分極不平等，而這種不平等又是永久性的時候，關於首長的觀念就在人們的想像中成長起來；即使法律不給予這個首長特權，習慣和輿論也會讓他享有之。反之，當人們彼此之間無大差別，而且不再永遠有高低之分的時候，關於首長的一般觀念就將日益淡薄和模糊；即使立法者硬憑自己的意志強把一個人安排在首長的位置上，叫他對一個下屬發號施令，也是沒有用的，因爲民情在使這兩個人彼此日益相近，逐漸走向同一水準。

因此，即使我從未見到一個貴族制國家的立法機構曾授予家長獨享的特權，我也不能不確信貴族制國家的家長權力，比民主國家的更受尊重和更爲廣泛，因爲我們知道不管法律有無規定，首長在貴族制國家總比在民主國家地位高，而下屬則與此相反，即在前者低於在後者。

當人們在生活中主要是緬懷過去而不是重視現在，更多的是考慮祖先的想法而不是研究自己的想法的時候，做父親的便成爲過去和現在之間的天然的和必然的橋梁，成爲聯繫和聯結上一代與下一代的套環。因此，在貴族制度下，做父親的不僅是家庭的政治首長，而且在家庭裡是傳統的繼承人和傳代人，是習慣的解釋人，是民情的仲裁人。他說話時，家庭的成員要洗耳恭聽；對待他只能畢恭畢敬，並且要愛得始終誠惶誠恐。

當社會情況變得民主，人們以自己判斷一切事物作爲基本原則，並認爲這樣做是正確和合理的，只把祖傳的信念作爲參考而不視爲規範的時候，父親的見解對於子女的影響力，正如他的合法權利一樣，便將大爲降低。

民主制度導致的分家，其最顯著的後果或許是父子關係的改變。

當一家之主的父親財產不多時，他和兒子將長期同住在一起，共同參加同樣的勞動。習慣和需要使他們聯合在一起，並且不得不時時刻刻彼此交談。因此，在他們之間不能不建立起一種不拘形式的親密關係。這種關係使做父親的權威減少絕對性，並且很少講究尊敬的表面形式。

然而，在民主國家裡，擁有這樣少量財產的階級，正是能夠使思想產生力量和使民情發生轉變的階級。這個階級使它的意見，同時還有它的意志，到處占據統治地位；甚至最想抗拒它的領導的人，最後也聽任自己去仿效它的做法。我就看到一些激烈反對民主的人，曾容忍他的子女用「你」而不用「您」來稱呼他們。

因此，隨著貴族失去權勢，父母那種嚴肅的、約定俗成的、合法的權威也不見了，而在家庭之內建立起一種平等關係。

總的來說，我不知道社會是否由於這種變化而受到了損失，但我確信個人卻由此得到了好處。我認爲，隨著民情和法制日益民主，父子關係也會更加親密和溫和，而不像以前那樣講究規矩和仰仗權威；他們之間的信任和眷愛也往往是堅定的。看來，父子的天然聯繫是緊密了，但他們的社會聯繫卻鬆弛了。

在民主的家庭裡，做父親的除了表示老人對子女的愛撫和向他們傳授經驗之外，並沒有任何權力。他的命令可能無人遵從，但他的忠告一般會發生作用。雖然子女們對他不是畢恭畢敬，但至少對他表示信任。子女與他交談沒有固定的禮節，而是隨時可以與他談話，經常向他請教。在這裡，家長和長官的身分不見了，但父親的身分依然存在。

爲了判明兩種社會情況在這方面的差異，只看一看貴族時代留下來的一些家書就可以了。書信的文體經常是端莊、死板和生硬的，而且文字冰冷得使人心裡感覺不到一點兒熱氣。

反之，在民主國家裡，兒子寫給父親的信中，字裡行間總有某些隨便、親密和依戀的表現，一看之下就知道家庭裡建立了新的關係。

這樣的變革也在改革兄弟姊妹的相互關係。

在貴族的家庭裡，也像在貴族社會裡一樣，人人的地位是早已規定好了的。不只是父親在家庭裡另成一級，享有廣泛的特權，就是子女之間也不平等。子女的年齡和性別，永遠決定著他們每個人在家裡的地位，並使其享有一定的特權。民主制度把這些壁壘大部分廢除或減少了。

在貴族家庭裡，長子繼承大部分家產和幾乎全部權利，所以他將來一定成爲家長，而且在一定程度上成爲兄弟們的主人。他尊貴有權，而兄弟們則平庸和依附於他。但是，如果認爲在貴族制國家，長子的特權只能給他自己帶來好處，那也是錯誤的，因爲這樣會引起兄弟們對他嫉妒和懷恨。長子一般都竭力幫助他的兄弟們發財致富和獲得權勢，因爲一個家族的顯赫必然反映在它的代表身上。而且，做弟弟的也設法協助長兄進行一切事業，因爲族長的顯赫和權勢使他更能去扶掖家族的各支。

因此，貴族家庭的成員彼此聯繫得極爲密切，他們的利益互相關聯，他們的想法也頗爲一致，但是他們的心卻很少互通。

民主制度也使弟兄間互相依靠，但依靠的方式與貴族的不同。

根據民主的法制，一家的子女是完全平等的，從而也是自主的。沒有任何東西強制他們彼此接近，也沒有任何東西迫使他們互相疏遠。因爲他們血統相同，在同一家庭裡成長，受到同樣的關懷，沒有任何特權使他們各不相同和把他們分成等級，所以他們之間從小就容易產生親密無間的手足情感。成年之後形成的關係，也不會引起他們破裂不睦，因爲兄弟的情義在使他們日益接近，而不會使他們反目。

因此，在民主制度下，使兄弟們互相接近的並不是利害關係，而是對往日的共同回憶，以及思想和愛好的自由共鳴。民主制度雖然要使他們分家析產，但能使他們的心靈融洽。

這種民主的民情魅力十分強大，以致擁護貴族制度的人也不再願意遵守貴族制度了，並在體驗若干時日之後，肯於放棄貴族家庭的那種畢恭畢敬的和刻板冷漠的規矩。只要他們能夠放棄他們原來的社會情況和法制，他們隨時都可以接受民主制度下的家庭習慣。但是，這項工作還牽涉另一個問題，即不忍受民主的社會情況和法制，就享用不了民主的家庭習慣。

我對於父子之愛和手足情義所述的一切，從人性本身自發產生的一切情感來說，也應當說是合情合理的。

當一種思想和一種感情是由人所處的一種特殊情況產生出來的時候，這種情況一發生變化，它們便不復存在。因此，法律雖然可以把兩個公民緊密地聯繫在一起，但當這項法律廢除後，他們便彼此分離了。再沒有比封建社會把主僕聯繫起來的那種民情更具有緊密的聯結作用了。但在如今，這兩種人已各自東西，互不相識了。往昔使他們結成主僕關係的那些畏懼、感激、敬愛的感情，已經蕩然無存，而且一點兒痕跡也沒有了。

但是，人類的天生感情卻不能如此。即使法律要以某種方式駕馭這種感情，也很少能夠制伏；法律在想加劇這種感情時，也很少能從中得到什麼好處。這種感情只是依靠本身的力量，就能永遠強大。

民主制度使幾乎所有的舊社會習慣失效或銷跡，鼓勵人們去接受新的社會習慣，從而使舊社會習慣所產生的感情大部分消失。但是，民主制度對於其餘的習慣只是作了改進，而且往往是賦予它們原來沒有的活力和溫和性。

我認爲，只用一句話來概括本章和以前各章所表述的思想，並非不可能。這句話是：民主制度鬆弛了社會聯繫，但緊密了天然聯繫；它在使親族接近的同時，卻使公民彼此疏遠了。

## ◆本章注釋◆

【1】欲了解美國家庭的現實情況，可參閱福爾索姆：《家庭與民主社會》（倫敦，一九四八年）。——法文版編者

【2】但是，美國人還從來沒有想過，像我們法國人所做的那樣，做父親的死後便被剝奪其處理遺產的自由，從而喪失其權利的主要成分之一。在美國，遺囑的設立效力是無限的。

也和在其他幾乎所有方面一樣，在這方面亦不難看到，美國的政治立法遠比法國的民主，而法國的民事立法則比美國的無限民主。這一點是很容易理解的。

法國的民事立法是由一個人一手炮製的，他認為在不直接和不間接反對他的權力的一切事情方面滿足同時代人的民主激情，是符合他的利益的。只要人民不企圖利用他們通行的某些原則去干預國政，他願意讓人民利用這些原則去管理財產和治理家庭。而在民主的激流衝擊民法時，他也有把握用政治法令容易得到保護。這種做法既巧妙又自私，但是，這樣的妥協辦法不可能持久，因為日久天長之後，政治社會總要成為市民社會的表現和形象，而且從這個意義上來講，可以說在一個國家之中，再沒有比民事立法更具有政治色彩的了。

# 第九章　美國年輕女性的教育

沒有一個自由社會沒有它的民情，而且正如我在本書上卷已經說過的，社會的民情是由女性創造的。因此，凡是影響婦女的地位、習慣和思想的一切東西，在我看來都具有重大的政治作用。

在幾乎所有信奉新教的國家裡，年輕女性的行動自主性，都比在信奉天主教的國家裡大得無比。在像英國那樣保有或獲得自治權利的新教國家裡，這種獨立自主性更大。因此，在這樣的國家裡，自由便透過政治慣例和宗教信仰而進入每個家庭。

在美國，新教的教義正與非常自由的政治體制與非常民主的社會情況互為補充，而且沒有一個地方的年輕女性能像美國的年輕女性那樣完全自主。

美國的女青年早在達到結婚年齡以前，便已開始逐步不受母親的監護；在她們還完全沒有走出童年時期，就已經自己獨立思考，自由發表自己的見解，自己單獨行動；人生的宏大場面不斷地展現在她們的面前，父母不但不干預她們去看這個場面，而且讓她們每天細緻地去觀察它，叫她們學會冷靜正確地去正視它。因此，社會上的邪惡和危險很早就呈現在她們的面前；她們能夠看清這些邪惡和危險，在作判斷時不抱任何幻想，並且敢於面對它們，因為她們相信自己有足夠的力量來應付，認為周圍的人似乎也在這樣想。

因此，幾乎不可能指望在美國的女青年身上見到情竇初開時期表現出來的那種處女的稚氣，更不可能見到歐洲女青年在從童年過渡到青年時通常伴有的那種天眞無邪的風韻。美國婦女，不管年齡大小，都很少表現出孩子氣的怯懦和無知。和歐洲的女青年一樣，她們也想取悅於人，但她們卻清楚的知道應當付出什麼代價。即使她們沒有投身於邪惡，至少知道世間有邪惡。與其說她們有高尚的精神，不如說她們有純潔的情操。

當我看到美國女青年在歡歡喜喜的交談中發生爭執時，能夠極其巧妙和泰然自若地表述自己的思想與話語時，往往使我吃驚不已，幾乎爲之傾倒。一位哲學家在一條狹道上可能跌倒百次，可是美國女青年卻能輕易地走過去而不發生意外。

其實，人們不難看到，美國婦女甚至在年紀輕輕的時候，便已完全是自己的主人；她們盡情享受一切被允許的享樂，但從不沉湎於任何一種享樂；儘管她們往往好像隨隨便便，但她們的理智絕不會失去其控制作用。

在法國，我們還在自己的觀點和愛好當中令人不可思議地摻有歷代的殘餘，以致往往對婦女施以貴族時代那樣的嚴加管束、隱居深閨、幾乎可以說是修道院式的教育，而在民主社會建立以後，又立即把她們棄之於這個社會必然產生的混亂之中，不加指導和支援。

美國人對他們自己的做法是很滿意的。

他們認爲，在一個民主社會裡，個人的獨立是不可或缺的重大原則，青年人應當早熟，趣味不必持久，習慣可以改變，輿論通常應當是不定的和無力的，父權應予削弱，夫權應被否認。

在這種情況下，他們自然斷定，壓抑婦女發自內心的最強烈感情是無濟於事的，而最穩妥的辦法是教導她們自己控制這種感情的技能。由於他們無法防止婦女的貞操常遭破壞的危險，所以他們希望婦女自己去保衛貞操，依靠婦女的自由意志力，而不依靠那些已經搖搖欲墜或已被推翻的限制措施。他們不是讓婦女懷疑自己無能，而是不斷設法增強婦女的自信力。由於他們不可能而且也不希望女孩子長期處於完全無知狀態，所以他們便及早授予女孩子處理各種事務的初步知識。他們不向女孩子隱瞞世間的腐敗情形，而且願意叫女孩子一目了然，使其養成抵制腐敗的能力。他們認為，與其特別重視女孩子的貞潔，莫如培養她的操行。

儘管美國人是一個篤信宗教的民族，但他們並不只是依靠宗教來使婦女保衛貞操，而且也設法武裝婦女的理智。他們在這方面採用的方法，與在其他許多方面採用的相同。首先，他們積極努力，以使婦女在運用個人的獨立自主時有所節制；其次，在用盡人爲的力量之後，才求助於宗教。

我知道，這樣的教育不是沒有危險的；我也不是不知道，這樣的教育可以發揮婦女的判斷力而抑制她們的想像力，使婦女雖有德行但感情冷淡，而不能成爲男人的嬌妻和親密伴侶。即使這樣的社會比較安定和更有秩序，家庭生活也往往缺乏溫暖。但是，這些還是等而次之的缺陷，而且爲了更大的利益，可以不去計較。事情到了我們現在所說的地步，使我們只能做一種選擇：必須實行民主的教育，以使婦女免遭民主的制度和民情將會給婦女帶來的危害。

# 第十章　年輕女性怎樣習得爲妻之道

在美國，婦女結婚以後，便永遠失去她的獨立自主。年輕的未婚女性雖然不像在其他國家那樣受到嚴格管束，但是成爲人妻之後，就要承擔沉重的義務。年輕的未婚女性，在出嫁前於父親家裡可以享受自由和樂趣，而出嫁後住在夫家就像進了修道院。

這兩種迥然不同的情況，或許不像人們所想像的那樣矛盾。其實，美國婦女從前一種情況過渡到後一種情況，是很自然的。

篤信宗教的人民和重視實業的民族，對於婚姻具有一種極其嚴肅認眞的觀點。前者認爲婦女在生活中循規蹈矩，是民情純樸的最好保證和最明顯標誌，後者認爲這是家庭安定和繁榮的最可靠保障。

美國人既是清教徒，又是商業民族。因此，他們的宗教信仰和經商習慣，都使他們要求婦女具有自我犧牲精神，使自己的樂趣永遠服從於事業，而在歐洲卻是很少要求婦女這樣做的。因此，在美國占有統治地位的嚴峻輿論，便把婦女牢牢地封閉在只顧家庭的利益和責任的窄小圈子裡，不准她們越出雷池一步。

美國的女青年一進入社會，便發現這些觀念早已根深蒂固，看到從這些觀念推衍出來的規矩，並很快確信自己一和當時通行的習慣背道而馳，她的安寧和聲名，甚至她的社會存在，都有立即遭到破壞的危險。但是，由於她在理智上已有堅定的認識，她所受的教育又使她養成了剛毅的習慣，所以她有順應社會的能力。

可以說正是由於她享有獨立，她才在需要犧牲的時候得以鼓起勇氣去忍受犧牲，而且毫不抵制和沒有怨言。

此外，美國婦女結婚後受到束縛，絕不是由於自己單純和無知而落入預設的陷阱。她們婚前接受的教育，已使她們知道自己將來應當如何，而且結婚這個枷鎖是她們在沒有別人干預之下自己套在脖子上的。她們勇敢地接受了新的生活條件，因爲這是她們自己選擇的。

在美國，父母的管束是不嚴的，而夫婦的約束則是很嚴的，所以一個青年女性只有經過愼重考慮和反覆衡量才結婚。在美國，絕沒有早婚現象。因此，美國婦女只有在她們的理智經過鍛煉和達到成熟的時候，才決定結婚；而其他國家的大部分婦女，通常是在結婚之後才開始鍛煉她們的理智和使其成熟的。

而且，我絕不認爲美國婦女結婚後，在整個生活習慣方面隨即發生的這個巨大變化必定是出於輿論的壓力。在大多數情況下，她們完全是依靠自己的意志力來承受這個變化的。

擇偶的時期一到，自由的世界觀所培養和加固的那個冷靜而嚴肅的理智便告訴美國婦女：結婚後繼續輕浮和自我做主只能造成無止無休的爭吵，而絕不會得到樂趣；未婚女青年的娛樂不能成爲已婚婦女的消遣，已婚婦女的幸福源泉是她丈夫的家。由於她們事先就已看清，只有一條道路可以使其家庭得到最大幸福，所以她們一開始便沿著這條道路走下去，一直走到頭而不後退。

美國少婦表現出來的這種意志力，在適應新的情況所帶來的嚴格義務而不訴苦時，也在她們接受生活中的一切重大考驗上反映出來。

世界上沒有一個國家的個人命運像美國人那樣動盪不定。在美國，同一個人在人生的旅程中多次沉浮，即由富變窮，又由窮至富的現象，並不罕見。

美國婦女總是以冷靜而堅定的毅力來對待這種巨大變化的。可以說她們的欲望是隨著她們的貧富變化而能伸能縮的。

正如我在本書上卷所說的，每年移居西部荒涼地區的冒險家，大部分是早年定居在北部的英裔美國人。其中有許多人在故鄉本已享有舒適的生活，但仍大膽地冒險前來追逐財富。他們帶著妻子同行，使她們同嘗在從事這種事業的初期總要遇到的無數艱險困苦。我甚至在西部荒漠的邊緣地帶，也常常遇到一些在大城市的舒適環境中生長的少婦，她們幾乎是結婚後剛剛離開父母的豪華住宅，就來到森林裡的簡陋茅屋的。疾病、孤獨和沉悶，都沒有使她們喪失勇氣。她們的面容顯得憔悴，但她們的神色卻是堅毅的。她們既有憂鬱的表情，又有果敢的氣概。（B）

我毫不懷疑，這些美國少婦在她們的初等教育中，就已養成她們在這種情況下所表現出來的內在力量。

因此，美國的婦女早在年輕時期就已習得爲妻之道。她們在生活中擔當的角色改變了，日常的生活習慣也不同了，但她們的精神仍然照舊。

# 第十一章　身分平等在美國怎樣有助於維護良好的民情

有些哲學家和歷史學家說過或對人當面講過，婦女的情操是隨她們的居住地離赤道遠近而變化的，即離赤道越遠就越端莊，離赤道越近就越不端莊。這種說法是回避難題的最好辦法。按照這種說法的意見，只用一個地球儀和一個圓規，立刻就可解決人性方面表現出來的最難解決的問題之一。

我不認爲這個唯物主義理論是依據事實建立起來的。

同一個民族，在不同的歷史時期就有不同的表現，一個時期重視貞潔，而另一個時期顯得淫蕩。因此，一個國家的民情是否正派或放蕩不羈，取決於一些可變的原因，而絕不只取決於該國不變的地理位置。

我並不否認，在一定的氣候下，性的相互吸引力激起的情欲是特別強烈的。但是，我認爲社會情況和政治制度，經常是能夠激發或抑制這種天生的情欲的。

儘管訪問過北美的旅遊者們在若干問題上意見並不一致，但他們全都承認那裡的民情比其他任何地方都端莊得無限。

顯然，美國人在這一點上比他們的祖輩英國人優越得多。只對這兩個國家進行初淺的觀察，就可以證明這一點。

在英國，也像在歐洲其他國家一樣，人們總是懷著惡意評論婦女的弱點。人們經常聽到哲學家和政治家嘆惋民情不夠正派，而文學家也每天在這樣虛構他們的作品。

在美國，所有的書刊，長篇小說也不例外，都把婦女構想爲玉潔冰清，沒有人在書中講述男女的風流韻事。

美國的這種十分正派的民情，毫無疑問，部分因於它的國土、種族和宗教。但是，在其他國家也有的這一切原因，還不足以說明這個問題。因此，爲了解決這個問題，還要求助於某一特殊的理由。我認爲，這個特殊的理由就是平等和由此而來的各項制度。（C）

身分的平等，不是只依靠本身去使民情正派的，但毫無疑問它能使民情容易正派和加速正派。在貴族制國家，出身和財勢不同的一男一女，往往不能結婚。情欲可能使他們結合，但是，社會情況和由此產生的觀念，卻阻止他們結成白頭偕老的正式夫妻。因此，必然出現許多露水夫妻和不公開夫妻。這是大自然在暗中報復法律加於它的限制。

當身分的平等把男女間的一切想像和實際存在的隔障推倒之後，情形就不是這樣了。這時，任何一個少女都相信自己能夠成爲喜歡她的男人的妻子，而婚前的傷風敗俗行爲也將難於實現，因爲情欲雖然容易使人衝動和輕信，但你無法使一個女性在你完全可以自由結婚但你卻不和她結婚的時候，相信你還在愛她。

這個原因對婚後生活也發生同樣作用，只不過轉爲間接一些而已。

無論是在正陷於不合理之愛的人看來，還是在許多想要這種愛的人看來，再沒有比強迫婚姻或隨機結合更能使不合理之愛合理化了[1]。

在女性永遠可以自由選偶，而且教育使她們能夠做出最佳選擇的國家裡，輿論對她們的過錯是絕不寬容的。

美國人的嚴肅精神，也部分來因於此。他們認爲婚姻是一種負擔很重的契約，但又必須嚴格執行其中的一切條款，因爲他們事先就可以知道這一切條款，而且享有拒不締約的完全自由。

使夫婦在婚後必須更加忠貞的約束，也在使他們更加容易忠貞。

在貴族制國家，結婚的目的與其說是使兩個人結合，不如說是使雙方的財產結合。因此，有時在訂婚時男方已經上學讀書，而女方還在被哺乳。以聯合雙方的財產爲目的的夫婦關係，會使雙方心生異念，也是不足爲奇的。這是契約的本質自然產生的結果。

反之，當任何人都能永遠自己選偶，不受外來的干涉和指使時，使男女接近的，通常只能是愛好和思想的一致。這種一致又可以使他們相依爲命和鞏固夫婦關係。

我們的父輩對婚姻有過一種古怪的看法。

由於他們見到當時剛剛流行的少數戀愛結婚幾乎都造成了悲劇的結局，所以斷言這類事情聽憑當事人的心意是極爲危險的。在他們看來，萍水相逢可能比精挑細選還好。

但是，指出他們所見到的事例什麼也不能證明，並不十分困難。

首先我要指出的是：民主國家在賦予婦女以自由選偶的權利時，也要設法事先使婦女的頭腦具備進行這種選擇的知識，使她們的意志產生能夠進行這種選擇所需要的力量；而貴族制國家的少女，在不顧父母的權威而私奔，將自己委身於一個她們既無時間了解其情況，又無能力判斷其好壞的男子時，就缺乏這一切保障。因此，她們初次運用自由意志時就失誤，她們沒有受過民主教育就在結婚方面仿效民主的習慣，結果犯了如此慘痛的錯誤，都是不足爲奇的。

但是，還不止於此。

當一男一女想要突破貴族的社會情況所造成的各種不平等而結合時，他們還有許多障礙需要克服。在打破或削弱必須遵守父母之命的束縛之後，他們還要盡最後的努力去戰勝習俗的勢力和輿論的專橫。最後，當他們費盡九牛之力達到心願時，還將遭到親友的白眼：被他們打破的偏見，使親友與他們疏遠了。這種情況不久便要挫傷他們的勇氣，使他們感到心裡難受。

因此，即使這樣結婚的一對夫妻一開始就很不幸，而且後來還可能犯罪，那也不應歸咎於他們的自由選擇，而應當歸因於他們生活在一個不允許他們進行這種選擇的社會裡。

還不要忘記：粗暴地阻止一個人不犯一般的錯誤，幾乎總要同時驅使他失去理智；合法地使一個人敢於向他的時代和國家通行的觀念宣戰，同時也要讓他在精神上做好進行暴力和冒險的鬥爭的一定準備，而凡是具有這種性格的人，不管他走到哪裡，都很少能夠得到幸福和很少能夠有善行。順便提一下，在一些最必要和最神聖的革命中，之所以很少見到溫和而穩健的革命家，其原因就在於此。

因此，在貴族制度時代，一個男人與一個女人萍水相逢，一見鍾情，除了個人的意見和愛好以外，其他一切條件都不考慮，就倉促結爲夫妻，而婚後不久就見異思遷而亂搞和出現悲劇，乃是無須驚奇的。但是，如果這種結合能按事物的常規和自然秩序進行，受到社會情況的支援，承認父母的權威，得到輿論的讚揚，則毫無疑問，家庭內部的和睦將更增加，夫妻間的忠貞將更好地得到遵守。

在民主國家，幾乎所有的男人都參與政治生活，從事一種職業；另一方面，由於家庭的財產不多，做妻子的就不得不終日留在家裡，以便親自主持家政，精心管理家務的一切細節。

男女雙方的這種性質不同的必須承擔的勞動，就像一道天然的屏障妨礙著性生活，使一方的性衝動日益稀少和不如以前興奮，而另一方的抵制也便更加容易。

這並不是說身分的平等一定能使男人忠貞不已，但它能使男人的傷風敗俗行爲減少危險性。由於這時誰也沒有餘暇和機會去評論某人是否想保持貞操，所以就出現了既有大量的娼婦，又有眾多的貞節婦女的現象。

這種情況雖然造成了個人的可悲不幸，但並不妨礙整個社會繼續活躍和堅強。它既不會破壞家庭的紐帶，又不會使民情頹靡。使整個社會陷入危險的並不是某幾人的嚴重腐化，而是所有人的普遍墮落。在立法者看來，賣淫遠遠沒有通姦可怕。

平等使人所過的這種忙亂和到處奔波的生活，不但使人無暇沉湎於談情說愛，而且還透過一個比較隱祕的、但是比較可靠的辦法，使人避開談情說愛。

生活在民主時代的人，或多或少都有點工商階級的思維習慣；他們的頭腦比較嚴謹，注重實際，愛用心計，可以隨時不囿於理想而追逐某一擺在眼前的目標，把這一目標視爲自然的和必然的嚮往對象。因此，平等並沒有破壞人們的想像力，但卻限制了它的活動，只准許它在地面上低空盤旋。

民主國家的公民最不願意幻想，也絕不喜歡悠然耽於通常是在事前發生並可能使心情起伏的孤獨冥想。

不錯，他們十分重視那種可以使生活美好與安定的深厚、認眞和恬靜的情感，但不願意追求那些可以干擾生活並使生命縮短的強烈並且難於控制的激情。

我知道，以上所述只適用於美國，目前還不能普遍地推廣於歐洲。

五十多年以來，法律和習慣雖以空前的努力驅使許多歐洲國家走向民主，但仍不見這些國家的男女關係變得比較正派和純眞。在某些國家，情況還適得其反。有些階級在這個問題上是很嚴肅的，但從整個國家來說，這方面的道德是比較差的。我不怕指出這一點，因爲我的心情主要是想美化我的同時代人，而不是想非難他們。

這個局面當然使人傷心，但也不必害怕。

民主的社會情況對習慣的正常化可能發生的良好影響，是只有經過一段時間才能顯示出效果的現象之一。如果說身分的平等有利於良好的民情，那麼，社會在生產這種平等時出現的陣痛，則有害於良好的民情。

在法國不斷改變自己面貌的近五十年來，我們並沒有獲得很多自由，但動亂卻是經常發生的。在思想發生這樣的普遍混亂，輿論處於這樣的搖擺不定的時候；在是非、眞假、功過混淆得如此難辨時期，社會的公德遭到了懷疑，而個人的私德則處於崩潰狀態。

但是，我國所發生的一切革命，不管其目的何在和由什麼人進行的，最初都產生了同樣的後果。甚至那些以加強了道德而結束的革命，在開始的時候也是鬆弛了道德的。

我不認爲我們屢見不鮮的動亂將會長期繼續下去，一些奇妙的徵兆已在顯示這一點。

最腐敗透頂的，是失去了權力之後仍然保持著財富的貴族，因爲他們享盡了庸俗的消遣之後，仍有大量的時間去花天酒地。他們失去了曾經使他們興旺的熱烈激情和偉大思想，而只剩下了一大堆看來很小但腐蝕性很大的惡習，像蒼蠅集聚在屍體上一樣，緊緊地附著在他們身上。

誰也不否認，上一個世紀的法國貴族是極其放蕩的。但是，傳統的習慣和古老的信仰，仍能使其他階級尊重道德。

誰也不能不同意，在我們這個時代，這個貴族的殘餘還能在一定程度上維護原則的嚴肅性，而社會的中下階層反而日益破壞道德。結果，五十年前生活上最爲放縱的家庭，今日卻成了最守規矩的模範家庭，使人覺得民主好像只是透過貴族階級才使道德向上了的。

法國大革命雖然分掉了貴族的財產，強迫他們把精力集中於自己的私事和家庭，規定他們必須和子女住在一起，但卻使他們的頭腦比以前清晰和嚴肅了。因此，法國大革命使貴族在不知不覺之中學會了尊重宗教信仰、愛好秩序、愛好平凡的娛樂、愛好天倫之樂和家庭幸福，但本來持有這些愛好的其他階層，卻乘推翻法制和政治習慣所需的努力的餘威，走上了破壞秩序的道路。

法國的舊貴族忍受了大革命所造成的一切後果，但他們並沒有由此也產生革命激情，也萌生革命之前通常會有的無政府主義念頭。不妨這樣設想：他們預感這場革命將會對自己的生活方式發生健康的影響，比從事革命的那些人還早。

因此，儘管乍一聽來有點聳人聽聞，但是我們仍然要說：今天在民主理所當然造成的道德方面表現得最好的，反而是國內最反對民主的那些階級。

我不能不認爲，在我們已經享有民主革命的一切成果的時候，只要消除革命所造成的混亂，現在只被少數人認爲是眞理的一些東西，就將逐漸爲所有的人所接受。

## ◆本章注釋◆

【1】讀一讀歐洲的各種文學，就不難確認這個眞理。

當一位歐洲作家想要在一部小說中描寫我們在婚姻中常見的悲慘結局時，他必然先向讀者交代這是一對很不般配的或強制結成的夫妻，以引起讀者的同情。儘管長期以來已經養成的過分寬容的人生態度至今仍在鬆弛我們的民情，但是作家如不先把書中人物的缺點描寫得情有可原，他就很難使我們對他們的不幸遭遇表示關心。這種寫法準保作家獲得成功。我們天天所見的一切，也在薰陶我們採取寬容態度作為長遠之計。

美國的作家不會向他們的讀者表示他們對書中人物的缺點持有如此明顯的原諒態度。他們的習俗和法律不准他們如此，而且由於他們沒有指望將來可以描寫淫蕩情節，所以他們便不想寫這些東西了。美國出版的長篇小說所以很少，應當部分地歸因於此。

# 第十二章　美國人怎樣理解男女平等

我已經敘述了民主是怎樣消滅或改變社會所造成的各種不平等的。然而，是否僅止於此和民主最後能否對於至今似乎始終以人性爲基礎的重大的男女不平等發生影響呢？

我認爲，使父子和主僕，總的說來就是使尊卑處於平等地位的社會運動，也在提高婦女的地位，並且必將逐漸使婦女與男人平等。

但是，我向來沒有像在這裡這樣感到有必要詳細說明我的意見，因爲沒有一個題目比這個題目更可以使當代人信口雌黃了。

在歐洲，有些人抹殺男女的性別特點而力主男女不但是平等的人，而且是完全相同的人。他們賦予男女同樣的職責，給予男女同樣的義務，授予男女同樣的權利，也就是在勞動、娛樂和公務等一切方面抹殺男女的差別。我們可以不難想到：強制兩性平等，反而會損害雙方；硬叫男子去做本來應當由女子去做的工作或者相反，必然出現一些柔弱的男人和一些粗野的女人。

因此，這不是美國人所理解的那種可在男女之間建立的民主或平等。美國人認爲，既然老天爺使男女在身心方面存在極大的差別，那它顯然是要讓男女各自運用他們的不同特點。美國人確信，進步並不是使性別不同的人去做幾乎相同的工作，而是讓男女各盡所能。美國人把指導當今工業的偉大政治經濟學原則應用到兩性方面來了，即細分男女的職責，以使偉大的社會勞動產生最好的效果。

美國是世界上最注意和最堅持在兩性之間劃清行動界限的國家。美國人希望兩性同步前進，但所走的道路永遠不同。你絕不會見到美國婦女去管家務以外的事情，去做買賣和進入政界；而且也絕沒人強迫婦女下田去幹粗活，或做需要強壯勞力的重活。沒有一個家庭窮到破例而為的地步。另一方面，既然美國婦女無法走出寧靜的家務活動小圈子，那也就從來沒有人強把她們從其中拉出來過。

因此，經常表現出男子般的智力和剛強毅力的美國婦女，一般仍保持著極其嬌柔的風度，而且儘管她們的頭腦和心胸不讓鬚眉，但她們在舉止上卻永遠是巾幗。

美國人從來沒有想到實施民主原則將導致推翻夫權和打倒家庭內部存在的權威的結果。他們一向認為，任何團體，要想有效地活動，必須有一個首領，而夫妻這個小團體的天然首領就是丈夫。因此，他們絕不反對丈夫有權指揮自己的配偶，並且認為在夫妻的小家庭裡，猶如在廣大的政治界，民主的目的在於規定必要的權利並使它們合法，而不是破壞所有的權利。

這是一種並非男性所獨有而為女性所反對的意見。

我從來沒有見到美國婦女認為丈夫行使他的權利就是侵奪她們的權利，更沒有見到美國婦女認為這是使她們屈辱服從。恰恰相反，我好像發現她們把心甘情願放棄自己的主見視為一種光榮，將她們的偉大表現在自動就範而不反抗方面。這至少是婦德很好的美國婦女的意見，而其他美國婦女並沒有公開發表自己的見解。另外，在美國，你根本聽不到一個淫亂的妻子在她踐踏自己的最神聖義務時會大吵大鬧，主張自己的女權。

常有人說：在歐洲，即使男人對女人極盡奉承之能事，也總帶有一定的輕視之意；儘管歐洲男人往往表現得像女人的奴隸，但你可以看出，他們從來沒有眞心認爲女性與他們平等。

在美國，男人很少恭維女性，但他們的每天表現，卻證明他們尊重女性。

美國男人經常使人們看到他們完全相信配偶的智力，十分尊重配偶的自由。他們斷定配偶的頭腦也能像男人那樣去發現純正的眞理，配偶的心胸也堅定得足以追隨這種眞理。他們從來沒有想從成見出發，用婦女愚昧無知和膽小怕事來說明自己的德行比配偶的高明。

然而，在男人那樣容易受女人支配的歐洲，男人卻似乎否認婦女具有人類的某些主要屬性，認爲婦女雖然迷人，但不是完全的人；尤其使人驚奇的是，婦女本人的看法也居然如此，她們向來認爲表現自己無用、軟弱和怯懦是她們的特權。美國婦女絕不要求這種權利。

另一方面，我們還可以說，我們的民情實際上使男人獲得了一種奇怪的豁免權，以致好像有一套道德規範是專爲男人規定的，而他的配偶則有另一套道德規範；而且按照輿論，同一種行爲在婦女身上是犯罪，而在男人身上則是小小的過錯。

美國男人絕不會理解權利和義務的這種不公平分配，在他們看來，誘姦者和受害者是同樣不光彩的。

不錯，美國男人很少像歐洲男人那樣向女性百般地獻殷勤，而是經常以行動表示他們設想婦女是貞潔和賢慧的。他們對婦女的精神自由十分尊重，以致在有婦女在場時，每個人在談話中都很謹愼，害怕讓她們聽到使她們感到不快的言辭。在美國，一個年輕姑娘可以隻身長途旅行而不必害怕。

美國的立法者雖然減輕了刑法典中的幾乎所有懲罰條款，但仍對強姦罪定有死刑，而且輿論對這種罪也口誅筆伐得最爲厲害。這是可以理解的，因爲美國人認爲最珍貴的東西是婦女的貞節，最應該尊重的東西是婦女的自由，最應該嚴加處罰的人是強行使婦女失去貞節和自由的人。

在法國，對這種罪判得很輕，往往很難見到一個陪審團做出有罪判決。這是輕視貞節還是輕視婦女呢？這不能不使我認爲，這是兩者兼有。

因此，美國人雖不認爲男人和女人有同樣的義務和權利去做同樣的事，但對男女的作用卻作同樣的估價。他們認爲男女的命運雖然不同，但作爲人來說價値卻是相等的。他們沒有讓女人的勇氣也像男人那樣堅毅，也沒有讓女人像男人那樣去使用自己的勇氣，但他們絕不懷疑婦女具有勇氣。他們雖然認爲夫婦不應當永遠同樣地運用各自的理解力和理智，但至少承認女性的理智與男性的同樣清晰，女性的理解力與男性的同樣可靠[1]。

因此，讓婦女在社會上處於下層的美國人，卻在智力活動和道德領域中竭力把婦女提高到與男人相同的水準，而且在這方面，他們使我覺得他們對於民主進步的眞正含義有令人欽佩的理解。

至於我，我要毫不猶豫地聲明：儘管婦女在美國還很少有人走出家庭的小圈子，在一定程度上還具有很大的從屬性，但她們的地位無處不使我覺得還是很高的。現在，在我即將寫完這本講了美國人做了那麼多重大事情的時候，要是有人問我你以爲這個國家的驚人繁榮和國力蒸蒸日上主要應當歸功於什麼，我將回答說：應當歸功於它的婦女們優秀。

◆本章注釋◆

[1] 參閱福爾索姆：《婦女與民主社會》第六一三頁及以下幾頁。——法文版編者

# 第十三章　平等怎樣自然而然地將美國人分成許多私人小團體

人們可能認爲，民主制度的最終結果和必然效果，是使全體公民在私人生活方面也像在政治生活方面那樣融合起來，並強制他們全都過同樣的生活。

這樣，將會對民主所產生的平等做出極其粗淺和極其蠻橫的解釋。

任何社會情況和任何法制，都不可能使人們相似得在教育、財產和愛好方面沒有一點兒差別；即使不同的人有時候可能發現齊心協力去做同一件事對他們有利，但是你也得承認，他們絕不會從其中發現樂趣。因此，他們無論如何要逃避立法者規定的限制，並在逃脫立法者試圖限制他們的活動而爲他們規定的某種範圍時，就建立起一些因條件、習慣或品德相似而結成的私人小團體，與大的政治團體並存。

在美國，凡是公民，誰也不比誰高人一等；他們既不需要彼此服從，又不需要相互尊敬；他們共同執法，共同治國，總之，就是大家合在一起去處理對共同的命運發生影響的事務。但是，我從來沒聽說有人主張大家以同樣方式去消遣，或使男女混雜在同一場所遊樂。

在政治集會和司法審判的大廳裡那樣經常混在一起的美國人，在私人生活方面卻審愼地將自己分成爲許多很不同的小團體，以便在那裡享受私人生活方面的樂趣。每個公民都樂意承認全體同胞一律平等，但只認爲其中的極少數人是他的朋友和客人。

我認爲這是很自然的。公共生活的圈子越大，私人關係的範圍就要縮小。我不但想像不出新社會的公民最後會在生活上一模一樣，反而覺得他們可能形成許多小圈子。

在貴族制國家，每個階級都像一座大城市，本階級的成員不得出來，其他階級的成員不得進去。各個階級之間不相往來，但在每個階級內部，人們是一定要往來的。即使他們的天性並不相同，但身分的基本一致要使他們接近。

而當法律和習慣都沒有規定在某些人之間建立頻繁和經常的關係時，則觀點和思想傾向的偶然一致，可能對建立這種關係發生作用。因此，私人組成的團體各有各的特點。

在民主制度下，公民永遠相差無幾，自然感到互相接近得隨時都可能融合爲一體，所以便人爲地和隨意地制定出許多小圈子，而每個人則試圖依靠這種小圈子拒他人而遠之，唯恐身不由己地與眾人合流。

這種情況將永遠存在下去，因爲人們可以改變自己創造的制度，但不能改變自己本身。無論社會怎樣竭盡全力去使公民平等和相同，個人的自傲心總要試圖阻止人們走上同一水準，希望在某一方面造成對己有利的局面。

在貴族制度下，人們被不可逾越的高高壁壘所隔開；在民主制度下，人們被許許多多細得幾乎看不見的線所隔開，人們雖然隨時都可以沖斷這些線，但這些線也可以不斷移動位置而重新連接起來。因此，無論平等發展到多麼高的地步，在民主國家裡總要形成大量的私人小團體，讓它們分布在大的政治社會的汪洋大海之中。但是，這些小團體的成員沒有一個在儀表上跟領導貴族國家的上等階級相同。

# 第十四章　對美國人的儀表的若干考察

乍一看來，似乎再沒有什麼東西比人的行爲外表更不重要的了，然而人們之重視行爲外表卻勝過一切東西。人們除非生活在一個不講儀表的社會裡，在待人接物時才沒有一定的舉止習慣。因此，社會情況和政治情況對儀表的影響，是很值得認眞研究的。

一般說來，儀表來自民情的基礎本身；此外，它有時也是某些人之間約定成俗的結果。儀表既是天生俱有的，又是後天獲得的。

當一些人認爲不費周折和不經努力自己就可出人頭地，覺得自己每天都有等待他們去完成的重大工作擺在眼前而讓別人去處理一些小事，感到自己生活在非由本身創造的財富之中也不怕失去財富的時候，你就可以設想他們對小小的利益和生活上的物質享受持有一種高傲的輕視感，他們的思想中有一種流露於語言和儀表上的自然偉大感。

在民主國家裡，人們的儀表一般都不大威嚴，因爲私人的生活沒有高大之處。人們的儀表往往是不拘小節的，因爲民主國家的人只忙於家務，很少有機會去講究儀表。

儀表的眞正尊嚴在於經常表現得適得其所，既不高亢又不低卑。這一點，農民和王公都能做到。在民主國家裡，所有人的地位並不是一成不變的，所以人們的儀表往往是傲慢的，很少有尊嚴的表現。此外，民主國家的人的儀表既沒有嚴格的規範，又不需要經過嚴格的訓練。

生活在民主制度下的人過於好動，流動性很大，以致有些人很難養成彬彬有禮的儀表，即使養成也不能長期遵守。於是，每個人幾乎都可以任意行動，在儀表上經常有一種互不連貫的表現，因爲每個人的儀表主要是根據個人的思想和感情形成的，而不是根據供所有的人模仿的理想典範形成的。而且，這一點在貴族制度剛被推翻時，比在貴族制度已被推翻很久以後表現得明顯。

結果，新的政治制度和新的民情，便把教育程度和生活習慣還有很大差異的一些人聚集在同一地點，並往往強迫他們共同生活，從而使社會的斑駁景色隨時可以看到。人們還依稀記得以前有過嚴格的禮儀典範，但已經忘卻它的內容和出處。人們失去了共同的儀表準則，但還不想永遠拋棄它，而是力圖用舊規矩的殘片，來建立某種任意規定的和可以隨時改變的儀表準則。結果，儀表既不像貴族制度時期，人們經常表現的那樣彬彬有禮和威嚴尊重，又不像民主制度下，人們有時表現的那樣樸素和大方。儀表顯得既受拘束又不受拘束。

這不是正常狀態。

當平等實行得很全面和很持久，而所有的人差不多都有相同的思想和做相同的工作，不需要經過互相商量和模仿而使彼此在行動和語言上一致時，人們便可以不斷發現他們的儀表雖有很多細小的差別，但無重大的不同。儀表永遠不會完全相同，因爲它沒有同一模式。儀表也永遠不會有極大的差別，因爲它有同一社會條件。初到美國時，可能覺得全體美國人的儀表完全一樣。只有仔細觀察，才能發現其中的細微差別。

英國人最愛嘲笑美國人的儀表，但很奇怪，向我們作如此可笑描述的作家本人，大部分屬於也有如此可笑舉止的英國中產階級[1]。因此，這些筆下無情的挖苦者本人，通常都是他們挑剔於美國人的那些舉止的身體力行者。他們沒有感到這是自己嘲弄自己，從而使他們本國的貴族覺得可笑。

再沒有比人們的舉止的外表形式更有害於民主的了。許多人寧願遷就民主的缺陷，而不肯採取民主時代應有的儀表。

但是，我並不認爲民主國家的人的儀表一無可取。

在貴族制國家裡，凡是生活接近上層階級的人，一般都力圖裝得跟上層階級一樣，所以出現種種荒唐可笑的模仿行爲。民主國家的人民既然沒有可供學習的威嚴儀表做榜樣，所以他們至少免去了每天履行討厭的模仿的義務。在民主國家裡，人們的儀表從來不像貴族制國家那樣講究文雅，但也永遠不粗暴。既聽不到下流人的那種粗野語言，又聽不到上流人的那種出口成章的高雅談吐。民主國家的習俗往往平淡無奇但絕不粗野和低賤。

我曾經說過，民主國家不可能制定彬彬有禮的舉止準則。這既有不便之處，又有它的好處。在貴族制國家裡，一套一套的禮節規矩強使人人舉止一致。這些規矩不顧個人的性格特點，硬把同一階級的全體成員塑造成外表相同的人。它們文飾每個人的個性，把它的眞面目隱藏起來。在民主國家裡，人們的儀表既不像在貴族制國家那樣文質彬彬，又不像在貴族制國家那樣寸步離不開規矩，但往往是誠誠懇懇的。在這裡，人們的儀表像一層織造得並不太好的薄紗，透過這層薄紗可以容易看到每個人的眞正感情和個性化思想。因此，人們行動的外表和內容往往極爲一致，而它所反映的人的品質雖然不那樣絢美，但卻十分眞實。從某種意義上來說，也可以認爲民主的效果並不是完全要使人們具有一定的儀表，而是阻止人們具有一定的儀表。

有時在一個民主國家裡可以見到貴族的觀點、激情、美德和惡行，但你絕不會看到貴族的儀表。當民主革命澈底完成的時候，貴族的儀表便不復存在和永遠消失了。

乍一看來，似乎沒有任何東西再比貴族階級的儀表更能持久地存在下去，因爲這個階級在喪失它的財產和權勢之後，它的儀表還能存續一個時期；然而，又似乎沒有任何東西再比貴族的儀表更爲脆弱的了，因爲在它消失之後便一點兒痕跡也沒有了，以致很難說它曾經存在過。社會情況的變化，創造了這個需要幾代人的努力才能完成的奇蹟。

貴族制度的主要特點，在貴族制度消亡之後還可以成爲歷史的遺跡；而貴族高雅、規規矩矩的舉止方式，則幾乎隨著貴族制度的崩潰而被人們遺忘。只要人們見不到貴族的舉止方式，也就無從想起它了。它的消逝既沒有被人看到，又沒有被人感覺到，因爲人們只有事先在習慣上和教育上有思想準備，才能體會到從區別和選擇儀表當中獲得的美好感覺，而且這種美好感覺將隨著停止採用選定的儀表而容易消失。

因此，民主國家的人民不但不會有貴族的儀表，而且不會想到和希望有貴族的儀表。他們想像不出貴族的儀表是什麼樣子。對於他們來說，好像那樣的儀表從來沒有存在過似的。

對於這樣的損失不應當過於重視，但是值得表示遺憾。

我知道，往往會看到一個人舉止十分高雅，但其情感卻十分庸俗；在法庭上可以清晰地看到，道貌岸然的外表往往可能隱藏著非常卑鄙的心腸。貴族的儀表雖然算不上一種美德，但有時可以粉飾美德。一個人數眾多和力量強大的階級的通常表現並不是如此，而是時時刻刻都以其生活上的一切外在表現，來顯示其感情和思想好像生來就是高尚的，其愛好好像是高雅和合理的，其舉止好像是文質彬彬的。

貴族的儀表使人對人性產生了美麗的錯覺。儘管貴族的儀表往往是虛偽的，但會使人產生一種喜歡看它的高尚感覺。

◆本章注釋◆

【1】參閱弗朗西絲·特羅洛普：《美國人的家庭禮節》，新版本（倫敦，一九二七年）。托克維爾可能引用過這部著作的第一版，在一八三二年刊行於倫敦。——法文版編者

# 第十五章　論美國人的嚴謹精神和這種精神爲什麼未能防止美國人往往做出考慮欠周的事情

生活在民主國家裡的人，絕不喜歡貴族制度下的老百姓所熱衷的那些純樸、喧鬧和粗俗的消遣，認爲這種消遣幼稚和無聊。他們對於貴族階級高雅的文化娛樂也不愛好。他們要在享樂當中得到某些具有生產價值和實際補益的東西，希望一舉兩得：既得到享樂，又得到實益。

在貴族制社會裡，老百姓容易沉湎於熱熱鬧鬧、痛痛快快的氣氛之中，以暫時忘卻生活中的苦難。民主社會的居民不喜歡這樣的放縱忘形，他們一旦自己失控，總是表示後悔。他們不喜愛這種輕浮的狂歡，而喜愛那種與做工作相似和不會使他們把工作拋到九霄雲外的嚴肅而安靜的享樂。

在歐洲大部分的國家，人們在工餘之暇，一般都到公共場所去跳舞娛樂，而與這樣的歐洲人職業相同的美國人卻不會如此，他要把自己關在家裡獨酌。這個人把兩種享樂結合在一起：一面在考慮自己的生意，一面在家裡微醺於醉意。

我本以爲英國人是世界上最嚴肅的民族，但我看到美國人以後便改變了看法。

我並不想說氣質未對美國人的性格發生重大作用，但我認爲政治制度對他們性格的影響更大。

我相信美國人的嚴謹精神，還有一部分來源於他們的自尊心理。在民主國家裡，一個窮人也十分重視人格的價值。他覺得自己並不比別人差，而且一相情願地以爲別人也會這樣看待他。在這種心情支配之下，他一言一行都很謹愼，絕不玩物忘形，以免暴露自己的缺點。他認爲，要想使人看得起，就得自尊和嚴肅。

但我覺得，美國人之所以有這種使我感到吃驚和似乎來自本能的嚴謹精神，還有一個更爲重要和更爲強大的原因。

在專制制度下，一般老百姓雖然有時忘乎所以，耽於狂歡。但是，一般說來，他們還是鬱鬱不樂和沉默寡言的，因爲他們害怕專制制度。

在王權受到習慣和民情節制的君主國家，一般老百姓往往心平氣和，精神愉快，因爲他們享有一定的自由和極大的安全，不必爲生活過於擔憂。但是，凡是享有自由的人民都是處事嚴謹的，因爲他們始終不忘事業是不會一帆風順而無艱險的。

對於建立了民主制度的自由國家的人民來說，情況尤其如此。在這樣的國家裡，各個階級都有很多人經常參與國家大事，而那些不想管理公有財產的人，則專心致力於增加個人的財富，因此，嚴謹精神在這樣的國家裡就不是爲某些人所特有，而成爲一種民族的習性。

人們經常談到古代的一些小共和國，說它們的公民戴著玫瑰花環聚會於公共場所，幾乎把全部時間都消磨在跳舞和觀看戲劇上了。我之不相信這樣的共和國甚於不相信柏拉圖的共和國[1]。如果事實眞如他們所說的那樣，我也敢於斷言，他們所設想的共和國的構成要素，是與我們所說的共和國的構成要素大相徑庭的，除了名稱一樣以外，兩者毫無共同之處。

另外，我們也不要以爲生活在民主制度下的人覺得終生辛苦和可悲。情況恰恰相反。沒有一個地方的人能像他們那樣安於自己的處境。要是沒有使他們操勞的事情，他們反而感到人生乏味了。他們樂於操勞甚於貴族樂於享受。

我不禁尋思，如此嚴謹的民主國家，人民爲什麼有時候做事那樣考慮欠周。幾乎經常保持冷靜態度和舉止穩重的美國人，卻往往不能自我克制，在心血來潮或輕率判斷之下越出了理性的界限，做出一些荒唐的事情來，而且做得很認眞。

對這種矛盾現象不應該吃驚。

有一種無知是由於知之過多而造成的。在專制國家裡，人們之所以不知如何行事，是因爲沒有人對他們進行任何指教；而在民主國家裡，人們之所以往往貿然行事，是因爲有人想把一切都告訴他們，使他們知道的東西過多了。前者是什麼也不知道，後者是把知道的東西都忘了。雙方的主要特點，都是像一幅畫似的，只有輪廓而無景物的細膩描繪。

使人感到奇怪的是，在自由國家，尤其是在民主國家，公職人員有時出語不遜或行爲輕率，也不會危害他的地位；而在君主專制國家，公職人員只是隨便說出的幾句話，就足以使他丟掉官職，而永無挽回的辦法。

以往的許多事件都在證明這一點。當你面對亂糟糟的一大群人講話時，有許多話不會被人聽見，而且即使聽到了，也很快被人忘掉；但當你面對一群洗耳恭聽你的話的人講話時，哪怕是講得聲音很低，也能被人聽見。

在民主國家裡，人們從來不死守在一個地方不動，有很多機會使他們不斷遷居，他們的生活幾乎總是被一種我不知道稱呼的力量，或許可以稱之爲即興的力量所支配。因此，他們往往在這種力量的支配下去做他們沒有學會的事情，去說他們根本沒有理解的話，去從事他們沒有經過長期學習的工作。

在貴族制度下，每個人只有一個終生追求的目的；而在民主國家裡，人們的生活是極爲複雜的，同一個人往往同時懷有幾個目的，而且各個目的之間經常沒有聯繫。因爲他們不能對每個目的都有清晰的認識，所以容易安於一知半解。

民主國家的居民即使不受貧困的逼迫，至少也要受欲望的逼迫，因爲他們看到周圍的一切財富或福利，沒有一件不是他們伸手可及的。因此，他們急於去取得一切東西，去做一切事情，而且做得差不多就滿意了，對他們的每個行動從不用一點時間去問其所以。

他們的好奇心既是永無止境，又是容易得到滿足，因爲他們所熱望的是儘快地知道很多東西，而不是深刻地認識這些東西。

他們沒有時間，而且主要是沒有興趣去深入研究事物。

總之，民主國家的人民之所以嚴謹持重，是因爲他們的社會情況和政治情況不斷地驅使他們去從事必須認眞辦理的工作；而他們之所以有時行爲輕率，則是因爲他們只有不多的時間和精力去做其中的每一項工作。

注意力不集中的習慣，應被視爲民主精神的最大缺陷。

## ◆本章注釋◆

[1] 對於我們來說，主要是應當理解托克維爾的社會學方法，而不管他信不信柏拉圖的共和國。托克維爾

既沒有柏拉圖式的烏托邦思想，又沒有他同時代人的那些烏托邦觀點。參閱路易・雷博：《關於現代改革家或社會主義者的研究》，第三版，共兩卷（巴黎，一八四二年）；勞倫斯・馮・史坦恩：《法國社會主義運動史》，新版本，共三卷（慕尼黑，一九二一年）。——法文版編者

# 第十六章　美國人的民族自負心爲什麼比英國人的輕浮和喜歡沽名釣譽

所有的自由人民都是自豪的，但民族自豪感的表現形式並不一致。（D）

美國人在與外國人交談時，一小點兒批評都忍受不了，而對讚美之詞則總嫌不夠。一句微不足道的褒語，他們都聽得順耳；無論把他們捧得怎麼高，也很少能使他們滿足。他們總是糾纏你，讓你讚美他們幾句；要是你置之不理，他們便會自我讚美一番。有人說過，由於他們自己都懷疑本身的優點，所以總想讓別人在他們面前稱讚他們幾句。他們的自負心不但貪婪，而且輕浮並有嫉妒情緒。這種自負心喜進不喜出，既想沽名又想釣譽。

我曾對一個美國人說他的國家很好，他立即回答說：「沒錯，世界上沒有一個國家可以比得上它！」我又讚美美國人享有自由，他回答說：「自由是珍貴的禮品！但沒有幾個國家有資格享受它。」我指出美國的民情純樸，他接著說：「我想像得出，一個曾在其他國家目睹貪汙腐化現象的外國人，看到這種純樸的民情會大吃一驚。」後來，我讓他考慮一下自己做得怎麼樣；但他卻叫我回到原來的話題上來，非得讓我把方才的話重複一遍絕不甘休。這種執拗而令人討厭的愛國精神，眞是使人難以想像，連稱讚這種精神的人也感到厭煩了。

英國人可不是這樣。他們對本國確有的優點或他們認爲有的優點並不宣揚，而只是在內心裡自詡。他們既不稱讚別的國家，又不要求別人稱讚他們的國家。聽到外國人的貶語，他們不會發火；而聽到外國人的頌揚，他們也不會受寵若驚。他們對待全世界保持著一種既傲慢又顯得無知的態度。他們的自豪感不需要別人培養，而由自己提供養料。

兩個族源基本相同的民族，在舉止和言談上卻大相徑庭，實在令人驚奇。

在貴族制國家裡，達官顯貴們自有其高傲感所賴以存在的莫大特權，不必依靠他們歷數本國的優點去培養這種感情。這些特權是他們由祖輩繼承下來的，所以被他們視爲本身的一種不可缺少的東西，或者至少是他們生而即有的天賦權利。因此，他們對於自己的優越性有一種坦然自若的感覺，絕不想在人們面前顯示他們的那些人所共知和沒有人反對的特權。他們並不覺得這些特權有什麼了不起，以致可以構成話題。他們固若泰山，獨享高貴，深知不必炫耀自己也會引起世人的注意，確信沒有人企圖推翻他們。

在貴族處理國務的時候，他們的民族自豪感自然要採取這種自視甚高的旁若無人的形式，而國內的其餘一切階級也隨之效仿。

反之，當身分的差別不大時，一小點兒優勢也具有重大意義。人人一見到周圍有成千上萬的人也具有與自己完全相同或類似的優勢後，他們的自豪感就會變爲貪婪的和嫉妒的；微不足道的利益，他們也要力爭，而爭到手之後，便抓住不放。

在民主國家裡，人們的條件是經常變動的，所以他們擁有的優勢幾乎總是不斷更新。這就使他們無止無休地顯示自己的優勢，以便叫別人看到和使自己相信自己確實擁有優勢。但這種優勢隨時都有失去的可能，所以他們總是惶惶不安，並極力顯示自己還有優勢。生活在民主國家的人，愛他們的國家有如愛他們自己，並把他們個人的自負心轉變成民族自負心。

民主國家人民的浮誇輕佻的自負心，來源於他們的身分平等和條件容易變動，以致一些最高尚的人在他們生活當中的一些小事情有所變動時，也準會顯示出他們的愛憎。

貴族階級由於特權的範圍大和持續時間長，而與其他階級大不相同。至於貴族成員之間有時出現的差異，則只是由於隨時可以獲得或失去的暫時小利益而造成的。

但是，一個強大的貴族階級的成員們，有時爲了爭奪主子隨心所欲賜予的一小點特權，而聚集到首都或宮廷互相爭吵。這時，他們必定互相攻訐，彼此眼紅得使民主制度下的人感到可笑，爲得到一小點利益而互不相讓，並用各種理由證明他們也需要享有這種利益。

一旦阿諛奉迎的人也有了民族自豪感，我毫不懷疑，他們也會像民主國家的這號人一樣來顯示這種自豪感。

# 第十七章　美國的社會面貌爲什麼既千變萬化又單調一致

大概，任何東西也不如美國的社會面貌適於激發和產生人們的不可思議感。在美國，人們的命運和思想，國家的法律，都在不斷地改變。可以說由於人力每天都在改造自然，不動的自然本身也動起來了。

但是，一經長期觀察，這個社會的如此千變萬化的景象反而顯得單調一致；而且，觀察者對這個如此變動無常的景象觀察一段時間之後，還會感到厭煩。

在貴族制國家，每個人幾乎都永久固定於自己的活動領域，但人與人之間卻有極大的差別，每個人的感情、思想、習慣和志趣均有本質的不同。看來什麼都是一樣，但樣樣又均有不同。

反之，在民主國家，所有的人都是相同的，並做著基本上相同的工作。不錯，他們要隨著社會的巨大和不斷的變化而沉浮，但成功和失敗是經常反覆的，所以只是演員的姓名改了，劇情並沒有變化。美國的社會面貌是千變萬化的，因爲那裡的人和物都在不斷地變化；但它又是單調一致的，因爲那裡的一切變化都是千篇一律的。

生活在民主時代的人有充沛的熱情，但大部分熱情都歸結於愛財或出於愛財。這不是因爲他們的精神意境不高，而是因爲金錢的作用在他們那裡實在太大。

當全體公民都是獨立自主和沒有差別的時候，只有依靠金錢才能得到他人的合作。這就使財富的作用無限擴大，使財富的價值增加。

以崇古守舊爲基礎的權威一旦不復存在，出身、地位和職業也不再是區分人的標準，或者說它們已經不能使人有高低之分了，而只有金錢能使人與人之間有顯著的差別，能使某些人比他人突出。建立在財富之上的差別，隨著其他差別的消失和縮小而擴大。

在貴族制國家，金錢只能把人引到龐大的欲望圈的某幾個點上；而在民主國家，金錢則好像能把人引到這個圈的所有點上。

因此，我們到處都可見到，愛財是美國人行動的主要動機或次要動機。這使美國人的一切熱情都具有了愛財的色彩，以致在你看到這種情況之後感到討厭。同樣的熱情如此相繼出現，就使人感到單調了；而滿足這種熱情的每個具體過程，也同樣是單調的。

在像美國這樣的秩序安定的立憲民主國家裡，人們不能依靠戰爭、假公濟私或透過政治手段沒收財產的辦法而致富，所以愛財之心使人大都獻身於工商業了。但是，由於工商業往往會導引嚴重的混亂和失敗，所以如無訓練有素的經營方法，如不透過劃一的小型活動長期積累成功的經驗，是無法使工商業繁榮的。經營工商業的熱情越強，經營方法也越能訓練有素，活動也越能劃一。可以說使美國人能夠如此有條不紊的，正是他們的強烈的事業心。這種事業心雖然擾亂了他們的心靈，但卻安頓了他們的生活。

我關於美國所述的一切，也適用於當代的一切人。生活的多樣性正從人類社會逐漸消失，同樣的舉止、同樣的思想和同樣的感情正在進入世界的每個角落。這不僅是各國之間的往來日益增加和相互模仿日益準確所使然，而且是因爲每個國家的人逐漸放棄了本階級、本行業、本家族所固有的思想和感情，一起變得更加接近到處都是一樣的人的本質。因此，他們不必相互模仿，也能變得一致。他們就像分散在一片大森林裡的旅遊者，森林裡的所有道路都通向同一個地點。如果他們一起確定了集中地點，並向這一地點走去，那麼，即使他們不去互相尋找，不互相見面，彼此不認識，也會不知不覺地逐漸接近，而在同一地點相會之後會大吃一驚。不以特定的人而以人本身作爲學習和模仿對象的一切國家，終將像會合在林中廣場的旅遊者一樣，達到民情上的一致。

# 第十八章　關於美國和民主社會中的榮譽[1]

人們在公斷他人的行爲時，似乎採用著兩種截然不同的標準：有時，按照普及全球的單一的是非觀念去判斷；有時，根據一個國家和一個時代所特有的是非觀念去評價。這兩種標準往往極不相同，有時甚至互相牴觸；但是，它們永遠不會互相混用，也永遠不會互相抵消。

榮譽，在它最受人們重視的時候，比信仰還能支配人們的意志；而且，甚至在人們毫不遲疑和毫無怨言服從信仰的指揮時，也會基於一種雖很模糊但很強大的本能，感到有一個更爲普遍、更爲古老和更爲神聖的行爲規範存在。有些行爲，既可被斷定是體面的，又可被斷定是不體面的。比如，拒絕決鬥的行爲，就是如此。

我認爲，人們也可以用某些個人和某些國家的任性來解釋這種現象，而且大家至今也是這樣做的。

人類永遠和普遍需要制定出一套使任何人在任何地方和任何時代都不敢違反、害怕違反時會遭到斥責和恥笑的道德規範。違反道德規範的行爲，被稱之爲作惡；遵守道德規範的行爲，被稱之爲爲善。

人們還要在整個人類的大團體裡建立範圍比較小的團體，並把這種團體稱爲國家或民族；而在這個小團體之內，又要建立一些範圍更小的團體，這種團體叫作階級或等級。

每一個這樣的團體，各自成爲人類中的一個特殊種屬；儘管它們與整個人類群體沒有本質的區別，但在一定範圍內又是獨立存在的，並各有其自身的需要。這些特殊的需要，又以某種方式在不同的國家對人的行爲進行各自的觀察，並根據這些觀察進行各自的評價。

人類的普遍的和永恆的利益，在於不應當互相殘殺。然而，某個國家或階級又可能有其特殊的和暫時的利益，從這個利益來說，殺人在某些情況下又是値得原諒的，甚至是値得表揚的。

榮譽不外是根據一種特殊情況建立的，供一個國家或一個階級用來進行褒貶的特殊標準。抽象的解釋對於啓迪人的思想沒有多大用處，所以我要儘快求助於事實。現在，用一個例子來說明我的看法。

我選擇一種最奇特的榮譽來作例子。這就是世界上曾經流行過的而且爲我們所熟知的封建社會主張的貴族榮譽[2]。我一方面要用我上述的觀點來說明這個例子，另一方面又要用這個例子來闡述我的觀點。

我在這裡不準備研究中世紀的貴族是在什麼時候和如何產生的，它爲什麼與民族的其餘部分有了如此深邃的鴻溝，是誰確立和鞏固了它的權力的。我把它看成既成事實，並試行說明它爲什麼要用極爲特殊的眼光去看人們的大部分行爲。

首先使我感到吃驚的是，在封建社會，人們的行爲永遠不是憑其固有的價值而受到褒貶的，而有時完全是根據行爲的主體和客體來評定其好壞的，以致評定的結果與人類的共同良心牴觸。因此，有些行爲在老百姓看來是無所謂，對它們全不在乎，但會使一個貴族感到有失體面；而另一些行爲，則會因爲行爲的受害者是不是貴族而改變其性質。

這種差別對待的觀點一經產生，貴族階級便成爲與人民隔離的獨特團體，穩坐高高在上的地位。這個特殊的地位就是貴族階級的力量所在。貴族階級爲了保住這個地位，便不僅需要有政治特權，而且要按它的標準評斷善惡。

有些行爲出於貴族時是善，而出於老百姓時則是惡，反之亦然。當一種行爲是以一個平民爲對象時，雖然有罪也不會受到追究；而當它施於一個貴族時，即使無罪也要受到懲治，而且往往是隨意懲治。但是，根據一個人的地位來斷定其行爲的榮辱，乃是貴族社會的內部組織所造成的結果。凡是有過貴族階級的國家，實際上都曾經如此。只要貴族制度的殘餘依然存在，這種怪現象還會發生。例如，誘姦一個有色人種姑娘，不致使一個美國成年男人名譽掃地；而娶這個姑娘爲妻，反而使他無臉見人。

在某些情況下，封建主義的榮譽主張復仇，輕視委曲求全；但是，另一方面，它又嚴令人們自我克制，要求人們忘我。它不要求仁慈和溫存，而頌揚寬宏大量。它重視仁政甚於重視布施。它允許人們憑賭博和戰爭致富，但不准許人們依靠勞動發家。它寧願讓人犯滔天大罪，而不叫他去追求微不足道的小利。它討厭貪婪不如討厭吝嗇。它時常鼓勵暴力，但始終鄙視奸詐和背叛。

這些離奇古怪的思想，並非來自擁有這些思想的人的異想天開。

一個取得領導地位，高於其他一切階級，並竭盡全力永遠保持這個地位的階級，必然特別敬重使它偉大和顯赫，並能容易把它的高傲感與權勢欲互相結合起來的德行。爲了在其他階級面前顯示這種德行，它不怕違反天理良心。我們甚至可以想像，它能隨意顚倒是非，視厚顏無恥和臭名昭彰的惡行高於溫和純樸的德行。這個階級一旦在社會上確立其地位，就差不多總要倒行逆施。

中世紀的貴族視武勇爲最高美德，並認爲它可以代替其他一切美德。這也是一種必然來自社會情況的獨特性的獨特觀點。

封建貴族是靠戰爭起家的，並且是爲了戰爭而存在的。它把自己的權勢作爲武器，並用武器來保持權勢。因此，對於它來說，最重要的莫過於武勇。它自然要把武勇捧得最高，說它比什麼都光榮。因此，凡是顯明表現武勇的行動，甚至這種行動違反理性和人道，都是得到它的認可的，而且往往是出於它的命令。但是，人的離奇古怪的念頭，只能作用於他的個別行動。

一個人把挨了一記耳光視爲不可容忍的奇恥大辱，並與輕輕打了他一下的那個人格鬥，將其置於死地而後已，乃是出於他的自我判斷；而一個貴族之不能忍受凌辱，並在挨了一拳之後不去還手即會名譽掃地，則是出於軍事貴族的原則本身和需要。

因此，說榮譽具有任意性，是有一定道理的。但是，榮譽的任意性始終不能超過它的必要界限。在我看來，被我們祖先稱爲榮譽的那些特別行爲絕不是出於自我判斷，所以我可以不難把封建社會的一些彼此之間毫無聯繫的離奇古怪的規定，與它爲數不多的固定不變的需要聯繫起來。

如果我從政治方面去考察封建社會的榮譽，我也不難解釋它的各種政治措施。

中世紀的社會情況和政治制度的特點，就是國家政權從不直接治理公民。可以說公民根本就不知道有什麼國家政權，每個人只知道他必須服從某某人，並透過這個他並未謀面的人與其他所有的人發生聯繫。因此，在封建社會裡，整個國家制度都是建立在屬民對他們的領主本人的忠心上的。這種局面一旦消失，整個國家立即陷入無政府狀態。

對政治首領的忠心，也是所有貴族成員每天使用的判斷價值的標準，因爲他們每個人既是領主又是家臣，既能發號施令又得聽從主人的支使。

永遠忠於領主，必要時爲他犧牲，與他同甘共苦，無論他做什麼都輔助他：這些就是封建主義的榮譽在政治方面的主要準則。輿論對臣屬的背叛行爲口誅筆伐得極爲嚴厲。人們爲這種行爲起了一個侮辱性極大的名字，叫作**變節**。

但是，作爲古代社會的生命的一種激情，即我要說的愛國心，在中世紀已經只能看到它的痕跡了。「愛國心」這個名詞本身，絕不是我們的古老詞彙[3]。

封建制度使人看不到祖國，認爲愛祖國沒有多大的必要。封建制度鼓勵人們去愛一個人，從而使人們忘掉了國家。因此，封建主義的榮譽從來沒有把對國家的忠誠視爲必要的條件。

這並不是說我們的祖先心裡不愛國，但他們對國家的愛只是一種微弱的和模糊的直覺。隨著封建階級沒落，國家實行中央集權，對國家的愛才逐漸明確和加強。

這種情況，在歐洲各國因評價人所處的時代不同，而對它們的一些史實做出截然相反的評價上，表現得最爲清楚。在波旁王朝時代的人看來，波旁王朝的元帥們最可恥的行爲，是他們率領軍隊攻打國王；而在我們這一代人看來，他們最可恥的行爲，是他們與自己的國家作戰。我們和我們的祖先雖然都鞭撻他們，但鞭撻的原因不同。

我之所以選擇封建時代的榮譽來說明我的思想，是因爲它的特點比其他時代的榮譽的特點明顯且更能說明問題。我還可以舉出其他例證，並且用其他方法也能達到同樣的目的。

儘管我們對羅馬人的了解不如對我們祖先的了解，但我們知道他們對於榮辱所持的特別觀念，並非來自關於善惡的一般觀念。他們的許多行爲，由於行爲的對象不同，即由於是公民或外國人和是自由人或奴隸，而被同時做出不同的評價。他們表揚某些惡行，把某些德行說得高於其他一切德行。普盧塔克在《寇里奧拉努斯傳》[4]中說過：「在那個時代，勇敢在羅馬比其他一切美德都光榮和高尚。他們把勇敢稱爲美德，使美德這個普通名詞具有專門的含義，就在證明這一點。於是，美德一詞在拉丁文中也有勇敢的意思。」哪一個人不能從這裡看出爲征服世界而組成的那個奇怪的國家的特別需要呢？

每個國家都有類似的現象，因爲正如我在前面所說的，人們一旦組成特殊的團體，立即會產生榮譽的觀念，即產生他們對於應褒或應貶的事物所持的一套看法。這些特別的規定總是來源於他們所在的團體的特殊習慣和特殊利益。

在一定範圍之內，這一點對於民主社會和其他社會都是適用的。我們現在就以美國人爲例來說明[5]。

在美國人的思想中，還可以零星地看到歐洲舊貴族關於榮譽的一些觀念。這些傳統的觀念爲數不多，在美國既扎根不深又無太大力量。它們就像廟還存在，但已無人們信仰的宗教。

在關於具有異國情調榮譽的這些或明或晦的觀念中，出現了一些我們今天可以稱之爲美國人的榮譽觀的新思想。

我在前面已經說過，美國人是怎樣被不斷地推上工商業的。他們的家庭出身，他們的社會情況，他們的政治制度，甚至他們的居住地區，都在使他們無法抗拒地朝這個方向走。就目前情況來說，可以認爲他們正在一個廣袤的新國土上，建立一個幾乎只從事工商業和以開發爲主要目的的社會。這是現今使美國人與其他各國人之間出現最大差別的特點。

因此，凡是能夠使社會正常發展和有助於工商業的安然穩妥的德行，都在這個國家受到特別尊重，忽略這些德行必將受到公眾的鄙視。

而一切慷慨激昂的德行，雖然常常使人爲之目眩，但又往往會給社會帶來動盪不安，所以反而被這個國家的人民視爲是等而下之的。人們可以忽略這些德行而不致失去同胞對他們的尊重，而硬要表現這些德行，反而會得不償失。

美國人也根據自己的判斷區別對待醜行。

有些愛好，從人類的天理良心來看似乎可以非議，但卻投合美國社會的特殊和暫時的需要。美國人對這種愛好只是輕輕指責，有時還加以鼓勵。其最明顯的例子，就是美國人對於愛財之心和隨之而來的愛好的看法。爲了開墾、耕耘和改造他們領有的這個人煙稀少的廣袤大陸，美國人必須有堅忍不拔的精神作爲經常的支撐。這種精神只能是愛財之心。因此，愛財在美國並不失體面，只要不超過國家機關爲它規定的界限，還是光彩的。美國人把我們的中世紀先人稱之爲卑鄙可恥的貪欲的東西，叫作值得讚美的高尚的雄心，而把經常驅使我們中世紀先人投入新的戰鬥的征服熱情和好戰精神稱爲盲目的野蠻的酷嗜。

在美國，財產損失之後不難復得。它的國土無限遼闊，蘊藏著取之不竭和用之不盡的資源。它的人民有每個活著的人擁有的一切需求和欲望，有一股用不完的力量，而且周圍到處都是他們還不能開發的財富。這樣的人民所擔心的並不是個別人的傾家蕩產，而是全體人的遊手好閒。在經營工業企業上表現的大膽精神，是他們迅速發展、國力強大和國威四揚的主要原因。對於他們來說，創辦工業就像買政府發行的彩票一樣，少數人總是不斷輸錢，而國家卻永遠賺錢。因此，勇敢經營工業的精神，便受到這個國家人民的青睞和尊重。但是，所有冒險經營的企業，又會殃及熱心於此道和相信它的人的財產。把冒險經商視爲一種美德的美國人，無論如何不會瞧不起冒險的人。

因此，美國對破產倒閉的商人特別寬容，他們的榮譽不會由於這樣的意外而受到損害。在這方面，美國人不但與歐洲各國人民不同，而且與當代的一切商業國家的人民不同，以致他們在地位和需要上也與其他國家的人民毫無共同之處。

在美國，對待敗壞民風的純樸性和破壞婚姻的一切劣行嚴於其他一切國家。乍一看來，這與他們在其他方面表現的寬容似乎有令人不可理解的牴觸。同一個民族，奉行既放縱又嚴肅的道德，也使你感到吃驚。

但是，這一切又不像人們所認爲的那樣互無聯繫。在美國，輿論對於有利於工業發展和國家繁榮的愛財之心只是輕輕地鞭撻，而對於渙散人們追求財富的精神，和破壞事業成功所不可缺少的家庭內部秩序的傷風敗俗行爲，卻大加口誅筆伐。因此，美國人不得不服從他們的通行習慣。從這個意義上來說，又可以認爲他們把榮譽寄託於做一個純潔無瑕的人上了。

美國人的榮譽觀與歐洲的古榮譽觀有一點是相同的，即都認爲勇敢是美德之首，是做人最必要的美德，但兩者並不是從同一角度來看待勇敢。

在美國，好戰的勇氣並不受到太高的表揚。美國人認爲最好的和最值得稱讚的勇敢，是敢於衝破海洋的驚濤早日抵達港口，毫無怨言地忍受荒漠中的艱苦和比所有的艱苦更難於忍受的孤寂。這種勇敢可使他們辛辛苦苦積攢的財產，在他們幾乎不知不覺之中蕩然無存，然後又能使他們以新的努力去積累新的財產。這種勇敢對於維持和繁榮美國社會是極其必要的，因而受到美國社會的特別尊重和推崇。個人一流露缺乏這種勇氣，就必然被人看不起。

我現在來說最後一個特點，以突出本章的中心思想。

在像美國這樣的民主社會裡，財產對生活的保證並不太大，而且不是可靠的保證。在美國，所有的人都勞動，勞動可使人得到一切。這使榮譽觀發生了轉變，而新的榮譽觀則反對遊手好閒。

我在美國有時見到一些有錢的年輕人，他們雖然從心裡不願做苦差事，但也不得不從事一種職業。他們的家庭出身和家產，本可以使他們清閒自在，但輿論堅決反對他們如此，他們也不得不服從輿論。在貴族仍和衝擊他們的激流進行鬥爭的歐洲，我卻經常見到一些日益窮困潦倒的人，爲了不讓與他們相同的人恥笑而遊手好閒，他們寧願清貧受罪而不肯勞動。

哪一個人不能從這兩種截然相反的勞動觀中，發現兩種性質完全不同，但均來自榮譽觀的行爲規範呢？

我們的先人所標榜的榮譽，實際上只是許多榮譽中的一種。他們使類概念具有了種概念的內涵。因此，儘管民主社會和貴族時代都有榮譽觀，但不難發現它在民主時代有另一種表現形式。

在民主時代，不僅關於榮譽的規定與以前不同，而且我們還可以發現，這方面的規定雖然爲數不多和不夠明確，但人們更能順從它們。

等級在民族中始終處於非常特殊的地位。全世界沒有一處例外，到處都有經常是由同一家族組成的小團體，比如中世紀的貴族。這種小團體的目的，就是把文化、財富和權勢都集中在自己手裡，並永遠壟斷和世襲下去。

但是，一個團體的地位越高，它的特別需要也越大，適應它的需要的榮譽觀點也越增加。

因此，關於榮譽的規定，在沒有等級制度的國家總是少於其他國家。如果建成使任何階級都難於存在的國家，則有關榮譽的規定便將減少到為數不多的幾條公約，而且這幾條公約也會逐漸接近絕大多數人所採用的道德準則。

因此，在一個民主國家裡，有關榮譽的規定將不會像在貴族國家那樣離奇和為數眾多。但是，它們要比較含混，這是上述的原因所造成的必然結果。

由於榮譽的標誌越來越少，越來越不顯著，所以必然往往難於區別。

還有另外一些原因。

在中世紀的貴族制國家，人們只是一代一代地徒然相傳，上一代沒有給後一代留下什麼新東西；每個家族就像一個不死而又一動不動的人；條件在變，而思想卻永遠未變。

在這樣的國家裡，每個人眼裡所見到的總是老一套，頭腦裡所想的總是從同一個觀點出發；他們的眼光逐漸深入到最微小的細節，而他們的理解力，久而久之，也就不能不變得清晰明確。因此，封建時代的人不僅有其判斷榮辱的獨特觀點，而且能把每個觀點清晰準確地印在自己的腦子裡。

在美國這樣的國家，永遠不會如此，因為那裡的全體公民都在動，社會本身每天在改變面貌的同時也在改變它的觀點和需要。在這樣的國家裡，人們只能略知有關榮譽的規則，而很少有時間去仔細研究它。

即使社會是靜止不動的，依然難於規定榮譽一詞應有的含義。

在中世紀，由於每個階級都有自己的榮譽觀，所以從來沒有一個同時為絕大多數人所接受的榮譽觀，這就使各個階級的榮譽觀得以具有穩定而明確的形式；而且由於具有同樣榮譽觀的階級的成員立場完全相同和一致排外，自然願意接受專爲他們規定的法律的條款，所以一個階級的榮譽觀更能具有穩定而明確的形式。

因此，有關榮譽的規定就變成一部把一切細節都事先考慮到和安排好的完備而詳盡的法典，成爲衡量人的行爲的固定和條理分明的規範。在像美國這樣的一個民主國家，由於等級的界限已經消失，全社會已經形成統一的整體，社會成員雖不完全相同但很類似，所以不能事先明確規定哪些行爲是榮譽和哪些行爲是恥辱。

不錯，在這個國家的人民內部存在著的某些全國性的需要，使他們對榮譽產生了共同的觀點，但這些觀點並不是同時產生的，產生的方式也從來不同，對每個公民思想的影響也不一樣。他們也有關於榮譽的法律，但它往往沒有注釋。

在像我們法國這樣的民主國家，這方面的情況還要混亂得多。這首先是因爲在我們國家，舊社會遺留下來的各個階級，在還不具備混合的條件下就開始互相混合起來，彼此每天都把自己的榮譽觀帶進對方的成員中間，這些榮譽觀不但各不相同，而且往往彼此牴觸；其次是因爲在我們國家，每個人都喜歡憑自己的所好隨便丟棄祖先的一部分觀點和保存另一部分觀點；最後是因爲在這麼多的自我任意判斷下，就無法建立起關於榮譽的共同規範。因此，要想事先規定哪些行爲爲榮或爲辱，幾乎是不可能的。這是一個令人痛苦的時期，但爲時不會太久。

在民主國家，榮譽是一個不夠清楚的概念，其影響力也必然不強，因爲對此難於準確而堅定地實施一項可以得到公認的規範。輿論雖然是榮譽規範當然的和最有權威的解釋者，但由於它不清楚根據什麼去褒貶，所以在作判斷時只有遲遲疑疑。有時輿論自相矛盾，而更多的時候是置之不理和聽之任之。

在民主制度下榮譽的影響力之所以相對軟弱，還有另外一些原因。

在貴族制國家，只是某些少數人持有同樣的榮譽觀，而且這些人往往自成一個集團，永遠與其他人隔離。因此，他們的榮譽觀容易與他們所特有的思想混合並結爲一體。在他們看來，榮譽是他們在人們面前顯示身分的標誌。他們積極地利用有關榮譽的各種規定爲自己的利益服務，而且如果允許我說的話，我說他們還要使自己的激情服從這些規定的支配。

當我們看到中世紀的習慣法記載關於以決鬥來斷定是非的條款時，會感到我所說的這個情況更加眞實。這項條款寫到，貴族在他們發生糾紛時，以長矛和劍作決鬥的武器；而平民之間只能用棍棒決鬥。而且習慣法補充說：「鑒於平民沒有榮譽。」它的意思不是說，像我們今天所想像的這些人是卑賤的，而只是表示在判斷貴族的行爲和平民的行爲時，不能使用同樣的標準。

乍一看來令人吃驚的是：榮譽的影響力最大的時候，有關榮譽的規定一般說來也最離奇古怪，以致使人覺得這些規定越背離常理越容易被人遵守，有時甚至由此認定榮譽的影響力之所以強大，正是因爲有關榮譽的規定太荒謬。

事實上，強大和荒謬有共同的來源，而不是前者來源於後者。

需要越特殊和越爲少數人所思慕，榮譽觀也越離奇古怪，而榮譽的影響力之所以強大，正是因爲出現了這種特殊的和爲少數人所思慕的需要。因此，榮譽的影響力的強大並非來源於榮譽觀的離奇古怪，而是離奇古怪和強大都來自同一原因。

我再作一點說明。

在貴族制國家裡，所有的等級各不相同，而且固定不變；每個人都有自己的職責，住在他不能離開的地區，在那裡他與和他一樣的人生活在一起。因此，在這樣的國家裡，誰也不必擔心或害怕生活不下去，不管地位怎麼低都有飯吃，誰也不會因爲聰明或愚昧而受到褒貶。

而在民主國家裡，情況就不同了。在這裡，全體公民都混雜在一起，互相不斷往來；輿論抓不住把柄，它所譴責的對象可以立即隱藏起來，躲避它的指控。因此，榮譽在民主國家不太使人值得自豪，也很少有人當眾顯示。因爲榮譽只是給人看的，所以它與純潔的德行不同，德行是依靠本身而存在，而且滿足於自我作證。

如果讀者完全了解了上述的一切，那就一定會發現身分平等和我們所說的榮譽之間存在著密切的和必然的關係。如果我沒有說錯的話，這種關係至今還沒有人明確地指出過。因此，我要做最後的努力，使其昭然若揭。

即使一個民族與人類的其餘部分隔絕，放棄人類固有的某些一般需要，那它也會有自己特別利益和特別需要，並且很快會在內部形成自己的關於褒貶或被它的公民稱爲榮辱的一定觀點。

如果在這個民族的內部形成了一個與周圍其他一切階級隔絕，並有自己的特別利益的階級，那麼，這些特別利益又會使它產生特別觀點。這個階級的榮譽觀，是由本民族的特別觀點和本階級的更加特別的觀點混合而成的，與人類單純的和一般的觀點相差得使人難於想像。我的論述即將結束，現在再回過頭來進行總結。

各個階級正在互相混合，特權已被取消。民族的全體成員又恢復爲彼此相似和平等的人，所以他們的利益和觀點正在融合，而被每個階級用來評定榮辱的一切離奇古怪的觀點也行將消失。榮譽觀只能來自民族本身的需要，而不能有其他來源。每個民族的榮譽觀都有自己的個性。

最後，如果可以假定所有的種族將會融合爲一體，世界上的所有國家將會達到利益一致和需要一致，彼此之間不再在任何標誌上有所區別，那就再也不用按所規定的不同標準評價人的行爲了，而是要全按同樣的標準彼此相待，用天良向每個人揭示人類一般需要作爲的共同標準。這樣，這個世界上就將出現自然和必然要寓有褒貶思想的簡單的共同是非觀。

如果用一句簡單的話來概括我的全部思想，那就是：人們之間的差異和不平等，使人們產生了榮譽觀，而隨著差異和不平等的消逝，榮譽觀也將逐漸沖淡，最後和它們一併消失。

## ◆本章注釋◆

【1】「榮譽」一詞，在法語中有兩層意思。我在使用這個詞時，並不總是採用它的全部含義。首先，它表示人獲得他人的尊重、讚美和尊敬。比如，在用這個詞義時人們常說：「贏得了榮譽。」其次，它表示人們賴以獲得這種尊重、這種讚美和這種尊敬的整個行為規範。比如，在用這個詞義時，人們常說：「一個人總要嚴格地符合榮譽對他的要求。」「他不顧榮譽。」等等。我在本章中使用這個詞時，總是採用它的後一含義。

【2】參閱馬克・布洛克：《封建社會人類的階級和政府》（巴黎，一九四〇年）。

【3】「祖國」這個詞彙，十六世紀之初的法國作家還沒有使用*。

*「愛國心」（patriotisme）一詞，來自「patrie」（祖國）。——譯者

【4】參閱普盧塔克：《名人傳》中之《寇里奧拉努斯傳》，博恩編，第一卷第三十五頁及以下幾頁（倫敦，一八八〇年）。

【5】我在這裡所說的美國人，指住在沒有蓄奴制的各州的美國人。只有他們能夠體現民主社會的完整圖景。

# 第十九章　爲什麼美國人多懷奮進之心而少有大志

在美國，引起你注意的第一件事情，是試圖改進自己的原來條件的人多得不計其數；而引起你注意的第二件事情，則是在這個普遍的上進運動中，以懷有大志而出類拔萃者甚少。美國人沒有自甘落後的，但壯志凌雲者也極爲少見。人人都想財富、名望和權勢日增，但很少有志於偉大事業。乍一看來，這使人感到奇怪，因爲美國的民情和法制沒有任何地方限制人的欲望和阻止人向各方面發展。

似乎很難將這種奇怪現象歸咎於身分的平等，因爲在我們法國實現這種平等之後，它卻立即使一些人產生了幾乎是沒有止境的野心。但是我認爲，還是要到美國的民主社會情況和民主民情中去尋找上述情況的主要成因。

一切革命都在擴大人們的野心，而推翻貴族制度的革命尤其如此。

使廣大群眾無法成名和掌權的陳規舊制一旦被革除，大家便被裹進一場爭先恐後取得這種爲他們垂涎已久而且終於取得的名利和權勢的普遍運動。在這場運動初勝的鼓舞下，使人覺得好像沒有什麼事情是人辦不到的。不但欲望沒有止境，而且用來滿足欲望的權力也幾乎是無窮的。在習慣和法制的這場突然的大變動中，在使所有的人和所有的制度都改變了的這場大混亂中，有的公民立即飛黃騰達，有的公民馬上跌進深淵，權力像走馬燈似的由一些人手裡轉到另一些人手裡，以致人人都認爲將會輪到自己掌權。

但也不要忘記，推翻貴族制度的那些人都曾經生活在貴族制度的法制之下，親眼看見過它的盛況，並且不知不覺地沾染了貴族的情感和思想。因此，在貴族制度瓦解的時候，它的幽靈還漂浮在群眾的頭上，而在它被完全打倒以後，它的殘餘還會長期保存下去。

因此，民主革命持續多久，人們爭名奪利的野心就會持續多久；而在民主革命完成之後，這種野心還會存在一個時期。

人們一進行回憶，他們所目睹的那些驚天動地的事件，立即會湧上他們的心頭。革命所激起的熱情，並不會隨著革命的完成而消逝。對於秩序沒有一種穩定感。成功來之容易的思想，在導致成功的動亂平息之後依然存在。欲望依然很大，但滿足欲望的手段日益減少。發大財的欲望依然存在，但能夠實現的卻寥寥無幾。結果，各式各樣的野心膨脹得欲裂，而失敗的痛苦卻隱藏在懷有野心的人的心中。

但是，鬥爭的最後餘威慢慢地消失了，貴族制度的殘餘也逐漸地不見了。人們忘記了已經自消自滅的一些重大事件，和平接替了戰爭，秩序重新建立起來，欲望符合了實現欲望的手段，需要、思想和感情互相聯繫起來，人們達到了彼此平等。這樣，民主社會便被建立起來。

我們假定有一個民主國家達到了這樣的狀態，並能永遠和正常維持下去，那麼，我們就會看到與我方才所述的情景完全不同的狀態；而且我們可以不難推斷，如果人們的奮進之心很大而他們的身分日趨平等，則在實現平等以後，奮進之心也會失去這種趨大的性質。

因爲巨大的財產已經分散爲許多人所有，科學已經普及，所以誰也不能獨占知識和財產。一些階級享有特權和一些階級沒有資格享有特權的現象消失，人們打破了曾使他們固定不變的約束，所以奮進的思想出現於每個人的腦際，而高升的念頭也產生於人心，以致每個人都想從原有的地位爬上去。奮進之心成了人人皆有的情感。

但是，如果身分的平等只能使每個公民擁有一定數量的財產，那麼，這又會阻止每個公民擁有巨額的財產。這種情況必然把人們的欲望限制在相當狹小的範圍之內。因此，在民主國家，奮進之心是熱烈而持久的，但一般沒有太高的目標；人們的一生一般只是熱烈地追求可能達到的小目標。

使民主國家的人少懷大志的主要原因，不是他們的財力微薄，而是使他們每天忙於致富的努力過於激烈。他們把精力都用到竭盡全力去做一些平凡的事情上了，這就不能不迅速地限制他們的視野和束縛他們的能力。他們可能變窮，但奮進之心不會削減。

民主國家的少數富裕公民，也不會是這個規律的例外。一個一步一步累積起財產和得到權勢的人，在他們長期的辛苦中，會養成辦事謹慎和自知節制的習慣，而且以後也不會丟掉這個習慣。人們不能像擴建房屋似地，隨心所欲依次擴大自己的胸懷。

對於這種人的兒子也可以這樣說。不錯，做兒子的生來時家境是富裕的，但他們的父母也曾過過貧困的日子。他們從小在父母的思想和感情的影響下長大，而且很久以後也難於擺脫這種影響。因此，我認爲他們在繼承父親的財產的同時，也繼承了父親的思想和習慣。

反之，顯赫一時的貴族的子孫貧困以後，倒可能表現出極大的雄心壯志，因爲貴族的傳統觀念及其階級的共同精神，只能使他們可以暫時忍受現實的處境。

使民主時代的人難於立大志去完成宏偉事業的另一個原因，是在他們有能力完成這項事業之前，天年已盡。巴斯卡說過：「名門出身的一大好處，是使一個人在十八歲或二十歲時可以達到另一個人在五十歲時達到的地步，從而使他便宜了三十年[1]。」民主國家的人通常沒有這樣的三十年去實現他們的宏圖。平等使每個人將自己的能力用於取得一切平凡的東西，從而妨礙了他們迅速地壯大自己。

在民主社會裡也像在其他制度的社會裡一樣，只有少數人可以達到巨富；致富和升官的大門是向所有公民均衡地敞開著的，但全體公民的平均前進速度必定是緩慢的。因爲有志參加這樣的競賽的人看來都是一樣的，而且難於從其中選定某些人而不違反民主社會奉之爲最高法律的平等原則，所以首先想出的解決辦法，就是讓所有的人同步前進和全體透過考試。

因此，隨著人們越來越沒有差別，平等的原則日益穩步地深入到整個制度和民情，升級的辦法也就規定得越來越死，而升級的速度也就越來越慢；迅速升到某一顯赫地位的難度加大了[2]。

因爲大家都憎恨特權和不願意參加競選，所以所有的人不管能力如何，都不得不在同一個篩子上過來過去，統統經過許許多多預備性的小小實習或訓練，從而浪費了自己的青春，使自己的想像力消失。因此，他們不再認爲自己有能力充分享用他們有望得到的好處了，而在他們終於有能力做一番大事業時，則已失去了興致。

在中國，身分是非常平等的，而且這種平等有悠久的歷史；一個人經過科舉的考試，就可以由一個官職遷升到另一個官職。這樣的考試是與官位的晉級息息相關的，而關於這種考試的思想，則已深深進入中國的民情。我記得，我讀過一本中國小說，其中的男主人公雖經多次挫敗，但終於因金榜題名而觸動了女主人公的芳心。在這樣的氣氛中，人們幾乎是不可能懷有巨大野心。

我就政治問題所說的這一切，也適用於其他問題。平等在各處都會產生相同的效果。凡是不依法規定或管理官職晉升的國家，實行考試也會產生這樣的效果。

因此，在一個組織得很好的民主社會裡，大而快的晉升是罕見的。這樣的晉升只能是常規的例外。它的這個特點，甚至使人忘記了它是少有的現象。

民主時代的人終於逐漸了解了這一切。時間長了以後，他們發現立法者給他們規定了一個不受限制的活動範圍，在這個範圍內，他們可以輕易地向前跨步，但誰也不可能奢望飛速晉升。他們看到，在他們和他們最終的遠大目標之間，有許多必須慢慢地、一個一個地加以克服的小小障礙。這個前景使他們望而生畏，挫敗了他們的志氣。因此，他們放棄這種遙遠而渺茫的希望，轉而尋找離他們近的雖然不太高但容易得到的享受。法律沒有限制他們的前途，而是他們自己縮小了目標。

我曾經說過，懷有大志的，在民主時代大大少於在貴族時期。我再補充一點：在民主時代，即使有人不顧這些障礙懷有大志，其表現亦有所不同。

在貴族時代，志向的前程往往是遠大的，但它的範圍是早已規定好了的。在民主國家，志向的範圍一般比較狹小，但是可以突破，而且一經突破，可以說是不受任何限制的。由於民主國家的人民力量薄弱、各自爲政和經常變動，而且在民主國家，先例的作用不大且法律容易改變，所以對於新鮮事物的抵制是柔弱的，而社會本身既無強大的權力又無堅強的組織。因此，當一切權力被一些野心人控制時，他們便敢於爲所欲爲；而在他們失去權力的時候，他們便會想法把國家搞亂，以便重新掌權。

因此，政治方面的雄心大志，便具有暴力和革命的性質，而在貴族社會卻很少有這種情形。

在民主國家裡，通常是一個人最初有許多非常合理的小志向，然後由此衍化出一種強大的但欠明智的欲望。與自己的條件相適應的遠大而有節制的志向，民主國家的人幾乎是沒有的。

我曾在書本的一個地方指出，平等以某種隱而不見的力量，使追求物質享受的激情和只顧眼前的熱情，控制了人心。這種激情和熱情混進了希望上進的情感，而且可以說，使希望上進的情感染上了它們的色彩。

我認爲，民主社會懷有奮進之心的人，不如其他社會的人關心未來的利益和規劃，因爲他們只顧現實，現實耗盡了他們的一切精力。他們寧願迅速地完成數量眾多的小事情，而不願去做少數幾項能夠名垂後世的宏大事業。他們愛成功甚於愛榮譽。他們向人提出的最重的要求是服從，他們最喜歡的是統治。他們的行爲舉止，幾乎總是表現得不如他們的社會地位應當表現出的那樣高雅。這使他們在擁有巨額財富的時候，往往表現出非常低級的趣味，在握有最高權力的時候，好像只是爲了便於享受小小的粗鄙樂趣。

我認爲，在我們這個時代，必須潔化引導和調節人們的奮進之心；而如汙化和過分抑制人們的奮進之心，則是極其危險的。應當努力爲它預先規定出不得逾越的極限，但也要提防過於限制它在所允許的範圍內發展。

我承認，我對民主社會的擔心，主要的不是人們欲望的過大，而是它的平凡。因此，我覺得最可怕的是：在人們不斷忙於私人生活的瑣碎小事當中，使奮進之心失去其推動作用和崇高目標；人們的激情既沒有昂揚又沒有低落，結果使社會一天一天地走向看來十分安寧但缺乏大志的狀態。

因此我認爲，現代社會的領袖們要想使公民們躺在非常單調和非常平靜的幸福上睡大覺，那將是錯誤的；他們應當讓公民們時常做一些艱險的事業，以便激發他們的奮進之心和爲他們提供大顯身手的舞臺。

道德家們經常埋怨說，現代人的主要惡習就是驕傲。從某種意義上來說，這樣說是對的，因爲實際上沒有一個人不認爲自己比別人好，沒有一個人願意服從他的上司；但是，從另一個意義來講，這樣說又是非常錯誤的，因爲同一個人可能既不願意忍受從屬的地位，又不願意享受平等的地位，但他可能自卑，以爲自己只能享受通俗的樂趣。他自願止步於平凡的欲求，不敢涉足於高大的事業，而且連想也不想。

因此，我不認爲應當讓我們的同時代人學習謙遜，而希望他們以更高的標準要求自己和他人。謙遜對他們是無益的，我認爲最缺少的是驕傲。我寧願讓出我們的若干小小的美德，來換這個惡習。

◆本章注釋◆

【1】巴斯卡：《思想錄》，布倫施維格編，第三二一節。

【2】我們用托克維爾的社會學方法來觀察當代社會，也會看到這個特點。——法文版編者

# 第二十章　關於某些民主國家裡的求官謀祿問題

在美國，一個公民有了一些知識和一些財源之後，便去經營工商業以求致富，或買下一塊上面有林木的荒地開墾。他有求於政府的，只是不要干擾他的辛勤勞動，保證他由此獲得成果。

在大部分歐洲國家裡，一個人開始感到自己有能力和要實現自己的願望時，他首先想到的是找一個官當。由同一個原因產生的這兩個不同結果，值得我們在這裡停下片刻加以研究。

當公職的位數不多、待遇不高和經常變動，而經營工商業的門路很多和可以賺錢時，則平等的思想每天都在製造新的急於求成的欲望，會使人全去經營工商業，而不去政府當官。

但是，當等級已經平等，人們的知識尚不完備或有羞臊心理，而發展已到盡頭的工商業，只能向人提供困難而緩慢的生財之道時，公民們便不想依靠自身的力量來改善處境，而要蜂擁到政府首長那裡去求助。用國庫的錢使自己的生活舒適，在他們看來即使不是唯一的辦法，至少也是使他們擺脫很不稱心的處境的最容易和最可靠的辦法。於是，求官謀祿就成了最常用的歪門邪道。

在實行中央集權的大君主國家，情況必然尤其如此，因爲在這樣的國家裡，領取薪俸的官員人數極多，他們的生活有充分的保證，以致人人都想找到一個官職，並要像享用父母的遺產那樣安安穩穩地把官當下去。

用不著我說，這種普遍和過分的求官熱是一大社會弊端，它在腐蝕公民的獨立精神和使行賄與鑽營在全國成風，它在毀壞光明正大的美德；更用不著我指出，這樣的歪門邪道只能產生有害的結果，擾亂國家而無所裨益，因爲這一切都是不言而喻的。

但是，我要指出，鼓勵這種傾向的政府會使自己的安定遭到危險，甚至會使自己的生存遭到厄運。

我知道，在我們這個時代，人民往昔的那種愛戴和尊敬國家政權的感情正在消失，而當權者卻可能認爲必須從本身的利益出發加緊控制每個人，並且覺得最方便的辦法是利用人們的激情去使他們遵守秩序和保持沉默；但是這種局面不會長久，而且在一定的時期內可能出現的力量源泉，日久天長之後，肯定會變成助長動亂和衰弱的主要力量。

在民主國家也和其他國家一樣，公職人員的額數最終總有一個限度，但追求官職的人數卻沒有止境，而是隨著身分的日益平等有增無減地逐步增加。只在沒有人的時候，它才有了止境。

因此，當公職成爲希望出頭露面的唯一門徑時，政府最後必然遭到長期的反對，因爲政府無法用有限的手段去滿足無限增加的需求。應當承認，全世界的人當中最難控制和駕馭的人就是待業求職的人。無論官員怎樣努力，也滿足不了這些人的要求。因此，必須經常留意這些人只是爲了使官位出缺，最後也要弄亂政府的組織和改變國家的面貌。

因此，如果我沒有弄錯的話，我相信全神貫注於平等所激發的各種新欲望並使其得到滿足的現代統治者們，最後必然爲採用這種辦法而後悔。他們總有一天會發現，他們把自己的權力用於這樣的需要上，實屬輕率，而最穩妥可靠的辦法，應當是教育每一個被統治者，學會自力更生的技術。

# 第二十一章 爲什麼大規模的革命越來越少

數個世紀以來，一直生活在等級制度或階級制度下的人民，只有經過一系列長期的艱辛程度時大時小的改革，借助於暴力，在財產、觀點和權力等相繼出現多次急劇變位之後，才能達到民主的社會情況。

在這場大規模的革命完成之後，它所製造的革命習慣還將長期存在下去，而且一些深重的動亂也將隨之而來。

因爲所有這一切都是在身分逐漸趨於平等的期間發生的，所以人們可以由此得出結論：在平等本身和革命之間存在著一種潛藏的關係和一種隱祕的聯繫，以致其中的一者，只有依靠另一者的產生才能存在。

關於這一點，推理看來是與經驗符合的。

在等級逐漸接近平等的國家，沒有一種形諸於外的聯繫把人與人結合起來和使他們固定於所在的地位。任何人都沒有永享的權利，沒有發號施令的權力，沒有受人支配的境遇。但是，每個人都會發現，只要自己有些文化和財產，就可以選擇自己的道路，並與其他人分開而自己單獨前進。

導致公民們各自獨立的同一原因，也在每天促使他們產生新的急於實現的欲望，並在不斷鞭策他們。

因此，人們似乎可以理所當然地認爲：在民主社會，思想、人和物必將永遠不斷地改變其外貌和地位，民主時代就是急劇的和不停的改革時代。

情況果眞如此嗎？身分的平等能夠使人們習以爲常地和永遠不斷地去進行革命嗎？身分的平等中存在的某種動亂的根源在妨礙社會安定，驅使公民們不斷去改變他們的法律、主張和民情嗎？我認爲不是如此。這個問題很重要，我請讀者注意我的評述。

凡是使國家改變面貌的革命，幾乎不是爲了使不平等神聖化，就是爲了破壞不平等而進行的。撇開造成人類社會大動亂的次要原因不談，你幾乎總能看到是不平等在這裡作祟。這就是說，不是窮人想奪取富人的財產，就是富人要束縛窮人。因此，如果你能使一個社會處於人人都有某些東西保存在手，而很少到別人那裡去取某些東西的狀態，你就會對世界和平做出重大的貢獻。

我並非不知道，在一個大民主國家裡，總是有一些公民極其富有，而另一些公民則十分貧困。但是，民主社會的窮人並不像在貴族社會裡那樣構成爲民族的絕大多數，而是人數很少，法律也沒有規定他們必須祖祖輩輩永遠貧困下去。

在富人那一方面，則是一盤散沙，而且力量不強；他們沒有使人看到眼紅的特權，連他們的財產也不再與土地結合和以土地表示，而是一些不太引人注目甚至是看不到的東西。如同不再有窮人家系一樣，富人世家也不復存在，在芸芸眾生之中，每天都有富人產生，而且也不斷有富人變爲芸芸眾生。因此，他們並未形成一個可以容易確認和識別的階級。另外，由於他們與自己的同胞大眾有千絲萬縷的隱而不現的聯繫，所以人民要是攻擊他們就不能不害及自己。在民主社會的這兩極端之間，還有無數的幾乎是各方面都相同的人。這些人既不極窮，又不極富；他們持有的財產，只達到使人們看到之後不會造反和嫉妒的程度。

這些人自然反對激烈的變動。他們的保守性使高於他們的人和低於他們的人都保持於安靜狀態，並保證著社會機體處於安定狀態。

這並不是說這些人本身已經滿足於現有的財產，對於使他們能夠分享到好處而又不受損失的革命，也有一種天生的反感。恰恰相反，他們以無比的熱情渴望發財，但使他們為難的是，他們知道這會侵奪某些人。使他們不斷產生新欲望的同一社會情況，也在把這些欲望限制在必要的範圍之內。它使人增加了進行改革的自由，但卻減少了人對改革的興趣。

生活在民主制度下的人，不僅不從心裡希望革命，而且從心裡害怕革命。

任何革命都要或多或少地威脅既得的所有權。生活在民主國家的人，大部分都擁有財產；他們不但持有財產的所有權，而且生活在人人都十分尊重他們的所有權的環境中。

如果我們仔細觀察一下社會上的每一個階級，便不難發現所有權所帶來的激情在中產階級身上，表現得最為堅定和執拗。

窮人往往不關心他們手中擁有的財物，因為他覺得與其享有少量的財物，不如乾脆一點都沒有。富人除了愛財之外，還有其他許多需要得到滿足的激情，但經過長期和辛勤的經營巨額的財產之後，有時反而感覺不到財產的魅力了。

但是，既不豪富又不極貧的小康之人，卻對自己的財產甚為重視，因為他們離貧窮並不太遠，深知貧窮的痛苦，並害怕這種痛苦。使他們沒有陷入貧困的，只是一小點兒家產，他們把自己的擔心和希望隨時都寄託在這點兒家產上。他們時時刻刻都希望家產更多一些，所以對家產給予不斷的關心；

他們透過日以繼夜的努力使家產增加，所以對家產更加依戀。把一小部分家產讓給別人的思想，在他們看來是不可想像的。他們把損失全部家產視爲最大的災難。但是，使這些熱心保護家產和唯恐喪失家產的所有者人數日益增加的，正是身分的平等。

因此，在民主社會，公民的大多數看不清革命會對他們有什麼好處，而是時時刻刻感到革命會從四面八方給他們帶來損失。

我在本書的一個地方[1]說過，身分的平等自然要驅使人們去經營工商業，並使地產不斷增加和地塊日益化小。我也曾指出[2]，身分的平等時時都在鼓勵每個人熱烈地和不斷地追求幸福。再沒有什麼東西比這一切事實更能抵制革命的激情了。

革命的最終結果可能是對工商業有利，但它的最初效果幾乎總是使工商業者傾家蕩產，因爲革命一開始不能不改變消費的一般狀態，不能不暫時使生產和需求之間的關係失常。

另外，我不知道再有什麼東西比商業道德更與革命道德對立的了。商業自然是一切狂熱的激情的敵人。商業愛溫和，喜歡妥協，竭力避免激怒人。它能忍耐，有柔性，委曲婉轉，除非萬不得已絕不採取極端手段。商業使人各自獨立和重視自己的個人價值，使人願意自己處理自己的工作，教導人學會成功之道。因此，商業使人傾向自由而遠離革命。

在革命當中，動產的所有者比其他人都害怕得多，因爲他們的財產一方面往往易被查封，另一方面又隨時有完全喪失的可能。土地所有者就不必如此擔驚受怕，因爲他們即使失去了土地的收益，在大動盪過去之後，至少有希望保住土地本身。因此，在面臨革命運動的時候，前者要比後者害怕得多。

由此可見，一個國家的動產數量越大及其種類越多，就越少發生革命。

另外，不管人們從事什麼職業，擁有什麼樣財產，有一個特點是人所共有的。

這就是沒有一個人完全滿足於現有的財產，人人都在不斷努力以各式各樣的辦法增加財富。考察一下他們當中的每個人的任何一段人生，就會發現每個人都在不斷擬訂以增進自己的安樂爲目的的某些新計畫，對他們大講人類的利益和權利，均是枉費工夫，因爲他們當前把全部精力都用去操勞那些瑣碎的自家小事情上去了，希望你讓他們另找時間去考慮公眾共同關心的事情。

這不僅阻止他們去進行革命，而且打消了他們的革命念頭。狂熱的政治激情，很少能夠打動也以同樣狂熱追求幸福的人。他們對小事情的熱心，使他們對大事情的熱心變涼了。

不錯，在民主社會裡，有時也出現一些大膽敢爲和懷有野心的人，他們的巨大欲望不能滿足於按照常規前進。這些人喜歡革命，並發動革命；但是，如無非常的意外事件助他們一臂之力，他們是極難發動起革命的。

誰也不能在反對他的時代和他的國家的精神鬥爭中得到好處。一個人，不管他認爲自己多麼強大，也難於使他的同時代人接受爲他們的整體願望和感情所厭惡的情感和思想。因此，不要以爲一旦身分的平等成了永久確立的事實，並使民情打上了它的特點的烙印，人們就會輕易地跟著一個魯莽的領袖或一位大膽的革新家走上冒險的道路。

但是，人們也不能透過深謀遠慮的籌劃，甚至透過事先安排好的抵抗計畫，去公開反對這樣的領袖或革新家。人們不會和他們進行激烈的鬥爭，有時甚至還會恭維他們幾句，但絕不會跟著他們走。人們私下裡以自己的惰性抵制他們的狂熱，以自己的保守主義態度抵制他們的革命習性，以自己的日常愛好抵制他們的冒險家熱情，以自己的良知抵制他們的機靈天才，以自己的散文抵制他們的詩篇。這樣的領袖和革命家，經過千辛萬苦可能使人們一呼而起，但不久以後人們就會離開他們，而他們自己則好像身體過重而跌倒在地。他們用盡全身解數試圖喚起這些態度冷淡和漫不經心的群眾，但又終於覺得自己無能爲力，這不是因爲他們自己認輸，而是因爲他們成了孤家寡人。

我絕不認爲生活在民主社會的人天生就是不好動的；恰恰相反，我認爲在這樣的社會裡，有一種永恆的運動在起支配作用，人們在這種運動中從不知道休息；但我相信，人們在其中活動時總有不可逾越的一定界限。對於次要的東西，他們每天都在予以改變、改進或改革；而對於主要的東西，他們則謹慎小心，不加觸動。他們愛改革，但怕革命。

儘管美國人不斷修改或廢除他們的某些法律，但他們很少表現出革命的激情。當公眾的騷動開始構成威脅的時候，甚至在公眾的激情極爲高漲的時刻，他們就立即止步並冷靜下來。從他們的這種急速反應就不難發現，他們害怕革命，視革命爲最大的災難，每個人都在心裡暗自決定，準備付出重大的犧牲來防止革命。世界上沒有一個國家像美國那樣，最愛所有權而又最怕所有權丟失；也沒有一個國家像美國那樣，有絕大多數人反對以任何方式威脅所有權制度並使其改變的學說。

我曾一再指出，具有革命性質的理論，當它只有透過完全徹底的和有時是突然的改變財產和人的現狀才能實現的時候，在美國不會像在歐洲的一些大君主國那樣受到無限的歡迎。即使有人主張這個理論，群眾也要以一種本能的反感抵制它。

我敢說，被法國一貫稱爲民主名言的那些名言，大部分要被美國的民主所取消。這一點很容易理解。在美國，人們具有的是民主的思想和激情；而在歐洲，我們具有的還是革命的激情和思想。

如果有一天美國發生了大規模的革命，那也是由於美國的土地上住有黑人而引起的。也就是說，造成這種革命的原因不是身分的平等，而是身分的不平等。

在身分平等的時候，每個人都願意閉關自守，把他人置於腦後。如果民主國家的立法者們不去糾正這個有害的傾向或者助長它，認為它能使公民消除政治激情和遠離革命，那他們將會作法自斃，遭到本想避免的惡果，而且會有一天，某些人的破壞性激情，在大多數人愚昧的利己主義和膽怯心理的幫助下，迫使整個社會經歷異常的變故。

在民主社會，並沒有希望革命的少數，但少數可能製造革命。

我並不是說民主國家可以避免革命，而只是說這種國家的社會情況不會導致革命，或者毋寧說可以使人們遠離革命。民主國家的人民凡事全靠自己，他們不會輕易投身於重大的冒險行動。他們只是在猝不及防時，才被捲入革命。他們有時也經歷過革命，但這種革命不是他們製造的。我再補充一句：這種國家的人民一旦獲得知識和經驗，便不會縱容革命出現。

我深知，國家的各項制度在這方面可以發生很大的影響。它們對於來自社會情況的各種習性，起著促進或抑制的作用。因此，我再重複一遍，我並不認為一個國家只是依靠國內實行身分平等才得以避免革命；但我確信，不管這種國家實行什麼制度，它那裡發生的革命所使用的暴力，總要比想像的小得無限和少得多。於是，我不難設想，這樣的政治情況一與平等結合，就會使社會達到我們西方未曾有過的安定。

我方才就事實所述的一切，也部分地適用於思想和觀點。

在美國，有兩件事使人感到驚奇：人們大部分的活動流動性很大；某些原則的固定性很強。人們在不斷地流動，但他們的精神卻好像幾乎一動未動。

一旦某一觀點在美國的土地上傳播開來，並扎下了根，那就可以說這塊土地上沒有任何力量可以把它根除。在美國，宗教、哲學、道德甚至政治方面的通行學說，從來沒有變化，或者至少可以說，它們只是透過隱祕而且往往是人們發覺不了的方法改變的。在人和事物的這種飄浮不定的環境中，連一些最粗野的偏見也只能以慢得令人難以想像的速度去清除。

我聽說，感情和思想每時每刻都在變化，是民主的本性和習慣。對於古代的那些可以把全體公民集合於一個公共場所，然後由一位演說家任意鼓動的小共和國來說，情況可能如此。但是，我在位於我們大洋彼岸的偉大民主共和國裡，卻沒有見到過這種現象。在美國，使我感到驚奇的是，很難使多數放棄它所認定的觀點和拋棄它所選定的人。無論是書寫文章還是發表演說，對此都沒有用處。只有親身經驗才能使他們改變初衷，而且有時要反反覆複地多次親身經驗。

乍一看來，這使人感到吃驚；但是，深入研究之後，便可以知道它的究竟。

我認爲，使一個民主國家放棄它的偏見，改變它的信念，在宗教、哲學、政治、道德等方面用一套新原則分別取代各自原有的原則，簡而言之，使這個國家在知性方面經常進行大規模的革命，並不像一般人所想像的那樣容易。這不是說，在民主國家裡人的精神懶惰。人的精神在不斷活動，但它不是在探求新的原則，而是在沒有止境地改變已知原則的成果。它不是迅速地、直接地努力衝向前去，而是圍著自己輕盈地打轉。它以不斷的和匆忙的小動作擴大自己的活動範圍，但絕不會突然改變自己的活動範圍。

權利、教育和財產相等的人，簡而言之，就是身分相等的人，必然有相差無幾的需要、習慣和愛好。由於他們從同一角度觀察事物，所以他們的思想自然趨於相同的觀點。儘管每個人都可能與他們的同時代人有差距，並且可能形成自己的信仰，但到最後，他們全體終將不知不覺地在一定數量的共同意見上重新合流。

我越仔細考察平等對智力活動的影響，就越深信我們現今所見到的智力活動混亂現象，並非像有些人所認為的那樣是民主國家的自然狀態。我認為，莫如把這種混亂現象看成是民主國家的青年時期特有的偶然事態，它只出現於人們已經衝破以前把他們彼此聯繫在一起的舊關係，而他們在出身、教育和習慣上仍有很大不同的過渡時期。因此，在過渡時期，人們只要各自保留非常不同的思想、本性和愛好，就沒有辦法不讓它們表現出來。但隨著人們的身分日趨相同，人們的主要見解將會達到一致。在我看來，這才是普遍的和常在的事實，而其餘的都是偶然的和過渡的東西。

我認為，在民主時代，一個人能夠一下子就想出一個與其同時代人所接受的思想體系相差十萬八千里的思想體系，那是極為罕見的。如果出現了這樣的一位革新家，我也認為他最初叫人們聽他的思想體系時就有極大的困難，而後來叫人們信他的思想體系時困難更要大。

在身分幾乎相等的時候，一個人不會隨便輕信他人。由於大家都很相似，在一起學習同樣的東西，過著同樣的生活，所以自然不願意從中選出一個人當領導並盲目追隨他。人們不會隨便聽信與自己相同或平等的人的話。

因此，在民主國家，不僅某些個人對知識的信任程度降低了，而且像我在本書的另一處所說的那樣，在智力上可能優越於其他某一個人的一般觀念，不久也會失去光彩。

隨著人們日趨相同，智力平等的主張便逐漸滲入人的信念。於是，不管什麼樣的革新家，都將更加難於對全國人民的精神擁有和施加重大影響。在這樣的社會裡，突如其來的智力革命是少見的，因爲我們瀏覽一下世界史就可以發現，使人們的見解發生迅速而巨大轉變的，主要的不是理論的力量，而是名望的權威。

還要注意一點，生活在民主社會的人沒有任何束縛把大家捆在一起，所以要對每個人一一進行說服。但在貴族社會裡，只要對某些人的精神施加影響就足夠了，其餘的人都會跟著走。如果路德生活在平等的時代，而他的聽眾中又沒有領主和王侯，那他在改變歐洲面貌的活動中，可能要遇到更大的困難。

這並不是說民主時代的人天生就相信自己的意見是正確的，並牢固地堅持自己的信念。他們往往產生在他們看來誰也解決不了的懷疑。在這樣的時代，人的精神有時也想改變方位，但因爲沒有力量推動和指導，所以仍在原地徘徊，一動也不動[3]。

在贏得一個民主國家的人民信任之後，還要做艱苦的工作使他們尊重你。如果在和生活於民主制度下的人談話時，不談到他們本身的問題，則很難使他們傾聽你的話。他們不注意聽別人對他們講的話，因爲他們總是忙於自己所做的工作。

事實上，在民主國家，遊手好閒者極少。在那裡，人們生活於忙亂而喧鬧的環境之中，工作緊張得連思考問題的時間都沒有。我想特別指出的是，他們不只是忙於工作，而且工作得十分用心。他們永遠處於行動狀態，而且對每一行動都全神貫注；他們用於事業上的熱忱，妨害了他們點燃思想之火。

我認爲，激發民主國家人民狂愛與他們的日常生活實踐沒有明顯、直接和迫切的關係的某一理論是極其困難的。這樣的人民不會輕易放棄他們的舊信念，因爲能使人的精神脫離已經走熟的老路以及完成智力大革命和政治大革命的，正是狂愛。

因此，民主國家的人民既無餘暇又無興趣去尋求新的見解。甚至在他們對原有的見解產生懷疑的時候，也仍然要固守它們一段時間，因爲他們要經過很長的時間和反覆的考察，才能改變原來的見解。他們之所以保護原來的見解，並不是因爲它是可靠的，而是因爲它是早已確立的。

民主國家人民的原有主張之所以難於發生重大的變化，還有另外幾個比較強大的原因。我在本書的序言裡已經指出過這些原因。

在這樣的國家內部，個人的影響力是薄弱的和幾乎是等於零的，而群眾對每個個人的精神的影響力卻是巨大的。其原因，我已在其他地方談過。我在這裡想要指出的是，如果認爲這完全取決於政府的組織形式，以爲多數一旦失去其政治影響力，它的精神影響力也將隨之消失，那將是錯誤的。

在貴族制度下，人們往往擁有自己的高貴性格和力量。當他們發現自己與大多數同胞有抵觸時，他們會退避三舍，在家裡自省自慰。在民主國家裡就不會有這種情況。在民主國家，受到公眾的愛戴，其必要性有如呼吸空氣，而與群眾背道而馳，可以說等於無法作爲一個人而生活下去。群眾不必用法律去制伏那些與自己想法不同的人，只對他們進行譴責就可以了。孤立感和落魄感，很快會使他們感到抑鬱和失望。

只要身分趨於平等，大家的意見就會對每個個人的精神發生巨大的壓力，包圍、指揮和控制每個個人的精神。這主要來源於社會的組織本身，而很少來源於政治法令。隨著人們更加彼此相似，每個人也就越來越感到自己在大家面前是軟弱的。每個人看不出自己有什麼出人頭地或與眾不同的地方，所以在眾人與他對立的時候，他立即會感到自己不對。他不僅懷疑自己的力量，而且開始懷疑自己的權利，而當絕大多數人說他錯了的時候，他會幾乎完全認錯。多數不必強制他，只是對他進行說服。

因此，在一個民主社會裡，不管各項權力是怎樣組織和保持平衡的，人們都很難接受群眾所反對的東西和宣揚群眾所譴責的東西。

這一點，對於安定人們的信念有很大促進作用。

當一種見解在民主國家裡扎根，並深深地印在大多數人的腦海時，它便會依靠自己的力量存在下去，而且可以毫不費力地長久存在下去，因爲沒有人反對它。最初譴責它是謬誤的人，最終也會因爲大家都接受而接受；而在心裡堅持要與它鬥爭到底的人，也不會公然站出來。他們不想進行一場危險而又無益的鬥爭。

不錯，當民主國家的多數改變其見解時，多數可能隨意在精神世界掀起一場使人感到離奇的突然革命。但是，多數的見解是很難改變的，而確認它已經改變了，也差不多是同樣困難的。

有時，時間和事件，或個人的單獨思考活動，會逐漸地動搖或破壞一種信念，但從表面上卻看不出來。人們無法同這種變化進行鬥爭，也無法爲了進行鬥爭而集合力量。結果，這個信念的追隨者只是一個接著一個不聲不響地離開了它，但是每天都有一些人公開表示拋棄它。最後，只有少數幾個人信奉它了。

但在這種情況下，它還起著作用。

它的反對者們繼續保持沉默，或者只是祕密地交流思想，所以一般他們在很長時期內還不能確信一場大革命已在進行，仍在遲疑而一動不動。他們尚在觀察，仍不作聲。大多數人雖然已經不再信它了，但仍佯作信它的樣子；而公眾思想的這種假像，便足以使革新者心灰意冷和保持沉默，被人敬而遠之。

我們正生活在一個人們精神發生急劇變化的時代。但是不久以後，人們的基本觀點也許要比我們歷史的過去許多世紀存在過的基本觀點穩定得多。這個時候尚未到來，但它可能正在接近我們。

我越深入研究民主國家人民的自然需要和本性，便越加確信：一旦平等在世界上全面而永久地建立起來，精神大革命和政治大革命的出現就遠比人們想像的困難和稀少。

由於民主國家的人看來好像總在活動，總在變化，總在忙碌，時時準備改變自己的主意和地位，所以使人覺得他們要隨時廢除他們的法律，立刻接受新的信仰和採用新的習慣。但是，人們並沒有想到，平等在使人發生變化的同時，還告訴人要想滿足自己的利益和愛好，必須有安定的環境。平等在推動人前進，同時又控制他前進；平等在激勵人奮起，同時又讓他把腳踏在地上；平等在點燃人的欲望，同時又限制人的能力。

這種情況不是一下子就可以看清的，因爲使民主國家的公民各自東西的激情是外現而明顯的，而使他們團結和合作的力量則是潛藏而不是一看就可以看見的。

我對以後幾代人表示的最大擔心並不是革命。但在我的周圍都是革命造成的廢墟的現況下，我敢這樣說嗎？

如果公民們繼續閉關自守於越來越窄的家庭利益的小圈子裡，並在其中永無休止地追求這種利益，我們就可以看到他們始終不會產生那種雖然可使人民動亂，但卻能使人民前進和革新的強大之大公無私情操。當我看到財產如此容易變動，而愛財之心又如此激烈和殷切的時候，我不能不擔心人們將會視一切新的理論爲災害，視一切改革爲輕舉妄動，視一切社會進步爲走向革命的初步，並唯恐被捲進去而一動也不動。我的心在顫抖，而且我坦白承認是由於害怕而顫抖，因爲人們現在不顧一切地追求眼前的享樂，忘卻了自己的將來利益和子孫的利益，喜歡輕鬆自在地走命運所安排的道路，而不肯在必要的時候做出毅然決然的努力去改弦更張。

人們認爲新社會每天都在改變它的面貌。至於我，則害怕新社會過於固守原來的制度、原來的偏見、原來的習俗，而終於無所作爲。結果，人類停止前進了，自己束縛了自己；人的精神逐漸萎縮，並永遠自怨自艾而創造不出新思想；每個人都把精力用於一些小而無益的獨立活動之上，看來所有的人都像是在不斷地活動，但整個人類卻不再前進了。

## ◆本章注釋◆

【1】見本書第四部分第十九章。——譯者

【2】見本書第四部分第十章。——譯者

【3】如果由我去尋求什麼社會情況最便於發生智力大革命，我將在全體公民完全平等和各階級絕對隔離之間的某一處找到它。

在等級森嚴的制度下，人們世世代代相傳下去而不改變其原有的地位，其中一些人沒有什麼更多的希望，另一些人沒有什麼更好的期望。在這種萬籟俱寂、萬物停止運動的狀態下，想像力沉睡了，甚至關於運動的思想，也不再浮現於人們的腦際。

當階級不復存在，身分差不多平等的時候，所有的人都將處於不斷的活動狀態，但每個人是孤立的、獨立自主的和軟弱無力的。這種狀態跟前一種狀態大有不同，但有一點是類似的，即無論是在前者還是在後者，人的精神大革命都是很少出現的。

但是，在一個國家的歷史的這兩個極端之間，有一個既使國家名揚四海、又使國家動盪不安的中間時代。在這個時代，身分還沒有固定得足以使智力處於沉睡狀態，還沒有不平等到足以使某些人對另些人的精神施加極大影響，和某些人可以改變所有人的信念的地步。強大的改革家的崛起和新思想的突然改變世界面貌，正是在這個時代。

# 第二十二章　爲什麼民主國家的人民自然希望和平而民主，國家的軍隊自然希望戰爭

使民主國家的人民反對革命的那些利益、恐懼心理和激情，也在使他們不願意進行戰爭。尚武精神和革命精神，是同時並由於同樣的原因而減弱的。

愛好和平的不動產所有者人數不斷增加，可以迅即毀於炮火的動產增多，民情的純樸，人心的溫存，平等所激發的憐憫心情，很少被戰時產生的詩意般強烈激情所打動的冷靜理智——這一切聯合起來，便足以抑制尚武精神。

我認爲，可以把在文明國家裡隨著身分的日益平等，好戰的激情將越來越少和越來越不強烈，視爲一個普遍的常規。

戰爭，是所有國家，無論是民主國家或其他國家都可能捲入的不幸事件。無論它們多麼熱愛和平，都必須時時做好卻敵的準備，換句話說，就是要有一支軍隊。

置身於可以說沒有鄰國的廣漠土地之上的美國，得天獨厚，爲它的居民提供了獨有的條件。就是說，他們只有少數士兵就夠了。但是，這只是美國的特點，而不是民主的特點。

身分平等、民情和基於民情所建立的各項制度，並沒有取消民主國家建立軍隊的義務，而且它的軍隊還經常對它的命運起著極大的影響。因此，研究什麼是軍隊成員的自然本質，是至爲重要的。

在貴族制國家裡，尤其是在全憑出身來定等級的國家裡，軍隊中的不平等亦與民族中的不平等一樣。軍官是貴族，而士兵則是農奴。前者應徵是爲了發號施令，而後者應徵則是爲了服從指揮。因此，在貴族制國家的軍隊裡，士兵的奮進之心被限制在極小的範圍之內。

軍官的野心也並不是遠無止境的。

貴族不但是全國等級階梯中的一個等級，而且在它的內部還經常有自己的等級階梯。階梯上的等級一個比一個高，而且永遠保持不變。根據出身，有的人應徵是去指揮一個團，而另一個人應徵則是去指揮一個連。他們達到他們所希望的這個極限之後便自動停止，而安於自己的命運。

此外，還有一個重大原因，使貴族制國家的軍官抑制了晉升的欲望。

在貴族制國家裡，軍官除了在軍隊中有軍階以外，還在社會上屬於上等階層。在他們眼裡，前者不過是後者的附屬品。貴族之躋於軍官之列，主要的還不是爲了高升，而是出於家庭出身加於他們的一種義務。他們之所以從戎，是爲了光榮地度過他們輕鬆自在的年華，並把軍中生活的一些光榮回憶，帶回家庭和與自己同樣的人們中間，但他們的主要目的並不是打算由此發財、成名或掌權，因爲他們本身已經有了財、名、權，不出家門就可以享有這一切。

在民主國家的軍隊裡，每個士兵都可能升任軍官，這就使人人產生了晉升的念頭，並把軍事野心的限度擴大到幾乎沒有止境。

在軍官方面，他們認爲沒有什麼東西自然而然地使他們或強迫他們停於某一軍階而不上進。在他們眼裡，每升一個軍階都有極大的價值，因爲他們在社會上的等級，差不多總是依他們在軍隊中的等級爲轉移的。

在民主國家裡，軍官除了薪資以外沒有其他收入，除了軍功榮譽以外不會享得其他榮譽。他們經常改變職業，所以境遇也隨之改變，以致好像變成了另外一個人。在貴族制國家的軍隊裡作爲充任軍官的附帶結果的那些東西，在民主國家的軍隊裡變成了主要的東西，變成了決定軍官的一切和決定軍官本人的東西。

在法國的舊君主時代，人們稱呼軍官時不用他們的軍銜，而只用他們的貴族爵位名銜。而在現代，只稱他們的軍銜。這個小小的語言表達形式的改變，就足以說明社會制度和軍事制度當中發生了巨大的革命。

在民主國家的軍隊裡，晉升的欲望幾乎是普遍的，而且是熾烈的、不易放棄的和永遠存在的。它隨著其他一切欲望的上升而上升，一直到人死爲止。但是，也不難發現，在全世界各種國家的軍隊中，和平時期軍階晉升最慢的，是民主國家的軍隊。軍職的席位本來就少，所以競爭者幾乎不可勝數。但是，平等的固定原則適用於所有的人，所以誰也不可能迅速晉升，而且有許多人無法晉升。因此，晉升的要求大大高於其他國家，而晉升的容易程度則大大不如其他國家。

因此，民主國家軍隊中極想升官的人，都渴望發生戰爭，因爲戰爭會使軍官出缺，最後還可以違反作爲民主制度的專有特權的按年資晉升的規定。

我們由此可以做出如下使人感到奇怪的結論：在所有國家的軍隊中，最熱烈地希望發生戰爭的軍隊，是民主國家的軍隊；而在所有國家的人民中，最愛和平的人民，則是民主國家的人民。這種反常現象的成因，是平等同時產生了這兩個對立的效果。

公民都是平等的時候，便每天都覺得自己有希望並發現有可能改變自己的處境，和增進自己的福利。這種情況使他們熱愛和平，因爲和平可以繁榮工商業，能使每個人平安無事地達到其小小事業的目的。另一方面，這樣的平等，又在使從事戎馬生活的人更加重視軍事榮譽的價值，讓所有的官兵都能容易得到這種榮譽，以致連士兵在做夢的時候，都是馳騁於疆場。在這兩種不同作用的支配下，人心思動是相同的，愛好享受的欲壑總是難填的，野心是相等的，而滿足野心的手段則有所不同。

人民和軍隊的這種背道而馳的傾向，驅使民主社會走上非常危險的道路。

當人民喪失尚武精神的時候，充任軍官便立即不再是光榮的了，而軍人也將淪爲最低級的公務人員。人們不太尊敬他們，也不再了解他們。這時，便出現了與貴族時代完全相反的情況。從軍的公民不再是最主要的公民，而是一些微不足道的公民。一個人只有在沒有辦法的時候才願意去從軍。這就形成一個難以擺脫的惡性循環。民族的精英避而不就軍職，因爲這一行不光榮；而軍職之所以不光榮，則是因爲民族的精英不再參加軍隊。

因此，當你看到民主國家的軍隊儘管物質條件比其他軍隊一般說來好得多，紀律不如其他軍隊那樣嚴格，但往往情緒低落、牢騷滿腹、對處境不滿的時候，不必表示驚訝。士兵感到自己的地位低下，他們被挫傷的自尊心，使他們愛上缺了他們就無法進行的戰爭，或喜歡上他們有希望憑藉手中武器獲得人們原來拒絕給予他們的政治權力和個人尊嚴的革命。

民主國家軍隊的成分，使引發革命的危險變得更加可怕。

在民主社會，幾乎所有的公民都有財產需要保護；但是，民主國家的軍隊通常都是由無產者領導的。大部分無產者在國家內亂期間，不會遭到重大損失。在民主時代，人民群眾自然要比在貴族時代更怕革命，但軍隊的首腦們卻不太怕革命。

另外，正如我方才所說的，在民主國家，最有錢、最有教養和最有才幹的公民，都絕不去擔任軍職，所以整個軍隊最後會變成一個小獨立王國。在這個小王國裡，官兵的知識水準低於全國，而他們的習慣卻比全國粗野。但是，這個不文明的小獨立王國卻掌握著武器，而且只有它會運用武器。

軍隊的好戰和喜歡動亂的精神給民主國家帶來的危險，實際上正是因爲公民的和平情緒而加劇了。在一個不好戰的國家裡，再沒有比軍隊更危險的東西了；而全體公民的過分愛好安寧，則使他們把整個社會都交給士兵去支配。

因此，一般而論可以這樣說：如果民主國家出於自己的利益和本性而自然愛好和平，那它就將被它的軍隊一步一步地拖向戰爭和革命。

貴族制國家從來不擔心軍人發動革命，而民主國家卻經常害怕這樣的革命。在妨礙民主國家前進的一切可怕的危險當中，這種危險將變得最爲突出。政治家必須時時刻刻把自己的注意力放在尋找消除這種危險的辦法上去。

當一個國家因軍隊的野心蠢蠢欲動而感到內部不安的時候，它首先想到的就是如何爲這個令人討厭的野心提供發動戰爭的藉口。

我不想一般地誹謗戰爭。戰爭差不多總能提高一個民族的意志，開闊它的心胸。有些時候，只有戰爭才能遏止平等自然造成的某些傾向的過分發展，這時我們就必須認爲戰爭是醫治民主社會所染的某些痼疾的不可或缺的良藥。

戰爭雖然有一些很大的好處，但也不能把它捧得過高，說它可以根除我方才指出的危險。戰爭只能暫時阻止這種危險，戰爭過後危險又會變本加厲，因爲軍隊嘗到戰爭的甜頭之後，便更加不願意容忍和平了。戰爭只是永遠希望光榮的民族解救困難的辦法。

我可以預言，一些民主大國裡湧現出來的軍事首腦們，會發現他們在率軍征伐時容易，而在勝利後和平地生活下去困難。有兩件事使民主國家覺得很難辦：一件事是開始進行戰爭，另一件事是結束戰爭。

此外，如果戰爭未爲民主國家帶來特殊的好處，那它就會使民主國家遭到昔日的貴族制國家同樣未曾放在心上的某些危險。現在，我只談一談其中的兩種危險。

戰爭雖然滿足了軍隊的要求，但卻限制了每天都在嚷嚷要使自己的和平時期的需求得到滿足的不可勝數的公民群眾，而且往往使他們失望。因此，戰爭就有從另一方面導致它本來應當防止的動亂的危險。

在民主國家裡，任何一場長期戰爭都將給自由帶來巨大的危害。這並不一定是指害怕在每次勝利之後看到獲勝的將軍們，會像羅馬的蘇拉和凱撒那樣用武力奪取最高政權。危險是另一種的。戰爭雖然並不總是給民主國家帶來軍人統治，但它不能不使民主國家的文官政府的職權無限增加。它差不多必定要把管理萬民和處理萬事的大權集中到這個政府手中。它不是以武力突然建立專制，而是依靠習慣勢力慢慢地走向專制。

凡是企圖消滅民主國家的自由的人，一定知道達到這個目的最可靠和最簡便的辦法就是戰爭。這是他們的第一條科學定理。

當官兵的野心引起人們驚恐時，一個看來可以自救的辦法，就是增加軍隊的人數，從而擴大軍官的編制。這只能緩和燃眉之急，但爲未來埋伏了更大的危險。

在貴族制社會，擴軍可以產生穩定的效果，因爲在這樣的社會裡，只有一類人有軍事野心，而且其中每個人的這種野心可以停止在規定的範圍之內，從而使所有懷有野心的人差不多都能得到滿足。但是，在民主國家，擴軍就沒有任何好處，因爲軍隊的人數越多，想往上爬的人也越多。被許諾有空缺時就職的人上任以後，不久又會出現一批欲望沒有得到滿足的人，而已經上任的那批人也很快會牢騷滿腹，因爲左右民主國家公民行動的那種激動情緒也會反映到軍隊中來。人們想得到的不是一定的軍階，而是一直往上晉升。他們的欲望雖然不算太大，但卻一個一個地接踵而來。民主國家擴軍只能使軍人的野心得到一時的滿足，但不久以後，他們的野心將會變得更爲可怕，因爲想往上爬的人越來越多。

至於我，則認爲不安和時刻思動的情緒，是民主國家軍隊的組織本身內在且不願意根除的弊端。民主國家的立法者們，不要自以爲能夠找到一種依靠自己的力量鎮服和控制軍人情緒的軍事制度，爲此付出多大的努力都是白費工夫。

能夠救治軍隊的弊端的不是軍隊本身，而是國家。

民主國家自然擔心動亂和專制。只要使軍隊的那些本性變爲審愼的、理智的和穩重的愛好，問題就可以解決了。當公民們最後學會如何和平而有益地運用自由，並領會到自由的好處時；當他們像愛自己女朋友那樣愛好秩序，自願地服從紀律時，他們入伍從軍就會不知不覺地和似乎是違反本意地把這些習慣和品質帶進軍隊。全民族共有的精神一滲入軍隊特有的精神，就會節制軍隊生活所造成的觀點和欲望，或者依靠輿論的強大力量把這些觀點和欲望抑制下去。有了有知識、守紀律、意志堅定和愛好自由的公民，才會有紀律嚴明和服從命令的士兵。

任何法律，只要它在鎮壓軍隊的叛亂精神的同時還在全國範圍內加緊壓制公民的自由精神，使法律和權利的觀念黯然失色，它就必然適得其反。它不但沒有消滅軍人暴政，反而大大促進了軍人暴政的建立。

不管採取什麼預防措施，民主國家裡存在一支龐大的軍隊畢竟總是一大禍根，而消除這個禍根的最有效辦法就是裁軍，但這又是所有的國家都不能採用的一項解救辦法[1]。

◆本章注釋◆

[1] 托克維爾的這段論述，在今天仍未失去其重要意義。——法文版編者

# 第二十三章　民主國家的軍隊裡哪些人是最好戰和最革命的階級

民主國家軍隊的特點，是按照提供兵員的人口數與兵員人數的比例來說，它是十分龐大的。關於這一點，我準備以後再談它的理由。

另一方面，生活在民主時代的人，選擇軍職的卻不多。

因此，民主國家不久就不得不放棄自願入伍的募兵制，而採用強制入伍的徵兵制。本國條件的要求，迫使它們採用了後一種制度，而且可以不難預知，人人都要被徵入伍。

由於服役是強迫性的，所以服役的義務就由全體公民不加區別地平等分擔。這也是這些國家的條件及其思想的必然結果。這些國家的政府，只要向全體人民提出呼籲，就差不多可以進行它想要做的事。一般說來，引起反抗的是負擔輕重的不平等，而不是負擔本身。

但是，由於全體公民都要服役，所以顯然要出現每個人只在軍隊裡服役爲數很少幾年的結果。因此，士兵只是軍隊的過客便成了常規。但是，在大部分貴族制國家裡，當兵卻是士兵所選定或被迫接受的終生職業。

這種情況造成了一些差異很大的後果。在民主國家軍隊的士兵中，有些人很愛軍人生活，但大多數人是被迫站到軍旗下的，他們時時刻刻準備返回家園，沒把從軍看成嚴肅的任務，只想離開軍隊。這些人沒有什麼高要求，也沒有染上半點兒這種職業所產生的奢望。他們當兵只是應付差事，心裡總是惦念著公民生活裡的利益和欲求。因此，他們不僅沒有尚武精神，反而把社會上的公民精神帶進軍隊並在軍隊裡保持這種精神。在民主國家的軍隊裡，這些純樸的士兵仍然保存著公民的本色，全國的習慣對他們有最大的作用，輿論對他們有最大的影響。士兵們可以特別自詡的，正是他們把曾使人民本身受到鼓舞的愛自由和尊重權力的思想，帶進了民主國家的軍隊。貴族制國家的情形與此相反，那裡的士兵到了最後已與自己的同胞毫無共同之處，與同胞們往來形同外來人，而且往往是形同敵人。

在貴族制國家的軍隊裡，軍官是保守分子，因爲只有他們與市民社會保持緊密的聯繫，而且從不放棄遲早回到市民社會恢復其原來地位的願望。在民主國家的軍隊裡，保有這種聯繫和持有這種願望的則是士兵，而且促使士兵如此的原因也完全相同。

不過，在民主國家軍隊的內部，軍官們往往養成與全國人民完全不同的愛好和欲求。這種現象是不言而喻的。

在民主國家裡，一個人當了軍官，便與市民生活完全斷絕關係。一離開市民生活，就等於永遠離開，而且他也沒有一點兒回去的興趣。他的眞正祖國就是軍隊，因爲他的一切都決定於他所占的軍階。因此，他得跟著軍隊的命運共進退，同沉浮，把自己今後的希望完全寄託於軍隊。由於軍官的需要與國家的需要不同，所以他可能在全國最希望安定與和平的時候，銳意製造戰爭或進行革命活動。

但是，有些因素可以節制軍官在這方面的好戰和喜歡鬧事的情緒。如果民主國家軍隊裡的這種野心是每個軍官都有的和持久的，則這種野心很少是強大的。出身於民族的下等階級的人，經過在軍隊內部的幾次晉升，終於升到軍官的地位，便已經夠揚眉吐氣的了。他已經占據比他在市民社會的地位高得多的地位，並且取得被大部分民主國家經常認爲是不可出讓的權利[1]。經過這樣大的努力之後，他願意暫時停一下，想一想如何享用已經獲得的一切。由於害怕失去已經獲得的東西，所以渴望獲得尚未獲得的東西的心情便不怎麼強烈了。在克服妨害他晉升的第一個和最大的障礙之後，他便對以後的晉升之慢不那麼著急了。隨著軍階逐步升高，發現危險越來越大，他的野心也逐漸收縮。如果我沒有說錯的話，我就認爲民主國家軍隊中最不好戰和最沒有革命精神的，將永遠是它的高級指揮官。

我方才就軍官和士兵所講的一切，對於在所有的軍隊中都是介乎軍官和士兵之間的那批人，即我要講的軍士階級，並不適用。

這個在本世紀之前還未在歷史上嶄露頭角的軍士階級，我想它今後會在歷史上發生作用。和軍官一樣，軍士已在思想上與市民社會斷絕關係；也和軍官一樣，軍士亦把軍職視爲終生職業；或許還超過軍官，把全部希望都寄託在這一方面。但是，他們還沒有像軍官那樣取得較高和穩固的地位，以便在爬到最高職位以前，可以有機會暫時停止下來，舒舒服服地歇一口氣。

由於軍士的職務性質永遠不變，所以軍士們註定要過一種庸碌無名、備受限制、毫不舒適和生死難卜的生活。在他們看來，當兵只是一種危險的行業。他們只知道艱苦和服從，而這比頭頂危險更難忍受。他們之所以能夠忍受眼前的痛苦，是因爲他們知道社會制度和軍事制度能使他們將來解除這些痛苦。實際上，日久天長之後，他們也眞能當上軍官。這時，他們便可以發號施令了，並且得到了榮譽、獨立地位、權利和享受；他們所希望得到的東西雖然大量地出現於他們的眼前，但在實際拿到手以前，他們從來不敢確信一定能拿到手。他們的軍階也不是不能更動的；他們每天都得聽任其長官的擺布，軍隊的紀律要求他們必須這樣做。犯一點小錯誤，或稍有越軌行爲，經常能使他們立即失去費了多年心血才得到的果實。在他們熬到他們所嚮往的軍階以前，可以說他們沒有什麼成就。只是取得了軍官的軍階以後，他們才好像進入了仕途。像他們這樣不斷受到他們的充沛精力、需要、激情、時代精神、希望和恐懼心情推進的人，不可能不燃起鋌而走險的野心。

因此，軍士都希望有戰爭，而且是永遠和迫不及待地希望。如果人們反對戰爭，他們就希望發生使典章制度失去權威的革命，以便在革命當中利用局勢的混亂和群眾的政治激情把他們的長官撵下臺，並取而代之。他們並不是辦不到的，因爲儘管他們的感情和欲求與士兵有很大不同，但他們的家庭出身和習慣卻與士兵一樣，從而能對士兵發生極大影響。

如果以爲軍官、軍士和士兵的這種各不相同的對事態度只出現一個時代或一個國家，那就錯了。這種現象見於一切時代和一切民主國家。

在所有民主國家的軍隊裡，軍士永遠是國家和平和有秩序的風氣的最壞代表，而士兵則是這方面的最好代表。士兵會把全國民情方面的優點或缺點帶進軍隊，將民族的面貌忠實地反映在軍隊裡。如果一個士兵是無知的和軟弱的，那他將不知不覺地和違反本意地被他的長官拉去從事叛亂。如果他是有知識的和堅強的，那他將會約束他的長官遵守秩序。

◆本章注釋◆

[1] 實際上，軍官的地位在民主國家遠比在其他國家有保障。少數軍官主張軍階越高待遇也應越高；而多數立法者也認為，保證軍官生活舒適是合理的和必要的。

# 第二十四章　關於民主國家軍隊爲什麼在戰爭初期比其他國家軍隊軟弱，而在戰爭持續下去時則比其他國家軍隊強勁

凡是在長期的和平之後參加戰爭的軍隊，都有被擊敗的危險；而長期作戰的軍隊則有很大的獲勝機會。這一眞理特別適用於民主國家的軍隊。

在貴族制國家，軍職是享有特權的職業，所以在和平時期也受到尊敬。才能大、學問大和野心大的人紛紛湧向軍界。軍隊在各方面都不低於全民族的平均水準，甚至往往高於這一水準。

我們在民主國家卻看到相反的情形。在那裡，民族的精英都逐漸離開軍職，以便透過其他途徑去謀求榮譽和權力，而尤其是財富。在長期的和平之後，再加上在民主國家和平時期長，軍隊的水準便經常低於全國的平均水準。參戰的軍隊處於這種狀態，對於國家和軍隊都有危險，直到戰爭使這種狀態改變，危險始終存在。

我曾經說過，在民主國家的軍隊裡和在和平時期，年資是晉升的最高和不可改動的準則。正像我已經指出的，這不只來因於這種軍隊的制度，而且來因於這種國家的制度本身。因此，這種情況將會長期存在下來。

另外，由於這種國家軍官在國內的一切，都取決於他們在軍隊的地位，以及由於他們的榮華富貴全都來自這個地位，所以他們只有到死才離開或退出軍界。

這兩個原因對一個民主國家帶來的後果是，經過長期的和平之後，它的軍職人員和軍隊的全部指揮人員均已老邁。我所說的不僅有將軍，而且包括一直沒有晉升或一步一步爬上去的大部分下級軍官。在你考察民主國家的軍隊時，你會吃驚地發現，全體士兵都是毛孩子，而所有的長官均已至垂暮之年。因此，士兵缺乏經驗，而長官缺乏精力。

這是敗北的主因，因為使戰爭順利進行的首要條件，是要有年輕的人。如果不是近代的一位最偉大的統帥指出過這一點，我是不敢這樣說的。

這兩個因素對貴族制國家的軍隊就不是這樣發生作用的。

因為在貴族制國家的軍隊中，晉升的主要依據是家庭出身而不是年資，所以在每個軍階中都有一些年輕人，他們把人的最充沛體力和精力全都帶進了戰爭。

另外，在貴族制國家謀求軍事榮譽的人，都在市民社會裡擁有不愁溫飽的地位，所以很少有人在快到年老的時候才離開軍隊。他們把精力最充沛的年華獻給軍事生涯之後便自動退休，回鄉去安享餘年。

長期的和平不僅使民主國家的軍隊充滿了年老的軍官，而且使所有的軍官在身心方面養成了不適於作戰的習慣。長期生活在民主的溫文爾雅習俗氣氛中的人，一打仗就難以適應戰爭所要求的艱苦工作和嚴峻義務。如果他還沒有失去擔任軍職的興趣，那他至少要養成妨礙他取得戰爭勝利的生活方式。

在貴族制國家，市民生活的懶散作風對軍隊風紀影響不大，因為在這種國家裡，指揮軍隊的都是貴族。應該知道，一個貴族，儘管他在過著榮華富貴的生活，但除追求這種幸福以外，他總是還有其

他一些追求，而且爲了充分滿足這些追求，他可以自願地暫時犧牲他的幸福。（E）

我曾經指出，在民主國家處於和平時期，軍階的晉升是極慢的。起初，軍官們對這種情況表示無法容忍。於是，他們鬧事，牢騷滿腹，心灰意冷。但是，經過一段時間之後，其中的大部分人遷就下去。野心大和有辦法的人離開了軍隊。其餘的人，終於使自己的愛好和欲求適應他們的比上不足、比下有餘的命運，以市民的眼光來看待軍職。在他們看來，軍職最可貴的地方，就是它能給他們帶來舒適和安定。他們把未來的設想都寄託於這一小點兒有保障的收入上，一生只要求能夠平平安安地享受就行了。

因此，長期的和平不僅使民主國家的軍隊充滿了年老的軍官，而且常常把老年人的習氣輸送到還是年輕力壯的軍官中去。

我也曾指出，在民主國家處於和平時期，軍職並沒有多大榮譽，不太有人追求。公眾的這種輕視態度，是壓在軍人頭上的一塊又重又大的石頭。士氣好像被它壓扁了，但在戰爭終於爆發的時候，士氣又能立即恢復它的彈力和活力。

挫敗士氣的這種原因，卻不見於貴族制國家的軍隊。無論是軍官還是他們的同胞，都從來沒有認爲軍官是低下的，因爲除了他們的軍隊偉大以外，他們本人也是偉大的。

即使和平對這兩種軍隊發生相同的影響，其結果還是不同的。

當貴族制國家軍隊的軍官失去戰鬥意志和不願意靠軍職發跡的時候，他們仍會尊重本階級的榮譽和身先士卒的古老習慣。但是，如果民主國家軍隊的軍官不再愛好戰爭和不再希望利用軍職向上爬，他們就什麼好的東西也保存不下來。

因此，我認爲民主國家在長期和平之後參加戰爭，其被打敗的危險要特別大於其他國家。但是，它不會因爲敗北而輕易氣餒，因爲戰爭越持久，它的軍隊的勝利機會越大。

當戰爭拖長而使全體公民不能從事和平勞動和破壞他們的小小事業時，他們就會把珍視和平的熱情轉向支持戰爭。戰爭使一切事業遭到破壞之後，它本身就成爲一個獨一無二的巨大事業。於是，平等所產生的一切熱烈和奮進的激情，便全部集中到戰爭方面來。這就是爲什麼甚至很難發動人民奔赴戰場的民主國家，一旦讓人民拿起武器，有時會在戰場上取得驚人成就的原因。

隨著戰爭逐漸將所有人的視線吸引到軍隊方面來，和軍隊在短期內就舉國聞名並創造出巨大財富，全國的精英便紛紛從戎。這時，被軍隊吸引去的天生具有進取心和勇敢而好鬥的人，已經不是像在貴族制國家那樣只來自貴族，而是來自全國了。

由於競爭軍事榮譽的人很多，而且戰爭又在迫使每個人發揮其應有的才智，所以不斷湧現出一些偉大的將領。長期的戰爭對民主國家軍隊發生的作用，猶如革命對民主國家人民發生的作用。它打破常規，使一切出類拔萃的人脫穎而出。在和平時期就已年老體衰的軍官離開軍隊、退休或死去。一批在戰爭中壯大起來的青年人接替了他們的職位。這些年輕人滿懷激情，堅持把戰爭打下去。他們不惜一切代價力求晉升，而且實際上也在不斷晉升。在他們身後，還有一批與他們懷有同樣心情和同樣欲求的年輕人。而在這批人之後，還有另一批人。只要軍隊沒有限制，這樣的人將會一批接著一批湧現。平等使每個人產生奮進之心，而死亡又在爲各種奮進之心提供機會。死亡不斷使各級軍官減員，製造遺缺，既爲晉升開門，又爲晉升關門。

在軍人的習性和民主國家人民的習性之間，還存在一種只有在戰時才顯露出來的隱祕關係。

民主國家的人，有一種渴望迅速得到所希冀的東西，然後快快樂樂地加以享受的本性。其中大部分人崇拜冒險，怕死不如怕窮。他們就是在這種精神的支配之下從事工商業的。他們也把這種精神搬到戰場，甘願冒生命的危險，以在瞬間取得勝利。最能滿足民主國家人民幻想的偉大，就是在戰場上能使他們大放異彩而且只須冒生命之危險就可突然得到的偉大。

因此，民主國家人民的利益和愛好使他們離開戰爭，而他們的思想習慣卻使他們能打好戰爭；只要能夠把他們從他們的事業和舒適生活的圈子裡拉出來，他們便可以容易變成好士兵。

如果說和平對民主國家的軍隊特別有害，那麼，戰爭卻可以保證它得到其他任何軍隊所沒有得過的好處。儘管這種好處起初不太明顯，但隨著戰爭的持久，可能由此取勝。

一個貴族制國家在與一個民主國家交戰時，如不在最初的幾個回合摧毀對方，就大有被對方打敗的危險。

# 第二十五章　關於民主國家軍隊的紀律

一個非常流行的觀點認爲，在民主國家中占有統治地位的廣泛社會平等，久而久之將使士兵不聽軍官的指揮，並由此破壞紀律的約束。貴族制國家的人民尤其認爲如此。

這種觀點是不正確的。實際上有兩種紀律，切不可混淆。

當軍官是貴族、士兵是農奴時，即當前者富後者窮、前者聰明能幹後者愚昧無能時，兩者之間容易建立最嚴格的服從關係。可以說，士兵在入伍之前就已服從軍隊紀律了，或者不如說，軍隊紀律不過是社會奴役的臻善。在貴族制國家的軍隊裡，士兵很快就會變成除了長官的命令以外對什麼事都茫無所知的人。他雖在行動但無思想，打了勝仗也不表示高興，被打死了也無怨言。在這種狀態下，他已經不是一個人，而是一個被訓練去打仗的最可怕動物。

民主國家一旦看到它的士兵也染上貴族制國家可以輕易加於其士兵身上的那種分毫不差、服服貼貼、千篇一律的盲目服從的習慣，它一定感到失望。民主國家的社會情況不會使士兵如此，而民主國家要想人爲地使士兵養成這種習慣，則有喪失其固有優點的危險。在民主國家裡，軍隊紀律不應當試圖取消精神的自由發展，而只能設法引導精神的自由發展。軍隊紀律規定的服從並不十分周密，但很粗野和很簡明。這種服從以服從者的意志本身爲基礎，它不僅取決於服從者的本能，而且取決於他的理智。因此，當危險的情況使服從成爲必要的時候，服從者往往會自動嚴格服從。貴族制國家軍隊的紀律在戰爭中容易鬆弛，因爲這種紀律是以習慣爲基礎的，而戰爭可以打亂這些習慣。相反，民主國家軍隊的紀律在大敵當前的時候可以自動加強，因爲每個士兵這時都非常清楚，爲了能夠取勝，他必須毫不反抗，嚴格服從。

依靠戰爭來完成宏偉事業的國家，只知道我所講的紀律。在古代的國家裡，軍隊只徵自由人和公民入伍，他們彼此之間無大差別，慣於平等對待。從這一點來說，可以說古代國家的軍隊是民主的——雖然它的成員都來自貴族內部。因此，在軍隊裡，官兵之間情同手足。讀完普盧塔克的《名人傳》，你自會相信這一點。士兵們經常向他們的將軍們提意見，而且可以無話不說；將軍們也願意傾聽他們士兵的意見，而且有問必答。將軍們透過談話和示範來領導士兵，要比利用管束和懲罰好得多。可以說將軍既是士兵的夥伴，又是士兵的長官。

我不知道希臘和羅馬的士兵是不是也曾像現在的俄國士兵那樣，一絲不苟地遵守軍隊紀律，但我知道這並沒有妨礙亞歷山大征服亞洲和羅馬征服世界。

# 第二十六章　略述民主社會裡的戰爭

當平等的原則不僅在一個國家發展，而且像在今天的歐洲這樣，在相鄰的幾個國家同時發展時，居住在這些不同國家的人，儘管語言、習慣和法制不同，但在都怕戰爭和都愛和平這一點上是一致的[1]。野心和憤怒武裝各國君主也沒有用處；人民普遍持有的那種漠不關心和袖手旁觀的態度，使君主們情不自願地消下氣來，丟下手中的寶劍。於是，戰爭越來越少了。

隨著平等在幾個國家同時發展和這些國家的居民一起湧向工商業，不僅他們的愛好日趨一致，而且他們的利益也逐漸交融了。因此，任何一個國家加於他國的危害，都不能不彈回到自己身上來，從而使人認識到戰爭是一種對戰勝國和戰敗國來說損害差不多相等的災難。

因此，在民主時代，一方面是難以把各國都拉進戰爭，另一方面是幾乎不可能只有兩個國家交戰而不牽涉其他國家。各國的利益互相交織，它們的意見和需要也彼此相同，所以一個國家一有風吹草動，其他所有國家也無法保持安寧。因此，戰爭越來越少，而一旦爆發戰爭，戰場必將越來越擴大。一些相鄰的民主國家，不僅像我方才所說的在某些方面變得相似，而且最終達到在幾乎所有方面的相同[2]。

而且，國家之間的這種相似，對於戰爭具有重大影響。

當我尋思爲什麼十五世紀的瑞士聯邦曾使歐洲的一些強大國家發抖，而現今瑞士的國力則完全與它的人口數成正比時，我發現瑞士人已變得和鄰國人一樣，而鄰國人也變得和瑞士人一樣，所以瑞士現與鄰國的差別只是人口的多寡，而能多派兵的國家必然勝利。因此，歐洲發生民主革命的後果之一，就是人們重視戰場上的兵力優勢，強迫所有小國合併於大國，或至少參加大國的勢力範圍。

由於勝利的決定性因素是兵力，所以每個國家都竭盡全力把盡可能多的兵員派赴戰場。

在部隊裡可以有像瑞士的步兵和十六世紀法國的騎兵那樣，比其他兵種精銳的兵種的時代，人們認為沒有必要徵集大量的兵員；但是，到了每個士兵的力量都相差無幾的時代，情況就不同了。

新需要的產生原因，也為滿足需要提供了手段，因為正如我已經指出的，當人人都一樣的時候，人人也就都成了弱者。在民主國家，社會權力自然大大強於其他國家。這種國家在想要召集全體成年男子入伍時，也有能力辦到。因此，在平等時代，人們的尚武精神雖已減弱，但軍隊的規模卻在擴大。

在這樣的時代，作戰的方法也由於同樣的原因而發生變化。

馬基維利在其《君主論》裡寫道：「征服以一個君主及其諸侯為首領的國家，要比征服由一個君主及其奴隸治理的國家困難得多[3]。」為了不侮辱人，我們不妨將「奴隸」改為「公僕」。這樣，我們就可以得到一個完全可以用在我們討論的問題上的偉大眞理。

一個貴族制大國，征服它的鄰國或被其征服，都是極其困難的。它之所以不能征服鄰國，是因為它不能集結全國的力量並在集結之後長期保持下去；它之所以不能被鄰國征服，是因為敵人會到處遇到許多小防禦據點，阻止它前進。在貴族制國家裡作戰猶如在山地裡作戰，戰敗者隨時可以轉入新的陣地固守。

在民主國家，情況就完全相反。

民主國家容易把可用的全部兵力投入戰場，而如果它很富庶並且人多，則很容易成爲征服者。而一旦它遭到侵略，敵人深入它的國土，它的禦敵辦法就不多了。如果敵人占領了它的首都，國家就滅亡了。這個道理非常清楚：在民主國家，每個公民都是各自孤立的，非常軟弱，誰也無力自衛，不能支援他人。在民主國家裡，只有國家的力量強大。國家的軍事力量一旦因爲軍隊被擊潰而消失，行政的力量由於首都被占領而癱瘓，而所剩下的只是一夥沒有組織和沒有力量的群眾，他們不能抗擊有組織的入侵力量。我知道，使地方享有自由，並由此建立地方政權，可能減少這種危險，但這種辦法經常是作用不大的。

這時，不但人民不再可能繼續進行戰鬥，而且恐怕他們連這個想法都沒有了。

根據文明國家所承認的國際法，戰爭的目的不在於掠奪私人的財產，而只在於占有政治權力。只是爲了達到下一步目的，才偶爾破壞私人財產。

當貴族制國家因軍隊敗北而被敵軍入侵時，貴族雖然身爲富人，也寧願單獨繼續抵抗而不投降，因爲入侵者一旦成爲他們國家的主人，就會把他們的政治權力拿走，而他們重視政治權力甚於重視財產。因此，他們寧願繼續戰鬥，而不接受對他們來說是最大不幸的征服。而且，他們容易把人民組織起來，因爲人民長期以來已經慣於跟隨和服從他們，在戰爭中幾乎沒有什麼可怕損失的。

反之，在身分平等占有支配地位的國家，每個公民只有很少一點政治權力，而且往往一點也沒有；另一方面，人人都是獨立的，並有財產可能受到損失。因此，他們不像貴族制國家的人民那樣怕被征服甚於怕戰爭。當戰火已經蔓延到民主國家的國土時，也很難判斷它的人民會不會拿起武器。因此，必須給予這種國家的人以政治權利和政治意識，以使每個公民覺得自己也享有曾對貴族制國家的貴族起過鼓舞作用的某些權益。

民主國家的君主和其他首領們必須時時提醒自己注意的是：只有熱愛自由的激情和習慣才能最有效地抵制追求享受的習慣和激情。我認爲，再沒有比不以自由爲基礎的民主國家在戰敗時最好投降的了。

以前，在戰場上雙方的兵力都不太多，交戰時也是小規模的戰鬥，或進行長期的圍攻。現在，一交戰就是大規模的戰鬥，只要前進的道路無阻，就一直挺進到敵方的首都，以期一舉結束戰爭。據說，是拿破崙發明了這套新戰術。只依靠一個人的力量是創造不出這種發明的，而不管他是什麼人。拿破崙採用的戰術，是當時的社會情況提示給他的。他使用這種戰術所以成功，是因爲這種戰術特別適應當時的社會情況，因爲他首次將這種戰術應用於戰爭。拿破崙是第一個率軍長驅直入由這個國家首都打到另一個國家首都的人。但是，爲他打開這條道路的，實際上是封建社會的崩潰。我們可以設想，這位非凡人物如果生在三百年前，他是不會使他的戰術產生這樣效果的，或者說他將採用另一種戰術。

我只想就內戰問題再說幾句，因爲我害怕讀者不耐煩。

我就對外戰爭所述的一切，大部分也有充分理由適用於內戰。生活在民主國家的人，天生就沒有尚武精神。他們在被迫上戰場的時候，有時也有點這種精神。但是，根據自己的意志大家一起奔赴戰場，自願忍受戰爭的風險，尤其是內戰的風險，絕不是民主國家的人想要採取的行動。只有最喜歡冒險的人，才會同意去冒這種危險。民主國家的大部分群眾是不會採取行動的。

甚至在人民願意行動的時候，也不是容易行動起來的，因爲他們在國內已經找不到他們準備服從且早已確立的悠久權威，沒有已被公認的領袖來團結、統帥和指揮希望起來行動的人，沒有在國家政權領導下的政治力量去有效地支持政府進行抵抗。

在民主國家裡，多數的精神力量是巨大的，而多數擁有的物質力量，也是爲了抵制它而首先可以聯合起來的力量所無法比的。因此，坐在多數的席位上，以多數的名義和利用多數的權力發言的黨派，可以毫不費力地轉瞬之間打敗所有的個別抵抗。這些黨派甚至不讓個別抵抗出生，在孕育期間就把它掐死。

因此，在這樣的國家裡，凡是想以武力進行革命的人，除了出其不意地占領政府的全部機關，別無其他辦法。爲了能夠達到這個目的，最好使用政變的辦法，而不發動戰爭，因爲一旦進行正規戰爭，勝利者幾乎準是代表政府的黨派。

只有在軍隊分成兩派，一派舉起叛旗，另一派繼續效忠政府的時候，才有可能發生內戰。軍隊本身就是一個小社會，組織嚴密，有強大的生命力，能在一定的期間內自給自足。戰爭可能流血，但不會進行很久，因爲叛軍一顯示武力，或經過初戰的勝利，就能控制政府，於是戰爭隨之結束；或者最好是因爲戰爭一開始，沒有得到政府的有組織的力量支援的那一派軍隊，很快就自行瓦解或被消滅。

因此，可以把內戰在平等時代將會非常稀少和非常短促視爲普遍眞理[4]。

## ◆本章注釋◆

[1] 我認為，我不必向讀者指出，歐洲各國對戰爭表示的恐怖心，並不完全來自於平等在這些國家得到了發展。除了這個經常在發生作用的原因以外，還有幾個十分強大的偶然原因。其中，我首先要指出的是，法國大革命戰爭和拿破崙戰爭所留下的滿目瘡痍。

[2] 這不僅是由於各國有了相同的社會情況，而且是由於這樣的社會情況自然促使人們互相模仿和融合所使然。

當公民們被分成數個等級或階級時，公民們不但彼此各不相同，而且不願意和不希望達到相同；恰恰相反，每個公民都越來越設法保持自己的觀點和習慣，維持原樣不動。個性的精神非常強韌。

當一個國家具有民主的社會情況時，即在這個國家內部沒有等級或階級之分，所有公民在文化和財產方面接近平等時，人的精神就將朝相反的方向發展。人們變得相似，幾乎可以說如不相似，他們會感到痛苦。他們不想保存那些仍然會使彼此有別的東西，而只要求放棄這些東西，以便使自己融入共同的群眾集體。在他們看來，只有這個集體能夠代表權利和力量。個性的精神幾乎消失。

在貴族制時代，甚至本來相同的人們也想在彼此之間建立起想像中的差別。在民主制時代，甚至本來不同的人們也極希望彼此變得相同和互相模仿，因為每個人的精神經常被全人類的前進運動所吸引。

類似的現象也見於國家之間。兩個具有同樣的貴族性社會情況的國家之間，可能始終保持非常明顯的極大差異，因為貴族制的精神在於發揮個性；但是，兩個具有同樣的民主性社會情況的相鄰國家，很快就會採取同樣的觀點和習俗，因為民主制的精神要求人們同化。

[3] 這是對馬基維利的一段話的節譯。參閱馬基維利：《君主論》，萬人文庫版，第七十八頁。

[4] 當然，我在這裡是就單一的民主國家說的，而不是就聯邦制民主國家說的。在聯邦裡，儘管有法律的規定，但大權總是留在成員政府，而不在聯邦政府，所以這裡的內戰不過是變相的對外戰爭。

# 第四部分　關於民主的思想和感情對政治社會的影響

闡述平等所激發的思想和感情之後，如不說明這些感情和思想對人類社會的政治管理可能發生哪些一般影響，我就不算完美地完成本書的任務。

爲了達到這一目的，我必須經常回到已經走過的路上去。但我希望，當讀者沿著已經熟悉的道路走向某一眞理的時候，請不要停下來不再跟著我走。

# 第一章　平等自然使人愛好自由制度

使人各自獨立的平等，也使人養成只按自己的意志進行個人活動的習慣和愛好。人在與自己相等的人往來當中，和作爲個人的生活習慣而永遠享有的這樣完全獨立，使人對一切權威投以不滿的目光，並很快激起關於政治自由的思想和對於政治自由的愛好。因此，生活在這個時代的人，都沿著一種引導他們走向自由制度的自然趨勢前進。請你隨便找一個人問一問，如果可能，你再研究他的最主要本能，你會發現在各式各樣的政府中，他首先考慮的和給予最高評價的政府，是由他選舉元首並由他監督元首行動的政府。

在身分平等所產生的一切政治效果中，首先引起人們注目的和使膽怯的人最害怕的，就是對獨立的這種熱愛。我們不能說這種恐懼是完全錯誤的，因爲無政府狀態出現在民主國家比在其他國家更令人害怕。由於公民之間沒有任何直接影響，所以一旦使公民們各得其所的國家政權不復存在，混亂狀態就必然立即達到頂峰，公民們各自東西，社會組織馬上化爲灰燼。

但是，我深信無政府狀態並不是民主時代應當害怕的弊端，而是最不值得害怕的弊端。

實際上，平等可產生兩種傾向：一種傾向是使人們逕自獨立，並且可能使人們立即陷入無政府狀態；另一種傾向是使人們沿著一條漫長的、隱而不現的，但確實存在的道路走上被奴役的狀態。

人民容易看清第一種傾向，並加以抵制；而對於第二種傾向，則由於發現不了而誤入歧途。因此，提醒人們注意勿誤入歧途是特別重要的。

至於我，絕不因爲平等鼓吹不服從而非難平等，而主要是因爲它鼓吹不服從而稱讚它。我之所以讚美平等，是因爲它使我看到它把關於政治獨立的模糊觀念和本能的衝動植入每個人的心靈深處，並由此提供了糾正它所產生的弊端的辦法。正是由於這一點，我才愛慕平等。

# 第二章　民主國家關於政府的觀點自然有利於中央集權

關於在君主和臣民之間存有次級權力的觀點，自然浮現於貴族制國家人民的腦際，因爲這種權力是某些個人或家庭覺得自己的出身、文化和財產高於他人或家庭而應當擁有的，而且這種個人和家庭似乎認爲自己生來就是指揮他人的。平等時代的人的頭腦裡，由於與此相反的理由而自然不存在這種觀點。只能人爲地將這種觀點引進平等時代，而且只有付出極大的努力才能使其保存下去；但是，民主時代的人，可以說不用深思，就會想出關於政府親自直接領導全體公民的單一的中央權力的觀念。

另外，在政治方面，也和在哲學和宗教方面一樣，民主國家人民的頭腦喜歡接受簡明的一般觀念。他們厭惡複雜的制度，認爲一個大國由同一模式的公民組成和由一個權力當局領導最好。

在平等時代，人們的思想產生單一的中央權力的觀念之後，自然又要產生關於統一的立法的觀念。由於每個人都覺得自己與他人沒有多大差別，所以很難理解應用於一個人的法規爲什麼不能同等地應用於其他一切人。因此，哪怕是微不足道的特權，他們都從理性上感到可憎；同一國家的政治制度上的最微小差異，也使他們感到不快；在他們看來，立法的統一是一個好政府的首要條件。

反之，在貴族制時代，人的思想卻認爲這種對全體社會成員同等地實行統一法制的觀點，是不可思議的，人們不是拒絕接受它便是拋棄它。

這兩種互相對立的思想傾向，最終都變成盲目的本能和無法克服的習慣，以致除了個別情況外，它們至今仍在支配人們的行動。儘管中世紀各國的情況懸殊，有時各國也有一些完全相同的個人，但這並未妨礙各國的立法者對其中的每個人規定不同的義務和相異的權利。反之，在我們今天這個時代，一些國家的政府卻竭盡全力將同樣的習慣和同樣的法律，加於還沒有變得相同的全體居民身上。

隨著身分在一個國家實現平等，個人便顯得日益弱小，而社會卻顯得日益強大。或者說，每個公民都變得與其他一切公民相同，消失在群眾之中，除了人民本身的高大宏偉的形象以外，什麼也見不到了。

這自然要使民主時代的人產生認爲社會的特權是極其高尚的，而個人的權利則是非常低卑的見解。他們容易承認社會的利益是全體的利益，而個人的利益不足掛齒。他們也相當願意承認，代表社會的權力比每個社會成員有知識和高明得多，它的義務和權利就是親自引導和領導每個公民。

要是稍微仔細研究一下我們的同時代人，並探究他們的政治見解的根源，便會發現他們有我方才所述的觀念中的某幾個觀念，並會發現見解經常不一致的人們中間竟有如此一致而感到吃驚。

美國人認爲，在每個州裡，社會的權力都應當直接來自人民；但是，這項權力一旦依法設立，可以說誰都不會認爲它是有限的，而心甘情願承認它有權力去做一切。

至於賦予城市、家庭或個人以個別特權的問題，他們甚至已經忘卻了這種觀念。他們的頭腦裡從來沒有想過可以不把同樣的法律統一地用於國內的各地和全體居民。

這樣一些見解正在歐洲逐漸傳播，甚至滲入最強烈反對人民主權學說的國家。這些國家的權力來源與美國的不同，但對權力的特點的看法卻與美國的一樣。在所有國家，中間權力的觀念已經稀薄和逐漸消失。關於特定的個人生來就有權利的思想，正迅速從人們的頭腦裡消失，並將被關於社會具有無上權威，即所謂唯一權威的思想所取代。後一種思想正隨身分日益平等和人們日益相同而在生根和發展。平等使這種思想產生，而這種思想又反過來加速平等的發展。

在法國，我所講的革命比歐洲其他任何國家都先進，所以這種思想已經完全深入人們的頭腦。如果我們仔細聽一聽我國各政黨的主張，就會發現沒有一個政黨不接受這種思想。大部分政黨指責政府，說它工作得不好；但所有的政黨都認爲政府應當繼續工作下去並參與一切活動。甚至那些激烈反對政府的人，在這一點上也是意見一致的。社會權力的單一性、遍在性和全能性，以及法制的統一性，是在我們這個時代產生的各種政治制度的顯著特點。在各種千奇百怪的無政府主義思想的深處，也可以發現這些特點。人在做夢的時候都在幻想這些東西。

如果說一般人的頭腦都能自發地浮現這種思想，那麼，它會更容易地出現於君主們的想像之中。

歐洲的舊社會情況正在變化和消失，而君主們對於他們的權能和責任也在產生新的認識。他們初次知道，他們所代表的中央權力可以而且應當按照統一的計畫，親自管理國家的一切事務和所有的人。我敢說這種見解在我們這個時代以前是歐洲的國王們從來沒有過的，而現在卻日益深入這些君主的腦海。其他所有的見解都搖搖欲墜，只有它固若磐石。

因此，我們這個時代的人，並不像人們所想像的那樣意見分歧。他們雖在不斷爭論主權應當屬誰所有，但對主權的責任和權利卻容易取得一致意見。所有的人都把政府想像爲一種獨一無二的、奉天承運的、具有創造力的權力。

政治方面所有的次要思想，都是變化無常的，只有上述的思想是固定不變和本身長存的。政論家和政治家都接受這個思想，群眾也積極擁護。統治者和被統治者都同樣地熱烈追求它。它雖然現在才出現，但卻好像由來已久。

因此，它不是人的精神任意形成的，而是人類的現實情況和自然要求。（F）

# 第三章　民主國家人民的感情和思想一致引導他們走向中央集權

如果說在平等時代人們容易接受關於建立強大的中央政權的思想，那麼，另一方面也不應當懷疑，他們的習慣和感情已經事先承認了這樣的政權。現在只用幾句話就可以說明這一點，因爲大部分理由已在前面講過了。

居住在民主國家的人沒有高低之分，沒有經常的和不可缺少的夥伴，所以他們願意自我反省，並進行獨立思考。我在討論個人主義時曾經詳細地談過這一點。

因此，這些人從不使自己的注意力離開個人的事業而去操勞公事。他們的自然傾向，是把公事交給集體利益的唯一，大家都可看見的永久存在的代表去管理。這個代表就是國家。

他們不但天生不愛管理公事，而且往往沒有時間去管理。在民主時代，個人生活極其忙碌，欲求很大，工作很多，以致每個人幾乎沒有精力和餘暇去從事政治活動。

我絕不認爲這種傾向是不可克服的，因爲我寫此書的主要目的就是與這種傾向進行鬥爭。我只認爲，在我們這個時代，有一種隱祕的力量在不斷促使這種傾向於人心中滋長，要不立即加以阻止，就會占據人心。

我也曾指出，日益增強的喜歡享受之心和財產的不動產化趨勢，使民主國家的人民害怕財物遭受損失。愛好社會安寧之心，是民主國家人民現在所保存的唯一政治激情，並隨著其他激情的減弱和消失而更加積極和強大。這自然使公民們將一些新的權利賦予或讓給中央政權，認爲只有中央政權才有興趣和辦法保衛自己，從而使他們免遭無政府狀態的侵害。

在平等時代，人人都沒有援助他人的義務，人人也沒有要求他人支援的權利，所以每個人既是獨立的又是軟弱無援的。這兩種既不能分開而論又不能混爲一談的情況，使民主國家的公民具有了十分矛盾的性格。他們的獨立性，使他們在與自己平等的人們往來時充滿自信心和自豪感；而他們的軟弱無力，又有時使他們感到需要他人的支援，但他們卻不能指望任何人給予他們援助，因爲大家都是軟弱的和冷漠的。迫於這種困境，他們自然將視線轉向那個在這種普遍感到無能爲力的情況下唯一能夠超然屹立的偉大存在。他們的需要，尤其是他們的欲求，不斷地把他們引向這個偉大存在；最後，他們終於把這個存在視爲補救個人弱點的唯一和必要的靠山[1]。

由此可以理解民主國家經常發生的現象：人們一面抗上，一面又能忍受長官的支使，他們既傲慢又屈從。

隨著特權逐漸減少和縮小，人們對特權的憎惡反而日益加強，所以可以說民主的激情甚至在動因最小的時候反而更加猛烈。我在前面已經說明過這種現象的原因。當身分極不平等的時候，最大的不平等也不刺眼；而在人人都劃一的時候，一小點差異也會引起不快；隨著劃一日臻完善，這種不快感將更加使人難以忍受。因此，愛平等的熱情將隨著平等本身的發展而不斷加強，而在這種熱情得到滿足的時候又促進了平等發展，乃是自然而然的。

使民主國家人民反對一切特權的這種日益熾烈的永存憎惡，特別有利於一切政治權利逐步集中於國家的唯一代表手裡。地位必然和無可爭議地高於全體公民的國家元首不會引起公民們的嫉妒，因爲每個公民都認爲與他平等的人，可以取消他們從國家元首那裡取得的任何特權。

民主時代的人十分討厭服從與自己平等的鄰人的指點，不承認鄰人在智力上高於自己，不相信鄰人正直，嫉妒鄰人的權勢，既害怕鄰人又瞧不起鄰人，喜歡讓鄰人時時刻刻感到他們雙方是屬於同一個主人管轄的。

順應這些自然本性的各項中央權力，都喜歡和鼓勵平等，因爲平等特別便於中央行使權力，使中央擴大和鞏固權力。

也可以說一切中央政府都崇拜劃一，劃一可使政府不必爲制定無數的細則而操勞；如果不對所有的人規定同一制度，而對不同人採用不同的制度，則必規定這些細則。因此，政府是愛公民之所愛，並且自然是恨公民之所恨。這種感情一致的共同體，在民主國家不斷將每個公民和國家元首結合在同一思想之下，並在兩者之間建立起隱祕的和恆久的同情。由於公民和政府的愛好相同，公民原諒政府的缺點；只有政府做得太過分或犯錯誤，公民才會不信任政府；但只要政府改正錯誤，就可以恢復公民對它的信任。民主國家的人民雖然往往憎恨中央政權的專制，但他們對於這個政權本身始終是愛護的。

這樣，我便從兩條不同的道路達到同一目的地。我在前面指出，平等使人產生了關於單一的、劃一的和強大的政府的思想；我現在又使讀者看到，平等使人們喜愛了這樣的政府，以致現今的各國都力求建立這樣的政府。思想和感情的自然傾向，都在引導人們向這個方面邁進。只要不加阻止，人們就可以達到目的地。

我認爲，在展現於眼前的民主時代，個人獨立和地方自由將永遠是藝術作品，而中央集權化則是政府的自然趨勢[2]。

## ◆本章注釋◆

[1] 在民主社會裡，只有中央政權是地位比較穩定和活動比較恆定的存在。全體公民都在不斷變動其活動場所和改變自己的處境。但是，所有的政府都有繼續擴大自己活動範圍的本性。因此，久而久之，政府幾乎是不能不獲得成功，因為它以固定的思想和堅定的意志影響地位、觀點和欲求每天都在改變的人民。

公民往往無意之中幫助了政府。

民主世紀是實驗、改革和冒險的時代，經常有成千上萬的人獨自進行艱鉅的或新穎的事業，而不受他人的干預。這些人主張，作為一項普遍的原則，國家權力不應當干涉私人事業；但是，作為一項例外，他們每個人都希望政府對他們進行的特殊事業給予援助和指導，同時又想限制政府對他們進行其他一切干預。

由於成千上萬的人同時對他們進行的不同事業都有這樣的看法，所以儘管每個人都想限制中央政權的活動，但中央政權的活動範圍卻日益擴大。因此，民主政府只是由於它能持久就擴大了它的職權。時間對它有利，每個事件都在促其成長，個人的激情也在不知不覺之中協助它。因此，可以說民主社會越是長期存在下去，其政府越要中央集權化。

[2] 這段話是托克維爾的政治哲學的最精彩概括。——法文版編者（G）

# 第四章　導致民主國家走上中央集權或避免中央集權的若干特殊和偶然的原因

如果所有的民主國家都本能地趨向中央集權，那它們也要採用不同的方式。這取決於該國的特殊條件是可以促進或阻止社會情況的自然發展。這種特殊條件爲數極多，我只想敘述其一二。

在獲得身分平等以前，長期生活於自由之中的人民那裡，自由所賦予的本性與平等所造成的傾向之間有一定的衝突。儘管中央政權在他們當中提高了自己的特權地位，但他們作爲個人卻是永遠不會放棄其獨立的。

但是，當平等在一個從來不知道或長期以來不知道自由爲何物的國家裡（比如像在歐洲大陸人們所見到的那樣）發展起來的時候，民族的古老習慣就要突然透過某種自然的吸引力而與社會情況造成的新習慣和新信念結合起來，以致所有的權力都好像自動趨向中央。這些權力以驚人的速度集聚於中央，國家立刻達到其強大的極限，而個人隨即被推到其弱小的最後界限。

兩百多年前來到新大陸的荒漠建立民主社會的英國人，在他們的母國已經養成參與公共事務的習慣。他們知道陪審制度，他們享過言論自由、出版自由和人身自由，他們具有權利觀念和行使權利的習慣。他們把這些自由制度和剛毅的民情帶到美洲，並用這些東西抵制政府對他們的侵犯。

因此，在美國人那裡，自由是早已就存在了的，而平等則是比較晚近的。歐洲的情形與此相反。在歐洲，平等是由專制王權引進的，而且在國王看來，在自由進入人民的思想很久以前，平等早已深入人民的習慣[1]。

我已經說過，在民主國家，人們認爲政府是統一的中央政權的當然代表，他們不知道什麼是中間權力。這一點，對於借助暴力革命而使平等原則獲得勝利的民主國家尤其適用。革命的暴風驟雨把那些管理地方事務的階級一掃而光，而剩下來的芸芸眾生既無組織，又無可以管好自己事務的習慣，所以人們認爲只有國家才能負起管理一切政務工作的重任。結果，中央集權成了一種必然的事實。

對於拿破崙獨攬幾乎一切行政大權的行爲既不必褒揚，又不必貶斥，因爲貴族和大資產階級突然消失以後，這些權力便落到他的手裡。他當時拒絕這些權力和接受這些權力，幾乎都是同樣困難的。美國人就不曾感到有這樣的必要，因爲他們沒有經歷過革命，一開始就自己治理自己，從不需要請國家做他們的臨時監護人。

因此，中央集權在民主國家的發展，不僅以平等的進展爲轉移，而且要看這種平等是以什麼方式建立起來的。

在一場民主大革命開始的時候，或在不同的階級之間剛剛展開鬥爭的時候，人民都極想把全國的行政權集中到中央政府手裡，以把地方事務的領導權從貴族手中奪過來。而在這樣的革命接近尾聲的時候，被打敗的貴族一般都願意把一切事務的領導權交給國家，因爲他們害怕變得已與他們平等而且往往是變成了他們的主人的人民實行小小的暴政。

由此可見，力圖加強政府特權的，往往並不是同一個公民階級，但只要民主革命繼續進行下去，國內總要出現一個在人數上或財富上強大的階級，它出於與民主國家一般具有的那種經常憎惡被鄰國統治的感情完全無關的特殊心理和自身利益，極欲把國家的管理大權集於中央。我們可以看到，目前英國的下層階級正竭力取消地方的獨立，而將各地的行政權轉歸中央，而上層階級則試圖把地方的行政權保留在原來的主管人手裡。我敢預言，總有一天會出現完全相反的情景。

以上所述可以使人們清楚的了解：爲什麼社會權利在經過人民的長期而艱苦的奮鬥之後獲得平等的民主國家裡，總要比在公民們一開始就總是平等的民主社會裡強大，而個人的權利在前者總要比在後者軟弱。美國人的例子就是這方面的明證。

美國的居民從未按特權分成幾等，他們從來不知道主人與僕人的依賴關係。由於他們既不彼此害怕，又不相互憎恨，所以從來不知道有必要請求最高當局來指導他們活動的細節。美國人的命運是特殊的：他們從英國的貴族那裡取來了關於個人權利的思想和地方自由的愛好，並能把兩者保全下來，因爲他們用不著和貴族進行鬥爭。

如果說教育在任何時候都有助於人們維護自己的獨立，那麼，在民主時代這個說法尤其是眞理。當人們全都相同的時候，便容易建立起一個單一的和全能的政府，而且只憑本能就可以做到這一點。但是，需要人們具備豐富的學識和技能，以便在這種環境下組織和維持次級權力，以及在公民都是獨立而個人又都是軟弱無力的條件下，建立既可以反抗暴政又可以維持秩序的自由社團。

因此，中央集權和個人服從在民主國家不僅隨平等的普及而增強，而且隨公民的開化而增強。

不錯，在不太開化的時代，政府經常缺乏知識去完善其專制統治，而人民也同樣缺乏知識去擺脫專制。但是，兩者的後果並不相同。

無論民主國家的人民多麼幼稚，統治他們的中央政權從來不會沒有一點知識，因爲它容易從全國汲取它所發現的少量知識，而且必要時它可以到國外去尋找知識。因此，在一個既愚昧又民主的國家裡，國家元首和每個被統治者之間的巨大智力差距，便不能不立即暴露出來。這便容易使一切權力集中到國家元首手裡。國家的行政權力將不斷擴大，因爲只有國家能夠勝任行政管理工作。

貴族制國家，不管你把它想得多麼不開化，它也永遠不會出現這種情況，因爲在貴族制國家裡除了君主以外，一些主要的公民也受過教育。

如今統治埃及的帕夏發現他的人民至爲愚昧和極爲平等，於是便從歐洲學來統治其人民的知識和經驗。君主的個人學識一與臣民的愚昧和民主弱點結合，中央集權便將無限加強，而君主也就可以把國家變成他的工廠，把臣民變成他的工人。

我認爲極端的中央集權最後會使社會失去活力，久而久之，還會使政府本身軟弱無能。但是，我並不否認集權的社會力量在一定時期和特定場所可以容易實現巨大的事業。對於戰爭來說，這一點尤其是眞理，因爲戰爭的勝負主要取決於將全國資源迅速地投於規定的目的的技能，其次才取決於資源的多寡。因此，主要是在戰爭時期人民才感到應當而且往往是必須擴大中央政府的特權。所有的軍事天才都喜歡中央集權，因爲中央集權可以加強他們的勢力；而所有的中央集權天才則都喜歡戰爭，因爲戰爭將迫使國家將全部權力集中到政府手裡。因此，在經常準備發動大規模戰爭和生存可能經常遭到危險的民主國家，使人們不斷擴大國家的特權而限制個人權利的民主傾向，要比在其他一切國家迅速和持久。

我已經說過，害怕動亂和愛好安樂的心理不知不覺地使民主國家擴大中央政府的職能，以致中央政府自以爲是強大、聰明和鞏固得足以防止國家陷入無政府狀態的唯一力量。我幾乎不必補充，大家就會知道，導致民主國家出現動盪不安的社會情況的特殊條件，加強了中央集權的這種一般傾向，並使個人爲了社會安定而犧牲越來越多的權利。

因此，一個國家在剛剛結束一場長期的流血革命時，絕不會去擴大中央政權的職能，何況這樣的革命在把財產由其原所有者手裡奪下來以後便動搖了全國的人心，使人們產生了瘋狂的仇恨心理，把國家拖入利害衝突和黨派傾軋的境地。於是，愛好社會安定的心理變成了一種盲目的激情，而公民則對秩序產生了一種反常的熱愛。

我以上只講了幾個全是有助於中央集權的偶然原因，而對主要的偶然原因我還沒有談到。

在民主國家可能導致國家元首總攬一切事務領導權的第一個主要偶然原因，就是國家元首本人的出身及其愛好。

生活在民主時代的人自然喜歡中央政權，並願意擴大它的特權；而且，如果這個政權忠實地代表了他們的利益，確切地再現了他們的本意，他們對它的信任就幾乎是無限的，並準備將自己所能付出的一切獻給它。

與舊貴族制度仍然保持某些聯繫的國王實行行政集權，將不如在出身、成見、本性和習慣等方面似乎與平等的運動有不可分割聯繫的自創新業的國王容易和迅速。我並不是要說出身於貴族而生活在民主時代的國王們不想實行中央集權。我認爲他們志於中央集權的心情與其他君主同樣積極。對於他們來說，平等的好處就在於能夠中央集權。但是，他們的成功機會不大，因爲公民不會自動地服從他們的意旨，而往往是只能勉強地接受他們的要求。在民主時代，國家元首的貴族性格越少，中央集權的可能性也就越大。這是一條規律。

當一個王朝領導貴族制國家時，君主的天生成見必然與貴族的天生成見完全一致，而貴族社會的內在弊端將會自由發展，並且沒有救治辦法。當貴族世家的後裔成爲民主國家的領袖時，情況就會相反。君主由於受自己的教育、習慣和傳統的影響，每天都偏向於身分不平等所造成的情感；而人民則出於自己的社會情況，時時都在追求平等所產生的民情。這時，公民們往往試圖抑制中央政權，把它視爲貴族的政權，甚至視爲暴虐的政權。他們堅決維護自己的獨立，這不僅是因爲他們要成爲自由的人，而且更主要的是因爲他們決心繼續做平等的人。

推翻舊王朝而使新人出任民主國家元首的革命，可能暫時削弱中央政權。但是，看到革命之初出現的某些無政府狀態，我們可以毫不猶豫地預言，這個革命的最終而且也是必然的結果，將是擴大和保護這個政權的特權。

使民主社會的政治權力集中的第一個而且可以說是唯一的必要條件，就是它要喜愛平等並叫人相信他喜愛平等。因此，原先十分複雜的專制之術，現在已經簡單了，可以說它已簡化爲一項單一的原則。

## ◆本章注釋◆

【1】上一段和這一段對美國、英國和法國的社會結構的各個方面進行了社會學的比較。——法文版編者

# 第五章　當今的歐洲國家儘管統治者的地位不如以前穩定但最高權力卻日益加強

如果讀者玩味一下上述的一切，便會對歐洲的情況感到奇怪和吃驚。在歐洲，所有的一切都好像在促進中央政權無限增加特權，使個人的存在日益軟弱，日益處於依附的地位，日益岌岌可危。

促使美國人走向中央集權的所有一般傾向和長期趨勢，在歐洲的各個民主國家都有。此外，歐洲的民主國家還有許多爲美國人所不知道的次要原因，在促進它們走向中央集權。可以說它們每向平等邁進一步，便接近專制一步。

只要環顧一下我們的周圍和看一看我們自己，就會相信情況確是如此。

在以前的貴族時代，歐洲的一些君主相繼被剝奪或自動放棄了他們的權力所固有的若干職能。距今不到一百年以前，在大多數歐洲國家，許多私人或團體還是相當獨立的，可以自行審理案件，自己募兵和養兵，自己收稅，甚至常常自己制定和解釋法律。現在，各國均已收回這些本屬於國家主權的許可權；在有關國家管理的一切事務方面，國家不再容許在它與公民之間有居間的代表，而由自己對公民進行全面領導。我無意譴責這種中央集權，而只是指出這個事實。

在同一時期，歐洲到處存在著許多代表地方利益和管理地方事務的次級政權。現在，這些地方當局大部分已不存在，其餘的不是正在迅速消失之中，就是即將完全聽命於中央。在歐洲各地，領主的特權、城市的自由和地方的行政權，不是已經消失，便是行將消失。

半個世紀以來，歐洲經歷了多次革命和反革命。但這些運動有一點是共同的，即都動搖或破壞了地方的次級政權。法國在被它征服的地區沒有消除的地方特權，後來被戰勝法國的君主們消滅了。這些君主把革命所創造的一切新鮮事物全部拋棄掉，唯獨把中央集權留爲己用：這是他們肯從革命方面接受過來的唯一東西。

我想指出的是，在我們這個時代相繼從某些階級、團體和個人手裡奪過來的各種權利，並未用在更爲民主的基礎上建立新的次級政權，而是全被集中到國家元首手裡。各國甚至對最低級的公民也越來越直接領導，對他們每個人的小事也越來越親自管理[1]。

在古代歐洲，幾乎所有的慈善事業都由私人或團體掌握；而在今天，所有的慈善事業都或多或少地依存於國家，在某些國家全由國家管理。向饑餓者施捨麵包，救濟和收容病殘，安排無業者就業，幾乎全由國家辦理。國家成了一切災難幾乎唯一的救濟者。

在現在大多數的歐洲國家，教育事業也和慈善事業一樣，已經成爲國家辦理的事業。國家從母親的懷抱裡把孩子接過來，而且往往是要過來，交給它設立的經辦機構，由這些機構負責對每一代人進行感情陶冶和思想教育。和其他制度一樣，教育制度也是統一的。其差異和自由一樣，均日益消失。

我也不諱言，在現今幾乎所有的基督教國家，無論是天主教還是新教，都有被政府控制的危險。這不是指統治者對教會自行決定教義表示非常嫉妒，而是指他們日益加強控制教義宣講者的意志，剝奪教士的財產而向教士支付薪資，把教士的勢力收回專爲己用，任命教士而且往往是任命自己的僕從，和宗教攜起手來深入到每個人的靈魂深處[2]。

但是，這還只是整個情景的一個側面。

正像我們所看到的，當今統治者的權力不僅擴大到原有權力的每個領域，而且並不以此爲滿足，它除要充分行使現有的全部職權以外，還要更進一步，把自己的統治擴展到個人的獨立至今尚未被它染指的領域。以前完全不受政府控制的許多行動，現在已被政府控制，而且被控制的行動不斷增加。

在貴族制國家，政府的權力通常只限於在與國家利益有顯著和直接關係的事務方面，領導和監督公民，在其餘的一切事務上，則聽任公民自行處理。在這些國家裡，政府好像往往忽略了個人的錯誤和苦難會危害全國的幸福，忽略了防止個人的破產有時也應當是國家的任務。

當代的民主國家趨向另一個極端。

顯然，當代的統治者大部分不以治理整個國家爲滿足，他們自以爲應當對治下的每個人的行動和命運負責，把指導和指點每個人一生應當如何行動的責任，全都包攬在身上，在必要的時候，不管人們願意不願意，還教導每個人如何獲得幸福。

另一方面，老百姓也越來越這樣看待政府，一有需要就去找政府援助，並時時刻刻把政府視爲導師和嚮導。

我敢說沒有一個歐洲國家的政府不是不僅越來越中央集權，而且越來越管小事情和管得越來越嚴。各國的政府越來越比以前更深入到私人活動領域，越來越直接控制個人的行動而且是控制微不足道的行動，終日站在每個公民的身邊協助和引導他們，或站在公民的頭上發號施令[3]。

以前，君主靠他的地產收入和稅收生活。現在，他的需求和權力都增加了，因而不能再靠上述的收入生活了。以前，一個君主如有需要可以制定一種新稅，而現在他可以舉債。於是，國家逐漸成為大多數富人的債務人，把大量資金集中到自己手裡。

對於小額資金，它用另一種辦法吸收。

隨著人們日益變得相同，身分日益接近平等，窮人也開始有了一點兒財產，受到一定的教育，產生一些欲求。他們希望改善自己的境遇，並試圖用儲蓄的辦法來達到這個目的。於是，儲蓄便每天產生出無數的小額資金，即慢慢積累起來的勞動果實，而且其數額不斷增加。但是，如果這麼多錢分散在個人手裡，便不會產生任何收益。這樣，便出現了一種慈善組織，要是我沒有看錯的話，這個組織不久便會成為我們的一個重要政治機構。一些以慈善為懷的人想出一個辦法，把窮人的儲蓄蒐集在一起，使其產生收益。在某些國家裡，這種慈善團體仍然與國家完全無關；但在絕大多數國家裡，這種團體有被政府合併的趨勢；甚至在個別國家裡，已被政府取而代之，政府親自擔起把數百萬勞動者的日常儲蓄集中在一個場所，並獨家經營其生息業務的龐大工作。

這樣一來，國家既可以透過舉債的辦法吸收富人的資金，又可以透過儲蓄銀行隨意使用窮人的存款。國家的財富由政府操縱或支配而不斷迴圈，並隨著身分日趨平等而相應地增加，因為在一個民主國家裡只有政府能使個人相信，而每個人之所以相信政府，則是因為他們覺得只有政府有些力量和可以持久一些[4]。

因此，統治者不僅掌握著公共財產，而且還在干預私人財產。他是每個公民的上司，而且往往是他們的主人。另外，他還是公民的管家和帳房先生。

現在的中央政權不僅包攬了原來政權的全部工作，而且超過了它的工作範圍，使其擴大。同時，比以前動作得更靈活，更有力量，更有獨立性。

歐洲所有國家的政府已經在我們這個時代大大改進了行政技巧。它們做的事情比以前多了，而且每件事都做得比以前迅速、有條理和節省經費。他們不斷用從私人那裡得來的一切知識豐富自己。歐洲的君主們在他們所轄地區派有常駐代表進行嚴格管理，並且發明了一些新方法來徑直領導這些代表和便於監督他們。他們對於由代表管理一切事務還不滿足，於是便直接向代表所管理的一切事務插手。結果，公共的行政不但依附於同一權力，而且越來越集中於同一地方和控制在少數人手裡。政府在集中它的活動的同時，便加強了它的特權。這是使它力量強大的兩個原因。

在我們考察大多數歐洲國家過去實行的司法制度時，有兩件事情使我們感到吃驚：司法權力獨立，司法權限很大。

法院不但審理私人間幾乎一切的糾紛，而且在大多數情況下，是私人與國家間的仲裁人。我在這裡不想談某些國家的法院所篡奪的政治許可權和行政權限，而只談各國法院擁有的司法權限。在所有的歐洲國家，過去有和現在仍有許多大部分是與一般財產權有關的私人權利。這項權利受到法院的保護，不經法院許可，國家不得剝奪。

這是一種使歐洲的法院與所有其他國家的法院大不相同的半政治性權力，因爲其他所有國家雖然設有法官，但都沒有授予法官這樣的特權。

如果我們考察一下人們所說的自由的歐洲民主國家以及其他國家的司法史，就會發現所有的國家除普通法院外，還另外設立了不如普通法院獨立的專門審理國家與公民間可能發生糾紛的法院。原有的法院還保有其獨立性，但它們的審判權縮小了，而且人們越來越想叫它們只充當私人利益衝突的仲裁者[5]。

這種法院的數目不斷增加，它們的職權也在增加。因此，政府可以越來越不必讓另一個權力機關來批准它的計畫和要求了。政府雖然不能繞過法官，但它至少可以選任法官，並永遠控制住他們。也就是說，在政府和私人之間設立了一個名義上是主持正義，實質上是偏袒政府的司法機構。

由此可見，國家並未以總攬一切事務爲滿足，它還越來越自行決定一切而不被控訴和上訴[6]。

在現代的歐洲各國，除了我上述的各項原因以外，還有一個重大原因使它們不斷擴大最高當局的活動範圍或增加其特權，但人們對它還未予以充分的注意。這個原因是平等的進步所促成的工業發展。

工業通常要把許多人集聚在同一地方，在這些人之間建立起新而複雜的關係。工業使他們時而突然大富，時而突然一貧如洗。這種時窮時富的變化，自然危害社會的安定。最後還會出現工業勞動損害受益者和靠此餬口者的健康，甚至危害他們的生命的情況。因此，工業階級比其他階級更需要制度，更需要監督和控制，而這個階級的隊伍一擴大，政府的許可權自然隨之增加。

這是一項可以普遍應用的眞理。但是，我在這裡要講的，是與歐洲各國特別有關係的部分。

在以前的許多世紀裡，只有貴族擁有土地，而且他們也有能力保住其土地。因此，當時的地產受到許多保障，所有者享有極大的獨立。於是，產生了一些在土地被分割和貴族沒落之後仍然生效的法律和習慣。而在今天，土地所有者和農戶仍然是最容易逃避中央政權控制的公民。

在可以從中找到我們歷史的一切根源的貴族時代，不動產不太重要，其所有者也被輕視，而且力量薄弱；從事工業的人，是貴族社會裡的一個例外階級。因爲他們沒有後臺老闆，所以無法受到保護，而且往往不能自保。

因此，人們習以爲常地認爲工業財產是一種特別財產，不像一般財產那樣受到重視和保護，從事工業的人被認爲是社會裡的一個單獨的小階級，他們的獨立不太受人尊重，君主一不高興便可把他們踢開。如果我們翻閱一下中世紀的法典，便會因爲看到在那樣個人獨立的時代，國王竟不斷限制工業，甚至管到工業的最微小細節，而感到吃驚。在這方面，中央集權卻是達到了它所要求的積極程度和細緻程度。

在此以後，世界上發生了一場大革命，剛剛出現的工業財產逐漸發展而遍布全歐，工業階級日益擴大並以其他階級的殘餘壯大了自己的隊伍。工業階級的人數、重要性和財富均大大增加，而且不斷增加下去。原先與它沒有關係的人，至少在某些地方也都差不多全向它靠攏。這個原先被人視爲例外階級的階級，現在有了變爲主要階級而且可以說是變爲唯一階級的趨勢。但是，它所形成的政治思想和政治習慣並沒有變動。這些思想和習慣之所以沒有改變，最初是因爲它們是陳舊的，後來又因爲它們與現代人的新思想和一般習慣完全合拍。

因此，工業財產的權利並沒有隨著它的重要性的提高而擴大。工業階級的人數雖然增加了，但它的依賴性並沒有減少。可以說恰恰相反，它把專制引進了自己的內部，並隨著自身的發展而使專制自然而然地加強[7]。

國家越是工業化，就越需要有便利致富的道路、運河、港口和其他半公用性工程；而國家越是民主化，私人便越是難於進行這樣的工程，但國家卻是越容易進行。我不諱言，當前各國政府的明顯傾向是獨攬這些工程，從而把人民日益限制在非常小的活動範圍之內。

另一方面，隨著國力的增強和需求的增加，國家本身消耗的工業品也日益增加。這些工業品一般均由國家的兵工廠和工廠製造。正因為如此，每個王國的國王便成了最大的工業家。他吸收一大批工程師、建築師、技師和技工為他服務。

他不僅是頭號工業家，而且越來越想主持或者毋寧說是控制其他一切產業。

公民們由於日益平等而變得越來越沒有能力，以致不聯合起來就不能在工業方面有任何作為。但是，政府自然想把他們的聯合組織置於自己的控制之下。

應當承認，被稱為合夥組織的這種集體，是比單個人強大和可怕得多的，但對自己的行為承擔的責任卻小於個人。因此，不讓它們像私人那樣可以對政府有較大的獨立性，似乎是合理的。

統治者們也有這種傾向，因為他們的心意喜歡如此。在民主國家裡，只有聯合起來公民才能對中央政權進行有效的抵制，所以中央政府從來不歡迎不受它控制的結社。但是，特別值得指出的是，在民主國家裡，公民們卻往往在內心裡對他們本來很需要的結社懷有恐怖感和嫉妒感，從而妨礙了他們保衛結成的社團。這些私人小團體的反抗能力和在人們普遍軟弱渙散之中的長期存在，使公民們感到吃驚和不安，於是不能不認為每個團體自由應用它們的能力是一種危險的特權。

另外，在我們這個時代出現的社團，都是一些新式法人。它們是在個人權利的觀念薄弱和國家權力大得無限的時代出世的，而且時代也沒有賦予它們以結社的權利。因此，它們出世以後就沒有自由，是不足為奇的。

在所有的歐洲國家，有幾種社團不經國家審查其章程和批准其成立是不能創設的。有些國家正努力把這套辦法用於所有種類的社團。這種辦法如果成功的話，其後果是不難想見的。

一旦統治者擁有按一定的條件批准各種社團成立的全權，他不久就會要求監督和領導社團的權力，以使社團不背離他所定的規則。這樣一來，國家將申請成立社團的人從屬於自己以後，還要把已經成立社團的人置於自己的控制之下。也就是說，要把現在生活於國內的幾乎所有人都控制起來。

各國的統治者就這樣逐漸把工業在當今世界創造出來的新力量，大部分據為己有和作為己用。工業引導我們，他們引導工業。

我特別重視我方才所述的一切，以致唯恐在我想把自己的想法好好地表達出來時沒有達到目的。

因此，如果讀者發現我舉的佐證、我的說法、例子不充足或不恰當，認為我對中央政權的集中說得有些誇張，而對個人獨立仍能活動的範圍說得過小，我就請讀者暫時放下此書，自己玩味一下我已盡力向讀者講述過的東西。讓讀者仔細考察一下國內外每天所發生的一切吧，讓讀者與周圍的人交談交談吧，讓讀者自己最後深思一下吧。如果讀者不經我引導或透過其他途徑而達不到我想引導他去的地方，那就是我大錯而特錯了。

讀者會發現，在過去的半個世紀中間，中央集權已在各處以千百種不同的形式擴大了。戰爭、革命、征服都促進了中央集權的發展，所有的人都為擴大中央集權出了力。在這個期間，一些人一個接著一個像走馬燈似地相繼主持大權，他們的思想、他們的利益、他們的感情千變萬化，各不相同，但他們都想以某種方式實行中央集權。中央集權的本性就好像是他們的生活和思想的多端變化中的一個唯一不動的點。

讀者看完世間諸事的這些詳情之後再綜觀一下全景，只會大吃一驚。

一方面，一些很牢固的王朝搖搖欲墜和相繼垮臺，各國人民以暴力推翻他們國王的統治，人民破壞或限制他們的領主或君主的權威，沒有發生革命的各國至少也感到不安和恐懼，人人都受到同樣的造反精神的鼓舞。另一方面，在這樣的無政府狀態期間，在人民如此不馴服的國家裡，社會權力卻不斷擴大其特權，日益中央集權化，日益膽大妄為，日益走向專制，日益擴大範圍；而公民卻每時每刻都處於國家行政機關的監督之下，每天都在不知不覺之中將自己的獨立一點一點地讓給國家，這些剛剛打倒王權和把國王踩在腳下的人，現在卻越來越對新政權的一個小辦事員的一言一語都俯首聽命，不敢稍違。

因此，在我們這個時代，似乎在進行兩種方面迥然相反的革命：一種革命在不斷削弱政權，而另一種革命則繼續鞏固政權。在我們歷史上的任何時期，政權既從來沒有如此軟弱，又從來沒有如此強大。

但是，當我們仔細地觀察一下全世界的局勢時，便會發現這兩種革命在思想上有著密切的聯繫，同出一個來源，雖然路線不同，但最後都把人引到同一地點。

我不厭其煩地再次重複我在本書許多地方已經說過和指出的一點：千萬不要把平等的事實與把平等帶進社會情況和法制的革命混為一談，而人們所以對所見的幾乎一切現象表示驚訝，正是由於把兩者混淆起來了。

歐洲所有的古老政權，無論是最強大的還是最弱小的，都建立於貴族時代，它們都曾不同程度地代表或維護不平等和特權的原則。為了使日益擴大的平等所帶來的新需要和新利益在政府中占據優勢，現代的人就得推翻和壓制舊的政權。這就要促使現代的人去進行革命，使其中的大多數人產生無論以什麼爲目的的革命都總要具有的那種敢於鬧事和熱愛獨立的激情。

我認爲，無論是歐洲的哪一個國家，都是經過財產和人的情況激烈變化之後，或緊接著這種變化，才使平等發展起來的，而且幾乎所有的這種變化，都伴隨著嚴重的無政府狀態和胡作非爲現象，因爲這些變化是國內那些反對有教養的人或沒有教養的人創造的。

由此，產生了我方才指出的那兩個背道而馳的傾向。只要民主革命沒有退潮，那些消滅了敵對民主革命的原有貴族政權的人，便會表現出巨大的獨立精神，並隨著平等的勝利逐漸澈底而慢慢地服從這個平等所產生的自然本性，努力加強國家權力和使中央集權化。他們本來希望成爲自由的人以後能夠實現平等，但隨著平等在自由的幫助下得到進一步發展，他們反而更難享得自由了。

這兩種情況有時可能同時發生。上一代法國人就曾經表明一個民族在打擊貴族的權威和藐視國王的權力的同時，能夠在國內建立暴虐的統治，從而向世界傳授了在爭得獨立的同時，又把獨立失去的方法。

我們這一代人看到，舊的政權全部崩潰，所有的舊勢力正在消滅，一切舊的障礙正在坍塌。這種情況使一些見多識廣之士感到困惑不解。他們只注意眼前發生的使他們不可思議的革命，認爲人類將由此永遠陷入無政府狀態。如果再聯想這場革命的最終結果，他們就會更加害怕了。

至於我，我坦白承認，我並不相信那種似乎在鼓舞當代人的自由精神。我確實看到當代國家都在激烈變動，但我並不認爲它們眞正獲得了自由，而是擔心使王位動搖的那些動亂終止之後，統治者們會得到比以前更爲強大的權力。

## ◆本章注釋◆

【1】個人在社會面前的這種日益軟弱的現象，從許多方面表現出來。我現在只就立遺囑的問題舉例說明這種現象。

在貴族制國家，人們一般對死者的遺願極為尊重。這在歐洲的一些古老民族中間有時甚至於成為迷信。比如說，社會權利連死者的奇怪要求都不限制，而是至少使其中的某些要求生效，保證死者有一種永久的權利。

當所有的生者都是弱者的時候，對於死者的遺願就不會太尊重。人們為死者的遺願規定了極小範圍，超過這個範圍，國家的最高權力就宣布它無效或監督其執行。在中世紀，立遺囑的權利可以說是沒有限制的。在現今的法國，不經國家干預，一個人便不能把其財產分給子女。國家統治了一個人的一生之後，還要控制他生前的最後行動。

【2】隨著中央政權的職權擴大，代表中央政權的官員人數也在增加。他們形成國中之國，而且由於他們分擔保證政府穩定的責任，所以他們越來越取代了貴族的地位。

歐洲各國的統治者幾乎都採用兩種統治辦法：以讓公民們害怕官員的現實表現的辦法統治一部分公民；以讓公民對官員的未來抱有希望的辦法統治另一部分公民。

【3】今天，各國政府實際上都直接管理行政。參看第九三二頁有關段落。——法文版編者

【4】一方面，人民對物質幸福的愛好不斷增加；另一方面，政府對這種幸福所用的資源的控制越來越加強。

因此，人們透過兩條不同的道路走向奴役。對物質幸福的愛好使他們不得不參加政府，而對物質幸福的追求又使他們越來越依靠政府。

【5】有關普通法院和專門法院的問題，可參閱：羅布森：《司法和行政法：關於英國憲法的研究》，第二版（倫敦，一九四七年）；弗羅因德：《英國法院和美國法院的行政法判例選編》（聖保羅，一九一一年）；羅森法布：《自由和國家行政管理》（紐約，一九四八年）。——法文版編者

【6】關於這個問題，法國有一種奇怪的詭辯。當政府與私人之間發生訴訟時，不讓普通法院法官審理，據

說這是為了不使行政權力與司法權力混淆。其實是因為這樣的混淆，不能使政府既有審判權又有行政權，而為達到這個目的，就得以更加危險和最為強暴的方法使兩者混淆。

【7】我現在列舉幾個事實以資佐證。礦藏是工業財富的自然資源。隨著工業在歐洲日益發展，礦業收益變成最普遍的追逐對象，而礦山的開發由於平等造成的財產分散而難於很好地進行，大部分國家便宣布自己有權占有礦山資源並對礦產的開發進行監督。這種情況是其他財產所從來沒有過的。

作為工業財產的礦山受到其他動產所受的這種監督和保護以後，便被政府控制起來。國家自己開發礦山或將其出租，而原來的所有人變成了礦山的使用人，從政府那裡獲得使用權。另外，政府還幾乎到處要求對礦業的領導權。它為礦業規定章程，擬定管理辦法，進行經常監督；如果經營者抗不遵命，行政法院便可取消他們的使用權，由政府指定他人來經營。可見，政府不僅占有礦山，而且控制著礦山經營人。

但是，隨著工業的發展，老礦的開發仍在前進，新礦不斷出現，從事礦業生產的人日益增加。國家控制的範圍越來越大，在這個範圍內居住的都是它的奴隸。

# 第六章　民主國家害怕哪種專制

我在美國逗留期間已經注意到，像美國那樣的民主社會情況，會爲建立專制提供非常便利的條件；我在回到歐洲後發現，歐洲的大部分君主已在利用這種社會情況產生的思想、感情和需要去擴大他們的權力範圍。

這使我感到，基督教國家最後也會受到類似古代的一些國家曾經受到過的某種壓力。

對這個問題進行的細緻研究，以及五年來的反覆思考，都沒有減輕我的擔心，但擔心的對象變了。

在以往的時代，從未有過一位君主專制得和強大得能夠不用次級君主政權的幫助，而親自管理一個大帝國的全土；也沒有一位君主試圖毫無差別地讓全體臣民一律遵守劃一的制度的一切細節；更沒有一位君主親自走到每個臣民的身旁，手把手教導和指揮他們。人的頭腦裡從來沒有產生過這個念頭，即使有人產生了這個想法，知識的不足，治理方法的欠缺，特別是身分不平等帶來的自然障礙，也要使他很快停止實行如此龐大的計畫。

我們知道，在羅馬皇帝的勢力鼎盛時期，居住在羅馬世界的不同民族，仍然保持各自的習慣和風俗；雖然被同一君主管轄，但大部分地區實行獨自治理，擁有許多享有實權而興旺的自治城市；雖然帝國的統治權集中於皇帝一個人手裡，必要時皇帝可以獨斷一切，但社會生活的細節和個人的日常生活，一般並不受皇帝的控制。

不錯，羅馬皇帝擁有巨大的權力，而且沒有抵制它的相應權力，同時他可以興之所至、爲所欲爲，並爲滿足自己的任性而動用全國的力量。這種情況往往使他濫用權力，蠻橫地奪去一個公民的財產或生命。他的暴政對某些人來說是沉重的壓迫，但並未擴及大多數人。暴政只以幾個重大的人物爲對象，並不施於其他人。暴政是殘酷的，但是有一定的範圍。

看來，如果我們今天的民主國家出現了專制，它將具有另一種性質：它的範圍將會很大，但它的方法將會很溫和；它只使人消沉，而不直接折磨人。

我不懷疑，在像我們今天這樣的文明和平等的時代，統治者們可能比古代的任何一個統治者更容易把一切公權集中在自己一個人手裡，使其習以爲常地和無孔不入地深入到私人利害領域。但是，使專制容易出現的這個平等，又能緩和專制的嚴厲性。我們已經講過，隨著人們日益相似和平等，民情便越具有人情味和越趨於溫和；當任何一公民都沒有巨大的權力和財富的時候，專制幾乎沒有出現的機會和活動的舞臺。如果所有人的家境都處於中常水準，人們的激情就自然有節制，想像力不會超出常規，享樂也將是簡樸的。這種普遍的克制也在節制統治者本人，使他的無節制的欲求的發作停在一定的界限。

除了這些來自社會情況的性質本身的原因以外，我還可以舉出許多非屬本書所討論的範圍的原因。但是，我想不超出我所規定的範圍。

民主政府在群情沸騰和出現重大危機的一定時刻，可能變得暴虐和殘忍，但這種危險是少見的和短暫的。

我一想到現代人的激情不太熾烈，他們的品行溫順，他們的知識廣泛，他們的宗教信仰虔誠，他們的道德良好，他們有勤奮而端莊的習慣，他們明辨善惡，我就不擔心他們將受到暴君的統治，而主要害怕他們的監護人變成他們的首領。（H）

因此我認爲，使民主國家受到威脅的那種壓迫，與至今世界上出現過的任何壓迫均不相同，當代人在他們的記憶中也沒有這種壓迫的印象。我曾試圖用一個詞精確地表達我對這種壓迫所形成的完整觀念，但是徒勞而未成功。專制或暴政這些古老的詞彙，都不適用。這個事物是新的，所以在不能定名以前，就得努力說明它的特點[1]。

我想描述這種專制可能以哪些新的特點再現於世界。我認爲，到那時候將出現無數的相同而平等的人，整天爲追逐他們心中所想的小小的庸俗享樂而奔波。他們每個人都離群索居，對他人的命運漠不關心。在他們看來，他們的子女和親友就是整個人類。至於其他同類，即使站在他們的身旁，他們也不屑一顧。他們雖與這些人接觸，但並不以爲有這些人存在。每個人都獨自生存，並且只是爲了自己而生存。如果說他們還有一個家庭，那麼他們至少已經不再有祖國了。

在這樣的一群人之上，聳立著一個只負責保證他們的享樂和照顧他們一生的權力極大的監護性當局。這個當局的權威是絕對的、無微不至的、極其認眞的、很有預見的，而且是十分和善的。如果說它是一種父權，以教導人如何長大成人爲目的，那它最像父權不過了。但它並非如此，而只是以把人永遠看成孩子爲目的。它喜歡公民們享樂，而且認爲只要設法享樂就可以了。它願意爲公民造福，但它要充當公民幸福的唯一代理人和仲裁人。它可以使公民安全，預見並保證公民的需要，爲公民的娛樂提供方便，指揮公民的主要活動，領導公民的工商業，規定公民的遺產繼承，分配公民的遺產。這豈不是完全不讓公民開動腦筋和操勞生計嗎？

這樣，就使公民終日無所事事，很少運用和不太運用自己的自由意志，把他們的意志活動限制在極小的範圍之內，使每個公民逐漸失去自我活動能力。平等使人養成了接受這一切的習慣，也就是強制人們忍受這一切，甚至往往把這一切視爲恩惠。

統治者這樣把每個人一個一個地置於自己的權力之下，並按照自己的想法把他們塑造成型之後，便將手伸向全社會了。他用一張其中織有詳盡、細微、全面和劃一的規則的密網，蓋住社會，最有獨創精神和最有堅強意志的人，也不能衝破這張網而成爲出類拔萃的人物。他並不踐踏人的意志，但他軟化、馴服和指揮人的意志。他不強迫人行動，但不斷妨礙人行動。他什麼也不破壞，只是阻止新生事物。他不實行暴政，但限制和壓制人，使人精神頹靡、意志消沉和麻木不仁，最後使全體人民變成一群膽小而會幹活的牲畜，而政府則是牧人。

我一直認爲，方才描寫的這種嚴明、溫和和平穩的奴役辦法，可能比某些人的想像更容易具有自由的外貌，甚至可以在人民主權的幌子下建立起來。

現代人經常受兩種互相對立的激情驅使：他們一方面感到需要有人指導，另一方面又希望保持自由。這兩個傾向相反的本能要求哪一個也不能放棄，所以他們力求使兩者同時得到滿足。他們想出一種具有監護性質的、無所不能的，但要由公民選舉的單一權力機構。他們把中央集權和人民主權結合起來。這使他們得到了某些緩解。他們認爲監護人是自己選的，所以安於被人監護。每個人都能忍受捆在身上的鏈子，因爲他們看到握著鏈子的餘端的不是一個人，不是一個階級，而是人民自己。

在這種制度下，公民剛剛擺脫從屬地位後，由於爲自己指定了主人而又回到原來的地位。

現今，有許多人很容易接受行政專制與人民主權之間的這種妥協，認為把個人自由託付給全國政權，個人自由就有了充分的保證。我覺得這樣的保證並不夠充分。在我看來，主人的性格遠遠不如服從的事實重要。

但是我並不否認，這種政體遠比那種把一切權力集中之後，交給一個不負責任的人或團體管理的政體好得多。在民主的專制可能採取各種形式中，後一種政體肯定是最壞的。

當國家的元首是選舉產生，或受真正選舉的獨立立法機構監督的時候，他使個人受到的壓迫有時是很大的，但這種壓迫經常是很少使人難堪，因為每個人在受到限制和壓制之後，還可以認為自己在表示服從時等於服從自己，而他之肯於犧牲其他一切正是他的意志的一種表現。

我也理解，在國家元首代表國家和依靠全國人民時，削減每個公民的力量和權利不僅為國家元首服務，而且有利於國家本身，而個人為公犧牲自己的獨立也會得到某些補償。

因此，在一個非常集權的國家裡建立國民代表制度，可以減少極端中央集權可能產生的弊端，但不能根除弊端。

我完全清楚，這種辦法可以保證個人參與國家大事，但很少能對小事和私人施加影響。人們忘記了人受奴役的危險在細微的小事上尤其嚴重。至於我，既然看到兩者不能兼顧而只能顧一方，那就只有認為大事之需要自由不如小事之需要自由。

小事上出現的服從每天都可以看到，而且所有的公民都能同樣感受到。這種服從並不使公民感到屈辱，但它一直限制公民的行動，直到使公民放棄運用自己的意志。它使公民的精神之火慢慢熄滅，心靈之光逐漸暗淡；而只是為少數的情況所必需的服從雖然非常嚴格，但極為稀少，而且絕不同於奴役，它只使一些特定的人受苦。使公民們如此依附於中央政權之後又讓他們去選舉這個政權的代表，是徒勞無益的；讓公民們如此隆重地，但又如此倉促地和以如此少見的方式行使自己的自由意志，防止不了他們逐漸失去獨立思考、獨自感受和自主行動的能力，只能使他們慢慢下降到人類的一般水準之下。

我再補充一句：他們不久就將不能行使他們僅存的唯一的重大特權。民主國家在把自由引進政治領域的同時而加強行政領域的專制以後，必然產生一些非常離奇的現象。一些只憑常識就可以處理的小事，它卻認爲公民沒有能力辦理，而要親自承攬起來；但在事關全國的政務問題時，它又賦予公民無限特權。於是，它時而把主權視爲玩具，時而成爲主權的主人；而國家元首的權力時而比國王還大，時而又不如普通老百姓。它經過各種選舉制度而未找到合適的以後感到吃驚，但又接著去找，好像它所發現的弊端不是來自本國的政治制度，而是來自選舉制度。

實難想像完全喪失自治習慣的人，能夠開會選好將要治理他們的人；也無法認爲處於奴隸狀態的人民有一天會選出一個自由的、精幹的和英明的政府。

我永遠認爲，上層爲共和制而其餘部分爲極端君主制的政體是個短命的怪物。統治者的腐敗和被統治者的低能，早晚會使這個怪物倒臺；而對自己和自己的代表感到厭煩的人民，不是創造出更自由的制度，便是不久又伏在一個獨夫的腳下。（I）

## ◆本章注釋◆

【1】托克維爾擬指出民主社會的一些新的社會學特點。——法文版編者

# 第七章　以上各章的延續[1]

我相信在身分平等的國家比在其他國家更容易建立絕對專制的政府；而且認爲一旦在這樣的國家建立起這樣的政府，那它不但要壓迫人民，而且要使人類的一些主要屬性從人身上消失。

因此，我認爲專制在民主時代是使人最害怕的。

我認爲我在任何時候都是愛自由的，而在我們這個時代，我甚至想崇拜它。

另一方面，我相信在我們行將進入的時代，凡是試圖以特權和貴族製作爲權威的基礎的人，都將遭到失敗。凡是想在唯一的階級裡建立並保持權威的人，也將遭到失敗。在我們這個時代，沒有一個主權擁有足夠的本領和足夠的力量，以重新建立臣民之間的永久差別的辦法建立專制；也沒有一個議員高明得和強大得能不以平等爲第一原則和號召，而維護以自由爲基礎的制度。因此，當代的所有人，如欲使自己的同類得到和保持獨立與尊嚴，就得表明自己是平等的友人，而能夠證明自己是平等的友人的唯一辦法，就是平等待人。他們的這項神聖事業的成敗，完全取決於此。

因此，問題不在於重建貴族社會，而在於從上帝讓我們生活其中的民主社會的內部發掘自由。

在我看來，這兩項重要眞理是簡明的，而且是會有成效的。它們自然使我要去考察哪種自由政府可以建立於身分平等的國家。

在民主國家，國家的最高主權比之其他國家劃一、集中、廣泛、澈底和強大，是出於民主國家的制度本身的性質和國家的需要。它的社會自然比較活躍和強盛，而個人則比較順服和軟弱。也就是說，社會做的事情多，個人做的事情少。這是不可避免的。

因此，不要指望個人的獨立範圍在民主國家裡會像在貴族制國家裡那樣大，而且這也不是人們之所好，因爲在貴族制國家裡，社會經常爲某個人而犧牲自己的利益，絕大多數的人往往爲某些人的榮華而犧牲自己的富貴。

使領導民主國家的中央政權積極和強大，這既是必須的，又是人們所希望的。目的是不讓中央政權變得軟弱無力和懶惰，但要完全阻止它濫用其機智和權力。

在貴族時代保障個人獨立的最大原因，是君主不獨攬治理公民的任務。他把這項任務部分地交給貴族的成員，所以中央政權總是分權的，從不全面地和以同一方式管理每個人。

不僅君主不獨攬一切，而且代理他的大部分官員也不總是受他的控制，因爲他們的權力並非來自君主，而是來自他們的家庭出身。君主任何時候都不能任意設置或廢除這些官職，也不能強迫他們一律服從他的隨意支使。這對保障個人的獨立也起了作用。

我十分清楚，在我們這個時代不能依靠這樣的辦法，但我想出一些可以取代這種辦法的民主措施。

把從各種自治團體或貴族收回的管理權不完全交給主權者，而部分地分給由普通公民臨時組成的次級團體。這樣，個人的自由將會更加有保證，而他們的平等也不會削弱。

美國人在用詞上不像我們法國人那樣考究，他們仍用「縣」（county）一詞來稱呼州下的最大行政單位，但它的一部分職權卻由州議會代行。

我自然承認，在我們這樣的平等時代，設立世襲的官員是不公正和不合理的，但不妨在一定的範圍內以選舉辦法任用官員。選舉是一種民主辦法，它可以像貴族制國家的世襲官員對中央政權有獨立性那樣，保證選出的官員對中央政權有獨立性，甚至其獨立性超過世襲的官員。

貴族制國家有許多有錢有勢的人，他們生活充裕，不會輕易忍受壓迫或受壓迫而不反抗。這些人可使政府一般在態度上溫和與謹愼。

我完全知道，民主國家自然不會有這樣的人；但它可以人爲地創造出某種類似的人物。

我深信，世界上不會再建立新的貴族制度；但我認爲，普通的公民聯合起來，也可能建立非常富裕、非常有影響、非常強大的社團，簡而言之，即建立貴族性質的法人。

這樣，他們就可以獲得若干貴族性質的重大政治好處，而又不會有貴族制度的不公正性和危險。政治的、工業的和商業的社團，甚至科學和文藝的社團，都像是一個不能隨意限制或暗中加以迫害的既有知識又有力量的公民，它們在維護自己的權益而反對政府的無理要求時，也保護了公民全體的自由。

在貴族時代，每個人都與一定的同胞有緊密的聯繫，因而他們一受到攻擊，這些人就會來幫助他。在平等時代，每個人自然是孤立無援的。他們既沒有可以求援的世代相傳的朋友，又沒有確實能夠給予他們同情的階級。他們容易被人置之不理，受到無緣無故的輕視。因此，在我們這個時代，公民只有一個手段可以保護自己不受迫害，這就是向全國呼籲，如果國人充耳不聞，則向全人類呼籲。他們用來進行呼籲的唯一手段就是報刊。因此，出版自由在民主國家比在其他國家無限珍貴，只有它可以救治平等可能產生的大部分弊端。平等使人孤立和失去力量，但報刊是每個人都可閱覽並能被最軟弱和最孤立的人利用的強大武器。平等使每個人失去其親友的支援，但報刊可以使他們向本國的公民和全人類求援。印刷術促進了平等的發展，而同時又是平等的最好緩和劑之一。

我認爲，生活在貴族制國家的人民，實際上可以不要出版自由，而生活在民主國家的人卻不能如此。我不相信大規模的政治集會、議會的特權和人民主權的宣言能夠保證民主國家人民的人身自由。所有這一切，在一定程度內可以和解對個人進行的奴役，而如果出版是自由的，這種奴役就不可能隨意進行。報刊是保護自由的最佳民主手段。

我現在來談一談司法權的某些類似作用。

處理私人的權益糾紛和仔細研究所處理的每一件小事，屬於司法權的本質；對受壓迫的人不主動進行援助，但對其中的最微賤者不斷進行援助，也是司法權的本質。儘管這些人軟弱無能，也永遠能迫使法官聽取他們的控訴並要求做出答覆。這是司法權的制度本身所使然。

因此，在統治者經常注意和干預個人的最微不足道的行動，而個人又軟弱得無力自我保護和孤立得不能指望得到與自己同樣孤立的人的支援的時代，司法權特別適用於自由的需要。法院的力量在任何時代都是可以向個人的獨立提供的最強大保障，而在民主時代這尤其是眞理。在民主時代，如果司法權不隨著身分的日趨平等而加強和擴大，個人的利益就永遠處於危險狀態。

平等使人產生一些十分有害於平等的怪癖，立法者應當經常注意這一點。我現在只談一談其中的幾個主要偏好。

生活在民主時代的人，不容易了解規章或程序的功用，對規章有一種本能的輕視感。我已經在其他地方講過其原因[2]。規章使他們反感，而且往往使他們憎恨。由於他們通常只希望容易得到眼前的享樂，所以急不可耐地衝向他們所追求的每一享樂對象，稍受挫折即表示失望。把這種性格帶進政治生活以後，便對時常拖延或阻止他們實現某些計畫的規章持有敵對情緒。

但是，民主時代的人在規章上感到的這種不便，正是規章有利於自由的地方，因爲規章的主要功用在於在強者和弱者之間、統治者和被統治者之間設立一道屏障，阻止強者或統治者隨意做出決定，使弱者或被統治者有時間再好好想一想對策。隨著統治者更加積極和強大，個人日益消沉和變弱，規章更爲必要。因此，民主國家的人民本來比其他國家的人民更需要規章，但他們卻又很自然地不太尊重規章。這是一個值得認眞注意的問題。

再沒有什麼事情比大部分當代人盲目輕視規章的問題更可悲的了，因爲一些最小的規章問題現在也具有了以往所沒有過的重要性。人類若干的重大利益，都與規章問題有密切的關係。

我認爲，雖然生活在貴族時代的政治家有時可以隨便輕視規章，並且往往不受規章的約束，但今天各國的領導人對於細微的規章、規定都應當尊重，只有萬不得已的時候才可以疏忽一點。在貴族制度下，有過迷信規章的現象；而我們，則應當對規章採取明智和審愼的崇拜態度。

民主國家的另一個非常自然、但又非常危險的本能，就是使人輕視和不太考慮個人的權利。

一般說來，人們之所以熱愛一種權利和對這種權利表示尊重，不是因爲這項權利重要，就是因爲被他們長期享用。見於民主國家的個人權利，一般都不太重要，而且都是最近出現的和非常不穩定的。因此，往往容易被人放棄，受到侵犯也幾乎永不懷恨在心。

但是，在人們生性輕視個人權利的時代和國家，卻有社會權力自然擴大和加強的現象。也就是說，在人們最需要保持和維護僅餘的特殊權利的時候，卻越來越不愛護它了。

因此，特別是在我們所處的民主時代，人類的自由和光榮的眞正友人們，應當接連不斷地挺身而出，設法防止國家權力爲全面推行其計畫而隨意犧牲某些個人的特殊權利。在這個時代，任何一個默默無聞的公民，都有被壓迫的極大危險；任何微不足道的個人權利，都可能拱手交給專橫的當局。其理由很簡單：當個人的特殊權利被人視爲重要的和神聖的權利的時代，侵犯這種權利只會害及被侵犯的人；但在我們今天這個時代，侵犯這種權利就是嚴重敗壞國家的民情，危害整個社會，因爲關於這種權利的觀念將在我們中間由此逐漸變質，以致消失。

不管革命的性質和目的是什麼，活動舞臺在哪裡，革命所固有的一些習慣、思想和弊病，必然在一個長期的革命當中產生出來，並在全國範圍內推廣。

任何一個國家如果在短期內多次更換元首，改變輿論和法制，其人民終要染上喜歡變動的愛好，並對以暴力迅速進行的一切變動習以爲常。於是，他們自然輕視每天都在表明並無作用的規章，只是出於無奈才忍受他們目睹常被人們違反的法規的約束。

由於關於公正和道德的通行觀念不足以解釋和論證革命每天都在創造的新鮮事物，所以人們便去追求關於社會效益的原則，創造關於政治的必要性的理論，自願地習慣於心安理得地犧牲個人的特殊利益和踐踏個人的權利，以期最迅速地達到他們所設想的一般目的。

我把這些習慣和思想都稱爲革命的習慣和思想，因爲在所有的革命中都會有這種習慣和思想。它們既見於貴族制國家，又見於民主國家，但在前者它們往往是力量不大的，而且永遠不能持久，因爲有貴族制國家原有的習慣、思想、缺陷和障礙在抵制它們。因此，革命一旦完成，它們就自行消失了，而國家也就又恢復了原來的政治態勢。但在民主國家並不總是如此，因爲人們總是害怕革命的本能雖然會變得溫和與受到節制，但不會消失，而逐漸改頭換面進入政府的統治作風和行政習慣。我不知道還有什麼國家的革命比民主國家的革命還危險，因爲民主國家的革命除了必然造成一些偶然和短暫的災難以外，還經常會有製造長期、也可以說是永久的災難的危險。

我認爲將會發生公正的抵抗和正當的造反。因此，我不能斬釘截鐵地斷言民主時代的人永遠不會革命；但我認爲他們比其他時代的人更有理由在發動革命的時候三思而行，並會感到與其訴諸如此危險的救治手段，不如忍受目前的諸多委屈。

最後，我以一個一般觀點來作總結。這個一般觀點不僅包括本章所述的個別觀點，而且包括本書所欲發揮的大部分個別觀點。

在我們這個世紀以前的貴族時代，個人的權利是極爲強大的，而社會的權威則十分微弱。甚至社會的形象也是模糊的，經常被統治公民的各式各樣的權力所取代。因此，這個時代的人的主要努力，必須用去增強和擴大社會權力，並增加和確保它的特權；另一方面，又要把個人的獨立限制在極小的範圍之內，使個別利益服從一般利益。

而我們這個時代的人，則面臨著另一種危險和另一種顧慮。

在大部分現代國家裡，不管統治者是什麼出身，身體是否健康，或叫什麼名稱，他們幾乎都是總攬一切大權的；而個人則逐漸變爲最軟弱和最有依附性的人。

在以前的社會裡，完全不是這樣。在那裡，任何地方也沒有一致或劃一的現象。在現代社會裡，所有的一切都在迫使人們變得相似，以致每個人的形象很快就將消失，變得萬人同貌，彼此之間沒有區別。我們的祖輩總是願意濫用個人的權利應當受到尊重的觀點，而我們則自然喜歡誇大個人的利益應當經常服從多數人的利益的觀點。

政治世界正在變化，今後必須尋找新的辦法去救治新的弊端。給社會權力規定廣泛的、明確的、固定的界限，讓個人享有一定的權利並保證其不受阻撓地行使這項權利，爲個人保留少量的獨立性、影響力和獨創精神，使個人與社會平起平坐並在社會面前支持個人：在我看來，這些就是我們行將進入的時代的立法者的主要目標。

現代的統治者們好像只想率領人民去做偉大的事業。我希望他們考慮一下，多下點兒功夫去造就偉大的人物，少重視工作而多重視工作的人，永遠記住：一個國家當它的每個居民都是軟弱的個人時，不會長久強大下去，而且絕不會找到能使由一群膽怯和委靡不振的公民組成的國家變成精力充沛的國家的社會形式和政治組織。

我發現現代人有兩種對立的，但又都有害處的觀念。

一些人只從平等中看到它所產生的無政府狀態的傾向。他們害怕自己的自由意志，即自己懼怕自己。

另一些雖然人數很少，但很有知識的人，持有另一種看法。他們在由平等出發走向無政府狀態的大路的一旁，終於又發現一條不可阻擋地使人走向受奴役的小道。他們事先就讓自己的靈魂屈服於這種必然的奴役，並由於對保存自由持絕望態度，便早就從內心開始崇拜不久即將出現的主人了。前一種人放棄自由是因爲認爲自由危險，後一種放棄自由是因爲斷定自由不可能實現。

如果我持有後一種人的觀點，就不會寫讀者現在閱讀的這部著作，而只有在內心裡爲我們人類的命運嘆息了。

我所以要把平等給人的獨立造成的危害暴露於光天化日之下，是因爲我堅信這種危害是未來的隱患中最可怕的，而且是最難預測的。但我並不認爲它是不能克服的。

生活在我們正在進入的民主時代的人，自然愛好獨立。他們也自然無可奈何地忍受著限制，即對他們自己選定的社會情況的長久不變感到厭煩。他們喜愛權力，但有輕視和憎恨權力行使人的傾向，並由於他們非常藐小和流動性很大而容易逃脫權力的控制。

這些本性將經常會反覆出現，因爲它們來自將來也不會改變的社會情況。在一個很長的時期內，它們將會阻止任何一種專制能夠確立，並向願意爲人的自由而奮鬥的每一代新人提供新的武器。

因此，讓我們對未來保持可以使人們提高警惕和進行戰鬥的有益的擔心，而不要抱有可以使人們喪失信心和毅力的畏縮無能的恐懼吧！

## ◆本章注釋◆

【1】在這一章裡，托克維爾對以身分平等為基礎，但又尊重個人自由的民主社會做了簡明的概括。——法文版編者

【2】見本書第三部分第一章。——譯者

# 第八章　主題的總括

在結束我所作的研究之前，我想以最後一次觀察綜述一下可以顯示新世界的面貌的各種特點，並判斷一下平等應對人的命運發生的一般影響。但是，這項工作的艱鉅性使我有些猶豫；在如此重大的題目面前，我感到自己的視野不夠寬闊和自己的智力不能勝任。

我試圖描繪和打算評述的新社會只是剛剛誕生。時間還沒有使它定型，使它產生的大革命還在繼續，從我們今天所看到的一切當中，還幾乎不可能斷定哪些東西將要隨著革命本身的結束而消失，哪些東西在革命結束之後還要存在下去。

新興的世界還有一半陷在正在衰敗的世界的殘垣破壁之中，在世間事物呈現的巨大混亂當中，誰也說不出哪些古老的制度和習俗，還會劫後餘生或完全消失。

儘管社會情況、法制、思想和人的感情方面發生的革命，還遠遠沒有結束，但它所造成的後果已遠非世界上迄今發生的任何事情可比。我一個時代一個時代地往上回顧，一直追溯到古代，也沒有發現一個與我現在看到的變化相似的變化。過去已經不再能為未來提供借鑒，精神正在步入黑暗的深淵。

但是，在這幅如此廣闊、如此新奇和如此混雜的圖景中，我已經看到一些初具輪廓的主要特點。我現在就來談談它們。

我看到，善與惡在世界上分布得相當平等，各占一半。巨富已經不見，小康之家日益增加。欲求和享受成倍增加，但既無特大的繁榮又無極端的悲慘。人人都有奮進之心，但胸懷大志者不多。每一個個人都是孤立而軟弱的，但整個社會是活躍的、有遠見的、強大的。私人做小事，國家做大事。

精神失去力量，但民情溫和，立法仁慈。儘管見不到偉大的獻身精神，最高尚、最光輝和最純潔的德行，但人們的習慣是純樸的，暴力現象極爲少見，殘酷更是聞所未聞。人的壽命越來越長，人的財富越來越有保障。生活雖然不光華瑰麗，但非常安逸舒適。享樂既不高雅又不粗鄙。不講究繁文縟節，沒有低級趣味的嗜好。既沒有學問淵博的雅士，又沒有愚昧無知的平民。天才越來越少，但知識日益普及。人的理性的發展將是眾人的微小努力積少成多的結果，而不是某幾個人的強大推動的結果。文藝作品的傑作雖然不會太多，但作品的數量將會大增。種族、階級、祖國的各種束縛將會消失，而人類的大團結卻要加強。

如果讓我從這些特徵中找出最普遍和最顯著的特點，我將指出它表現在財產具有千百種不同的形式方面。幾乎所有的極端現象將會日趨減少和消失；幾乎所有最高的東西將會逐漸下降，並爲中等的東西所取代；這些中等的東西比起世界上存在過的類似東西，既不高又不低，既不光彩又不遜色。

我舉目環顧一下這夥既無超群者又無落後者，且在許多方面都一樣的眾生，眞爲這種普遍劃一的情景感到悲愴和心寒，並爲這裡已不復有社會而遺憾。

當世界上最偉大的人和最微賤的人並存，巨富和赤貧並存，最聰明的人和最愚昧的人並存的時候，我總把視線離開後者只看前者，而且前者使我看起來喜歡。但是，我知道這種喜歡心情來自我的弱點，因爲我在同時觀察周圍的所有一切時，只能從這麼多的對象當中選擇和揀出最合我心意的對象。全能和永恆的上帝可不是如此，他的目光必然及於全體事物，而且把整個人類和每一個人都同時看得清清楚楚。

我們自然相信，使這位造物主和人的保護者最感到悅目的，並不是個別人的高度榮華富貴，而是全體人的巨大幸福。因此，我認爲是衰退的東西，在上帝看來都是進步的東西；我感到不快的事物，他卻喜愛。平等也許並不怎麼崇高，但它卻是非常正義的，它的正義性使它變得偉大和美麗[1]。

我要努力達到上帝的這個觀點，並試圖用這個觀點去考察和判斷世間的事物。

世界上沒有一個人能夠絕對地和全面地斷言新的社會情況優於舊的社會情況，但已經不難看到它們是不同的。

貴族制國家的體制所固有的一些弊端和美德，與現代人的性格格格不入，因而不能傳入他們當中。有些良好的愛好和惡劣的本性，在前者看來是邪惡，而在後者看來卻是合情合理的。有些思想是從一方的想像中自然產生出來的，但被另一方的精神所排斥。這就像兩個完全不同的人一樣，各有自己的特殊優點和缺點，各有自己固有的善和惡。

因此，必須特別注意，不能用已不存在的社會留下的觀點去判斷正在產生的社會。這樣做是不公正的，因爲這兩種社會是截然不同的，兩者不能對比。

要求現代人具有適合他們祖輩的社會情況的美德，也絕不是合理的，因爲祖輩的社會情況已經成爲過去，而它所衍生的一切善和一切惡，也隨著它的崩潰而完全混亂，無法辨別。

但是，這些情況現在還不能充分了解。

我已看到，大多數當代人正從舊社會的貴族制度產生的章程、主張和思想中進行選擇。他們會隨意放棄其中一部分，但要想保留另一部分，並把這一部分帶到新世界。

我認爲，他們的後一種想法，只會使他們在一項做得認眞但不會有成效的工作中浪費時間和精力。

問題是不應當再保持身分的不平等給人們帶來的那些特殊好處，而是應當確保平等可能爲人們提供的新好處。我們不要讓自己仍與祖輩相同，而應當努力達到自己固有的那種偉大和幸福。

至於我，在達到我的討論的終點後，遠遠地、但是全面地回顧一下我曾分別深入研究的所有不同對象時，我既感到恐懼又懷有希望。我看到一些嚴重危險，但覺得可以排除；我看到一些重大弊端，但認爲能夠避免或抵制。因此，我越來越堅信，民主國家只要願意努力，還是能夠建成高尚而繁榮的社會的。

我並非不知道，有些當代人認爲人民生在世上從來不能自己做主，必然服從外部條件、種族、土地和氣候所產生的難以克服和無法理解的力量的支配。

這是一種錯誤和消極的觀點，只能使人永遠軟弱和國家永遠畏葸不前。上帝既未創造完全獨立的人類，又未創造全都是奴隸的人類。不錯，上帝是在每個人的周圍畫了一個他不可能越出的命運所註定的圈子，但是人在這個廣泛的範圍內，還是強大和自由的。一個國家或民族也是如此。

現代的各國將不能在國內使身分不平等了。但是，平等將導致奴役還是導致自由，導致文明還是導致野蠻，導致繁榮還是導致貧困，這就全靠各國自己了。

◆本章注釋◆

【1】這句話是對正義和美在其中發生巨大作用的社會的歌頌。——法文版編者

# 原著者注

**（A）第二二六頁**

但是，有些貴族曾熱心經營商業和在工業方面獲得成就。世界史在這方面提供了若干光輝的範例。然而，就整個情況來說，應當說貴族向來不關心工商業的發展。金錢貴族只是這一規律的例外。

金錢貴族從來沒有不想用財富來滿足自己的需要。對財富的愛好，可以說是人類的最大激情，其他一切激情都以此為終點或與此交織。

如果愛財之心與爭名爭權之心集於一人之身，則很難辨別這是出於人之貪婪所造成的野心，還是出於人之野心所促成的貪婪。英國就有這種情況。英國人希望發財之後獲得榮譽，並認為榮譽是財富的標誌。因此，人的精神完全被工商業抓住和吸引過去，工商業成了致富的最好捷徑。

但是，我也認為這是一種例外的和暫時的現象，因為在財富只是貴族標誌的時候，只讓富人掌握權力而權力的執行由其他人實施，那是極其困難的。

世襲的貴族制度和純正的民主制度，是國家的社會和政治情況的兩個極端現象，在這兩個極端之間存在著金錢貴族。這個貴族的特點是：與世襲貴族接近，但同意給予少數公民以某些重大特權；主張實行民主制度，但要求人人都可以繼承特權。這個階級往往是世襲的貴族制度和純正的民主制度之間的天然橋梁，而且人們很難說它是在結束貴族的等級制度，還是已在開闢民主制度的新紀元。

**（B）第二八九頁**

我從我的旅行日記[1]裡找到下述幾段記載。這些記載可使讀者了解，同意隨夫前往荒涼地區定居的美國婦女，經受了哪些考驗。向讀者介紹這幾段記載，只是出於它們完全眞實。

「……我們時常遇到一些新開墾的土地。所有這些新居民點都大同小異。我要描述我們今天晚上留宿的這個居民點，它給我留下使我想起其他一切居民點的印象。」

「爲了能在森林裡找回自己的家畜，墾荒者們特意在家畜的脖子上拴上了小鈴鐺。我們離居民點還很遠的時候，就已聽到這種鈴聲。過了一會兒，我們又聽到森林裡傳來斧頭伐木的聲音。隨著我們看到伐木的跡地，我們就知道這裡有文明人在勞動。被砍掉的枝丫布滿了道路；被火燒毀的殘餘樹幹或伐木留下的樹墩，還立在我們所走的道路上。我們繼續往前走，來到一片森林旁邊，其中所有的樹好像得了一場暴病而枯死了。時値盛夏，但這裡卻好像是嚴冬。我走進森林仔細觀察這些樹，這才發現樹幹上有一圈被刮光樹皮的深痕。樹內汁液的迴圈被切斷了，所以樹很快就枯死了。我們由此才知道，實際上這是開墾者照例要做的第一件事。第一年，他們還不能將全部的樹木都砍倒，使它們變爲自己的新財產，而是要在留下的樹木之間播種玉米。如果把樹全都砍光，則作物將失去樹蔭的保護。走過這片作爲文明在荒野中的起步的初具規模的田地，我們立刻看到田地主人的房舍。它位於一片比人們尚在濫伐的林地管理好得多的田地中央。在濫伐的林地上，樹木已被伐倒，但尚未歸垛碼起來，樹墩還雜陳在昔日綠蔭覆蓋的土地上。在這片雜亂無章的荒地的周圍，有的地方種有小麥，有的地方簇擁著初生的柞樹；各式各樣的多年生植物和野草，混合在一片尚未被人馴服的半荒土地上，競相生長。開墾者的房屋，或如當地人所稱的「圓木小屋」（log house），就掩映在這片由各種植物組成的茂密的樹蔭中間。這座簡陋的房屋也和它周圍的田野一樣，表明它是新造的，剛剛建成不久。據我目測，它長不過三十英尺，高在十五英尺以內。房層的四壁和頂蓋，都是用未破開的原木構築的，在縫隙之間塡滿碎乾草，敷以泥土，用以防寒和防雨。」

「夜幕降臨的時候，我們決定去找圓木小屋的主人借宿。」

「一聽到我們的腳步聲，幾個在殘敗的小樹林裡滾地玩耍的小孩兒，馬上爬起來，慌慌張張地跑向家門，好像害怕見生人似的。這時，兩條尚有一半野性的大狗，豎著耳朵，伸長脖子，從狗舍裡竄出來。它們一面跑，一面低聲吠叫，前來保護它們的小主人。這家的主人出現在門前，他首先向我們掃了一眼，隨後又仔細打量一番。他打手勢，叫他的狗回狗舍去，並以自己的行動向狗表示，我們的光臨並未引起他的驚恐或不安。」

「我們走進圓木小屋。室內的陳設，跟歐洲農民的完全不同，擺著許多多餘的東西，而必要的東西卻很少。」

「只有一個窗戶掛著細布窗簾；在土坯砌成的壁爐爐臺上放著一盞大燈，燈光照亮了全屋；在這個壁爐爐臺的上方，吊著一支膛內有來福線的漂亮的火槍，一張麂皮，一串鷹的羽毛；在壁爐的右側牆上，掛著一張美國地圖，地圖被風吹動得在牆上直晃盪；在地圖下面，架著一個粗糙的木隔板，上面放著幾本書；我走到架邊一看，其中有一部《聖經》，彌爾頓的最初六篇長詩，莎士比亞的兩個劇本；沿著牆放著幾個木櫃，而沒有皮箱；在屋地中央，有一張做工很粗的桌子，桌子的四條腿是用剛剛砍伐的小樹幹做的，上面未剝掉的樹皮還在發綠，好像是就地生長出來的；我看到桌子上面有一把英國製的灰色瓷茶壺，幾把銀製的匙子，幾個已經有缺口的茶杯，還有幾張報紙。」

「這所房子的主人，顴骨很高，四肢修長，這表明他原來是新英格蘭的居民。顯而易見，他不是出生在我們與他相遇的這個荒涼地區的，因爲他的舉止就足以證明他早年是在知識界中度過的。他是一個活潑好動、有理想和敢於冒險的人，能夠冷靜處理專靠熱情而發動起來的事物。他之所以要在這裡體驗一段時間野蠻生活，是爲了將來更好地改造荒野，使其大大開化。」

「當這位開墾者看出我們想跨進他房屋的門檻時，他走上前來和我們對話，並按他的習慣和我們握了握手，但他的臉上還是沒有熱烈的表情。他首先開口，打聽世界上發生的事情。當他的好奇心得到滿足後，他便默不作聲了。我們猜想，他早就對世界發生的令人討厭和使人目眩的事情反感，所以不想再問了。我們向他談了我們旅行的目的，他向我們提供了我們所需的資料。接著，他又有些心不在焉了，但仍然誠懇地滿足我們的需要。當我們看到他能如此熱心待客時，爲什麼又感到他的好客又有些冷淡呢？這是因爲他的待客好像是出於命運對他的痛苦安排，他認爲這是他的現在地位賦予他的義務，而不是一項快事。」

「在壁爐爐臺的另一端，坐著一位婦女抱著一個小男孩在膝上搖晃。她只頻頻點頭，而沒有加入我們的談話。像那位開墾者一樣，這位婦女也正値壯麗的年華。她的舉止表明她原來也很高雅，她的服飾說明她愛打扮的興致並未稍減。但是，她的四肢已經不如昔日纖美，她的面容顯得有些疲憊，她的眼光溫和而又嚴肅。她的外表給人的整個印象，是她有一顆由於篤信宗教而產生的安身立命之心，一腔熱烈而寧靜的感情。我不知道是什麼天生的泰然自若的毅力，在使她正視生活中的一切艱難困苦，而又不害怕和不輕視它們。」

「她的幾個孩子圍繞在她的身旁，身體健康，性格活潑，還很淘氣。這些孩子是在這裡土生土長的，他們的母親不時地向他們投以憂鬱而又欣慰的目光。從孩子們如此年幼卻很強壯來看，可以說，她爲撫育他們費盡了心血，並對爲此付出的代價毫不惋惜。」

「移民們居住的房屋既無內室又無隔扇，全家都住在一個大統屋子裡，夜間共同在裡面安息。這所房屋自成一個小世界。它是漂浮在林海中的一葉文明方舟。在它四周一百步以外，就是無邊無際的茂密森林，而且又開始沒有人煙了。」

**（C）第二九二頁**

使人沒有道德和不信宗教的，並不是身分的平等。但是，當人們變得沒有道德和不信宗教，而人們又都是平等的時候，不道德和無信仰的行爲就容易表現出來，因爲人們之間已很少互相制約，社會上只剩下一個能夠承擔起維持治安之責的階級。身分的平等並不使民情變壞，但有時聽任其變壞表面化。

**（D）第三一七頁**

即使把所有什麼也不想的人和不敢說出自己想法的人排除在外，你也會發現美國絕大多數的人，似乎滿意他們的現行制度；我也確實認爲如此。我認爲輿論的這種傾向，是表明美國法制十分良好的標誌，而不是它的證明。民族的自豪感，立法對某些激情、偶然事件、隱祕弊端的放縱，特別是可以封住反對派之口的多數的利益，可以長期給整個民族和每個公民造成一種錯覺。

我們現在來看一看十八世紀的英國。當時，這個民族非常喜歡自我吹捧，它的每個人民對自己都很滿意，所以認爲他們的制度樣樣都好，沒有可以譴責之處，甚至覺得它的一些明顯欠缺也是好的。但在今天，絕大多數英國人好像都認爲他們的制度在許多地方是有欠缺的。究竟是上一世紀的英國人對呢，還是今天的英國人對呢？

法國也是如此。誠然，在路易十四統治時期，議會的多數曾熱烈支持統治當時社會的政府，並認爲那些說這個政府貶低了當時法國人人格的人是錯誤的。而在我們這個時代，卻有人認爲當時的法國受到了奴役，但奴性思想並不一定存在。當時的作家頌揚王權高於其他一切權力時，表現出了一種眞正的熱情，但愚昧的農民在他們的茅屋裡，並未受到聖上的恩澤，在高喊「國王萬歲」而死時，亦未感到光榮。究竟是路易十四時期的法國人錯了，還是我們今天的法國人錯了？

因此，不應當只根據輿論的傾向，而且還要根據最主要的動機和最普遍的經驗，去評定一個國家的法制，因爲輿論的傾向從一個時代到另一個時代會有所變化。

一個國家的人民對法制表示擁護只證明一件事，那就是他們希望不要很快就改變已定的法律。

**（E）第三七九頁**

我方才在這個注釋所在的章裡只提到一種危險。現在，我想指出另一種非常罕見，但一經出現便將使人非常害怕的危險。

當平等使人們自然產生的愛好物質享受和舒適生活的心理，侵蝕一個民主國家人民的精神，並終於控制全國人民的精神時，這個國家的軍隊本身最後可能愛好和平，而反對本國基於自身的利益把它拖入戰爭。但處於這種舒適環境下的士兵，將會開始認識到，寧願在和平的環境中一步一步、順順利利和毫不費力地晉升，也不肯以戰場上的艱難險阻爲代價去獲得快速的晉升。在這種精神狀態下，軍隊雖有武器但無士氣，使用武器時也是消極的。與其說這種軍隊本身沒有迎擊敵人，不如說它在引狼入室。

不要以爲軍隊在這種和平氣氛中會與革命絕緣。因爲革命，尤其是軍隊發動的革命一般都非常迅速，而且經常要冒重大的危險，但不必付出艱苦的勞動。革命至少在消耗上能比戰爭更適合野心家的心願，只冒生命的危險即可，而民主國家的人對於生命的重視不如對於舒適生活的重視。

害怕戰爭的軍隊是一個國家的自由和安寧的最大危險，因爲這樣的軍隊不想在戰場上表現其偉大和力量時，便要到其他地方去表現偉大和力量了。因此，民主國家軍隊的官兵有可能不顧公民的利益而失去軍人的情操，而軍隊則不再具有戰鬥力並不斷發生譁變。

我在這裡再重複一遍我在前面已經說過的一句話：消除這種危險的辦法不在軍隊，而在國家。保存著英勇氣概的民主國家，將永遠會在必要的時候，從其士兵身上看到英勇善戰的氣概。

**（F）第三九八頁**

人認爲單一性的觀點的偉大處在於手段，而神認爲在於目的。結果，這樣的偉大觀使我們只注意無數的小事情。強制人們同步地走向同一目標，是人的觀點；而引導不可勝數的千變萬化的人開始行動，並要把他們的行動結合得使所有的行動能透過數以千計的不同道路，去完成偉大的計畫，則是神的觀點。

人關於單一性的觀點幾乎總是貧乏而無活力的，而神關於單一性的觀點則是豐富而有活力的。人以爲簡化手段可以顯示出自己的偉大；而神的目標很簡單，那就是使手段變化無窮。

（G）第四〇二頁

民主國家不僅由於它的愛好而走向中央集權，而且領導它的人也在不斷把它推向中央集權。

可以不難預見，被局限在一個民主國家裡的幾乎所有野心勃勃和才能出眾的人，將會不遺餘力地擴大社會權力的職能，因爲他們都盼望有朝一日領導社會權力。要想向他們證明過分中央集權會損害國家，那是浪費時間，因爲他們是在爲自己集權。

在民主國家的官員中，除了一些大公無私或平庸無奇的以外，幾乎沒有人主張地方分權。主張地方分權的，不是人少就是無力。

（H）第四二五頁

我時常自問，如果民主的民情這樣地溫順下去，再遇到軍隊裡出現不安情緒，在我們今天的某些國家裡萬一出現軍人政府，其結果將會如何。

我認爲，政府本身不會出現我在本注所在的章裡所描繪的現象，也不會再現軍事寡頭政治的蠻橫作風。

但我深信，在這種情況下，會在文官的習慣與士兵的習慣之間產生某種融合。在行政方面採納某些軍人精神，在軍隊方面採納某些文官的辦事習慣。這樣融合的結果，將會實現有條不紊、紀律嚴明、條理分明和絕對服從的指揮，人民變成軍隊的影子，社會變成一座營房。

### （I）第四二八頁

我不能籠統地斷言當代的最大危險是胡作非爲或暴政，是無政府狀態或專制。這些東西都是令人畏懼的，而且很容易都來自同一個原因。這個原因就是個人主義造成的普遍的漠不關心。今天能使行政權可以總攬某些權力實行壓迫的，正是這種漠不關心；而以後能使一個政黨動員三十個人投入戰鬥而且也實行壓迫的，也正是這種漠不關心。但是，不論是前者還是後者，都不能長期存在下去，使它們容易獲得成功的那些原因，也在妨礙它們長期保持成功。它們之所以最後垮臺，是因爲沒有什麼力量支持它們。

因此，最應當反對的是漠不關心，而不是無政府狀態或專制，因爲漠不關心可以幾乎分毫不差地創造無政府狀態和專制。

### ◆本章注釋◆

【1】這部日記現已發表。見梅耶編：《托克維爾旅美日記》，英文譯本，耶魯平裝本叢書（紐哈芬，一九六二年）。

# 附錄

## (一) 一八四八年一月十五日在人文和政治科學院所作關於謝爾比利埃《論瑞士的民主》的報告

各位先生：

日內瓦科學院公法教授謝爾比利埃先生發表了一部論述本國的制度和政治習慣的著作，題爲《論瑞士的民主》，並向人文和政治科學院贈送了一部樣書。

先生們，我認爲作者所論述的問題很重要，值得對它進行專門的研究；而且，我想這一研究能有某種好處，所以我就開始了這項研究。

我的意圖是使自己暫時放下其他一切工作而完全投入這項研究，在研究中不談與我們毫無關係的現實問題，少講瑞士的政治社會的現狀，而多談瑞士的社會本身，多談這個社會所遵行的法制，多談法制的來源、趨向和特點。我覺得這樣劃定研究的範圍，講起來更能引起人們的興趣。瑞士出現的事情並不是孤立的，而是正在摧毀歐洲的一切舊制度的普遍運動的一部分。雖然舞臺不大，但演出很壯觀，而主要是它有一個明顯的特點。震撼世界的民主革命，沒有一個像在瑞士這樣發生於如此複雜和如此奇怪的環境之中。在這個由若干民族組成的國家裡，人們操數種語言，信數種宗教，一種宗教裡又分成許多不同的宗派，新舊兩派的教會各有其組織系統和特權，所有的政治問題很快就變爲宗教問題，而所有的宗教問題最後又都變成政治問題。最後，這裡存在的一個很古老和另一個很年輕的兩個社會，雖然年齡差得很大，但卻能很好地結合在一起。以上就是瑞士的圖景。我認爲，要想描繪好這幅圖景，就得比《論瑞士的民主》的作者站得更高一些。謝爾比利埃先生在序言中申明，一定要堅持大公無私的原則。我相信，他的話是很誠懇的。可是他又擔心，他的著作的完全無私的特點，會使所述的主題蒙上一層單調無味的陰影。這種擔心毫無根據。作者確實想做得大公無私，但他並沒有做到。他的著作雖然表明他有學識，有洞察力，有眞正的才華，甚至在熱情的評價中閃爍著明顯的善意，但就是看不到大公無私。他的書有許多地方論述思想問題，但很少談到思想的自由。

該書的作者究竟嚮往什麼樣的政治社會形式呢？首先，這一點就好像相當難說。他雖然在某種程度上贊同瑞士最虔誠的天主教徒的品德，但他又堅決反對天主教，以致想用立法的手段阻止天主教向天主教不占統治的地區發展。另一方面，他也很反對新教各派的各自爲政。他既反對平民的政府，又反對貴族的政府；在宗教方面，他主張有一個由國家管理的新教組織；在政治方面，他要求有一個由資產階級貴族管理的國家，這似乎就是該書作者的理想。日內瓦在革命之前，情形就是如此。

雖然人們不能經常看清他之所愛，但卻容易看出他之所恨。他憎恨的就是民主。他一談到民主革命，就表現出了他的觀點，他的愛憎，或許還有他的利害所在。也就是說，他永遠是以仇視的態度來談民主革命的。他不僅攻擊民主的這一後果或那一後果，而且還攻擊民主本身。他看不到民主的優點，只盯著民主的缺點不放。他對民主可能帶來的弊端，一點兒也不分辨哪些是根本性的和永久性的，哪些是偶然性的和臨時性的，哪些是不可避免的而必須忍受的，哪些是應該設法糾正的。也許像謝爾比利埃先生這樣的生逢國家動盪不安時期的人，才會以這種方式看待問題。我們應當對此表示遺憾。在作這項研究時我們看到，瑞士的民主很需要人們指出其法制的不完善之處。但是，要想考察得準確無誤，首先不能憎恨民主。

謝爾比利埃先生將他的著作定名為《論瑞士的民主》。這可以使人相信，作者認為瑞士是一個允許人們寫理論著作論述民主，並可以評論民主制度本身的國家。但我認為，該書的幾乎全部錯誤的主要根源，就在於瑞士不是這樣的國家。老實說，此書本應該題名為《論瑞士的民主革命》。實際上，十五年以來，瑞士就是一個處在革命中的國家。在瑞士，民主與其說是政府的一個正常管理形式，不如說是人民經常用來摧毀和有時是抵制舊社會的一種武器。雖然人們在瑞士可以很好地研究我們所處的民主時代的革命形勢所帶來的個別現象，但還不能描繪出民主的長治久安狀態。任何人如不時時刻刻地注意這一出發點，就很難理解瑞士的制度呈現在他面前的圖景。至於我，我感到有一個無法克服的困難去解釋我如何評論它的現在，更不用說我如何理解它的過去了。

人們對法國革命爆發時瑞士的情況，常有一種錯覺。由於瑞士人長期以來就生活在共和制度下，所以人們就容易推想他們比歐洲大陸其他國家的人，更接近使近代自由得以確立的制度，和使它得以活躍起來的思想。不對，人們應當往相反的方面去想。

儘管瑞士的獨立是在反對貴族的起義中誕生的，但它當時成立的政府的制度，大部分沿襲了貴族制度的慣例、法律，直至觀點和傾向。在瑞士人看來，自由不過是特權的一種形式，不過是基本法和繼承法中，承認大家都是自由人的一種思想，而這種思想在他們獲得自由後的心目中，和在被他們戰勝的奧地利家族的王侯的心目中一樣，都是陌生的。因此，所有的權力，很快就被一些故步自封的小貴族或一些自行糾集起來的人所篡奪和掌握。在北部，這些貴族經營實業；在中部，他們有軍事組織。但是，這兩種貴族都是狹隘和排他的。在大多數州中，四分之三的居民沒有直接或間接參加管理國家的權利；更有甚者，是每一個州都有一群依附他人的居民。

這些在如此巨大的動盪中還處於封閉狀態的小社會，很快就牢固到任何運動都不會對它們發生影響的地步。這種貴族制度既沒有民眾干擾，又沒有國王管理，而是由仍舊按照中世紀的章程辦事的死氣沉沉的社團來主持。

隨著時間的推移，新思想早已深入到歐洲的一些最古老的君主制國家，而瑞士仍然處於封閉狀態。

分權制的原則已爲一切政論家所贊同，但在瑞士卻行不通。出版自由至少已在世界上的許多君主專制國家實際存在，但在瑞士不僅實際不存在，而且法律也不許可存在。在瑞士，政治結社的權利既不能行使，又未被當局認可；言論自由也被限制在非常狹小的範圍之內。所有的開明政府都在實行公民的負擔平等，而在瑞士，公民不但權利不平等，負擔更是不平等。在那裡，爲實業的經營設立了重重障礙，個人自由沒有任何法律保證。已經開始進入一些信仰非常正統的國家的宗教信仰自由，還沒有在瑞士出現。有些州完全禁止異端教派的活動，而其餘的州則對此定出了嚴格的範圍限制。幾乎在瑞士各地，宗教信仰的不同都是參加政治活動的障礙。

直到法國革命以武力入侵瑞士的一七八九年，這個國家一直處於上述狀態。法國革命暫時推翻了瑞士的舊制度，但沒有以任何鞏固而持久的東西取代舊制度。幾年以後，拿破崙透過調停結束了瑞士的無政府狀態，使瑞士人得到一定的平等，但沒有得到自由。拿破崙強加給他們的政治法令是精心策劃的，以致瑞士的政務處於癱瘓狀態。權力雖以人民的名義施行，但人民企不可及，完全掌握在行政當局手中。

不多幾年以後，當調停書隨其制定者的垮臺而失效時，瑞士人在這場變動中並沒有獲得自由，而只是喪失了平等。昔日的貴族又到處奪回了在政府中的統治地位，而且還恢復了在革命前實行的那些已經陳舊的獨占原則。謝爾比利埃先生說得對，局面差不多完全恢復到一七九八年的原樣。有人說，透過維也納會議聯合起來的幾個國王，把這種復辟強加給了瑞士，但這種譴責是錯誤的。復辟是經過這些國王同意的，但不是他們強加的。事實是，瑞士人民像歐洲大陸其他國家人民一樣，也捲進了這場突然要在全歐使舊社會恢復元氣的短命但又普遍的反動；而且，由於瑞士的復辟畢竟不是由那些在利益上與舊特權階層有別的君主完成的，而是由舊特權階層本身完成的，所以瑞士的復辟比起歐洲的其餘國家來，也就更全面、更盲目和更堅決。瑞士的復辟並未導致暴政，但卻表現得非常獨斷。立法權完全歸行政當局所有，行政當局的大權由出身於貴族的人們獨攬，中間階級被排除於國家事務之外，人民完全被剝奪了參加政治生活的權利。直到一八三〇年以前，幾乎整個瑞士都是這種情況。

瑞士的民主新時代，在這以後才出現！

以上的簡短敘述，爲的是說明兩件事。

第一，瑞士是革命很不深刻，但復辟卻極其全面的一個歐洲國家，以致與新思想格格不入和敵對的制度在瑞士得到保存或仍占有很大的支配地位，而那裡也就必然潛藏著極大的革命動力。

第二，直到今天，在瑞士的絕大部分地區，人民仍無權參加政府的管理工作，生活在這個共和國的絕大部分公民，對於保障公民自由、結社自由、言論自由、出版自由、宗教信仰自由的司法程序與同時代的大多數君主國家的臣民一樣無知，甚至可以說比後者更無知。

以上就是謝爾比利埃先生往往沒有看到的東西，但我們在仔細研究瑞士的制度時，卻一時一刻也不能忘記它們。

大家知道，瑞士的主權分兩部分：一部分屬於聯邦政府，另一部分屬於各州政府。謝爾比利埃先生是從各州開始論述的，這樣做完全正確，因爲在瑞士管理社會的眞正政府在各州。我也仿效他的辦法，先研究各州的制度。

在今天來說，各州的制度都是民主的，但民主的特點在各州的表現並不相同。在大部分州中，人民是把自己的權力交給代表他們的議會去行使；而在某些州中，則由人民自己行使權力，即自行集會和直接參加管理工作。謝爾比利埃先生把前一種管理形式叫作代議制民主，把後一種管理形式叫作純民主。

我請科學院允許我不學他去研究他認爲很重要的純民主，我這樣做的理由有好多條。儘管生活在純民主制度下的幾個州，在歷史上起過很大作用，而在政治方面也可能起過相當的作用，但是研究純民主與其說爲了致用，不如說是爲了獵奇。

純民主是現代世界上幾乎獨一無二的現象，甚至在瑞士也是一種例外現象，因爲全瑞士只有十三分之一的人處於這種制度之下。再者，這也是一個暫時的現象。我們不太清楚，在人民直接行使權力最多的那些州中，是否有一個只是部分地參加政府管理工作的代議制組織。但是，在研究瑞士的現代史時不難發現：在瑞士，人民直接管理的國務越來越少，而代表們處理的國務卻越來越多和日益複雜。因此，純民主的原則便逐漸消失，而相反的原則則日益勝利。純民主不知不覺地成了例外，而代議制民主則成了常規。

再說，瑞士的純民主已是過時的東西，對現在和將來都沒有任何教益。雖然我們在研究它的特點時必須使用現代科學的詞彙，但它究竟是過去的東西了。每一個時代都有其任何力量都無法抗拒的主導精神。這一精神要把與它格格不入或相反的一些原則置於自己的支配之下，並立即向它們滲透，而在不能消滅它們的時候，就改造或同化它們。中世紀已因貴族政治習慣於民主自由而壽終正寢。在最具有共和主義精神的法律中，除規定普選之外，還對宗教信仰、言論、思想、習俗、結社和除開人民之外最有實權的家庭等作了規定。瑞士各州的那些小政府，只能被視爲不復存在的世界的最後和體面的殘存。

與此相反，瑞士的代議制民主卻是現代精神的產物。所有的一切，都是在舊的貴族社會的廢墟上建立起來的；所有的一切，都是按人民主權原則行事的；因而，所有的一切，也就依靠法律得到了幾乎相同的實施。

我們看到這些法律還很不完善，但這些法律卻足以補充歷史記載的闕如，向世人表明瑞士的民主甚至它的自由，都是新的和沒有先例的權力。

首先應該指出，甚至在瑞士的代議制民主下，人民仍能部分地直接行使自己的權力。在某些州中，主要的法令在立法機構通過之後人民還有否決權。在發生這種特殊情況時，代議制民主就變成了純民主。

幾乎所有的州都必須隨時和一般在作重大決定時徵求人民的意見，看看他們是否要修改或仍然維持憲法。這也就可以隨時和定期檢查和修改所有的法律。

人民不把立法權留在自己手裡，而把它委託給一院制的議會，議會在人民的監督下並以人民的名義工作。任何一個州都不把立法權分成爲兩個部分，而是只有一個立法機構。這樣，不但立法的程序不會因爲要和另一個機構協商而拖延，而且提案的表決也不會遇到曠日持久的辯論障礙。一般法律的辯論要經過一些手續，拖延時間；但是最重要的決議，可以用政令的形式馬上提出、討論和通過。政令能像群眾的激情那樣，使次要的法律發生某種預料不到的、迅速的和不可抗拒的作用。

除了立法機構之外，沒有什麼東西是不可抗拒的。立法權、行政權和司法權的分立，尤其是它們的相對獨立，事實上是不存在的。

任何一個州的行政權代表都不是由人民直接選舉的，而是由立法機構選派的。因此，行政機構本身沒有什麼權力，它不過是個工具，並且永遠是另一個權力機構的馴服代理人。除了這個弱點之外，它還有其他若干弱點。行政權從來也不委託給某一個人，而是委託給一個小會議，會議的成員分工負責，但行動受到牽制。行政機構連若干固有的權力也被剝奪。行政機構從不行使否決權，或者只對一些無關緊要的法律行使否決權。行政機構沒有赦免權，也不任免自己的工作人員。甚至可以說它沒有工作人員，因爲一般它只能使用市鎮的官員。

但是，瑞士民主的法制的缺陷，特別表現在憲法的不健全和司法組織的不良方面。謝爾比利埃先生注意到這一點，但我認爲他注意得還不夠。他似乎沒有很好地理解，在民主制度下，司法機構的主要任務是：既要防止人民犯法，又要保護人民的合法權益。

司法權獨立的思想，是一個現代概念。中世紀時沒有這種思想，或即使有也很模糊。可以說，在所有的歐洲國家，行政權和司法權最初都是混合在一起的。就是在作爲一個非常可慶的例外，而很早使司法機關成爲強大的獨立存在的法國，也只能說行政權和司法權的分立還是很不完善的。當然，這不是說行政機構支配司法機構，而是說司法機構部分地左右行政機構。與此相反，在歐洲，瑞士可能是使司法權與行政權混合得最澈底，並使前者完完全全變成了後者的一種屬性的國家。可以說，我們今天對於司法這一大公無私和獨立的、可以干預一切權益糾紛而使權益受到法律尊重的權力具有的觀點，在瑞士人的心目中過去是沒有的，就是現在也很不完整。

毫無疑問，各州的新憲法使法院的地位不像在舊體制下那樣受行政權支配，但還沒有給予法院以完全獨立的地位。初級法院的成員由人民選舉，並可以連選連任。各州的最高法院的成員不是由行政機構選派，而是由立法機構指定，所以各級法院都無法保證它的成員抵制多數的經常變化的無理要求。

人民或代表人民的議會不僅指定法官，而且在指定時不受任何約束。一般說來，被任命的法官都不具備稱職的條件。再者，法官只是執行法律，無權過問所執行的法律是否符合憲法的規定。老實說，這是多數本身進行審判，而法院只是它的工具。

在瑞士，按法律的規定，司法機構也是獨立的，並享有必要的權力，但它很難發揮自己的作用，因爲法院是一個遵守傳統和輿論的機構，而輿論又必然受傳統的司法觀念和司法習慣的影響。

我可以輕而易舉地指出上述制度中存在的缺點，證明這種制度竭力使人民的政府在工作時反常，在作決議時倉促，在發號施令時專橫。但是，我要談這些，就離題太遠了。我只想考察這個比較古老、比較和平和比較繁榮的民主社會所實施的法律。謝爾比利埃先生認爲，瑞士各州所實行的不完善的制度，是民主所能提供的或所欲接受的唯一的東西。我要進行的比較將會證明情形恰恰相反，表明人們可以更有經驗地、更爲熟練和更爲明智地從人民主權原則得出另一種不同的結果。我只舉人口相當於瑞士全國人口的紐約州爲例。

在紐約州也像在瑞士的各州一樣，以普選方式實現的人民主權是政府的原則。但是，人民只有一天即在選舉代表的那一天行使他們的主權。人民並不是經常親自行使主權，不論在立法權、行政權還是司法權方面，在任何情況下都是如此。當選的人必須以人民的名義管理國家，直到下次改選時才去職。

儘管法律經常改變，但法律的基礎是固定不變的。不像在瑞士那樣，人們絕不能事先規定連續或定期修改憲法，從而也不會因爲修改憲法或僅僅等待修改憲法而使社會各界處於停滯狀態。當出現新的需要時，立法機構就將指出修改憲法的必要性，隨後著手修改工作。

雖然立法機構不能像瑞士那樣容易擺脫輿論的指導，但它卻組織得能夠抵制輿論的無理要求。任何提案不經兩院通過，都不得成爲法律。立法機構的這兩個部分，是用同樣的方式選舉產生和以同樣的原則組成的，所以這兩個部分都來自人民，但它們不用完全相同的方式代表人民：一個部分主要是反映人民的日常意見，另一個部分則反映人民的經常性要求和永久性傾向。

在紐約，分權制不僅是表面性的，而且是實質性的。

行政權不是由集體行使，而是由一個人行使，這個人負全面責任，並堅定不移地行使他享有的一切權力和特權。這個人是由人民選舉的，但絕不像在瑞士那樣是立法機構的工具或代理人。州長與立法機構平起平坐，並像立法機構一樣，代表各自所主管的那部分主權。州長權力的來源和立法機構權力的來源一樣。州長不僅是行政權的代表，而且行使行政權固有的和合法的特權。州長統率武裝力量並且任命武裝力量的主要軍官。州長任命州的若干重要官員並享有赦免權。州長可以否決立法機構的決定的權力雖然不是絕對的，但可以是有效的。顯然，紐約州長的權力要比歐洲的一個立憲君主的權力小得多，但至少又比瑞士的小小議會的權力大得多。

然而，雙方的司法機構的組織，差別最爲明顯。

在紐約州，法官雖然來自人民並依靠人民，但是他是人民自己也要服從的權力。司法權在本身的產生、常設機構的設置和職能的規定方面，尤其對於公意和輿論，也享有這樣的特殊地位。

高等法院的成員，不是像在瑞士那樣，由立法機構這個往往感情用事、有時盲目、經常不夠負責的集體權力選派的，而是由州長指定的。法官一經任命，就被認爲是不可撤換的。任何訴訟案件都必須由法官審理，任何懲罰都只能由法官宣判。法官不僅解釋法律，而且可以說他還能審理法律。如果立法機構在黨派的激烈鬥爭中偏離了憲法的精神或條款，法庭就拒絕宣判，使立法機構根據憲法行事。這時，法官雖然不能強制人民保衛憲法，但憲法只要依然生效，他至少能迫使人民尊重憲法。法官不直接領導人民，但他能制約人民。司法權在瑞士幾乎是不存在的，但它卻是美國民主的眞正調節器。

現在，我們即使仔細研究紐約州憲法的一切細節，也找不到一點兒貴族制度的成分。沒有階級，沒有特權，到處都是權利均等，只有一個精神推動著所有的制度，沒有相互排斥的傾向。總之，民主的原則滲透一切並主宰一切。然而，如此全面實行民主的政府，卻比瑞士的民主政府具有穩定得多的地位、和平得多的施政辦法和正常得多的工作程序。

可以說這種情況部分地來自法律的差異。

我們描述的紐約州的法律，是爲防止民主固有的缺陷而制定的；而我所勾勒的瑞士的制度，則好像是專門爲發展民主固有的缺陷而制定的。瑞士的制度限制人民，美國的法律推動人民。美國人擔心他們的政權走向暴政，而瑞士人好像只希望他們的政權變得越強硬越好。

我絕不誇大法律機制對人民的命運發生的影響。我知道，世界上的重大事件主要應當歸因於它們的最爲一般和最爲深刻的根源；但不能否認，制度本身卻有一定的能力，並依靠自身的力量促使社會繁榮昌盛或貧困匱乏。

假如謝爾比利埃先生不是完全否定他的國家的幾乎一切法律，而是指出這些法律的不足之處，並設法在不破壞原則的條件下完善它們的條款，則他會寫出一部値得後人借鑒和對他的同時代人更有好處的書來。

作者在介紹民主於各州的實施情況之後，便轉而考察民主對聯邦本身發生的影響。

在按照謝爾比利埃先生的這種敘述程序講下去之前，必須做一些他沒有做的工作，即說明什麼是聯邦政府，聯邦政府是怎樣依法組成的和實際上是怎樣組成的，聯邦政府是如何工作的。

這就首先要求我知道：瑞士聯邦的立法者們原來是想制定出一部聯邦憲法還是只想結成一個同盟，換句話說，他們原來是要各州犧牲部分主權還是要不損害它們的任何主權。如果我們查明瑞士的各州被禁止享有國家主權性的若干權力，並把這些權力永久地讓給聯邦政府，尤其是如果我們想到各州要把一切事情也讓給聯邦政府去處理時，就會產生由多數制定法律的結果，那麼，我們就可以確信聯邦的立法者們原來就不想制定出一部眞正的聯邦憲法，更不想結成一個單純的同盟。但是必須指出，他們要想獲得成功，那是非常困難的。

我不諱言，我認爲瑞士的聯邦憲法是世界迄今出現過的這類憲法中最不完善的。當你閱讀這部憲法時，一定會覺得自己回到了中世紀；而當你想到這部混亂而不完善的作品竟出自一個在智慧和經驗方面與現代不相上下的時代時，又不能不感到非常吃驚[1]。

人們不無理由地一再指出，聯邦憲法過分地限制了聯邦政府的權力，沒有讓聯邦政府享有某些本質上是屬於全國和應當是聯邦議會擁有的許可權，例如聯邦政府不能管理郵政，不能制定度量衡，不能鑄造貨幣等。因此，人們把聯邦政府的軟弱無力歸因於它擁有的許可權太少。

的確，聯邦憲法沒有讓聯邦政府享有它自然和必然擁有的許可權，但這個政府的軟弱無力的眞正原因並不在這裡，因爲如果聯邦政府能行使聯邦憲法給予它的許可權，它滿可以取得它所缺少的一切東西。

聯邦議會有權徵集軍隊、徵收賦稅、宣戰、媾和、締結商約和任命駐外使節。各州的憲法和在法律面前人人平等的偉大原則，卻受到聯邦議會的監督，這就使聯邦議會在必要時可以干預地方的一切。道路通行稅、養路費等也由聯邦議會規定，這就使它有權指導或檢查巨大的公共工程。最後，聯邦憲法第四條還規定：聯邦議會「可爲瑞士的內外安全採取一切必要的措施」，這就是賦予聯邦議會主持一切的權力。

最強大的聯邦制政府也未曾有過比這更大的特權，而且我不認爲瑞士中央政府的許可權受到很大限制，而是認爲它的許可權的範圍沒有規定清楚。

那麼，擁有如此優越特權的聯邦制政府爲什麼其實權又如此小呢？理由很簡單：因爲沒有賦予它以隨意行使權力的手段。一個政府之所以在工作上毫無生氣和被指責沒有能力，完全是因爲它的組織還不健全。

聯邦制政府的特點在於它不是以人民的名義，而是以組成聯邦的各州的名義行事，否則，憲法就立即不再是聯邦性的憲法了。

因此，一個必然的和不可避免的後果就是：聯邦制政府一般要比其他類型的政府在作決定時優柔寡斷，而在行動時慢慢騰騰。

聯邦制政府的立法者們，大部分都力圖借助我並不想加以深入研究的一些隨機應變的辦法，來改正聯邦制度所固有的這一缺點。瑞士人由於他們採取的聯邦形式與其他國家不同，所以對於這一點看得最為清楚。在瑞士，聯邦議員不僅只能以其所代表的州的名義行事，而且一般說來他們不經其所代表的州審議或同意，也不作任何決議。聯邦議員幾乎沒有任何自由意志，每個議員都感到自己被事先接受的強制性委託所束縛，以致作為決定國家大事的聯邦議會，實際上什麼也決定不了，議員們不是作為有權作決議的人在發言，而是作為只應執行決議的人去發議論。聯邦議會是一個沒有自己意志的政府機關，只限於執行聯邦的二十一個州政府分別做出的決定；不管什麼性質的事件，這個政府機關都不能決定，都不能提議，都不能辦理。人們再也想不出哪一個政府會像瑞士聯邦政府這樣更能增加聯邦制政府固有的惰性，更能使自己的軟弱無能變得像老年人的垂暮了。

瑞士聯邦政府的一貫無能，還有許多與一切聯邦制度固有的缺點無關的原因。

不但可以說聯邦制度只能有一個軟弱無能的政府，而且可以說它根本就沒有自己的政府。瑞士聯邦的憲法，在這方面的表現是世界上獨一無二的。瑞士聯邦的元首並不代表聯邦。管理瑞士行政的內閣，既不是由聯邦議會又不是由瑞士人民選舉產生的；而是由伯恩州、蘇黎世州和盧塞恩州每二年各代理一次的臨時政府。一州的居民選舉出來的管理本州事務的政府，也就這樣附帶地成為全國的政府和管理機構。這顯然是人類法制史上的重大政治奇聞之一。這種情況的後果總是不良的，而且往往是令人莫名其妙的。例如，再沒有一八三九年發生的事情更使人感到奇怪的了。這一年，聯邦議會移到蘇黎世，蘇黎世州的政府也就成了聯邦的政府。不久以後，在蘇黎世發生了全州性的革命。人民的起義推翻了合法的政權。於是，聯邦議會立即失去首腦，聯邦政府的活動中斷，直至這個州的人民同意了另定的法律和另選新的領導。因此，蘇黎世的人民在改變本州的行政機構的同時，也就無意之中斬了瑞士之首。

聯邦政府看來有自己的行政機構，但它並沒有使人民服從它的能力，因爲它不能直接號令公民。使它無能爲力的這個原因，其影響遠遠超過其他一切原因的總和。但要很好地了解這一原因的影響，僅僅指出它還是不夠的。

如果一個聯邦政府能在自己享有的窄小的活動範圍內，像一般政府在其不受限制的活動範圍內那樣直接發號施令，而不是透過中間人，那麼，它的活動範圍雖然相當狹窄，但它是強有力的；如果聯邦政府的公務人員可以直接號令每一個公民，它的法庭可以強制每一個公民服從聯邦的法律，那麼，這個聯邦政府就容易使人民服從，因爲它不用擔心個人敢於反抗，而它所遇到的難題也都可以透過訴訟手段來解決。

反之，一個聯邦政府不能親自號令全體公民，而是必須透過各州的政府，那麼，它的活動範圍即使很大，但權力卻是極小，而且極不穩定，因爲當州政府反抗它的時候，它要對付的就已經不是一個個人，而是一個使它完全有理由用戰爭來制伏的敵對勢力。

由此可見，聯邦政府的權力的大小，不在於賦予它的權力的範圍的大小，而在於它自身行使權力的能力的大小。當聯邦政府能向公民發號施令時，它就堅強有力；而當它只能對地方政府發號施令時，它就總是軟弱無力。

聯邦制度的歷史，向我們提供了這兩種不同情況的實例。但據我所知，任何一個聯邦的中央政府，都沒有像在瑞士這樣被完全剝奪了對公民的發號施令權。我們可以說，瑞士聯邦政府沒有一項可以本身行使的權力。它沒有由它自己任免的公務人員，它沒有只代表它的主權的法院。可以說它是一個雖有生命，但沒有器官的生物。

這就是寫在瑞士憲法裡的聯邦制度。現在，我們再用幾句話，向我們所分析的這部著作的作者，談一談民主對瑞士所起的作用。

人們不會否認，十五年來相繼導致絕大部分憲法修改的民主革命，對聯邦政府發生了重大的影響。但是，民主革命的影響卻起了兩個方面完全相反的作用。弄清楚這兩個相反的現象非常重要。

各州的民主革命產生了使地方機關比以前更主動和更有權的效果。民主革命所建立的新政府，在依靠人民並由人民推動的條件下，都比從前更有權力，並清晰地認識到這項權力是被推翻的政府所不能有的。但是，由於這樣的革命沒有同時在聯邦政府進行，所以必然產生和確已產生如下的結果：聯邦政府在新的州政府面前顯得比以前更加軟弱無力。州的自豪感，地方獨立的要求，州內部事務不受任何干涉的願望，對中央權力和最高權力的覬覦，都是隨著民主制度的建立而與日俱增的情感。因此，從這一點來看，可以說民主削弱了本來就很軟弱無力的聯邦政府，並使它承擔起十分繁雜的日常任務。

但從另一方面來看，民主又賦予了聯邦政府一種活力，也可以說是賦予了它新的生命。

瑞士建立民主制度後，產生了兩個全新的事物。

在這以前，瑞士的每個州各有自己的利益，各有自己的精神。民主制度的建立，使分屬許多州的全體瑞士人分成兩派：一派擁護民主原則，另一派反對。但是，民主制度的建立也創造出共同的利益和共同的情感，從而使人們感到需要有一個權力可同時及於全國範圍內的統一的共同當局，以滿足需求。於是，聯邦政府就破天荒地第一次享有了過去從未有過的強大權力。現在，聯邦政府可以依靠一個政黨了；政黨雖是一種危險的力量，但在自由的國家中又是不可少的，因爲在自由的國家中如果沒有政黨，政府就幾乎什麼也辦不成。

民主在使瑞士分成兩派的同時，便使瑞士人分屬於以不同眼光看待世界的兩個政黨。民主給瑞士制定了對外政策。如果說民主給瑞士帶來了一些天然的朋友，那麼，它也爲瑞士樹立了一些不可避免的敵人；爲了培養和保持友誼，警惕和抗拒敵人，民主就感到瑞士必須有一個政府。民主使地方的公共精神過渡到全國的公共精神。

以上就是民主使聯邦政府得以加強的直接效果。民主發生的間接影響，特別是它隨著時間的推移而逐漸加強的間接影響也不小。

組成聯邦的居民在制度、情感、習俗和思想上的差別越大，聯邦政府遇到的阻力和困難也就越多和越大。美國聯邦政府的任務之所以那樣容易完成，與其說是由於各州之間的利益相似，不如說是由於各州之間的法制、觀點和社會條件完全類似。我們甚至可以說，瑞士的舊聯邦政府怪得出奇的軟弱無力，主要是由於它統治下的居民之間在思想、觀點和法制上差異太大。把生來就差別很大而彼此又極不相同的人放於同一的指導之下，置於同一政治制度之下，實在是一項十分艱難的工作。一個建立得十分完善而又能十分精通組織工作的政府，也完不成這項艱難的工作。瑞士進行的民主革命的效果，是使有民主傾向的某些制度、某些政府組織原則和某些思想相繼在各州占據了統治地位；如果說民主革命增強了各州對中央政府的獨立性，那麼，另一方面，它也給中央政府行使自己的權力創造了便利條件；民主革命消除了地方抗拒中央的大部分原因，它雖然沒有強制州政府聽從聯邦政府，但卻使州政府很容易服從中央政府的決定了。

要想理解瑞士的現狀並預測其最近的將來，必須仔細研究上述的兩種相反的效果。

只要仔細研究一下這兩種趨勢中的一種趨勢，就可以確信在各州政府建立民主制度之後，其直接的效果和明顯的結果是從憲法上擴大了聯邦政府的職權範圍，使它總攬了經常指導地方事務的權力；一句話，在集權思想的指導下改變了聯邦憲法的整個結構。在我說來，我確信這種革命將要在很長期間內遇到人們預料不到的障礙。現在的州政府已經不像以前幾屆政府那樣對這種革命感興趣了，並正在竭力擺脫這種革命。

但我認爲，它們抵抗也無用處，聯邦政府一定會越來越多地掌握大權。在這方面，環境比法律更有利於聯邦政府。聯邦政府可以不必大張旗鼓地增加自己的特權，但可利用其他方法經常使用特權。只要依法行事，聯邦政府就能在事實上強大起來：它不用修改聯邦憲法，只用解釋條文的方法，就能使自己壯大起來；但它要先統治瑞士，然後再去治理瑞士。

我們也可以預見，那些一直反對聯邦政府合法擴大權力的人，也要很快地希望它擴大權力，這一則是爲了避免聯邦政府組織得不好時而受到中間權力機構的壓力，一則是爲了防止地方政府直接實施沉重的暴政。

可以肯定，不管今後對聯邦憲法的文字作任何修改，瑞士的聯邦制度必定發生深刻變化。聯邦已經改變了它的性質。瑞士聯邦已在歐洲成了新事物；主動的政治已經取代了被動的和中立的政治；瑞士已由純市鎮的存在變爲國家的存在；這一存在更爲艱難、更爲動盪、更爲不安定，但也更爲偉大[2]。

## (二) 在討論答覆王室講話的方案期間一八四八年一月二十七日於衆議院的發言

各位先生：

我不想繼續進行早已開始的專題討論。我認爲，當我們要在這裡討論監獄法時，會以更加有益的方式繼續這一專題討論。我現在登上這個講壇的目的，是要講些具有普遍意義的問題。

今天討論的第四節，自然要使議會把注意力放在全部的對內政策上，特別是放在我的尊貴朋友米約先生已經提醒大家注意和要求修改的對內政策上。

我今天來到議會，就是爲的參加這一部分對內政策的討論。

各位先生，我不知道我說的對不對，但我總覺得目前的形勢，目前的輿論，目前法國的精神狀態，都有使人不安和焦慮的性質。至於我，我眞誠地向議會表白，我對將來確實感到十分擔心，十五年來這還是第一次。這種感觸並非我個人所獨有，就在證明我的擔心是有根據的。我認爲，我能喚起在座的人和我一樣擔心，並使他們告訴我說：在他們所代表的地區人們也有這樣的印象，某種不安和憂慮的情緒正在侵襲人心。這種發自內心的不安感覺，十六年來可能還是第一次。這種預告革命即將來臨的感覺，往往就是發動革命的宣言。目前，在全國範圍內，人們都強烈地有這種感覺。

如果我對財政大臣閣下那一天所作的結論沒有聽錯的話，那麼，可以說內閣本身也承認我所說的感觸是眞實的；但他把這歸咎於某些特殊的原因，歸咎於政治生活中最近發生的某些偶然事件，歸咎於一些蠱惑人心的集會，歸咎於一些煽動人們鬧事的演說。

各位先生，我認爲他這樣把他所承認的弊端歸咎於他所指出的原因，恐怕沒有找到疾病的根源，而只是看到了症狀。至於我，我確信疾病的根源不在那些地方，而是有更爲一般和更爲深重的病根。這是一種必須不惜一切代價去醫治的疾病，而且如果我們稍有疏忽，那麼，請諸位相信，請大家聽清，它必然要奪去我們的一切，因爲這是公共精神即公共道德所染的疾患。疾病的根源就在這裡，我請大家注意的也正是這一點。我認爲，公共道德即公共精神正處在危險狀態；而且我確信，政府過去已經和現在仍在大力助長這種危險加劇。就是這種危險，才促使我走上了講壇。

各位先生，當我注意觀察統治階級即有政治權利的階級，然後再注意觀察被統治的階級時，兩方面的情況都使我害怕和不安。首先來談我所說的統治階級的情況（請注意，我在使用統治階級這個詞時，取的是它的最廣泛含義，即不但包含中產階級，而且包含不管處於什麼地位的凡是擁有和行使政治權利的公民）。因此，我要談一談統治階級中存在的使我害怕和不安的問題。各位先生，簡而言之，我在統治階級身上看到的是：他們的公共道德變壞了，而且變壞得已經很嚴重，變得一天不如一天；個人的利益、個人的打算、個人生活和個人利益的觀點，逐漸取代了社會共同的觀點、情感和思想。

我並不想強迫議會超過必要限度地哀嘆這令人可悲的細節；我只想對我的論敵和議會中的大多數同僚談一談我的看法。我請他們自己對將他們選進議會的選舉人的統計資料進行分類，把在投票選舉他們時只是出於私人友誼或鄰居關係，而不是基於政治見解的那些人列入第一類，把在投票選舉他們時不是出於國家利益或全體利益而是基於純地方利益的那些人列入第二類，把在投票選舉他們時是出於純個人利益的那些人列入第三類。接著，我請他們查一查是不是還有很多人沒有被歸進這三類，是不是有人在投票選舉他們時是出於大公無私的感情、公共的觀點和公共的意見，授予他們以眾議員委任狀的選舉人是不是占多數。我可以肯定，他們將不難發現情況是相反的。再者，請允許我問一問他們：就他們所知，五年、十年、十五年以來出於個人的和私人的利益而投票選舉他們的人，是不是不斷增加了？出於政治觀點而投票選舉他們的人，是否不斷減少了？最後，我希望他們告訴我：在他們看來，輿論在我方才所說的這些現象上，是否對他們逐漸地表示出了一種獨特的容忍？是否逐漸地形成了一種可使享有政治權利的人，讓自己本人、自己的子女、自己的妻子、自己的父母，爲了私利而自行使用政治權利的庸俗而低下的道德呢？這種道德是否會逐漸發展而變爲一家之父的一種職責呢？這種在我們的悠久歷史中沒有過的、在我們的大革命初期也沒有過的道德，是否會越來越發展並日益侵蝕人心呢？請告訴我吧！

歸根到底，這不是公共道德不斷地和嚴重地敗壞，逐漸地完全變質，又是什麼呢？

如果我放下公共生活不談而去觀察私人生活方面的情況；如果我把注意力放到你們所見到的一切上，特別是放到一年以來的一切臭名遠揚的醜聞、一切重大罪行、一切錯誤、一切不法行爲、每當揭發時才原形畢露，和每當起訴時才揭露出來的一切特大罪惡上；如果我把注意力放到這一切上，我能不吃驚嗎？我沒有理由說這一切不僅表明我們的公共道德在變壞，而且表明個人道德也在墮落嗎？

（在會場的中央有人喊叫，反對這種說法。）

請安靜下來。我說這些話並不是從道德家的觀點出發，而是從政治觀點出發。你們知道個人道德墮落的普遍的、主要的、深刻的原因嗎？這是因爲公共道德變壞了；這是因爲道德沒有對生活中的主要行爲發生支配作用，沒有進入生活的細節中；這是因爲在公共生活中利益取代了大公無私的情感，利益成了私人生活中的守則。

有人說道德有兩種：一種是政治道德，一種是私人生活道德。但是，如果我們中間發生的事情確如我所說的那樣，那麼，現在比任何時候都更明顯和更可悲地證明這種說法的虛僞性。其實，我相信我們私人生活中有些東西使善良的公民自然感到不安和警惕，而且相信我們私人道德中有些東西大部分來自我們的公共道德。（在會場的中央有人喊叫，反對這種說法。）

好吧！各位先生，如果你們不相信我的這個說法，那麼，至少你們應當相信歐洲對我們的印象吧！我認爲眾議院裡沒有人不清楚歐洲對我們有什麼印象和對我們說了一些什麼。

那麼，我眞誠地向你們表白：我對每天的所見所聞不僅感到傷心，而且感到痛心。當我看到有人用我所說的事實來攻擊我們，以誇大其詞的說法來攻擊我們全民族和我們的整個民族性時，我感到痛心；當我看到法國的力量在世界上逐漸削弱到可怕地步時，我感到痛心；當我看到不僅法國的精神力量在削弱，而且……

（讓維埃先生——我請求發言。）（噓聲四起。）

（托克維爾先生接著說）法國的原則、思想和感情的力量也在削弱時，我感到痛心。法國在其第一次革命的轟隆雷聲中，第一個向全世界提出了後來成爲一切現代社會的革新原則的原則。這是法國的光榮，這是法國本身的最寶貴的財富。然而，各位先生，我們今天以自己的行爲所削弱的，正是這些原則。我們自己以爲好像正在應用這些原則，而我們的這種應用卻使全世界懷疑起這些原則。正在觀察我們的一舉一動的歐洲，已經開始考慮我們的原則是否正確；歐洲正在思忖果眞會像我們一再聲明的那樣，我們將引導人類社會走向更爲幸福和更爲繁榮的未來呢？還是我們將因自己後來的實際行動而使人類社會走向道德敗壞和毀滅呢？各位先生，在我們向全世界演出的這場戲中，這是我最感到痛心的地方。我們的演出不僅在危害我們，而是在危害我們的原則、我們的事業和我們的精神祖國。作爲一個法國人，我除希望有今天這樣的物質祖國以外，還更希望它成爲我們的精神祖國。（全場歡呼。）

各位先生，既然我們的演出從遠處看，從歐洲的邊緣看，都產生了這種效果，那就請你們想一想：它在法國又能對沒有權利和按照我國的法律規定，只能作爲政治的旁觀者而觀看我們所演的獨角戲的階級，產生什麼效果呢？你們想一想這樣的演出能對他們產生什麼效果呢？

至於我，我對此感到擔心。有人說，一點危險都沒有，因爲並沒有發生騷亂嘛；還有人說，既然社會表面上沒有出現有形的動亂，那革命離我們還遠著呢。

各位先生，請容許我告訴你們，我認爲你們說錯了。毫無疑問，動亂還沒有形成事實，但已深深地存在於人心。請你們看一看我認爲現在還很老實的工人階級中發生的事情吧。不錯，工人階級還沒有被所謂的政治激情煽動起來，使其憤慨達到過去那樣嚴重的程度；但是，你們沒有看到他們的激情已從政治性的變爲社會性的了嗎？你們沒有看到他們中間正逐漸傳播著一些不僅主張推翻某些法律、某個內閣和某個政府本身，而且主張推翻社會、動搖社會現在所依靠的基礎的言論和思想嗎？你們沒有聽到他們每天都在說些什麼嗎？你們沒有聽到他們一再說他們的上司都是一些無能之輩和不稱職的人，我們的財富分配在目前是世界上最不公平的，所有制所依據的原則是不公正的嗎？你們不相信，當這種言論扎下根的時候，當它廣泛傳播的時候，當它深入到群眾中的時候，早晚要導致最可怕的革命嗎？我不知道這樣的革命什麼時候到來，也不知道它如何到來，但這些言論早晚要導致這樣的革命。

各位先生，我深信如此；我認爲我們現在正躺在火山上睡大覺。（有人抗議。）我堅信如此。

（會場下面發出各種不同的反應。）

現在，請允許我再用不多幾句話，眞誠而又極其坦率地向大家指出我所提到的弊端的眞正的罪魁禍首。

我很清楚，上述的弊端並不完全來自政府的所作所爲，甚至可以說，根本不是來自政府的所作所爲。我很清楚，連綿不斷的革命既然如此多次地使這個國家處於動盪不安的狀態，那就必然使人心產生一種罕見的不穩定感。我很清楚，這些弊端可能因群情激動和政黨煽動而發生；雖說這是一些次要原因，但其作用卻相當大，可以用來解釋我方才向大家指出的可悲現象。我對政權在這個世界上發生的作用有一個與眾不同的看法，但這不是爲證明它在發生重大的社會弊端、重大的政治弊端、重大的精神弊端時沒有起太大作用。

那麼，政權在造成上述的弊端方面發生了什麼作用呢？它在導致這種嚴重的混亂侵蝕公共道德，隨後又侵蝕個人道德方面又起了什麼作用呢？它是怎樣發生作用的呢？

各位先生，我認爲有人可能毫無刺傷他人之意地說：特別是最近幾年，政府擁有的權力、發生的影響、獲取的特權比以往任何時代都更大更多。不錯，現在政府比從前無限強大，這不僅是一八三〇年向它授權的那些人所未曾預料到的，而且也是當時獲得權力的那些人所不會想到的。另一方面，我們也可以肯定，自由的原則並沒有得到預期的發展。假如一個事實的出乎意料的奇妙後果，或者說是它的驚人後果，是驅除了某些邪惡的激情和犯罪的念頭，那你就不認爲在這種情況下也會窒息許多高尚的情感和無私的念頭，從而使許多善良的人產生一種政治上的幻滅感並在精神上完全消沉下去嗎？

而且，特別是這種後果的產生方式，即所謂的迂迴方式和爲取得這種後果而在某種情況下採用的欺騙方式，給予了公共道德以致命打擊。政府在逐步奪回人們認爲已在七月被廢除的舊政權，漸次恢復似乎已被取消的舊權利，大力推行已被廢止的舊法律，不按原來規定的精神執行新法律的過程中，就利用這些迂迴方式和既聰明而又靈活的手法，才終於恢復了它的權威、活力和影響，而且在這些方面大大超過了法國歷屆政府。

各位先生，以上就是政府的所作所爲，特別是現內閣的所作所爲。各位先生，你們也認爲政府是透過我方才所說的迂迴和欺騙的方式逐漸地恢復了權力，有些出人意料地採用非憲法所賦予的方法掌握了權力的嗎？你們相信多年來在如此廣闊的舞臺上，當著全國人民公開進行的這種有如變戲法而且變得很好的古怪表演嗎？你們相信這樣的表演眞能改進公共道德嗎？

至於我，我深信不能如此，但我也不想把我的論敵所沒有的可恥動機加在他們的頭上。不管他們怎樣想，我認爲他們是想用我所詛咒的方法去擺脫必然出現的弊端，並以他們的目的的崇高性掩蓋其方法的危險性和缺德性。我認爲他們是這樣想的，但他們採用的方法不危險嗎？他們認爲十五年來爲政權而進行的革命是必要的，好吧，就算是如此；他們還認爲他們的所作所爲不是出於私人利益，我也願意相信這一點。然而，他們爲此採用了公共道德所不允許的方法，這是確有其事吧；他們在爭取人們擁護他們的時候不是利用人的正直面，而是利用人的醜惡面，利用人的情欲，利用人的弱點，利用人的私心，而且往往是利用人的惡習，這也不是假的吧。（全場騷然。）因此，他們嚮往的目標可能很高尚，但他們所做的事並不高尚。爲了做這些事，他們要有一些人幫忙，要酬謝這些幫忙的人，要把一些既沒有高尚的目的又不使用高尚的方法，只圖滿足個人的私欲和只會假公濟私的人拉進自己的幫夥。這樣，他們也就對缺德的行爲和惡習給予了一種獎勵。

爲了證明我所說的，我只想舉一個例子：有一位內閣成員，我暫且不提他的名字，雖然全國和他的同僚早就知道他不稱職，可他還是進了內閣；後來，由於他的不稱職鬧得滿城風雨，才離開了內閣；那麼，又給了他一個什麼位置呢？他在司法部門得到了一個最高職位，但很快就從這個職位上滑到被告的席位上去了。

好了！各位先生，至於我，我認爲這並不是一個孤立的現象，而把它視爲一場大病的前兆，視爲是目前政治上的最突出特點：你們在所選擇的道路上前進時需要這種人。

而尤其是透過你們的那些被外交大臣先生稱爲濫用權力的行徑，我方才所說的道德敗壞現象才廣爲傳播，蔓延到全國。於是，你們就不需要中間媒介，而是直接影響公共道德了，即不再以你們的實際行動，而以你們制定的法令影響公共道德了。在這一問題上，我並不想把大臣先生們說得比我的親眼所見還壞，因爲我很清楚他們所受的引誘太大了。我很清楚：在任何時代，在任何國家，一個政府都從未受到過類似的引誘；沒有一個政權掌握過這麼多的腐化墮落手段，遇到過緊密勾結得和貪求無厭得可以極其容易以腐化墮落來影響政權，並使影響政權的意圖成爲不可抗拒的力量的政客階級。因此，我承認政府並不是早有預謀，鼓勵貪求私利的人，而使大臣們犯了大錯的，因爲我很清楚，大臣們的處境也很困難，他們就像走在一個陡坡上，欲上不得，只有往下滑。我知道這一切，所以我要責難他們的只有一點，這就是他們擔任了大臣，而且是在認爲當上統治者，就不必依靠一般的觀點、意見和思想，而只靠個人的利益的觀點來指導工作了。他們一旦走上了這條道路，我敢肯定，不管他們怎樣設法往回退，都退不回來，因爲有一股不可抗拒的力量在推著他們前進，而且必然把他們一直推下去，使他們每到一處，又把這一處當作新的起點。爲此，他們只需要一件事：活著不死。從他們擔任我方才說的職務時起，只需要活八年，他們就可以做完我們所見到的一切。他們爲此不僅可以利用我方才提到的政府擁有的一切壞手段，而且能把這些手段一一用上。

這就必然使他們首先濫設官職，而在無法再設官職之後，他們就把一個官職分成正副由幾個人分擔，其目的不外是大大增加當官的人，而如果實在沒有官位，至少也要像許多財政部門所做的那樣，巧設名目增加薪資。當用盡這些心機仍然沒有空位的時候，這又必然像我們過去在珀蒂事件中所看到的那樣，用人爲的辦法製造空缺，並透過迂迴方式使空缺由人補上。

外交大臣閣下一再向我們聲明，說反對派對他的攻擊是不公正的，說反對派對他進行了粗暴的、毫無根據的和錯誤的譴責。但是，我倒要問一問這位大臣，反對派在他們最不得志的時期，曾就今天所證實的問題指控過你嗎？（全場騷然。）反對派是不是對外交大臣閣下進行過嚴厲的、也許是過分嚴厲的譴責，我不清楚。但我知道，反對派從未指控過大臣本人最近承認的事實。

至於我，我現在聲明，我不但未就這些事指控過外交大臣閣下，而且連猜疑都沒有猜疑過。絕沒有猜疑過！當我聽到外交大臣閣下在這個講壇上，以極其美妙的言辭講述政治方面的道德要求時，當我聽到他的這些我並不完全同意的言辭時，我對自己能有這樣的祖國也是感到自豪的。誠然，我從未想到會發生這樣的事情，我不僅相信大臣閣下不會做這種事情，而且也相信自己不會猜疑有這種事情，然而卻眞有其事。我怎麼能像某人有一天所說的那樣，認爲外交大臣閣下在發表他的美妙動聽的高尚言論時，沒有談他的眞正思想呢？至於我，我不會走得那樣遠。我認爲，從外交大臣閣下的性格和愛好來說，他本不應做出他所做出的那些事情。但是，他被迫，身不由己，做出了違反自己意志的事情，也可以說這是現政府強加於他身上的政策的必然結局。關於這個必然結局，我方才已經講過了。

有一天他問過，一件被他看作小事的事情爲什麼變得如此嚴重？這件事之所以如此嚴重，應由你們自己負責，正是你們大家，正是這個眾議院的所有政治家，透過自己的發言，才使人們有理由認爲這類事是你們做的，認爲你們在這上面有錯誤。

如果說這樣的行爲，這樣的表演自然要對公共道德發生深刻的、嚴重的和可悲的影響，那麼，你們能夠不讓它對政權的代理人的個人道德發生影響嗎？至於我，自從我知道這件事之後，就受到了特別強烈的影響而感到不安。

三年前，外交部有一位高級官員，他的政治見解在某一點上與外交大臣不一致。他沒有公開表示他的不同意見，只是暗中投票反對。

外交大臣閣下聲稱，他不能和意見與自己不完全一致的人一起共事。於是，他就把這個人辭退了，其實應該說把這個人趕走了。（全場騷然。）

現在，外交部另有一位官員，職位沒有前一位高，但他最能靠近外交大臣閣下本人，卻犯了大家共知的錯誤。（注意聽！注意聽！）

最初，外交大臣閣下並不否認他知道這些錯誤；後來，他又不承認了。我姑且認爲他不知道……

（在會場的左側席上，有人喊：不對！不對！）

（托克維爾接著說）他可以不承認他過去知道這些事實，但他至少不能否認這些事實的存在，不能否認他今天知道這些事實了。這都是不可置辯的事實。要知道，這已經不是你們和那個官員之間的政治分歧問題，而是一種道德分歧問題，即涉及人心和良知的重大問題。這不僅是外交大臣的恥辱，而且是人類的恥辱。請大家注意！

這樣，您就對那個投票反對您的人不能容忍，和他發生了嚴重的政治分歧。而對犯了錯誤的官員，您不但不指責，反而大加獎勵。但是，如果這個官員不按您的意思行事，他就會使您的名譽掃地，把您置於自開始政治生涯以來從未遇到過的尷尬境地。您得保留這位官員，甚至還要獎勵他，給他以榮譽。

您以爲人們會怎樣想呢？您怎麼能不讓我們想：這要麼是您對這種分歧有一種特殊的私心，要麼是您沒有處理這種分歧的自由？（全場轟動。）

雖然我承認您很有才華，但我仍要冒犯您，說您跳不出這個圈子。退一步說，如果我所說的那個人眞的違反了您的意願行事，那麼，您爲什麼還要把他保留在身邊呢？既然您把他保留在身邊，既然您獎勵他，既然您一點兒也不譴責他，那就必然得出我方才所做的結論。

（在會場的左側席上，有人喊：太好了！太好了！）

（奧迪隆．巴羅先生插話——一點兒不錯！）

（托克維爾接著說）各位先生，就算我把方才談到的嚴重弊端的起因弄錯了，就算一般說來政府、個別說來內閣的確沒有任何錯誤，就算姑且如此，那麼，各位先生，弊端就不那麼嚴重嗎？我們就不該讓國家、讓自己做堅定不懈的努力去克服這個弊端嗎？

我方才對大家說了，這個弊端早晚要導致革命。我不知道它怎樣導致革命，也不知道它將從哪方面導致革命，但我知道它早晚要在我國導致最嚴重的革命。請大家相信這一點吧！

當我在不同的時期、不同的時代、不同的民族中尋找什麼是統治階級倒臺的眞正原因時，我確實注意過某一事件、某一人物、某一偶然的或表面的原因。但請大家相信，使那些人失去權勢的眞正原因是他們不配掌權。（會場再次轟動。）

各位先生，請你們回顧一下舊的君主制度。它比你們現在強大得多，而且一開始就很強大；它比你們更依靠舊習慣、舊風俗和古老信仰；它雖然比你們更爲強大，但還是垮臺了。它爲什麼垮臺的呢？你們以爲是因爲某一特別事件嗎？你們以爲這是某個人的行動、財政赤字、網球場誓言[3]、拉法夷特、米拉波所使然嗎？不是的，各位先生。另有更爲深刻的、眞正的原因，這就是統治階級由於麻木不仁、自私自利、做盡壞事而變得無能爲力和不配進行統治了。（好極了！好極了！）

這才是眞正的原因。

那麼，各位先生！既然任何時候都有理由爲國擔憂，則在今天不是更有理由嗎？你們從一種不可名狀，但確實靈驗的本能的直觀上沒有感到歐洲大地又在顫動嗎？（全場騷然。）你們沒有感到——要我怎麼說呢——天空中又刮起革命風暴嗎？儘管人們不知道這股風暴是從何處刮起，又要刮到何處去；但請你們相信，一定有人會被刮走。何況現在世風日下，唱高調已經無用，你們怎能穩坐釣魚臺！

我在這裡講的話並不刻薄，我認爲我向大家講話時並未懷有派性。我對我所攻擊的人並不氣憤，但我最後不得不向我的祖國表白，我對祖國的未來是憂心忡忡的。那麼，我的憂心忡忡是爲什麼呢？那就是我看到世風日下，擔心它在很短時期內，很可能就是在最近，把你們帶入新的革命。是不是國王的性命就比別人的性命更堅硬和更不可摧毀呢？現在你們對明天有信心嗎？你們知道一年以後，一個月以後，也可能是一天以後，法國會是個什麼樣子嗎？你們一點兒也不會知道。你們所能知道的，不過是暴風雨已經出現在天際，正向你們滾滾而來。你們聽任它襲來嗎？（在會場的中央部分，有人插話打斷講演。）

各位先生，我懇求你們不要這樣。我懇求你們，而不是要求你們。由於我相信危險是實在的和嚴重的，由於我認爲預告危險不能玩弄辭藻，所以我情願向你們下跪。不錯，危險很大！請你們趁著還有時間，趕快消除危險吧！請你們採用有效的療法醫治疾病，並且不要只治症狀，而要醫治病根。

有人談到立法方面的改革。我完全相信這種改革不只是有益的，而且是必要的。因此，我認爲改革選舉制度是有益的，改革議會制度是迫切的。但是，各位先生，我還沒有天眞得不知道民族的命運並不繫於法律本身。不，使這個世界發生重大事件的，並不是立法機構。各位先生，使事件產生的，是政府的精神本身。如果你們願意的話，可以保留法律不變；雖然我認爲這樣做要犯很大錯誤，但你們願意的話，就保留它而不加改革吧！如果你們願意的話，也可以把那些人留在原來的崗位上；我不會給你們設置任何障礙。但我要以上帝的名義請求你們改革政府的精神，因爲正如我一再指出的，使你們陷入深淵的正是這種精神。（在會場的左側席位上，發出熱烈贊同的聲音[4]。）

（全文錄自一八四八年一月二十八日《總匯通報》）

## ◆本章注釋◆

【1】不要忘記，這一切都是在一八四七年，即在舊聯邦憲法還不是因受一八四八年革命的影響而修改的條件下寫成的。

【2】參閱C·G·皮卡維：《瑞士歷史上的民主》（巴黎，一九二〇年）；W·瑪律丹：《瑞士史》（洛桑，一九四三年）；W·E·拉帕爾：《瑞士聯邦憲法（一八四八—一九四八）》（納沙特爾，一九四八年）；A·西格弗里德：《瑞士：民主的證人》（納沙特爾，一九四八年）；A·J·澤克：《瑞士的政治制度》，載於J·T·肖特韋爾編《歐洲大陸各國政府》（紐約，一九四二年）。——法文版編者

【3】網球場誓言，指一七八九年六月二十日法國三級會議中的第三等級，為反對路易十六而在凡爾賽附近的一個網球場舉行的集會上所發的誓言：不制定法蘭西憲法，絕不解散。——譯者

【4】為了解一八四八年的政治氣候，讀者可參閱C·H·普塔：《各國和各種文明中的民主制度與資本主義》（巴黎，一九四一年）；P·坎當鮑夏：《一八四八年社會危機。二月革命起因》（巴黎，一九二〇年）；A·斯特恩：《一八一五—一八七一年歐洲史》（斯圖加特，一九一一—一九一六年）；C·H·塞紐包：《一八四八年革命——第二帝國（一八四八—一八五〇）》（巴黎，一九二一年）；G·皮埃爾：《第二共和國史》，共二卷（巴黎，一八八六年）；再參閱梅耶編美國版托克維爾《回憶錄》，英譯本（紐約，一九四九年）。——法文版編者

# 拉斯基爲《托克維爾全集》中之《論美國的民主》所作的導言

## 一

當亞歷西斯・德・托克維爾和他的朋友古斯塔夫・德・博蒙，於一八三一年四月動身去美國的時候，安德魯・傑克遜就任美國總統剛剛兩年出頭。他們所去的美國，正處在深刻而廣泛的變革時期。一七八七年結成聯邦時只有東部十三個州，現在又多了十一個州，其中有兩個州，即路易斯安那州和密蘇里州，已經伸延到密西西比河以西。阿帕拉契亞山地和密西西比河之間的地區，這時已經開發得足以取得州或正式領土的地位。一八〇〇年美國還只有五百人，到一八三一年便已超過一千三百萬人，而且其中三分之一已經是定居在阿帕拉契亞山地以西了。生活在這新開發地區的居民，具有拓荒者擁有的一切粗獷品質，他們自信，而且膽大敢爲。他們狂妄自大，目空一切，不承認任何人對他們的主宰。他們蔑視一切清規戒律，而且大部分人認爲文質彬彬是儒弱的表現。他們有熾烈的民族氣概，而如果說他們是堅強的民主主義者，則這種民主主義主要表現在社會關係方面，而很少表現在政治關係方面。

他們大部分人是攜家帶口，遷到西部來躲避東部工業地區的日益艱苦的生活條件的。在東部工業地區，商業興盛造成的資本主義的發達，意味著工資水準太低、勞動時間過長、工廠的生活條件惡劣、居住條件卑陋和經常有失業的危險。教育設施遠遠不能滿足需要，大概在一八三一年還有一百萬兒童不能入學，因爲他們不得不到工廠去勞動。不僅大部分州規定欠債蹲牢，而且靠不住的銀行組織還會使本來不多的工資減值，給人們存放在銀行裡的一點點積蓄的安全造成威脅。工人政黨和工人報刊的出現雖然爲時不長，但至少已經可以表達工人的願望，促使工人成立工會。儘管一些著名人物，比如麻塞諸塞州的丹尼爾·韋伯斯特和法官斯托里，維吉尼亞州的詹姆斯·麥迪遜和聯邦最高法院首席大法官馬歇爾，都發表過一些憂心忡忡的警告，但除了直至一八四三年才勉強承認成年人選舉權的羅德島州以外，其餘各州只是默認成年人有選舉權。

在紐約州的最高法院首席法官肯特悲傷地預言，成人選舉權將使政權「落於對自己有權行使的權利的性質和重要性一無所知的人們之手」，聲稱這會使「窮人和敗家子控制富人」的時候，他不過是以簡單扼要的語言，說明了老一輩人沒有能力理解一個由財產決定法律的殖民地社會的選舉制度，已經不能長期存在於以經常變化的規模不斷擴大，並使政治平等具有了自然規律所固有的原則的外觀的社會。

安德魯·傑克遜的勝利，使美國人生活的幾乎所有方面呈現出新的氣象，並促進了教育制度的改革，促進了新型大學的創立，促進了監獄制度的根本改善（其聲譽已經傳到法國），促進了全國和平信念的出現，促進了羅伯特·歐文思想的推廣，促進了強尼、伊萊亞斯·希克斯、約瑟夫·史密斯推行的眞正的宗教改革，促進了詹姆斯·費尼莫爾·庫珀和華盛頓·歐文等作家的成長和很快就被歐洲承認的具有本國特點的美國文學的發展——這一切合在一起，可以稱得起一次眞正的文藝復興。一八二九年，第一條使用蒸汽機車的鐵路開始運行了。許多發明使家庭生活和農業操作變得更爲簡便了。一八三一年，威廉·勞埃德·加里森創辦了他的《解放者》報，而次年他領導的「新英格蘭反蓄奴制協會」的成立，則證明很少有新的社會推動力不在美國的某一地區受到歡迎。不久以後愛默生在其論自信的一篇文章中所寫的一切，就已經可以適用於托克維爾和博蒙在一八三一年經過三十八天的旅程而到達的美國。愛默生堅持說：「我們既不是附庸，又不是殘廢，更不是逃離革命的膽小鬼，而是領導者，是救世的人，是服從上帝的旨意並在混亂和苦難中留下足跡的造福者。」事實上，如不了解美國人擁有的強烈的自信心和熾熱的生命力，不了解哪些地方證明他們正在使人們的生活，尤其是使一般人的生活變得空前健全和圓滿，誰也研究不好傑克遜時期的民主美國。毫無疑問，這個時期的美國仍有其陰暗面，而且南部各州的陰暗面還很突出。同樣地，它也有悲觀主義者，也有經濟活動的停滯使人懷疑它能否不斷增長的時刻。狄更斯十年以後初次訪問美國時所寫的東西，對一八三一年來說也同樣眞實。狄更斯寫道：「這裡的人民多情，慷慨，心胸開闊，好客，熱情，心情舒暢，對婦女有禮貌，對所有的外國人都坦率眞摯，樂於助人，很少有人們時常提到的那些偏見，經常表現得十分開化和文雅，很少有粗野或令人討厭的舉止[1]。」在托克維爾訪問美國的一八三一年，美國報紙的聲音非常低沉，人們對於批評過分敏感，並且總是喜歡批評那些主張實行所謂私生活權利的歐洲慣例的來訪者。在狄更斯訪問美國的一八四二年，這種情況仍然沒有改變。我們還應當指出，在南北戰爭前訪問過美國的歐洲人，即使他們也像狄更斯和哈里斯·馬蒂諾那樣表現得和藹仁厚，也可以說大部分人都不得不一致做出如下的兩點結論。第一點結論是：使他們大爲吃驚的是美國和歐洲的差異，而不是它們的相似之處。第二點結論是：他們一方面被美國人的激動情緒所感動，另一方面又被美國人絕不讓功績泯滅的堅決意志所打動。詹姆斯·拉塞爾·洛威爾在撰寫他的關於「外國人表示的某種謙遜」的著名評論時也沒有忘記指出：一個自認爲顯然優越於舊社會的新社會，正應當從外國人表示的謙遜中或至少是應當部分地從其中來爲自己作結論。在現代，我們在十月革命後的俄國與世界其他各國的來往中，也看到與此相似的反應。

二

當托克維爾在美國進行考察的時候，他才二十五歲。托克維爾出生於一個極端保皇黨人的家庭。對這樣家庭來說，波旁王朝的復辟是對他們在大革命時期遭受的苦難（只是由於羅伯斯庇爾垮臺，他父親才免於死在斷頭臺上），和對竊國大盜拿破崙屈從多年的最好補償。因此，在年輕的托克維爾心中，從上學讀書開始就長出了自由主義的幼芽。不錯，這並沒有使他與父母疏遠。事實上，他對在他十分幼稚的童年時期還不能理解的一些思想之能夠有濃厚的興趣，與他父母之能夠在一定程度上承認兒子的思想獨立，允許兒子反對別人對他指手畫腳有關。這種情況，或許是他能對新舊兩種事物都表示容忍的原因之一。不管怎麼說，這種自由主義還相當溫和，還像它的鼻祖瑪律澤爾布在接受十八世紀的哲學家們的思想時所表現的那樣，對新思想容易表示好感。但是，這種自由主義也相當警覺，使托克維爾在一八二八至一八三〇年於巴黎攻讀法學結業時，終於理解基佐的著名講演的意義。基佐在講演中竭力證明，全世界的歷史，尤其是法國的歷史，將必然導致中產階級的勝利。托克維爾認爲基佐的這一總命題是無可爭辯的，從而使他明白查理十世末年波利尼亞克外交大臣推行的政策，不知不覺地使查理十世走向了失敗。托克維爾毫不懷疑，革命一觸即發。雖然他目睹了一八三〇年的使人心驚肉跳的「三天」，但他始終認爲這正是應驗了預言。他早已是波旁王朝的法官，而現又要決心宣誓效忠路易．菲利普的新王朝，所以他在宣誓時必將「非常痛心」，並知道這一決定必然引起家庭的激烈反對和被大部分親友離棄。儘管他一再宣稱他內心坦然自若，但在當時他寫給未婚妻的幾封信中卻清楚的表明，他的決定使他感到處境困難和孤獨。一八三〇年十月間，當種種跡象表明新政府有意要他重新宣誓時，他就毫不遲疑地決定必須立即擺脫這一尷尬處境。

正是在這種心情下，托克維爾才和他的友人博蒙一同申請停薪留職，要求訪問美國，並答應回國後對美國的監獄管理制度最近發生的變化做出報告。我們不知道他們兩人是誰先產生了這次旅行的想法和規定了旅行的目的地，但他們申請的原因是相當清楚的。到國外去旅行，可以使他與家庭和親友的關係暫時和緩下來。這樣，他就有可能既爲新政府服務，又不致於使自己的名譽過分快地或過分嚴重地受到影響。當然，托克維爾本人對改革監獄制度也很關心，因爲他父親吃過蹲監獄的苦頭，而他本人的短期法官經歷，也使他有機會了解法國監獄制度的落後情況。此外，他也想提出建議，改革已在法國引起激烈爭議的刑法典。顯然，個人的雄心壯志對這一決定也起了很大的作用。如果資產階級的君主政體持久存在下去，則對初創的中產階級社會進行的現場觀察，就可能給托克維爾和博蒙兩人所渴望的政治生涯帶來好處。從一八三〇年十一月起，托克維爾就有意寫一本書論述美國；一八三一年二月，這個想法促使他要就「人人都在談論但誰也說不清楚」的美國制度如何具體地發生作用的問題舉行一次「詳盡的和儘量偏重學術的」討論會。一個作家能就這個題目成功地寫出一部書，他就很有希望一舉成名，因爲他要說明民主一詞的含義，而民主這個詞甚至當時在法國也被一小撮有名的空談理論家說成是「完全過時的了」。因此，一八三〇年十一月，他們二人提請停薪留職，以便去美國研究那裡的監獄生活條件。他們去托他們可能請到的知名人士從中說項。經過大約三個月的爭論和研究，司法大臣才還有點不放心地批准了他們的申請。他們事先請一些人對他們介紹情況，其中有夏多勃里昂，大約還有拉法夷特。法國監獄典獄長還給他們寫了介紹信去見幾位美國人，而著名的律師愛德華·利文斯頓就是其中之一。他們還專心致志地閱讀了一些有關美國的書籍，並在旅途中隨身帶著讓·巴蒂斯特·薩伊的《政治經濟學》。他們於一八三一年四月二日上船，途中抓緊一切機會研究同船人的思想動態。三十八天後，他們在紐約捨舟登陸。

我們應該感謝G．W．皮爾遜教授，他經過精心的研究，對托克維爾和博蒙在美國的旅程作了差不多是逐日的總結[2]。根據皮爾遜的著作，我們知道他們二人到過什麼地方，和什麼人接觸過，在美國逗留期間得到了那些印象。雖然他們把可用的時間和精力主要用於調查監獄制度，所會見的人物大部分是與他們討論刑罰問題的，但是他們對美國生活的各個方面也顯然很感興趣。他們的主要考察地區是新英格蘭，但他們也訪問了五大湖地區和加拿大，俄亥俄州和田納西州，新奧爾良和查爾斯頓。他們曾特意到華盛頓去就地了解聯邦政府的組織結構。他們訪問過印第安人的巧克陶部。他們結識了許多美國知名人士：上自在白宮親自接見他們的安德魯·傑克遜總統，下至亞伯特·加勒廷、紐約最高法院首席法官肯特、約翰·昆西·亞當斯、法蘭西斯·利伯和賈雷德·斯帕克斯等人。他們與傑克遜總統的友好會見雖然只是禮節性的，但對其他人的拜訪，正如皮爾遜教授指出的，卻對他們的觀點的形成具有重大的影響。他們還與幾乎代表美國生活各個方面的其他男男女女，進行了較短時間的交談。他們提出了無數問題。托克維爾的家信或他的筆記和日記，使我們清楚的知道他在哪些方面事先擬好了問題和希望得到各界人士的不同答案。

毫無疑問，托克維爾也漏掉了許多東西。比如，他們在加拿大訪問時，只限於會見法裔居民並同他們進行討論，結果妨礙了他們全面地掌握加拿大問題的實質。他們感到法裔加拿大人是被征服的人民，受到勝利者不列顛人的壓迫；而且認爲他們應當過上昔日在法國那樣的生活，成爲法國人的後代。托克維爾有時也輕率地接受某個名人，比如賈雷德·斯帕克斯的理論，而沒有深刻研究名人用以作結論的證據。他太容易輕信美國報紙對政治問題所作的惡毒評論。但是，與當時仍需經過政府檢查的法國報紙比較一下，就可以使他知道美國報紙的撰稿人所要證實的東西，只是他自己所接受的印象，而不是本人的見解。當約翰·昆西·亞當斯和埃勒里·強尼告訴他宗教是美國民主的主要保障之一時，他忘記了亞當斯曾認爲法國大革命是宣傳不信宗教的結果，忘記了強尼不僅是個著名的上帝一位論者，而且也曾積極維護他個人的信仰。強尼認爲他個人的信仰是一種與自然宗教差不多的宗教，而自然宗教本身就是向接受無神論邁出了一大步。

但是，他那追根問底的求教精神是值得佩服的。他去美國，一部分自然是爲了擺脫在法國的尷尬處境，但有一部分是出於一種雄心，即希望自己一舉成名，如果可能，還想在那裡發現美國生活方式中，一些使法國採用後既能保持國家強大又能順應走向平等的潮流的因素。他堅決相信，歐洲文明的任何部分都不能頂住這一潮流。如不充分注意托克維爾的旅美經歷與他初到紐約時所持的一套原則（用「信念」一詞，可能更恰當一些）之間存在的聯繫，是不可能理解皮爾遜爲我們整理出來的那些珍貴資料的。托克維爾不是民主主義者，他的最大希望首先是找到可以限制暴政和特權的方式與方法，因爲他認爲暴政和特權是社會動盪不已的根源。他相信國家權力的廣泛分散是限制暴政和特權的良好辦法，但他對普選卻毫無興趣。充其量說，他不過是古典學派自由經濟的信徒，但他又確信政府透過增加公民之間的交通手段（比如，修築道路和開鑿運河）和辦好郵政服務，能給全國人民辦許多好事。他雖然不希望國家政權和任何教會之間有直接的聯繫，但又認爲社會的安寧和民情在很大程度上有賴於該社會的成員具有宗教信仰，甚至推測一個教會的信仰越沒有教條，似乎就越難維護社會的基礎。他去美國的時候，就相信立憲君主的政績要比共和國的好。後來，他仍然這樣認爲，並舉出一些理由，說這部分地來因於政黨的有害的搗亂精神，部分地來因於地大物博使人們不去爭奪政權，而把精力用到謀求生活舒適和發財致富方面。他認爲，美國人的幸運在於他們的歷史是「一張白紙」，而不在於他們獨具世界上最先進的實際政治修養。他認爲美國人之能夠享有自由，不僅是因爲澈底的分權使地方政府可以有餘地去影響全國政治，而且也是因爲人們在繼承「陪審制度」的長期歷史傳統當中養成了「最直接地行使人民主權」的習慣。

托克維爾在旅途中訪問的地方越多，越感到法國的社會制度矛盾重重。路易十八的《一八一四年憲章》基本上是貴族性質的；但是，自從法國的民法典也像美國那樣否定了長子繼承特權以後，貴族政治的精神已被平等的思潮所取代，平等的思潮在法國也像在美國一樣必將取得勝利。托克維爾認爲，任何政府都不能阻止這一思潮的發展，充其量只能以法律把它規範起來。然而，美國制度的特點在於使多數管理國家，並透過法律使多數受到最大的尊敬，而這個多數又被社會上的最有教養的階級所領導。儘管美國社會有許多缺點，但它確實有其偉大之處。那裡的人是自由的，他們的精神是獨立自主的，他們有自信心並善於合作。他們的這些品質，也在限制國家的那種總是保護特權，從而限制個人的獨創精神的「家長式統治」的需求。成年人選舉權實際上意味著每個美國白人都有投票權。政治活動基本上是不受限制的，經濟發展沒有止境，沒有封閉社會的那套體制，財產也不可能過分地集中到少數人手中。托克維爾說，如果歷史的未來就在於走向這樣的平等，那麼對於法國來說，再沒有比學到美國獲得成功的重大祕密更爲重要的了。

隨著在旅美途中的深入考察，托克維爾對這種觀點又不斷增添了新的內容。他堅信，設在華盛頓的中央政府或各州的中央政府權力不大，有兩大好處：一方面可以避免過分的統一，另一方面又可以對每個地方的本身利益提供強有力的刺激。但是，他與接待他的美國人的交談，尤其是他和亞伯特·加勒廷和紐約州立法機構的克林頓集團首領約翰·坎菲爾德·斯潘塞的交談，表明他對報紙的種數的眾多，對兩院立法制的存在，對臨時更換陪審員和律師的規定，以及對大量的不同教派的共存，都相當滿意。他原以為，這樣多教派的林立，必然強制人們去維護自己所信的教派，但他看到的和諧的道德風尚，又使他消除了這種懷疑。

托克維爾還進行過其他一些短暫的會見。他從這些會見得出的結論，表明他的直觀推理能力非常敏捷。他和博蒙一同在荒漠中度過的難忘的兩星期，使他確認美國當時的西部邊疆與其說是一個停腳點，不如說是一條使人們很快就能達到太平洋的大路。這條道路雖然只能使他依稀看到拓荒者當年留下的建設痕跡，但無論如何它是後來政治和社會革新的基礎。他認為，印第安人的品質比美國殖民者評定的高尚得多。但是，他面對印第安人的這些美德，卻沒有像夏多勃里昂和費尼莫爾·庫珀那樣在他們的娓娓動聽的浪漫主義描寫中學著盧梭讚美高尚的野蠻人。毫無疑問，印第安人在商品化社會必然產生的壓迫下受到了嚴重的創傷，但是他也清楚的看到，由於征服者美國人給印第安人安排的條件，印第安人既十分懶於又十分懈於適應征服者對他們提出的要求。他與博蒙先生一樣，對美國人奴役黑人非常氣憤；而且我們可以看到，他在從俄亥俄到肯塔基的途中所描述的奴役黑人的最壞後果，主要是使奴隸主遲鈍和粗野了，而不是使奴隸對自己的權利漠不關心了。他承認波士頓的大主教們的態度高尚，同時也指出他們的態度比紐約的大主教好。他接著指出，這種差異應當歸因於在波士頓有一個悠閒階級，他們繼承了大量的家產，有足夠的金錢，不必去經營實業。這個階級無疑與歐洲的上層社會人士相似。當然，這個階級的人數不多。還應當指出，他很快就看出丹尼爾・韋伯斯特首先是一個大野心家，特別貪圖掌握政權。他看到美國的工作人員有嚴守時刻的習慣，並認爲這是經常勞動的結果。他也指出美國人對門第沒有成見，只要雙方互有情感，出身不會成爲結婚的障礙。

托克維爾在波士頓和哈佛大學校長昆西討論地方自治政府的意義，和美國的尙未開發的廣大土地之後，認爲自己才開始看到對個人發展很少限制的行政管理所起的重大作用。托克維爾認爲，如果一個這樣的人打算進行某一公益事業，比如說創辦一座醫院或一所中學，則他可能更容易得到國人的同情和自願合作，比向政府求援還有效。當然，一個人的行動肯定沒有公家的行動大。但是，如果大家的力量加在一起，同心協力，共同努力，效益就將大得多，而且會產生在執行任何政府計畫時，都無望產生的深刻的道德影響。

因此，托克維爾得出了顯然可以作爲他的整個社會哲學體系的基礎的結論。必須指出，托克維爾早在開始編著他的大作之前就已確信自發的選擇是自由的祕訣，只應當把政府看作是在緊急情況下私人無能爲力時才求援的備用力量。對此還應當補充一點，即他逐漸認識到，在任何情況下，都必須把限制政府的權力視爲憲法的實質。他認爲，國家權力是一種危險的東西，所以一個政府的法定權力越小，暴政的危險也越小。特別是經過長時間的口頭的和書面的討論之後，他不得不承認法國政府的最大弱點，就在於它干涉地方事務的權力太大。正如他父親對他說過的那樣，這種「令人討厭的中央集權的結果，只能是妨害地方發揮主動精神，讓地方放慢行動的速度，使公務人員怠惰和對事無巨細都要加以控制表示反感。因此，分權就成爲自由的祕訣」。

但是，托克維爾並沒有到此止步。他越深入研究斯帕克斯提供的材料，就越相信多數在某些細節上可能是不對的，但在整體上卻總是對的，而且沒有任何道德力量可以超越多數的影響。關於這一點，他還補充說：每一個個人，每一個團體，每一個城市或國家，是其本身利益的唯一合法裁判者；只要它不損害別人的利益，誰也無權干涉它。對這個題目他還續有發揮。他認為，由於民主可能感情用事，所以必須制定預防這種危險的保護措施。因此，他贊成兩院制，贊成政府首腦有否決權，贊成並非不重要的「複審」原則。事實上，他比這走得還遠。他從每個公民都是自身利益的最高裁判者這一觀點出發，主張共同體不能組織得使每個公民事事都可以指望依靠這個共同體，因為不這樣的話，共同體就要承擔它不能很好完成的任務，而且會削弱個人的志氣。

托克維爾在旅美的最後幾個月，思想上開始產生一些疑竇。追求物質享受的熱情是不是有點兒過分？財產上的懸殊是不是會妨礙追求實際的政治平等的努力？經常改選果眞能夠防止在任的當權者實行暴政？或者反過來說，如果在任的當權者不討好他的選民，他是不是還能保住他的職位？這樣的選舉會不會妨礙優秀人物報名參加競選？它會不會妨礙政府將一項巨大的政治計畫貫徹到底？他訪問賓夕法尼亞州時和人們交談之後，思想上就產生了這些疑竇。在巴爾的摩，人們告訴他：統治美國的是律師。巴爾的摩的拉特羅布先生向他解釋說：如果財產太平均了，則傑出的人物就不會太多；在北部由於商業突飛猛進，才使一些實業家對社會取得了絕對的控制權。在輿論方面，多數要求照他們所希望的最小公約數來徵稅，而安德魯・傑克遜的當選總統，則證明軍功對共和制度發生了「有害的影響」。有些人也和他一樣，都異口同聲地說：民主不適於辦理外交。

托克維爾逐漸得出結論，認爲共和制度對美國北方比對美國南方更爲適宜。他日益加深地確信，一個國家的地理特點和民情比它的法制更爲有力，雖說法制有利於民情的形成，但民情中有一種比任何法制都更爲有力的東西，而且這種東西能把人民所創造的法制中存在的最壞東西消滅乾淨。當他發現文明的傳播未使傑出人物輩出，而下層階級的消滅又不等於上層階級的出現時，感到如墜入五里霧中，無法理解。這個使他困惑不解之謎，又促使他做出如下論斷：儘管美國人民對本國政府的了解比其他國家的人民深刻，但缺乏偉人領導國家。言論自由之廣泛已使他感到吃驚，而當時存在的結社自由，既受到他的讚美，又使他目瞪口呆。特別是在他與銀行家尼古拉斯·比德爾進行一次有趣的談話之後，使他更加大惑不解，因爲他未能發現美國的政黨也像他在歐洲所見到的那樣是爲了實現偉大的思想而組建的。比德爾滿懷信心地告訴他，只有總統和國會短兵相接，美國的事情才能進行得最好，而我國制度的優越性的最好證明，則是沒有政府我們仍能容易存在下去，沒有行政的管理我們照樣前進。他聽完之後，眞是感到聞所未聞。在一八三一年十一月將要結束旅行時，他在長期的旅遊考察中積累的豐富材料，透過他的廣泛概括和透徹洞察而開始開花結果。在匹茲堡和在俄亥俄州時，他就已經指出：最多不過三十年，那時決心來這一帶定居的移民就難於發財致富，如果他們想要發財致富，就不得不投奔新的地區。他開始認識到，雖然出身和才幹在美國也有一定的作用，但衡量一個人的價值的自然尺規卻是金錢。他認爲，美國人是一個對精神享受最不感興趣的民族。美國人最關心的是多賺錢，他們對財富有一種崇拜思想。據他觀察，美國和法國之間的最大區別是：在法國，出身和職業的不同，在人與人之間製造了永久的而且是不可逾越的壁障；而在美國，這方面的差別並不妨害結婚。簡而言之，在美國社會有一種靈活性，可以使人不考慮法國的那種爲區別階級而任意規定的條條框框。當然，在美國，人與人之間也有差異，但人們總是希望排除這些差異。於是，產生一個重要的效果，即在美國，任何階級都感到在發展上不受阻礙。他對聯邦能否把如此廣大和如此參差不齊的國土團結得固若金湯，曾表示過一些懷疑。他對華盛頓政府把國家的重要職位分給執政黨的黨員和支持者的制度[3]的效果，也曾有過疑惑。從歐洲遷來的廣大移民的目的，是要建立一個拋棄過去的一切的新社會。這個嶄新社會一點兒也不重視它所繼承的傳統，它對祖先的才智也不感興趣。托克維爾從調查中了解到南方黑人的處境，所以不能不爲蓄奴制的慘澹前景表示深切的不安。他認爲蓄奴制是一種具有破壞作用的勞動制度，只能使奴隸主養尊處優和頹廢下去。

但是，托克維爾的這些感受，清楚的表明他被美國人生活的活力和快速節奏打動到什麼程度。思想和實業以飛快的速度齊頭並行。人們不僅深刻了解本國的自然資源，而且也深刻了解開發資源所需的人才。在美國，沒有什麼靜止不動的東西；有時，人們對一項公共工程比如伊利運河的重要性還未了解，但國家已經著手開鑿了。到處都有各式各樣的企業，沒有任何死規定因強求某種一致性而阻止人們不斷革新。只有紐約最高法院首席法官肯特那樣的保守派，才會害怕各種公司的迅速發展。托克維爾認爲，組織公司是激發人們從事勞動所需的積極性的有益措施。他確信，一個自立自主的民族，即使某一法律有益，但它如不受人們歡迎，也不會去制定它。他知道，除非有某種危機要求加重稅收和進行必要的徵兵，就不用指望美國人會放棄民主。當托克維爾上船離開美國的時候，他承認自己雖然在美國學到了很多東西，但又思忖美國的民主能否持久。他概述了他認爲歐洲文明不可避免地要走的道路；但對如此開闊的遠景的評價，他的心裡仍然沒有譜。

三

托克維爾在旅美期間曾就所討論的問題或提問，向許多人請教。任何人如不事先了解他同這些人接觸的意義，即不了解這些人之所談都是個人的親身經歷，並且是托克維爾回到法國後寫作本書時所表達的觀點的主要根據，就無法理解他所接觸的人的名單為什麼長得驚人[4]。托克維爾也閱讀了許多書刊。他從美國帶回一大堆書籍和文件，不過後者絕大多數是有關監獄制度改革的。此外，他一開始寫作，就大量利用了自己的藏書，王家圖書館可能找到的圖書，美國使館的藏書，朋友的尤其是美國朋友的藏書。他看過聯邦政府和各州政府的若干法規、年鑒和檔案，讀過如傑弗遜論述維吉尼亞州之類的經典著作，如馬歇爾的《華盛頓生平》之類的傳記，如湯瑪斯·哈欽森關於麻塞諸塞和傑瑞米·貝爾納普關於新罕布什爾州的歷史著作。他還瀏覽過許多古書，其中最著名的有科頓·馬瑟《基督教美洲傳教史》。托克維爾顯然特別下功夫參考了法學著作，如斯托里和肯特的法學著作，當然還有《聯邦黨人文集》。據皮爾遜統計[5]，他在《論美國的民主》中引用過七十多部著作，並且通讀過二十多部著作。應當特別指出，正如托克維爾自己向博蒙說過的那樣，他極力不讀他同時代人在這方面的著作，如詹姆斯·西爾克·白金漢或哈里特·馬蒂諾以及他的法國同胞蜜雪兒·謝瓦利埃等人的著作。我認為他之所以如此，一部分是因為他不願意因試圖參考訪問過美國的其他作家的觀感，而攪亂自己的直接印象，一部分是因為他要避免任何強有力的相反思潮，打亂他顯然認為是自己的獨特見解和個人直觀的感受。

事實是除了少數細節之外，他很少依靠書籍。儘管他在巴黎僱用了兩個美國青年幫助他進行研究，但根據這兩個青年本人說，他們除了對資料分門別類整理之外，很少幫助他做其他工作。這一點，由兩個青年中的一個在一八三五年回到美國後才知道托克維爾在寫書一事可以證明[6]。但是，有些人的指責也很可笑。比如，斯托里就曾含沙射影地指責托克維爾在引用當時的名著《美國法釋義》和《聯邦黨人文集》而不註出處。大家知道，托克維爾非常了解這兩部著作，而且很相信它們並經常加以引用。但是，任何人都可以看出，托克維爾在引用這兩部著作時，也像利用賈雷德・斯帕克斯和約翰・坎菲爾德・斯潘塞等人向他提供的材料一樣，雖然借用了它們，但卻作了重新組織，取其精華，去僞存眞，使事物恢復了原來的面貌。有時，他的判斷並不正確，或者說缺乏眞知灼見。比如說，他始終沒有理解美國政黨制度的機制和意義。有時，他也很武斷，比如他對安德魯・傑克遜的輕蔑評價，在他的書出版十六年以後，還使湯瑪斯・哈特・本頓表示不滿。實際上，托克維爾總是用法國貴族的眼光去看美國，他寧願和一個羅馬天主教神父站在一起，也不願意和一個基督教牧師站在一起，他寧願到波士頓的沙龍去，也不願意到孟斐斯的酒吧間去。人們也不能否認，他對自己蒐集的大部分材料十分珍惜，在整理它們的時候唯恐安排不當，可以說像一個昆蟲學家似的，盡可能把自己的蝴蝶標本排列得好看一些。顯然，托克維爾應當多多感謝他曾詳細請教過的那些人，而博蒙就是其中之一。任何人只要讀過博蒙的《瑪麗》（一部很好的著作，但後人不願意承認），就不能不認爲，正是兩個旅遊者在九個月當中的日以繼夜的討論，才給托克維爾的理論勾出了清晰的輪廓。如果沒有一位他能夠信賴並能諒解他的知心朋友伴隨旅行，他就不會建立起他的理論。其實，應當說只是由於博蒙一再寫信幫助他，他才得以順利地寫下去的。

無須諱言，不管你從什麼角度去看，《論美國的民主》都是托克維爾的著作，而且在寫作意圖、寫作方法和對比方面，既有缺點又有優點。這顯然是一部懷有感傷情緒的貴族作品，但它卻能高瞻遠矚，看出貴族特權的時代已經日落西山，而一個他所不歡迎的新的階級，正以飛快的速度走上即將由它統治的歷史舞臺。他非常清楚的知道，一八三〇年的革命是法國的君主政體和貴族階級爲把鐘表的指針撥回到一七八九年以前的時刻，而不得不付出的代價。由於他認識到舊制度已經過時，所以他開始考慮資產階級勝利之後法國將會如何，並使人相信他應當作這樣的最後考慮。人們也許要問：既然托克維爾有了這樣的直觀認識，那他爲什麼不試圖對已經進入重大的政治和經濟改革時代的大不列顛寫一部書呢？我認爲原因有二：第一，他覺得英國離法國太近，不足以避開一方面是由家庭和朋友，另一方面是由路易·菲利普政府給他造成的困難處境，而美國卻離法國有三千多英里，到那裡去以後，因意見分歧而造成的心理緊張可以被時間和空間緩和，他的家庭和上司都不可能在短期內把他召回來，使他有機會從過分緊張和神經劇痛中恢復過來；第二，抱著考察新文明各種特點的目的去訪問美國，可以說是等於在新文明傳播到歐洲以前到現場研究它的得失。美國對於托克維爾那個時代的許多法國人特別有吸引力。法國曾援助美國建立新的共和國；而美國的一七七九年，則對法國的一七八九年的特點畫出了主要輪廓。美國是個新國家，托克維爾的親屬夏多勃里昂寫過一篇著名文章報導美國，而博蒙的親屬拉法夷特最初也是在美國找到了成名之路的。在美國內部了解十九世紀上半葉的美國，與在蘇聯內部觀察一九一七年以後的蘇俄一樣，是一件既使人感到新奇又引人入勝的事情。他來到美國，從後臺看了一場大戲，並做出了他的同時代人很少能夠做出的生動而有趣的現實主義報告。這是從事政治活動並急於成名的二十多歲的青年人初露頭角的方法。當然，任何人都不會認爲托克維爾不考慮自己要想一舉成名，而只憑一股熱情去追求目的就能獲得成功。托克維爾知道自己很有才幹。他所缺少的，只是一個使他能夠運用才幹的重大題材。

顯然，他到美國後不久，就抓住了這個題材，否則你就無法解釋他爲什麼在蒐集必要材料時能有那樣孜孜不倦的精神。同樣地，不知道托克維爾一開始就掌握了經過長時期的深思熟慮而準備出來的參考材料，也無法理解他的這項研究。囿於家庭出身和宗教信仰的封閉社會的時代，已隨大革命和拿破崙時代的到來而結束。從此以後，文明的性質將由隨著特權的不斷消失而日益主張平等的社會思想所決定。金錢，才幹，領導權，無所不在的法律權威，對以多數的法律爲指導原則的政治制度的影響，都隨著貴族在一七八九年的沒落及其無法再抬頭，而轉移到另一些人手裡。一個「新的社會階層」掌握了國家的最高權力；它將以不同的方式，在某些地方慢些，在另些地方快些，去建立適合它要求的各項制度。托克維爾看到這個後果是不可避免的，因爲社會本身希望保持安寧。托克維爾之所以要到美國去，是因爲他確信在那裡可以看到這些後果出現後產生的變化。他把所見所聞寫出來，是希望不僅能夠說服同胞看到本國未來的一般特徵，而且可以向他們指出未來的光明前景和可能發生的危險。他對美國發生興趣，主要的不是因爲美國好，而是因爲那裡有可以使文明，尤其是使法國文明擺脫束縛的哲理。

因此，一八三五年出版的這本書的上卷，在敘述美國的政治制度的同時，對它的成敗進行了全面的評述。在評述的過程中，他圍繞著美國實行多數統治這個主題，指出這個多數統治的最大危險在於它可能變成暴政，而能防止這種危險的措施和辦法，則有教育、實踐經驗、合理的保守主義、宗教、以個人主義爲主的公共精神、結社自由、尊重法律、給予各階級的大量機會，等等。這一切措施和辦法，可以減少偶然出現暴政而破壞美國民主制度的可能性。縈繞在托克維爾頭裡的主要問題，在其著作的兩段文字[7]中呈現得最爲清楚。他寫道：「至於我，當我研究一些歐洲國家已經達到的狀態和其餘的一切國家都行將走進的狀態時，我就情不自禁地認爲，不久以後，它們不是享有民主自由，就是陷入凱撒的暴政。」他作結論說：「但我認爲，如果在我們中間不能逐漸引進並最終建立民主制度，如果不讓所有的公民產生先是使他們學習享有自由隨後又使他們行使自由的思想和感情，那麼，不管是資產階級還是貴族，不管是窮人還是富人，誰都不能獨立自主，而大家都要遭受暴政的統治。我可以預言，如果我們不能逐漸地建立起絕大多數人的和平統治，我們早晚要陷入獨夫的無限權力的統治。」

這兩段文字清楚的說明了托克維爾寫作時之所想。法國大革命先是引出了一個羅伯斯庇爾，隨後又推出了一個拿破崙。路易十八的《一八一四年憲章》引起了查理十世的專政企圖，導致了一八三〇年革命和「中庸政府」的無力治理。托克維爾在寫本書的上卷時，就已經感覺到了「中庸政府」的危險。能否從一個由少數人壟斷財富和權力的制度和平而有秩序地過渡到一個由人人分享財富和權力的制度呢？或者說社會的變革非要經過鬥爭和衝突不可嗎？如果能和平實現平等，那代價又是什麼呢？如果非衝突不可，那又有沒有點兒希望避免暴政呢？

托克維爾在大約用了三年時間寫出的上卷裡，相當嚴格地堅持了只寫美國的作法；而在寫完全書之後於一八四〇年出版的下卷裡，他卻遠遠超出美國的範圍（儘管他經常把美國放在眼前作爲背景），以期比較全面地概括平均主義的文明。這部著作的上卷與下卷，不管在寫作方法上還是在筆調上，都有一些顯著的不同。在上卷裡，他所用的材料大部分都很具體，而在援用引文時也很細心，所以基本上反映了他所要寫的美國。有的評論家指出，即使不算某些明顯的錯誤、某些遺漏和某些解釋錯誤，他所作的一些著名的直觀論斷和這種論斷所依據的實證材料，比起他所承擔的進行廣泛的概括的重任來說，也有些不夠分量。但我認爲這也無妨，因爲我們還可以核對他的觀察及其所作結論的正確性。再者，在上卷裡，他雖然讚揚了許多事情，但從未表現出任何熱情，而且在展望未來的時候，也總是經過反覆考慮才下筆的。他生性持重沉著，作風正派。另外，無論是描寫個別現象，還是描寫大量現象，從來不帶一點兒幽默或偏愛，這也是托克維爾的特性。但是，我們從他所描繪的圖景中，卻看到了他的觀察細緻和直接接觸素材的寫實特點。

至於下卷（沒有像上卷那樣成功），恕我直言，不但寫得很抽象，而且筆調也很低沉。在這卷裡，美國已退爲遠景，使人看起來有些模糊不清，而且托克維爾所敘述的，大部分是追求物質財富和當時的平均主義思潮的文明的一般特點，但這種追求使他更加害怕文明將來眞會毀滅。我認爲，作如下的評價既不過分，又不荒誕：在下卷裡我們聽到發表議論的，是身爲路易・菲利普的法國議會議員的托克維爾，是站在以梯也爾和基佐爲突出形象的資產階級君主制度的前排的托克維爾；是清清楚楚地知道貴族制度的時代已經結束，但對取代它的資產階級推行的金融寡頭政治又沒有信心的托克維爾；是看到在金融寡頭政治下越來越多地進入工廠的群眾的悲慘生活，比如像在一八三四年的里昂可怕動亂當中表現越來越不滿的群眾的悲慘生活的托克維爾。再者，我認爲以下的猜測並非沒有根據：托克維爾在發表其著作的下卷時，他對「中庸政府」治下的法國的作爲感到失望，迫使他有意無意地扮演了珈桑德拉[8]的角色。法國政局的變化，使這位熱愛自由的人，使這位認爲提高文化水準是預防平等帶來的危險的必要措施的政治哲學家，使這位感到要想使一個民族不陷入平庸的唯物主義的泥潭、宗教，就得擁有廣泛而深刻的駕馭作用的半信半疑的宗教信徒，不得不經常憂心忡忡。他的健康不佳，在競選眾議員時遭到暫時失敗（一八三七年落選後，一八三九年又當選），以及心情憂鬱，也可能在這方面發生了作用。我們永遠不會完全弄清托克維爾的觀點，但我們可以毫不隱諱地指出，他雖然部分地由於他的名聲，部分地由於他對人誠懇而取得了農村選民的善意支持，但政治雄心很大的托克維爾，卻沒有一點兒在以議會辯才為主的制度下取得成功所需的才能。

除了親人知己以外，他對人冷淡和拘謹。他不善於辭令，一點兒沒有迅速適應辯論氣氛的能力，看不到已經到了應當妥協或作戰略大轉移的時刻，而且沒有作為一個大議員既能委曲婉轉，又能靈活答辯的天資。他過分要求自主，以致永遠不能成為眞正的黨人。他過於堅持原則，好高騖遠，不為了在當時的制度下達到團結和平衡而參加不光彩的陰謀詭計。他悲觀地認為，要達到這種團結和保證其實現的平衡需要花很高的代價。選民的人數縮小到令人難以置信的程度。出版自由和結社自由受到嚴格的限制。抗議的行動遭到殘酷的鎮壓。政治派系傾軋的醜聞一年一年增加，尤其是在一八三四年以後。如果說工業的騰飛和發展造成了巨額財富，那也很難看出這給群眾帶來了什麼好處。對於托克維爾這樣一個渴望發揮重大作用，並像他對自己的妻子所說的那樣感到「有無限希望……有無法形容的開展活動和顯露激情的需求」，但欲使自己的監獄改革引起人們的注意都無能為力的人來說，可以想見在和他的朋友古斯達夫·博蒙把他們的理想和現實比較的時候，世界對他們就顯得有點兒陰沉了。

不錯，托克維爾在本書的上卷出版之後，立即博得很大的聲譽。他的同國人魯瓦伊埃柯拉爾，儘管身居高位，也出面稱讚他是孟德斯鳩的當之不愧的繼承人。英國的著名人士約翰·斯圖爾特·穆勒和拿索·西尼爾，立即聯名聲稱他的著作是經典性的。但是，他本想在上卷出版之後得到兩項收穫。第一，他希望他的同胞承認他是一個了解他們處境的人，從而使他立即取得高官的職位；第二，他希望利用這個職位在法國推行他從美國得來的經驗。他的這兩個希望都落空了。他的文學觀點立即得到承認。魯瓦伊埃柯拉爾和基佐，夏多勃里昂和聖伯夫，也立即評論起他的著作的上卷，而對其中的關於政治哲學的論述，評論得最爲熱烈。毫無疑問，他對所取得的這些成就深感高興，但這僅僅是他希望得到的滿足的一部分。他本希望他在書中表現的政治智慧會贏得政治領袖的地位。他終於明白，儘管他的才華橫溢，然而不但距離成功還遠得很，而且在政治戰場上還不能和那些被他在《回憶錄》裡輕蔑爲沒有道德和學問的人進行較量。當這種希望成爲泡影的時候，他在下卷中通篇流露出某種程度的悲觀甚至絕望的語調，就不足爲奇了。下卷裡充滿了預測性的描寫，他預言要出現眞正的危機。但當我們客觀地分析局勢時，既沒有看到凶兆和危機同時出現，又沒有看到它們各自單獨發生。關於凶兆和危機的預言，至少是托克維爾的內心失望的表白，使他不得不在他想扮演主角的一場戲裡充當一個觀眾。

## 四

大家知道，托克維爾使用「民主」一詞時有些含混。這既影響了他本人，又影響了讀者。他在自己的腦海裡，對「民主」這個詞沒有形成一個統一而準確的概念。事實上，他經常用這個詞表達好幾個意思。他基本上是把「民主」這個詞看成是社會的各個方面走向平等的趨勢的同義語，認爲這個趨勢是法國大革命的最重要的和不可逆轉的結果，並把他的注意力幾乎全部用到這一方面。但是，有時他也用這個詞指代議制政府。在某些場合下，他又賦予這個詞以人民，特別是散漫的群眾的意義。他還用這個詞指普選，指社會日益走向可以清掃一切特權，而主要是可以清掃政治制度方面的一切特權的平等的演變。他在腦海裡所以產生這種混亂，是因爲他去美國是爲了尋找他在歐洲已經看到的正在發展中的趨勢的後果，而實際上他卻認爲自己在美國找到了走向民主的趨勢。因此，就出現了兩種不同的理解，使托克維爾和他的讀者都陷入歧途。他完全沒有及時地發現，他的思想所依據的原則在他開始以爲冷靜地和沉著地審查他從美國得來的經驗時就已經形成。他也沒有恰當地理解，他在研究這些經驗時，其中的事實就是基於他在旅行中得到的主要原則而確定的。聖伯夫一針見血地指出：「他還沒有學到什麼東西，就已開始思考了。」

因此，托克維爾的這部著作的大部分敘述所帶的色彩，就是充滿了臆測。首先，他對美國殖民地時代的歷史幾乎沒有興趣，所以他不能恰當地了解那些看來是新鮮的東西，事實上早已深深扎根於一七七六年以前的歷史。他特別愛用貴族階級的詞彙來考察當時的英國，所以他不能及時地發現，英國的制度實際上就是美國的第一批移民從母國帶來的制度的原版。他過分相信他所聽到的東西（比如：關於傑克遜的評論，關於美國沒有政黨的說法，關於分權的好處的說法，並由此得出結論說，強大的聯邦政府就意味著暴政，而普選就在促進強大的聯邦政府的出現），相信關於卓越人物日益不願意擔任公職的趨勢的說法（安德魯．傑克遜當選總統就是這一趨勢的徵兆）。他過分擔心多數的暴政，而在他寫下卷的時候才終於明白，普選實際上是十分容易與一個有影響的少數派政黨共存的。他過高地估計了作爲群眾政治教育的主要方法之一的「陪審制度」的作用，但目前已經很少有人認爲法官還能影響臨時和他一起執行公務的陪審員的思想方法和性格了。人們也不難發現，他對於選舉司法官員制度的猜測主要是從他那懼怕群眾的成見出發的，而不是以在現場對美國司法問題進行認真調查爲基礎的。他大錯而特錯地認爲，宗教可以作爲防止唯物主義的有力措施而發生作用；而且據他說，唯物主義是由於民主過於追求物質享受而造成的。他在確信自由結社的原則是防止革命的措施時也走得太遠，因爲他沒有看到自由結社經常造成的後果——出現由力圖保住民主的人也反對的某種特權人物所大力組織和資助的壓力集團，而只認爲自由結社是防止立法暴政的自發性措施。

因此，儘管他的精確觀察和對讀者提供的現場報導有一部分是很好的，但他卻給自己的所見所聞規定了一個不但總是擴大推論的範圍，而且往往是很少有事實作根據的論述提綱。這種現象在上卷裡表現最爲突出。當然，這並不是說這種提綱的存在阻礙了他表現驚人的洞察力和非凡的預感天才。恰恰相反，正是因爲他表現出了這些品質，並能戰勝先入之見，才使他的書具有了永久的價值。最爲重要的是，他能清楚的看到並果敢地指出平等原則還牽涉到許多大大超出政治範圍的問題。他認爲，美國的聯邦有能力在實質上就是一個大陸的廣袤土地上，製造一個可以實行共同的經商原則的地區，是它保持安定的重要因素之一。他看到一個國家的邊界能夠向四外移動的重要意義，認爲這是防止人民的主動精神受挫的手段；而在歐洲那樣的已經無法向四外發展的大陸，人民的主動精神一旦受挫，就會遭致不滿和引起革命。在歐洲，階級結構的固定不變，是設在天才的發展道路上的障礙。

發財致富的遠景日益擴大，工業逐漸在廣泛的範圍內取代原先由小手工業占據的地位。托克維爾從分析美國的資本主義得出的結論，是十九世紀的人所作的直觀預言的最光輝範例之一。因爲他注意到以分工爲基礎的工業得到發展，所以他指出：「當你追溯到源頭的時候，就覺得有一個貴族集團好像依靠一種自然力從民主社會中產生出來了[9]。」但是，新舊貴族之間的差別是很大的，甚至是命中註定的。「某些工業在今天的廣泛民主之下形成的若干貴族小集團，仍像從前的貴族大集團一樣，使少數人極其富有和大多數極其貧困……不僅富人之間沒有牢固的聯繫，而且可以說窮人和富人之間也沒有可靠的聯繫。他們彼此之間的關係不是永遠不變的。工人一般是依靠廠主的，但並不依靠某一個廠主……廠方要求於工人的只是他的勞動，而工人期待於廠方的則只是工資。廠方沒有庇護工人的義務，工人也沒有保衛廠方的義務。他們在習慣上和職責上也無永久的聯繫。……這樣組成的貴族階級並不能對其僱用的人擁有強大的權力。」

「……我們今天的廠商貴族，使他們僱用的人貧困和愚昧之後，在危機發生的時候就把他們推出大門，讓他們靠社會救濟過活。……工人和廠主之間雖然經常往來，但沒有眞正地結合。……我們今天親眼看到其發家的廠商貴族，是世界上從未有過的最殘酷貴族之一。……愛好民主的人應該不斷密切注視的正是這一方面，因爲有一天身分的永久不平等和貴族制度又進入這個世界時，我們可以預言它們一定是從這扇大門鑽進來的。」

如果可以說我們在這裡看到了托克維爾的直觀預言的最高範例，並從今天的角度來看認爲它最引人入勝，這也不過是他的許多範例中的一個和最高超的方法之一。這種方法首先在於透過深思熟慮得出一個假定，然後再把深思熟慮的結果用於所掌握的事實，最後當事實似乎可以證明他的想法是正確的時候，就把假定變成原則，以便不僅對研究進行總結，而且爲行動提供指南。任何人都不能不發現，托克維爾在寫這部書的時候，越是往下寫越是感到必須爲行動提供這一指南，以便檢查自己的論斷。托克維爾在去美國的時候就已確信，貴族制度的時代即告結束，並將逐漸爲一個以身分平等爲時代特徵的時代所取代。由於有這樣的明確認識，所以他在美國訪問的時候就極力想勾勒出一個平均主義社會的面貌，寫出它對舊世界特別對法國將會發生的教益。不過我猜想，隨著他研究的深入，特別是一八三五年以後，而日益覺得自己的最迫切任務，首先是提醒他的同時代人避免新舊勢力的盲目交鋒。因此，我們不難理解，他在當選眾議員後發表的重要講話爲什麼要竭力證明：如果不聽他的警告，就避免不了災難。我認爲，如果讀完《論美國的民主》再讀他的《回憶錄》，特別是再讀二月革命即將發生之前他在議會發表的著名講話[10]，必將承認他的這個結論是有其邏輯的連貫性的，所以他的所有講話幾乎都可當作《論美國的民主》的附錄來讀。

## 五

托克維爾對於人性都有一些什麼看法呢？他的這些看法又是以什麼爲根據的呢？魯瓦伊埃柯拉爾有一句名言，說他是一個承認失敗的貴族；但和大部分諷刺話一樣，這句話只含有部分眞理。顯然，托克維爾絕不是一個民主主義者，也很難把他看成是一個眞正的自由主義者。也同樣顯然，他的信念並不是貴族的信念，因爲他一生從來沒有試圖與貴族的等級制度妥協的表現。他的《回憶錄》清楚的表明，他不是社會主義者，並對當時的社會主義政黨不夠尊重。

熱愛自由的信念，是貫穿在他的一生活動中的一條紅線。這種自由可爲人們的社會活動造成良好的精神氣氛，而保護這種氣氛則是托克維爾的全部努力的中心。他知道，從一七八九年起，這種自由已不再是少數貴族的特權；但他也看到，這種自由有被渾渾噩噩的群眾的盲目行爲破壞的危險，因爲這些群眾在以其堅決一致的個人主義態度抵制自由，而自由正是他要不惜一切代價保衛的人格的唯一無二特點。他以一個不怕面對最壞結果的思想家的清醒頭腦確信，新產生的文明的種種趨勢，都在向消滅人格的這一唯一無二特點的方面發展。因此，他要全力以赴的目標，是保護這種自由，並反對他認爲是平均主義原則所造成的令人討厭的單調一致。他害怕習慣勢力，擔心追求物質生活的安逸會窒息人們對偉大思想的興趣。他擔心財富的積累會造成以金錢來衡量人的地位。他也擔心追求物質生活的安逸會擴大分工，以致使普通公民在安逸當中完全無法培養自己的能夠以廣闊而十分冷靜的眼光評價生活，並且既能熱愛豐富的精神生活又能使物質需要得到充分滿足的人格。

因此，我認爲他終生如此熱心尋求預防措施的性格就來源於此。這也就是他爲什麼寧願要一個代議制政府，而不願意要一個獨裁政府的原因，他認爲代議制政府有可能不讓「多數的暴政」施虐。這也就是他爲什麼不得不認爲一個民主社會必須有宗教信仰來防止永無止境地追求物質享受的原因。這也是他爲什麼確信分權十分重要的原因，因爲分權是使國家的公共目的變成公民個人生活的一個有機部分的途徑。他對結社自由和言論自由的堅決擁護，是與他爲分權進行的熱烈辯護分不開的。結社自由、言論自由和分權是公民的行動的保證，並爲防止那種踐踏人類尊嚴的獨裁的官僚統治提供了手段。在美國，他讚美公民有自信心，有安全感，有創造成就的熱情。美國人不承認地位低下是命中註定的。他們既強烈反對人們輕視自力謀生，又強烈反對人們依靠與職務不相干的出身和財勢去發號施令。他也讚賞美國人在社會階梯上能上能下的品質，自由發表意見的勇氣，以實踐爲基礎的習慣，拒不做傳統的俘虜的決心。不過，他承認這一切收穫也使他們積累了寶貴的經驗。普選的當選人，比如像美國總統這樣的重要人物，也不敢挫傷普通人的意見。集中精力追求財富，不僅使最有能力的人自外於政界，而且也縮小和貶低了野心的標的。物質方面的成就可能使人逐漸降低所追求的目標，高瞻遠矚的人也必須遷就群眾的習慣。美國人的水準是比較高的，但在群山之中高峰並不太多。美國人是一個講求實際的民族，不大善於思考。他們凡事考慮眼前的利益，而不大追求長遠的利益。他們所重視的，是夠得到、摸得著、切實存在並能用金錢估價的東西。此外，他們追求安逸舒適的熱情，或許會使他們遭到金錢製造工業貴族的危險。這種貴族雖然非常強大，但責任感比較小。這種貴族一旦出現，它的法律的嚴酷程度將是無法忍受的。這種危險很可能導致激烈的內戰，其規模將比希臘和羅馬的最慘悲劇還要大，直到有一個新凱撒出來扼殺自由的理想爲止。

在過了一個多世紀以後的今天我們再回顧托克維爾的政治哲學時，很難對這位哲學家的直觀推理才能作過高的評價。如果想到托克維爾毫不理解傑克遜改革的意義，想到他一點兒也不知道政黨的重要性，尤其是想到他很少或根本沒有考慮到工業生產的劇增的意義及其使初興的美國就不斷出現大城市的效果，這樣來評論他就顯得更爲合適了。其實，說他所描繪的美國甚至在他寫書的時候就正在消失，而爲他提供主要材料的人不是大部分也是小部分在當時就已批評或十分懷疑他所堅持的論點，也不算誇大其詞。爲他提供材料的人，無論是賈雷德·斯帕克斯還是斯托里，無論是約翰·斯潘塞還是愛德華·埃弗雷特，都很少有平均主義的民主觀點。對於高傲、性格嚴肅而有點兒憂鬱、生性熱情、懷有雄心壯志的托克維爾來說，不但能戰勝他家庭出身和所受教育的影響，而且能以充滿想像力的冷靜頭腦去觀察這個他不大同情並不抱太大希望的社會演進，眞是難能可貴。很有可能像皮爾遜所說的，托克維爾從觀察到得出結論所走過的道路，只有一小段是建築在科學方法上的。毫無疑問，大部分結論是深思熟慮的直觀的結果，但這種直觀的魅力卻使《論美國的民主》進入十九世紀最著名的社會學成就之林。

當然不要忘記，儘管托克維爾有突出的創造性，但他仍然沒有超出十九世紀法國社會哲學的主要傳統。這個傳統並不單純。正如聖伯夫很久以前所指出的，它在每個時代的浪漫主義運動中都有其流派。這位大評論家暗示說，托克維爾是「一個研究世紀病，即維特病或勒內病[11]的青年人[12]」。雖然在治學方法上他屬於基佐學派，但他又時時注意，絕不把所遇到的問題研究到他要與自己的過去完全決裂的地步。他提出了一些重大問題，但又無意解決問題所包括的一切難點。特別是在問題涉及所有制在美國所占的地位時，情況更是如此。對於他爲宗教勢力與金錢勢力和解所做的努力，幾乎也可以這樣說。儘管托克維爾竭力表示他唯理是從和絕不自欺，但他從來沒有完全承認自己爲使他明知行將壽終正寢的舊秩序與他認爲正在上升的新秩序和解所做的努力澈底失敗。他看不起由於貪圖權勢而容易變爲資產階級君主國的新金融寡頭政治的工具的梯也爾之流的人物，但他並沒有設法認識，更沒有比較認眞地去理解被這個金融寡頭政治的金錢壓榨得喘不過來氣的法國人民的事業。一八四一年托克維爾在寫給穆勒的一封專談這個問題的信中說過，他希望資產階級的法國變得偉大；但他又清楚的說明了自己的觀點，即認爲資產階級國家的所作所爲根本不能保持他所要求的偉大。他相當清楚的看到，基佐時代人民的貧困和制度的腐敗必將引起革命。他十分明確地指出，人民知道他們的政府是不值得信任的；但在當時的法國，卻很少有人能像他那樣迅速而清楚的看到，當統治階級把自己的財富和幸福建築在工人受壓迫和受貧困的基礎之上時，沒有良心的金融寡頭政治固有的危險就要表現出來，而社會也要爲此長期付出代價。

聖伯夫有一段生動的描寫談到這個情況。他寫道：「在這裡，我們請來一位優秀、高尙和寬宏的人，並向他說：再也沒有比胃更值得尊重的東西了，而呼喊的聲音再高也高不過貧苦的聲音，大多數人的揭竿而起並不是爲了享受，而是爲了活命和生存。當前的問題就在這裡，對於看來不太高貴和不太適於在政黨裡混事的人來說，這個問題就不能不是重大的和神聖的事業了[13]。」聖伯夫又進一步拿一八四七年的托克維爾的洞察力與蒲魯東的洞察力對比。他說蒲魯東是「純無產者」，嘗過貧困的痛苦，毫無托克維爾那樣的優越條件。聖伯夫說得非常正確，托克維爾之接受民主是「理性與必然的結合，而絕不是理性與愛好的結合」。在托克維爾求助宗教來號召人們追求精神方面的東西的時候，那也主要是出於他對作爲民主根源的平等的擔心，而不是因爲他相信宗教能夠激發群眾。他指望教會發揮使自由免遭平等所帶來的危險的作用。正如他在一八五二年向蒙坦朗貝爾所說的，但願他所希望的「有節制和合法的」自由能使人民各得其所。我們還必須指出，托克維爾雖然非常討厭路易・波拿巴的政變，但對卡芬雅克破壞群眾舉行二月革命的理想的殘酷手段卻毫無反感。

上述的一切並不等於說，托克維爾只是隱隱約約地看到了沒有偉大理想、從而沒有形成偉大政治動力的社會的資產階級的狹隘觀念的危險性。他也多次提到群眾政府的危險性，用他自己的話來說，即胃戰勝腦和心帶來的危險。那麼，他的觀點實際上是以什麼爲根據的呢？一般說來，他是反對個人主義的，但也不能忽略他在《回憶錄》中對社會主義所持的懷疑態度。他確認平等是不可避免的，但又認爲沒有自由的平等是無法忍受的。顯然，他反對任何形式的獨裁政府，但又對一切支持人民參加政府管理工作的制度的發展表示不安。他害怕由金錢掌握一切大權但又逃避政府職責的獨裁制度。他也擔心分工的無限擴大會妨礙工人完成公民義務和處於只顧物質享受而甘作行政管理的單純對象的地位。他瞧不起梯也爾之流的玩弄陰謀的政客。他絕不原諒路易・波拿巴踐踏自由而建立自己的帝國。他也以同樣的理由摒棄無政府主義和革命，但他好像更討厭不關心國家大事的人。他懂得「人們所說的必要的制度，往往就是人們已經習慣的制度；而在社會制度方面，可能做出的選擇要比生活在每一個社會的人所能想像出來的選擇廣泛得多[14]」。

在出身於貴族而能平等待人的托克維爾身上，有一種東西好像總在抵制他的情感和精神。托克維爾生性冷漠而憂鬱，但卻雄心不小，很想出任高官。但是，正如梅耶所正確指出的，他絕不是只因爲愛權而想得權。他反對馬基維利和霍布斯的政治哲學。他認爲政治家的藝術首先在於：竭盡一切努力，使人相信只有自由的人才有人的尊嚴，並以此作爲崇高的社會意識的一個不可缺少部分。他在美國時感到高興的是：他看到了一個尊重自由的社會本身在如何發揮它的作用，儘管這個社會實現平等的原則已比任何歐洲國家都更完善，但它仍注意採取廣泛的措施來保衛自由。除了在一八四八年二月事變以後幾天，他由於性格易於激動而曾身不由己發怒以外，他對普通人都有一種尊重的感情，而這種感情也是他對事物進行判斷的基礎。

關於人的看法，他在一八四八年一月三日寫給一位知己歐仁·斯托費爾的信中表達得最爲清楚。他寫道：「一般說來，人既不太好，也不太壞，都平平凡凡……人有劣行，有缺點，也有美德，集好、壞、高、低、正、邪於一身。但總的說來，人還是地球上最值得研究、關心、可憐、親近和讚美的生物；既然沒有天使，我們就只能與最偉大的和最值得我們效忠的同類親近[15]。」如果我們再稍微深入地認識一下托克維爾，那就不能懷疑他在這裡所說的每一句話都表達了他的整體思想。他一心想使政治學變成一門研究美德的科學，並認爲從自由的土地上生長出來的美德才是持久的美德。在他看來，愛自由要見諸行動。這就不僅要憎恨奴役他人的行爲，而且也要憎恨想從奴役他人當中得到物質好處的意圖。這本身就是一種必須「歷經千辛萬苦」去追求的善。他在其《舊制度與大革命》中寫道：「誰要想從自由中尋找非屬於自由本身的東西，那他就去伺候人好了[16]。」

托克維爾就是以這種精神寫《論美國的民主》的。正如伯克的名言所講，對托克維爾來說，「眞理的殿堂」是「建築在高臺之上的」。不錯，他的理想遠遠超過與他一起進行同樣鬥爭的人的理想，從而不難理解他爲什麼往往感到自己在同時代人中甚爲孤單。他的同時代人約翰・斯圖爾特・穆勒以及屬於他下一輩的阿克頓，可能是用與他的語言相同的語言表達與他的理想相同的理想的僅有的兩個人。這兩個人像他一樣深深地愛上了的那個理想，可以說與托克維爾的理想具有相同的來源：都來自他們所處的時代的制度造成的動盪不安、深刻的矛盾和強烈的抱怨。如果說這兩個人誰都沒有找到他們想要找到的成功祕訣是有目共睹的，那麼說他們誰也沒有得到他們最需要得到的或者說對他們報酬最大的東西，也是言而有據的。這兩個人都想尋找一個新的世界。他們二人都認爲他們所處的世界可怕得無法生存下去。正因爲如此，他們才愛上了在他們的時代正沿著展現在他們面前的一條大道，尋找通向結束人剝削人的社會組織形式的出路的社會主義哲學。《論美國的民主》一書是一位想在新世界發現能夠照亮和復興舊世界的建設原則的思想家的奮鬥結晶。這部書之敢於宣告它所追求的崇高目的，也不失爲它的一大優點。凡是認爲建築在平等大廈上的自由才是唯一能使自己分享人類的永恆遺產的手段的人，都不能不對這部書的作者表示尊敬。

◆本章注釋◆

【1】《狄更斯書信集》第五十九頁（倫敦，一八九三年）。一八四二年三月二十二日致麥克里迪的信。

【2】皮爾遜：《托克維爾和博蒙在美國》（紐約，一九三八年）。

【3】「分贓制」（Spoils System）。

【4】皮爾遜曾列出他的美國朋友的名單，不過這個名單沒有太大價值。見前引皮爾遜著作第七八二—七八六頁。

【5】見前引皮爾遜著作第七二七—七三〇頁。

【6】見前引皮爾遜著作第七三四頁。

【7】見本書第二部分第九章。

【8】珈桑德拉，希臘神話中的女預言家。在現代語中，珈桑德拉指能預見未來的災難，但自己卻束手無策，而又不能說服他人去採取預防措施的人。——譯者

【9】此處和以下的引文，見本書第四部分第二十章。

【10】見本書附錄（二）。——譯者

【11】維特是歌德《少年維特的煩惱》的主人公，勒內是夏多勃里昂《勒內》的主人公。——譯者

【12】聖伯夫：《新月曜日》第一〇卷第二九一頁（巴黎，一八六八年）。

【13】這段引文和以下的摘句，見前引聖伯夫著作第三一七—三一八頁。

【14】梅耶：《亞歷西斯·托克維爾》第一四七頁（巴黎，一九四八年）。

【15】同上書，第一四四頁。

【16】同上書，第一四四頁及以下各頁。

# 研究《論美國的民主》的參考文獻

現代的讀者在閱讀這部巨著之前了解一下美國史、美國史與歐洲史的關係、美國史與美國憲法沿革的關係，將是有益處的。這方面的文獻可以說汗牛充棟，但我們認爲只列出一些重要著作，就足以引導讀者深入研究了：

Georges Weill, *Histoire des Etats-Unis de 1787-1917*, Paris, 1919.

Georges Weill, *L'Eveil des Nationalités et le Mouvement libéral (1815-1848)*.

Firmin Roz, *Histoire des Etats-Unis*, nouvelle édition,Paris, 1946.

Firmin Roz, *L'Evolution des idées et des méurs américaines, Paris*, 1931.

Firmin Roz, *Les grands problèmes de la Politique des Etats-Unis*, Paris, 1935.

D.Pasquet, *Histoire politique et sociale du Peuple américain*, 3 vol., Paris, 1924-1931.

Charles A.and Mary R.Beard, *The Rise of American Civilization*. New York, 1939.

Charles A.and Mary R.Beard, *America in Midpassage*, London, 1939.

Charles A.and Mary R.Beard, *The American Spirit.A Study of the Idea of American Civilization in the United States*, New York, 1942. 本書第一七〇頁及以後幾頁，對《論美國的民主》有所批判。

S. E. Morison and H. S. Commager, *The Growth of the American Republic*, 2 vol.,New York, 1937.

有關美國政府的歷史和結構的著作也很多，現只推薦以下幾部：

F. A. Ogg and P. A. Ray, *Introduction to American Goverment*, New York, 1942.（改訂本於一九四八年出版）。

M.Amos, *Lectures on the American Constitution*, London, 1938.

C. A. Beard *American Goverment and Politics*, New York, 1939.〔中譯本：《美國政府與政治》（商務印書館，一九八七年）。——譯者〕。

C. A. Beard *An economic Interpretation of the Constitution of the United States*, New York, 1935.〔中譯本：《美國憲法的經濟觀》（商務印書館，一九八四年）。——譯者〕。

J. Lambert, *Histoire constitutionnelle de lèHistoire américaine* 3 vol., Paris, 1931-1934.

*Federalist*, édité par Max Beloff, Oxford, 1948.〔中譯本：《聯邦黨人文集》（商務印書館，一九八二年）。——譯者〕。

Emile Boutmy, *Etudes de Droit Constitutionnel France-Angleterre-Etats-Unis*, Paris, 1913.

Emile Boutmy, *Eléments déune Psychologie Politique du Peuple Americain*, Paris, 1902. 作者布米在本書第一章對托克維爾的研究和布賴斯關於美國民主的研究進行了比較。他寫道：「我又讀了一遍托克維爾的兩卷巨著，儘管我還有一些保留意見，特別是對於下卷，但我掩卷之後，仍對全書懷有深刻的敬佩之感。」布米這位十九世紀末葉的著名學者雖然受過當時所說的「科學」方法的影響，但是他對托克維爾的社會學方法的精確性給予了高度評價：「科學沒有預測到的或被預測忽視的一切發現，卻被托克維爾看到了。他勾畫出來的圖景，在所有的特點上都應驗了。」

D. W. Brogan, *The American Political System*, London, 1943.

James Bryce, *The American Commonwealth*, London, 1919, 新版；London, 1888, 初版。布賴斯在英國對托克維爾的研究做了推廣的工作。在這部著作發表之前，他對托克維爾的著作進行了細緻的研究。參閱布賴斯：《漢密爾頓和托克維爾的預言》（巴爾的摩，一八八七年）。後來又發表在他的《歷史與法學研究》（牛津，一九〇一年）第一卷第三五九頁及以後各頁裡。布賴斯在其《美利堅共和國》的導言裡寫道：「當然，我把托克維爾的《論美國的民主》作爲範本。儘管有模仿這位大師之嫌，但我認爲跟著他的足跡，試用他研究一八三二年還只有一千五百萬人口的美國的方法來研究一八八八年已有六千萬人口的美國，這是一項有趣和有益的工作。但是，我要研究的東西與他略有不同，我所研究的主題也與他的不同。在托克維爾看來，美國最重視的是民主，即可供歐洲特別是他們法國學習的理想的民主。《論美國的民主》不是對美國的國家和人民的一般研究著作，而是對美國的民主進行精闢而高超的考察的專著。專著中關於美國的各項論點都是有根有據的：不僅以分析在美國的所見所聞爲根據，而且以當時的法國情況使他形成的一般的和思辨成分不多的觀點爲依據。」布賴斯的這段話證明他的著作深受託克維爾的《論美國的民主》的影響，但他可能沒有接受《論美國的民主》特別是下卷的哲學觀點和社會學觀點。和布米一樣，布賴斯也是「科學」時代的產兒。再參閱：

James Bryce, *Modern Democraties*, London, 1921, 2 vol.

J. W. Ferguson and E. McHenry, *The American Federal System of Government*, New York and London, 1947.

J. W. Ferguson and E. McHenry, *The American System of Government*, New York and London, 1947.

W. L. Godshall ed., *Principles and Functions of Government in the United States*, New York, 1948. 這是一部關於美國政府制度的百科全書性著作，其所附的豐富文獻具有很大價值。

O. W. Holmes Jr., *The Common Law*, Boston, 1881. 這是一部經典著作。

H. W. Horwill, *The Usages of the American Constitution*, Oxford, 1945.

A. H. Kelly and W. A. Harbison, *The American Constitution. Its Origin and Development*, New York, 1948. 對美國憲法的沿革進行了詳細的分析，並附有大量參考文獻。

Harold J. Laski, *The American Democracy. A Commentary and an Interpretation*, New York, 1948, London, 1949. 書名《美國的民主》，就已表明作者拉斯基始終是在托克維爾的實際影響下寫作這部書的。拉斯基比其他作者更多地開闢了研究和註釋托克維爾著作的新路，他的讀者不只是英美兩國人，參閱其《托克維爾與民主》，此文載於赫恩肖編：《維多利亞時代某些有代表性的思想家的社會與倫理觀》（倫敦，一九三三年）。拉斯基在拿布賴斯與托克維爾比較時寫道：「托克維爾對美國的認識比布賴斯深刻得多，因為托克維爾實際上是從法國文明出發寫他的著作的，而美國在他的著作中更多地像插圖，而不像中心主題。」見《美國的民主》第六頁及以下幾頁，第六十三頁。

J. Laski, *The American Presidency*. An Interpretation, London, 1940.

W. B. Munro, *The Government of the United States National, States and Local*, New York 1947.

W. B. Munro, *The Constitution of the United States. A brief and general Commentary*, New York, 1944.

Odegard and Helms, *American Politics, A Study in Political Dynamics*, 2 ed., New York, 1947.

Ostrogorski, *Democracy and the Organization of political Parties*, 2 vol., London, 1902.

Ostrogorski, *De léorganisation des partis politiques aux Etats-Unis*, Paris, 1889.

C.P.Patterson, *Presidential Government in the United States*, Chapel Hill, 1947.

H. Stannard, *The Two Constitutions. A comparative study of the British and American constitutional Systems*, London, 1949.

關於美國經濟發展方面的文獻：

H. Zink, *A Survey of American Government*, New York, 1948.

C. W. Wright, *Economic Histoy of the United States*, New York, 1949. 新版。

L. M. Hacker, *The Triumph of American Capitalism*, New York, 1946.

爲了能對《論美國的民主》進行正確的評價，希望參閱當時到過美國考察的其他歐洲作家的著作：

Frances Trollope, *Domestic Manners of the Americans*, London, 1927. 新版。

Michel Chevaler, *Lettres sur léAmérique du Nord*, I$^{re}$ édition, Paris, 1836.

以及後來的：

C. R. Fish, *The Rise of the Common Man.1830-1850*, New York, 1927.

J. L. Blau, ed., *Social Theories of Jacksonian Democracy Repprsentative Writings of the Period 1825-1850*, New York, 1947.

菲利普斯・布雷德利（Phillips Bradley）主編的《論美國的民主》英譯本[1]，在註釋和附錄中對《論美國的民主》作了比前述的布賴斯更爲詳盡的分析。布雷德利不僅詳細地介紹了《論美國的民主》的各種法文版本和其他國家譯本，而且列出了自一八三五年至一九四五年各國研究《論美國的民主》的文獻。他寫的導言是他長期研究托克維爾的這部著作的結晶，長達一百餘頁，寫得非常令人欽佩。

Ch. Cestre. *Alexis de Tocqueville, témoin et juge de la Civilisation américaine* (*Revue des Cours et Conférences*, Paris, 1933-1934), 34e année (Ire série), Nos 4, 5, 6, 8; (2e série), 9 , 10, 11, 13, 14, 15, 16; 35e année (Ire série), 1 , 3）。沙爾・塞斯特的這項研究值得人們永懷莫忘。

再參閱梅耶有關托克維爾的研究：

J. P. Mayer, *Alexis de Tocqueville, A biographical Study in Political Science*, London, 1939 and New York, 1940; *Thought in France.From the Revolution to the Fourth Republic, édition révisée*, London 1949; *Alexis de Tocqueville*, Paris, 1948; *The Recollections of Alexis de Tocqueville*, London 1948 and New York 1949.

在結束文獻的簡介時，我們想談一談《論美國的民主》對法國、英國、美國、德國、義大利和俄國的政治思想發生的影響。我們這樣做的唯一目的，是想指出托克維爾的政治社會學的各個流派。

維爾曼[2]在一八三六年法蘭西學院文學獎金評審會議上所作的報告中寫道：「諸位先生，學院經過長時間討論，毫不猶豫地決定，將蒙蒂翁[3]大獎授予一部看來是具有全面評論性的研究一個外國的立法和歷史的著作：托克維爾先生的《論美國的民主》。……從任何一點來說，美國的政府和社會都是歐洲感到新奇或不安的問題。討論這個問題，分析這個新世界，指出它與我們的類似處和難以相容的差異，考察歐洲的某些理論被移植到其最好的實驗地區的情況和在那裡得到高度發展的景象，論述哪些理論在這個非常適於其發展的環境中，沒有獲得成功或長期受到限制和沒有用處。這一切，毫無疑問就是熱愛人類的評論家所能提供的最嚴肅教訓之一，同時也是托克維爾先生不由自主地得出的或試圖尋找的成果。」

維爾曼接著寫道：「我們不想把這部著作過早地評爲偉大的天才貢獻給他所在時代的完美無缺的作品之一。但是，這位在孟德斯鳩學派的影響下成長，並模仿和再現這個學派的若干特點的年輕作者，對他討論的新事物應用了這個學派的方法，並在這第二次實驗中引用了個人的獨特觀點。孟德斯鳩說過：『天距地之遙，不如自由的精神距極端平等的精神之遠。』但是，在這位新評論家之前，還沒有人指出過美國人的這種極端平等的思想。而托克維爾先生的著作卻指出了這一點。才華橫溢，推論正確，高瞻遠矚，文體簡明，對善熱愛，是該書的特點，並且使學院放棄了往往是從眾多類似作品中評定獲獎者的想法。」我們今天可以認爲，維爾曼對《論美國的民主》和《論法的精神》所持的同樣保留態度是不公正的。後人都公認托克維爾是經典作家。在維爾曼之後，法國的一些大歷史學家和大文學家，比如聖伯夫、歐雷、布呂納提埃爾、郎松、法蓋、斯特羅夫斯基等人，對托克維爾的著作都有極爲深刻的理解。

阿爾貝．索雷爾說得對，《論美國的民主》的作者將孟德斯鳩的遺產傳到了十九世紀下半葉。索雷爾在其關於拉布列德男爵的著作[4]中寫道：「托克維爾同孟德斯鳩一樣，是一位概括能力很強和推論偏於武斷的文人，實際上比立法家而尤其是比政治家還有道德。托克維爾的著作，在方法上和題材的安排上，都完全以孟德斯鳩爲借鑒。他的《舊制度與大革命》，可以比之於孟德斯鳩的《羅馬盛衰原因論》；而他在寫《論美國的民主》時，則仿效孟德斯鳩的《論法的精神》[5]。他對十九世紀下半葉的政治學研究和歷史研究發生的影響無疑是不太明顯的和鮮為人們承認的，但這種影響的效果和實力可以與基佐在十九世紀上半葉發生的影響媲美。在他看來，孟德斯鳩與近代法國有密切聯繫，在近代法國還能見到孟德斯鳩的餘威。法國之能夠放棄西哀士的理論力學而採納務實家們的應用力學，使共和國成為代議制共和國，根據條文簡明、便於應用、合乎民情和來源於法國仍然擁有的實力的憲法組成這個共和國，正是這位既是歷史學家又是不斷在制度上和道德上進行探索的人士的功勞。」索雷爾寫道，比托克維爾年長的魯瓦伊埃柯拉爾，以及他的一些同時代人，都曾發覺這位年輕的思想家受到了孟德斯鳩的影響。我們在《世界名人傳》，政治部分，第十五卷（巴黎，一八四二年）中看到沙爾·卡騷寫道：「孟德斯鳩的《論法的精神》出版已近百年，至今仍對現代社會有所影響，而在《論法的精神》以後，有哪一部關於政府原理的著作能像《論美國的民主》這樣受到極大的歡迎？實際上，托克維爾有沒有自成一家的方法和觀點有沒有上一世紀的那位偉大評論家深刻呢？他在社會問題的研究中表現的細緻和死鑽精神可能不如孟德斯鳩，但其誠摯的信念和冷靜的熱情卻高於孟德斯鳩，並兼有巴斯卡的形而上學高度和拉布呂耶爾的寫作技巧。」毫無疑問，法國的政治傳統受到了托克維爾著作的深刻影響。約瑟夫·巴爾特勒米在其《憲法論》第四十六頁（巴黎，一九三三年）中寫道：「行使一八七五年憲法的一代人的政治教育，受蒲魯東的影響較少，而受託克維爾的《論美國的民主》的影響較大，尤其是受……德·布羅利和普列沃帕拉多的著作的影響較大。」我在我的一部研究托克維爾的著作中曾經指出，蒲魯東非常了解《論美國的民主》，普列沃帕拉多的《新法蘭西》和德·布羅利的《法國憲法觀》都打有托克維爾的政治思想烙印〔另參閱普列沃帕拉多：《政治和文學論文集》第二集，第五八頁及以下幾頁所載的《論托克維爾》（巴黎，一八六三年）〕。德·布羅利是托克維爾的友人，在路易・波拿巴政變後曾同托克維爾一起被監禁在外交部的陋室裡。

保爾・雅內在一八八七年出版其巨著《道德報告中的政治史》第三版時加進了一篇結論（《十九世紀法國政治科學》），其中寫道：「在這些或多或少有互相鬥爭的政黨參與的不同政治學派之外或側面，有某些自由而清高的人士在抽象地和大公無私地研究政治學，托克維爾先生就是其中之一。在一些事實證實了他的某些重大預見之後，他的名字便經常被人推崇，而他的重要作用也越來越被重視。任何人都不會懷疑，他的《論美國的民主》是最好的著作之一，也許是當代的最好政治哲學著作。

「塞爾先生的『民主正張滿帆前進』這句名言，似乎是托克維爾先生的研究的出發點。托克維爾相信，民主革命是不可避免的，或毋寧說它已經是事實。他不去先驗地論證這一偉大事件的正義與否，而認爲最好是對它進行觀察，讓其他人去褒貶它，他自己只想認識和理解它。簡而言之，他的方法是把民主作爲一個對象來觀察，但不論證他的觀察。他有實證主義方法的思想，但沒有形成自己的實證主義體系。這是他的一項偉大創新。大部分政論家，無論是支持民主的還是反對民主的，都寫過一些自成一家的充滿激情的著作。但是，從亞里斯多德以後，還沒有一個人拿民主作爲仔細分析的對象。孟德斯鳩本人雖然是位觀察家和歷史學家，但他並沒有理解民主。他只看到了古代，而且觀野與盧梭和馬布利的大致相同。他對現代的、富有的、工業的、豪華的民主，美國的民主或法國的民主一點兒也沒有預感。

「那麼，托克維爾的最終目的是想取得什麼成果呢？簡單說來，就是總結民主制度的善與惡。民主制度的主要好處有：福利的提高，文化的普及，社會性的加強，對人的苦難的同情，以及人的主動精神和活動能力的特大發展。但是，這些好處被其壞處損害了很多。它的主要壞處是：法制不穩定，統治者的才能低下，過於強調劃一，追求福利過度，尤其嚴重的，是有走向暴政的趨勢。而托克維爾最喜歡發揮的，也正是最後這一點。他堅持認爲，民主的多數有壓迫的傾向。他指出民主的兩個基礎：平等和自由容易互相混淆。他曾證明，這兩種東西之間並不是永遠具有正比關係的，平等的進步並不必定是自由的進步。最後，他還大力反對中央集權，並且是認爲社會必將沿著民主的道路前進、要求恢復個人的活動權利和提醒人們防範侵犯人民主權的首批人士之一。」我們還可以容易找到許多這方面的例子，來證明托克維爾一直在對法國的政治思想發生影響。作爲結束托克維爾對法國的影響的介紹，只提一下讓雅克．謝瓦利埃在其最近出版的一部名爲《政治巨著：從馬基維利至今日》（巴黎，一九四八年）中對《論美國的民主》的卓越研究就可以了（再參閱梅耶：《政治季刊》第二十二卷第三頁上發表的評述）。由此可見，在法國，從維爾曼到謝瓦利埃，人們一直在研究托克維爾。

《論美國的民主》在英國受到的評價，也不低於在著者的祖國。拿索．西尼爾、亨利．里夫、喬治．康韋爾．路易斯、約翰．斯圖爾特．穆勒、格羅特、葛列格、阿克頓、西奇威克、戴西、萊斯利．斯蒂芬、阿諾德、萊基等人，都從這位偉大法國人的思想汲取過營養，他們的著作受到了他的精神的鼓舞。在我們整理出版托克維爾與其英國友人的通信時，使我們進一步知道這些作者與托克維爾的關係。穆勒、阿克頓、戴西和白哲特的自述，都強調英國人的政治思想受到托克維爾的深刻影響。約．斯．穆勒本人在其《自傳》中給我們留下了關於他與托克維爾的思想聯繫的精湛分析（另見《自傳》的法譯本）：「我的一些新意向需要在某些看法上加強和在另些觀點上克制。但是，我的思想還在發生的唯一眞正變化，與政治觀點有關。這一方面指我對人類未來的看法更接近溫和的社會主義，另一方面指我的政治理想要稍稍離開那種被其擁護者們所通常理解的純民主，使其接近我在拙著《代議政體論》中所述的民主形式。這後一項變化，是在很久以後，即在托克維爾先生的《論美國的民主》出版後，我讀到它或者應當說我學習它的時候發生的。托克維爾先生在這部名著中十分堅定地指出民主的好處，其堅定精神遠遠超過最熱情的民主主義者在他們著作中的表現。作者清晰地看到可以導致民主像在美國那樣出現多數的統治的一切危險，並對這些危險逐個進行了獨到的分析；但他並沒有由此尋找理由去反對他認爲是人類進步的不可避免的結果的這種統治形式，而只是指出民主制度的一些弱點，指出糾正的辦法，以使其良好的傾向得到自由發展，節制或弱化其不良的傾向。我在這個時期爲自己編寫這類著作學到了很多東西，而且從此以後，我的思想也逐漸向同一方向發展了。但是，我的政治信念後來向重視實際方面的轉變，是經過好多年才完成的。人們看一下《論美國的民主》的初版年月，就會注意到我在一八三五年就已寫作和發表這方面的文章，並在一八四〇年匯成《論文集》出版；在這部《論文集》之後，我又出版了《代議政體論》。……」這段卓越的分析，使我們了解了托克維爾影響的強大性。穆勒完全可以代表他那一代英國人〔參閱：利平科特：《維多利亞時代的民主評論家：卡萊爾、羅斯基、阿諾德、斯蒂芬、梅因、萊基》（明尼阿波利斯，一九三八年）〕。

偉大的歷史學家阿克頓勳爵經常在自己的著作中引用托克維爾的話。他同他的友人德林格爾教授在一次訪問巴黎的時候，曾經見過托克維爾。參閱阿克頓：《形成的年代》（倫敦，一九四〇年）。阿克頓在一八六一年十一月十日的一封信裡寫道：「我看到了托克維爾傳記的英文版本，覺得它比法文版本還要全面。……他在傳記裡列舉理由堅持自己的觀點，詳述了他由《論美國的民主》到其最後一部著作《舊制度與大革命》的思想發展過程。在《舊制度與大革命》中，他表示更加反對現代流行的思想。這一點，使人乍一看來感到吃驚。

「應當拿他與其他法國人進行比較。由此可以看到他與其他法國人在天才上和知識上有明顯的界限和鴻溝，知道他的立場和我們英國的伯克幾乎完全相同。他在自己的同胞面前總是表現自己的思想偉大和高超，但他實際上只是一個非常冷靜的觀察家。……」

幾天以後，阿克頓又在另一封信裡談到這個問題：「您說的非常正確，托克維爾不是一位歷史學家，但他對一個偉大歷史事件寫了一部好書，因爲他雖然未能從變化（如德語所說的 im Werden）中觀察事物的發展，但他畢竟是一位偉大的觀察家，像所有研究物理學的人那樣把一切都看成是現實的和恆定的。

「他對美國產生的巨大幻想，是不是說明他相信民主的不可阻擋的和一往直前的進步呢？實際上，民主只是現代社會所具有的，而初民社會所絕不可能有的幾個主要因素（三十四個）之一，是年代確切的歷史事件。問題在於自治的性質，比如在君主制度、貴族制度和民主制度下均可能有自治，但其性質完全不同。這一切，柏拉圖和亞里斯多德都是十分清楚的。托克維爾對美國的描述是十分準確的……因爲他的觀察力高於他的分析力……他看到美國沒有解決民主與自由的和解問題，因爲美國沒有使權與法或者說欲求與義務和解。這個問題是同一事物的道德方面……」

「他的古怪性格幾乎一直完全保存下來。他的研究總是在證明他是一位古怪的人，但他又是一位忽視別人的論點而使自己犯錯誤或後來又不知不覺接受了別人的論點的人。在《論美國的民主》中，他清清楚楚地說了一些別人早已在他之前說過的話，但他自己並未察覺。我在關於美國的一篇論文中，曾經指出斯托里早就這一點提出過抗議。見阿克頓：《自由的歷史及其他論文》第五七五頁及以下各頁（倫敦，一九〇七年）他在拿自由與宗教進行比較時，對自由的理解就有錯誤。自由不能靠別人施捨，而要靠自己去爭取。自由並不是一種安靜的狀態，而是一種不斷的努力和創造。自由不是政府的出發點，而是它的治理結果；或者至少說自由不僅僅是走向目的地的出發點，不是一個給定的要素，而是像使各星球諧調的有規律的天體運動的目的。自由是制約行動的原則的結果。」

根據平等的原則，阿克頓自然有權評論托克維爾。

在以後的兩代人中間，白哲特和戴西對英國憲法的新概念的形成做出了極爲重大的貢獻。他們二人都深刻地研究過《論美國的民主》〔參閱歐文：《白哲特》第二四七頁（倫敦，一九三九年）〕。看來，戴西更與托克維爾有密切聯繫。戴西的《憲法》（牛津，一八八五年）是一部幾乎可以與孟德斯鳩的《論法的精神》媲美的開創性著作。戴西接受了托克維爾把「民主」視爲「社會條件」的解釋。另一個重要事實是：戴西也與托克維爾完全一樣，指出了法國與英國在司法制度上的顯著差別。認爲英國顯然缺乏行政權。參閱戴西：《論十九世紀英國法律與輿論關係》第五十頁及以下各頁（倫敦，一九〇五年）。

戴西在他一部著名文章〔參閱：戴西：《亞歷西斯・托克維爾》，載《民族評論》第七七一頁及以下各頁（倫敦，一八九三年）〕描寫托克維爾的精神和知識特點時寫道：「亞歷西斯・德・托克維爾希望成爲研究制憲權的大師。他在使自己的著作成爲經典著作的作者當中居於什麼地位呢？他應當排在孟德斯鳩之後還是應當與其並列呢？他三十歲和三十五歲的時候，就提出了人們確實不敢提出的問題。托克維爾在法國思想家和文人中的地位，在一八六〇年以前就得到公認。穆勒、格羅特、西尼爾、葛列格和一切指導輿論的人，都聲稱托克維爾高於他人。……總之，可以舉出許多理由證明光榮永遠屬於托克維爾。從事政治哲學著述和以英語講授政治哲學的一些新作者，甚至在目前也比不上他。《論美國的民主》，作爲描述近代美國的一部著作，今後當然仍將具有重大價值。布賴斯的《美利堅共和國》，是目前唯一值得推薦的可以從中了解美國的各項制度的著作。但是，托克維爾的著作才眞是一部專著，不過它不是專門研究美國政府的，而是專門研究近代民主制度的基本特點的。從這個角度來看，它包含著世人至今尚未掌握的智慧。」誠然，戴西對英國憲法的釋義，在今天已不再完全適用，特別是關於行政權的部分，但它的提示作用是永遠長存的。參閱詹寧斯：《法律與憲法》（倫敦，一九四三年）；羅布森的經典著作：《司法與行政法——英國憲法研究》第二版（倫敦，一九四七年）。

我們還應補充一點：托克維爾的政治社會學的影響並不只限於聯合王國本土，而且也及於它的自治領土。參閱布萊迪：《自治領的民主》（多倫多，一九四七年）；漢約克：《澳大利亞》（倫敦，一九三〇年）（特別是第十三章）。

皮爾遜和布雷德利在我們的註釋所引的他們著作中，對《論美國的民主》自出版至今在美國的影響進行了研究，所以我在這裡便不重複了。托克維爾對美國的政治思想的影響或許小於對美國社會的一般見解的影響。作爲一個美國憲法的理論家，他沒有什麼東西可以指導像斯托里和利伯這樣的高超技術專家。例如，托克維爾的主權理論，正如梅里亞姆所指出的，早在他之前就已有人提出了。參閱梅里亞姆：《盧梭以來的主權學說史》第一八八頁（紐約，一九〇〇年）。因此，鄧寧在其《盧梭至斯賓塞的政治學說史》第二七〇頁及以下各頁（紐約，一九二〇年）（這部書相當於雅內《政治科學史》在美國的副本）中所作的中肯分析，在任何時候都是有效的。鄧寧寫道：「在方法上，托克維爾繼承了亞里斯多德、波里比亞、馬基維利、孟德斯鳩的傳統。孟德斯鳩是他最常模仿的典範。和這些偉大的思想家一樣，托克維爾也是根據政治哲學來觀察事實的。他與亞里斯多德和博丹的不同處，在於他沒有致力於想出一個政治科學體系；他與孟德斯鳩的不同處，在於他只限於評論一個國家的法律和習慣。《論美國的民主》與馬基維利的《論李維》有驚人的相似之處。但是，馬基維利沒有掌握第一手資料，而托克維爾則以親身觀察爲根據。在這一點上，這位法國哲學家同以一個外國人的觀點，分析羅馬國家的希臘歷史學家波里比阿極爲相似。如同波里比阿關於羅馬詔令的觀點後來鼓舞了羅馬人自己對這個問題進行有系統的思考，孟德斯鳩使英國人得到了關於本國憲法的第一個有系統的理論一樣，托克維爾對美國民主的分析使美國人民對本國制度的觀點，有了共同的並且變成傳統的依據。」再參閱格特爾：《政治思想史》第三十六頁及以下各頁（倫敦，一九三三年）。

我們再回來談歐洲。在德國，最初發現《論美國的民主》作者了不起的，是默爾和布倫奇利。透過瓦茨的介紹，托克維爾的政治思想便在德國的自由主義者當中傳播開來。他們在一八六六年以前，就已開始評述和研究托克維爾。很久以後，我們才在格奧爾格·耶利內克的《國家學說通論》中讀到：「在托克維爾的影響下，『主權』分享學說，即聯邦成員與聯邦國家之間分享權力的普遍主張，才見於聯邦的聲明。」狄爾泰在排列最卓越的政治思想家的名次時，把托克維爾排在亞里斯多德和馬基維利之後〔參閱梅耶：《亞歷西斯·德·托克維爾》第一六四頁（巴黎，一九四八年）〕。

在義大利和俄國，《論美國的民主》也有其專心致志的讀者。義大利的加富爾的思想，俄國的赫爾岑和車爾尼雪夫斯基的思想，以及這兩個國家的其他許多人的思想，都從這位法國偉人的思想中吸取了營養（參閱梅耶：同上書；赫克特：《俄國的激進主義者看美國，一八二五－一八九四》）。

當然，托克維爾的著作在我們這一代之後還會發揮作用。

## ◆本章注釋◆

[1] *Democracy in America*, 2 vol., New York, 1945.這個譯本是在亨利・里夫（Henry Reeve）的英譯本的基礎上，由法蘭西斯・鮑恩（Francis Bowen）部分改譯的，為加拿大Rondom House的Vintage Books之一。——譯者

[2] 維爾曼（Abel François Villemain, 1790-1870），法國作家，一八二一年當選為法蘭西學院院士，曾以《蒙田頌》《批判的得失》、《孟德斯鳩頌》三次榮獲法蘭西學院獎金。——譯者

[3] 蒙蒂翁（Jean-Baptiste Montyon, 1733-1820），法國的一個男爵，晚年曾在法蘭西學院設過多種獎金。——譯者

[4] 孟德斯鳩為貴族，襲拉布列德男爵稱號。這部著作指索雷爾的《孟德斯鳩》。——譯者

[5] 商務印書館於一九六一年已出版此書的中譯本；一九八二年又將此譯本收入《漢譯世界學術名著叢書》。——譯者

# 關於版本的說明

《托克維爾全集》收錄的《論美國的民主》，是根據托克維爾生前出版的最後一版（第十三版）《論美國的民主》共兩卷（巴黎，Pagnerre 出版，一八五〇年）重排的，除對個別誤植予以修改和抽掉卷末所附的《美利堅合眾國憲法》與《紐約州憲法》外，其餘一仍其舊。

我們在這版《論美國的民主》裡增加了兩篇附錄：（一）《一八四八年一月十五日在人文和政治科學院所作關於謝爾比利埃〈論瑞士的民主〉的報告》；（二）《在討論答覆王室講話的方案期間一八四八年一月二十七日於眾議院的發言》。加進這兩篇作品是符合托克維爾的原意的，因爲他在一八五一年九月二十七日致其英國友人亨利·里夫，即《論美國的民主》的英譯者的信中寫道：「親愛的朋友，您問我要不要對《論美國的民主》的最新版本進行修改和增補。沒有需要修改的地方，……至於增補，我想把在人文和政治科學院所作的關於瑞士民主的報告和二月革命前在眾議院發表的一篇講話加進去，這篇講話曾見於當時的《總匯通報》[1]。」

◆本章注釋◆

[1] 這個說明是節譯的。——譯者

# 托克維爾生平和著作年表

| 年代 | 生平記事 |
|---|---|
| 一八〇五年 | •出生於法國巴黎。 |
| 一八二五年 | •到巴黎皇家法學院學習法律，其後獲得法學學士學位。 |
| 一八二七年 | •成為凡爾賽初審法院不支薪調解法官。認識終生好友古斯塔夫·德·博蒙檢察官。 |
| 一八三〇年 | •晉升為助理法官。 |
| 一八三一年 | •與博蒙一起前往美國考察。 |
| 一八三二年 | •三月下旬回國。<br>•五月辭去助理法官職務。<br>•八月訪問英國。<br>•九月開始撰寫《論美國的民主》。 |
| 一八三三年 | •與博蒙合作的《論美國的刑事制度及其在法國的運用》（*Du système pénitentaire aux États-Unis et de son application en France*）出版，並在美國翻譯出版。 |
| 一八三五年 | •《論美國的民主》上卷出版。<br>•初步擬就《論美國的民主》下卷架構。 |
| 一八三九年 | •出任眾議院議員，一直連任至一八四九年。 |
| 一八四〇年 | •《論美國的民主》下卷出版。 |
| 一八四一年 | •遊歷阿爾及利亞，撰寫《阿爾及利亞行紀》（*Travail sur l'Algérie*）。<br>•入選法蘭西學院院士。 |

| 年代 | 生平記事 |
| --- | --- |
| 一八四八年 | •二月革命後參與制定第二共和國憲法。 |
| 一八四九年 | •出任外交部長，後因內閣倒臺，不再擔任外交部長職務。 |
| 一八五〇年 | •罹患肺結核。 |
| 一八五一年 | •因反對拿破崙三世稱帝而被捕，並被關押兩天。 |
| | •開始撰寫《舊制度與大革命》（*L'Ancien Régime et la Révolution*）。 |
| 一八五六年 | •《舊制度與大革命》同時在法國和英國出版。 |
| 一八五九年 | •於法國坎城病逝。 |

# 譯名對照表

（為方便讀者對照，以下譯名以英文版編列）

《少年維特的煩惱》*Die Leiden des jungen Werthers*

《司法和行政法：關於英國憲法的研究》*Justice and administrative law: A study of the British constitution*

《名人傳》*Parallel Lives*

《托克維爾和博蒙在美國》*Tocqueville and Beaumont in America*

《自由和國家行政管理》*Freedom and the administrative state*

《君主論》*The Prince*

《思想錄》*Pensées*

《恰爾德·哈羅德遊記》*Childe Harold's Pilgrimage*

《美國人的家庭禮節》*Domestic Manners of the Americans*

《美國哲學史》*A History of American Philosophy*

《美國勞工史》*History of Labor in the United States*

《美國概覽》*View of the United States*

《英國法院和美國法院的行政法判例選編》*Cases on administrative law selected from decisions of English and American courts*

《論瑞士的民主》*De la démocratie en Suisse*

大衛 Jacques Louis David

分贓制 Spoils System

巴斯卡 Pascal

戈勒 Goller

奴才 Le laquis

布列塔尼 Brittany

布倫施維格 Brunschwig

弗朗西絲·特羅洛普 Frances Milton Trollope

弗羅因德 Ernst Freund

弗蘭克 Frank

民主革命 democratic revolution

皮爾遜 George Wilson Pierson

托克維爾 Tocqueville

米特拉尼 Mitrani

米德 Mead
亨利五世 Henry V
亨利・里夫 Henry Reeve
利己主義 Égoïsme
沃登 Warden
狄更斯 Dickens
身分平等 the equality of conditions
孟德斯鳩 Montesquieu
帕索斯 passos
帕斯克 Pask
拉辛 Jean Baptiste Racine
拉斯基 Laski
法國大革命 The French Revolution
波恩 Bonn
阿基米德 Archimedes
哈里斯 Harris
哈德遜 Hudson
拜倫 George Gordon Byron
施奈德 Schneider
查理斯・比爾德 Charles Austin Beard
柯蒂 Curti
珈桑德拉 Cassandra
個人主義 Individualisme
埃克斯 d'Aix
夏多勃里昂 François-René de Chateaubriand
格里娘 Grignan
特權 privilege
祖國 patrie
紐哈芬 New Haven
紐約 New York
馬克・布洛克 Marc Léopold Benjamin Bloch
馬拉 Marat
馬基維利 Niccolò Machiavelli
勒內 René
國會大廈 Capitol
康乃狄克 Connecticut
康芒斯 John Rogers Commons
梅耶 Mayer

莫特 Frank Luther Mott
莫勒 Moller
傑瑞米・科利爾 Jérémy Collier
勞倫斯・馮・史坦恩 Lorenz von Stein
博蒙 Beaumont
普盧塔克 Plutarchus
普羅旺斯 Provence
菲利普斯・布雷德利 Phillips Bradley
貴族 nobles
雅典 Athens
塞文涅 Sevigne
塞斯特爾 Sestel
愛國心 patriotisme
瑞士 Switzerland
聖西門 Saint-Simon
路易・菲利普 Louis-Philippe
雷恩 Rennes
歌德 Johann Wolfgang von Goethe
維特 Werthers
維爾曼 Abel François Villemain
蒙蒂翁 Jean-Baptiste Montyon
慕尼黑 Munich
謝爾比利埃 Antoine-Elisée Cherbuliez
職人 artisan
羅布森 William Alexander Robson
羅馬 Rome
羅森法布 Joseph Rosenfarb
羅歇 Rochers

經典名著文庫 173

# 論美國的民主（下）

De la démocratie en Amérique

作　　者 —— 亞歷西斯·德·托克維爾（Alexis de Tocqueville）
譯　　者 —— 董果良
發 行 人 —— 楊榮川
總 經 理 —— 楊士清
總 編 輯 —— 楊秀麗
文庫策劃 —— 楊榮川
本書主編 —— 劉靜芬
責任編輯 —— 林佳瑩、黃麗玟
封面設計 —— 姚孝慈
著者繪像 —— 莊河源
出 版 者 —— 五南圖書出版股份有限公司
地　址 —— 臺北市大安區 106 和平東路二段 339 號 4 樓
電　話 —— 02-27055066（代表號）
傳　眞 —— 02-27066100
劃撥帳號 —— 01068953
戶　名 —— 五南圖書出版股份有限公司
網　址 —— https://www.wunan.com.tw
電子郵件 —— wunan@wunan.com.tw
法律顧問 —— 林勝安律師
出版日期 —— 2023 年 3 月初版一刷
定　　價 —— 600 元



**國家圖書館出版品預行編目資料**

論美國的民主（下）/ 托克維爾 (Alexis de Tocqueville) 著；董果良譯 . -- 初版 -- 臺北市：五南圖書出版股份有限公司，2023.03
冊；公分 . --（經典名著文庫；173）
譯自：De la démocratie en Amérique.
ISBN 978-626-343-492-9( 平裝 )

1.CST: 民主政治　2.CST: 美國

574.52　　111017339